National Competency Standards

AVR ATmega128을 활용한

C언어 프로그래밍

남상엽 · 김동식 · 권윤중 · 진은성 공저

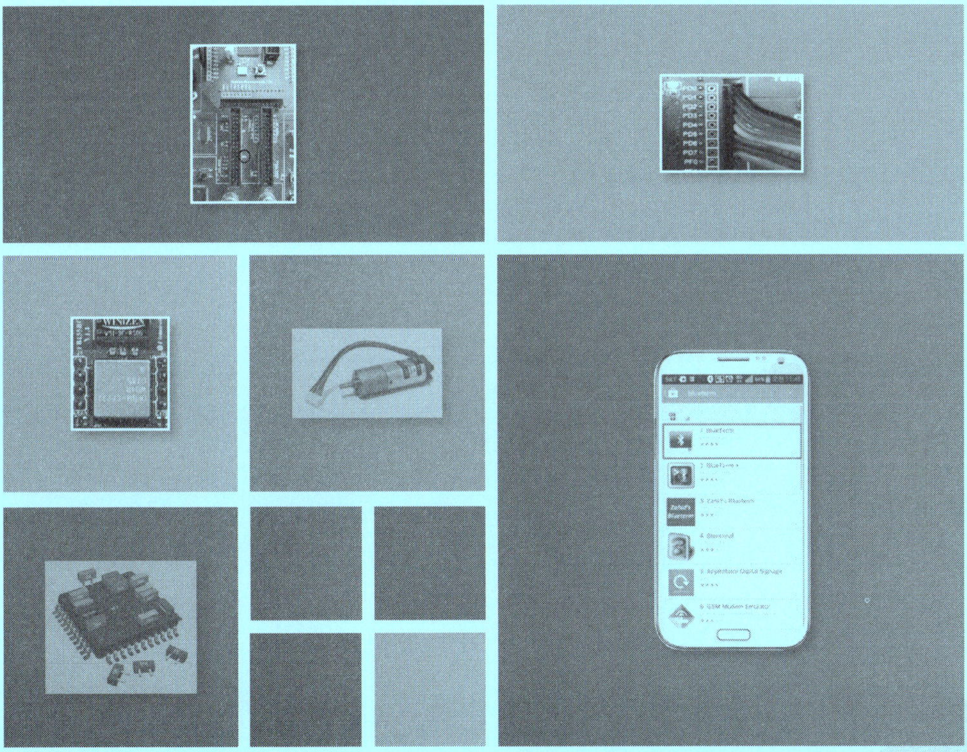

도서출판 상학당

欲爲大者 當爲人役

크고자 하거든 남을 섬기라

학습 모듈코드	LM2001020215_15v3

대분류	중분류	소분류	세분류	능력단위
정보통신/20	정보기술/01	정보기술개발/02	응용SW엔지니어링/02	프로그래밍언어활용/15

AVR ATmega128을 활용한
C언어 프로그래밍

머리말

정보통신기기의 개발에 있어서 해당 기기 및 시스템의 개발환경 구성을 위해서는 해당 개발 소프트웨어들의 존재와 특성을 분석해야 한다. 그리고 프로그램이 설치된 하드웨어에 대한 이해도 필요하다. 정보통신기기 시스템의 프로그램을 개발할 때 사용되는 도구의 코드의 작성 및 편집, 디버깅 등과 같은 다양한 작업이 필요하고, 다양한 소프트웨어들이 사용되고 있다. 구현에 사용되는 소프트웨어는 여러 가지 프로그래밍 언어로 개발되고 있다.

이 교재에서는 ATmega128 MCU 플랫폼 하드웨어를 사용하여 C언어를 적용해 응용소프트웨어 개발에 사용되는 프로그래밍 언어의 기초문법을 적용하고 언어의 특징과 라이브러리를 활용하여 기본 응용소프트웨어를 구현하는 능력으로 응용 프로그램을 구현하고자 한다.

ATmega128 MCU 플랫폼의 결합과 다양한 임베디드 시스템을 통하여 다양한 언어 등을 설계하고 구현하여서 C언어 프로그래밍 등을 다양한 방식으로 학습할 수 있다. ATmega128 MCU는 LED, LCD, FND, 모터와 센서 등을 부착하여 제어하고 무선 통신까지 지원하여 C를 코딩하고, 지능적인 프로그래밍 설계 및 코딩을 하여 다양한 임베디드 시스템을 구현할 수 있다.

이 교재에서는 ATmega128 MCU의 하드웨어 시스템에 대하여 다양한 시스템의 특성과 기능을 활용하여 C언어를 사용하여 프로그램을 하고자 한다.

C언어 프로그래밍을 구현하기 위하여 융합인재교육에서 강조하는 "문제해결 상황제시를 위한 플로차트 작성 → 창의적 C 프로그램 코딩 → 컴파일 다운로딩 → ATmega128 플랫폼의 구현 및 디버깅"의 학습절차를 효과적으로 지원하고 있다.

학생들은 "생각열기(Connect) → 생각 구성하기(Construct) → 생각 깨치기(Contemplate) → 생각 이어가기(Continue)"의 프로그래밍 과정을 통해 자신의 생각을 구체화, 정교화, 정당화시키면서 창의적이고 과학적인 사고를 키워나가게 된다.

이 교재의 C언어는 C언어의 문법적인 체계를 따라 일반적인 제어구문, 변수선언 및 호출, 매크로 함수, 배열을 지원한다. C프로그램을 처음 접하는 사용자들에게도 프로그램의 결과를 ATmega128 MCU 플랫폼의 동작을 통해 직접 눈으로 보면서 확인할 수 있다. 또한 디버깅 기능을 지원하기 때문에 쉽고 재미있게 배울 수 있다.

이 교재는 컴퓨터, 정보통신, 로봇, 메카트로닉스 등 소프트웨어 공학 분야의 입문자를 대상으로 C언어에 대한 기본적인 지식이 없어도 단계별 실습을 꾸준히 따라오면 C언어 프로그래밍 능력향상이라는 숲을 볼 수 있도록 눈높이를 맞추는 데 1차적인 목표를 두었다.

이 교재의 주요 구성은 다음과 같다.

학습 1. C언어 개요 및 개발환경 설정, 학습 2. ATmega128 특징 및 구성, 학습 3. LED 제어 응용, 학습 4. FND 제어 응용, 학습 5. LCD 제어 응용, 학습 6. 스위치 제어 응용, 학습 7. 인터럽트 제어 응용, 학습 8. 8비트 타이머/카운터 제어 응용, 학습 9. AD변환기 제어 응용, 학습

10. USART통신 제어 응용, 학습 11. 모터 제어 응용, 학습 12. 거리 및 초음파 센서 제어 응용, 학습 13. Key 매트릭스 제어 응용, 학습 14. Dot 매트릭스 제어 응용, 학습 15. 블루투스 제어 응용으로 구성되어 있다.

특히 각 장에서는 수행 순서에 따른 실습을 통하여 창의적인 프로그램을 작성하고 동작을 확인할 수 있다.

이 교재가 출간되기까지 가장 많은 지원과 아낌없는 격려를 보내주신 도서출판 상학당 남승우 사장님 및 출판 관련 여러분에게 감사를 전한다.

또한 ATmega128 플랫폼의 지원 및 C 관련, 프로그래밍 관련 자문 및 자료제공을 해주신 ㈜한백전자 진수춘 사장님께 지면을 빌려 깊은 감사의 말씀을 전하고, 특히 실습과 프로그램에 도움을 주신 연구소 개발 관련 관계자 여러분에게 감사의 마음을 전한다.

이 책에서 부족했던 점이나 기타 문의사항과 관련한 기술지원은 한백전자 홈페이지를 통해 지속적으로 지원할 계획이며, 실습에 사용한 소스 코드 및 회로도, 기타 보충자료 또한 지속적으로 업데이트할 예정이므로 독자 여러분의 따뜻한 질책과 조언을 부탁드린다.

저자 씀

차 례

AVR ATmega128을 이용한 C언어 프로그래밍 학습 모듈의 위치

대분류	20. 정보통신
중분류	01. 정보기술
소분류	02. 정보기술개발

세분류	능력단위
02.응용SW엔지니어링	01. 요구사항 확인
	02. 애플리케이션 구현
	03. 데이터입 출력구현
	04. 통합구현
	05. 개발자 테스트
	06. 정보시스템 이행
	07. 제품소프트웨어 패키징
	08. 서보프로그램 구현
	09. 인터페이스 구현
	10. 애플리케이션 배포
	11. 프로그램 언어 활용
	12. 응용SW기초기술 활용
	13. 애플리케이션 리팩토링
	14. 인터페이스 설계
	...
	24. 소프트웨어개발 방법론 활용

AVR ATmega128을 이용한 C언어 프로그래밍 학습 모듈의 개요

1. 학습 모듈의 목표

프로그래밍 언어 활용이란 응용소프트웨어 개발에 사용되는 프로그래밍 언어의 기초문법을 적용하고 언어의 특징과 라이브러리를 활용하여 기본 응용소프트웨어를 구현하는 능력을 습득하는 데 목표를 두고 있다.

2. 선행 학습

개발 제품관련 전문 용어, 주요 프로그램 모듈 이해, 설계 도구 사용 능력, 프로그램 기초 지식, 전자부품(스마트 센서 등) 지식, 개발 보드 제작 기법, 소프트웨어, 프로그래밍 언어 기본 문법, 프로그래밍 언어 문법 오류, 프로그래밍 언어 기능 구현을 위한 알고리즘, 디버깅 기법, 코드 검토 기법, 컴파일러 사용 능력, 프로그램 언어 활용 능력, IDE 도구 활용 능력, 프로그램 디버깅 기술, 프로그램 코드 검토 능력

3. 핵심 용어

ATmega128, LED, LCD, FND, motor, sensor, USB cable, Bluetooth, Timer, 프로그래밍 언어별 코딩 규칙(rule), 프로그래밍 언어별 코딩 관습(convention), 코딩 가이드(coding guide), 프로그래밍 언어별 사양서(specification)

4. 교육과정 학점 및 이수시간

학 습	교육과정 학점 및 이수시간	
	학점	이수시간
1. C언어 개요 및 개발환경 설정	4(3)	3(2)
2. ATmega128 특징 및 구성	4(3)	3(2)
3. LED 제어 응용	4(3)	3(2)
4. FND 제어 응용	4(3)	3(2)
5. LCD 제어 응용	4(3)	6(4)
6. 스위치 제어 응용	4(3)	6(4)
7. 인터럽트 제어 응용	4(3)	6(4)
8. 8비트 타이머/카운터 제어 응용	4(3)	6(4)
9. AD변환기 제어 응용	4(3)	3(2)
10. USART통신 제어 응용	4(3)	3(2)
11. 모터 제어 응용	4(3)	6(2)
12. 거리 및 초음파 센서 제어 응용	4(3)	6(2)
13. Key 매트릭스 제어 응용	4(3)	6(2)
14. Dot 매트릭스 제어 응용	4(3)	6(2)
15. 블루투스 제어 응용	4(3)	6(2)

AVR ATmega128을 이용한 C언어 프로그래밍 학습 모듈의 명세서

학습명	학습내용명
1. C언어의 개요 및 개발환경 설정	1-1. C언어의 이해
2. ATmega128 특징 및 구성 (LM20140206_13v1.1)	2-1. ATmega128의 구성 및 특징
3. LED 제어 응용(LM20140206_13v1.1)	3-1. LED의 개요
4. FND 제어 응용(LM20140206_13v1.1)	4-1. FND 구성 및 특징
5. LCD 제어 응용(LM20140206_13v1.1)	5-1. LCD의 구성 및 특징 5-2. LCD 제어 명령어 5-3. LCD 제어의 초기화
6. 스위치 제어 응용(LM20140206_13v1.1)	6-1. 스위치의 구성 및 특징
7. 인터럽트 제어 응용(LM20140206_13v1.1)	7-1. 인터럽트의 개념 및 특징
8. 8비트 타이머/카운터 제어 응용 (LM20140206_13v1.1)	8-1. 8비트 타이머/카운터 기능과 구조
9. AD변환기 제어 응용 (LM20140206_13v1.1)	9-1. AD변환기 기능 및 구조 9-2. AD변환기로 광센서 읽기 9-3. Relay 제어
10. USART통신 제어 응용 (LM20140206_13v1.1)	10-1. USART의 개념과 특징
11. 모터 제어 응용 (LM20140206_13v1.1)	11-1. DC모터의 제어 11-2. DC모터 속도 제어 11-3. 서브 모터 제어 11-4. 스테핑모터 제어
12. 거리 및 초음파 센서 제어 응용 (LM20140206_13v1.1)	12-1. 거리 센서의 제어 12-2. 초음파 센서의 제어
13. Key 매트릭스 제어 응용 (LM20140206_13v1.1)	13-1. Key 매트릭스 구조와 특징
14. Dot 매트릭스 제어 응용	14-1. Dot 매트릭스 구조 및 특징
15. 블루투스 제어 응용	15-1. 블루투스 구조 및 특징

학습 1	C언어 개요 및 개발환경 설정
학습 2	ATmega128 특징 및 구성
학습 3	LED 제어 응용
학습 4	FND 제어 응용
학습 5	LCD 제어 응용
학습 6	스위치 제어 응용
학습 7	인터럽트 제어 응용
학습 8	8비트 타이머/카운터 제어 응용
학습 9	AD변환기 제어 응용
학습 10	USART통신 제어 응용
학습 11	모터 제어 응용
학습 12	거리 및 초음파 센서 제어 응용
학습 13	Key 매트릭스 제어 응용
학습 14	Dot 매트릭스 제어 응용
학습 15	블루투스 제어 응용

1-1 C언어의 이해

학습 목표	1-1. C언어의 개념과 특징을 이해할 수 있다.

필요지식

1. C언어의 개요

프로그램은 합리적이고 논리적인 일의 순서로써 처리, 판단, 반복 및 데이터의 입력과 출력으로 구성되어 있다.

그러므로 C언어는 컴퓨터가 이해할 수 있는 프로그램을 작성하는 수단으로 사용되며 프로그램 작성(edit), 프로그램 번역(compile), 링크(link), 실행으로 프로그램을 만들 수 있다.

C언어는 구문이 간결성하고 이식성이 좋고 실행 파일이 작고 실행속도가 빠르므

로 효율성이 좋은 것이 C언어의 특징으로 java와 더불어 필수의 프로그래밍 개발도구로써 자리 잡고 있다.

마이크로프로세서(ATmega128 등)을 사용한 임베디드 시스템(embedded system)은 C언어를 사용하여 프로그래밍함으로써 임베디드 시스템의 내부 동작하는 과정을 이해할 수 있다.

그러므로 고급언어인 C언어로 작성한 프로그램을 컴파일러(compiler)를 통하여 임베디드 시스템의 CPU인 마이크로프로세서가 이해하는 2진수로 변환하는 과정을 수행하고자 한다.

C언어 프로그래밍 과정은 C언어 통합 개발환경인 AVRStudio나 CodeVision AVR에서 소스 파일을 작성하고 전처리기(preprocessor)과정을 거치고 소스파일을 컴파일 및 링크하는 과정을 거쳐서 실행하면 되는데 실행과정에서 에러가 발생하면 디버깅(debugging)하여 프로그래밍이 이상이 없을 경우 임베디드 시스템인 타깃 보드에 다운로드 함으로써 임베디드 시스템이 동작하는 과정을 확인할 수 있다.

[그림 1-1]은 C언어 프로그램 개발과정을 통하여 임베디드 시스템 개발과정이다.

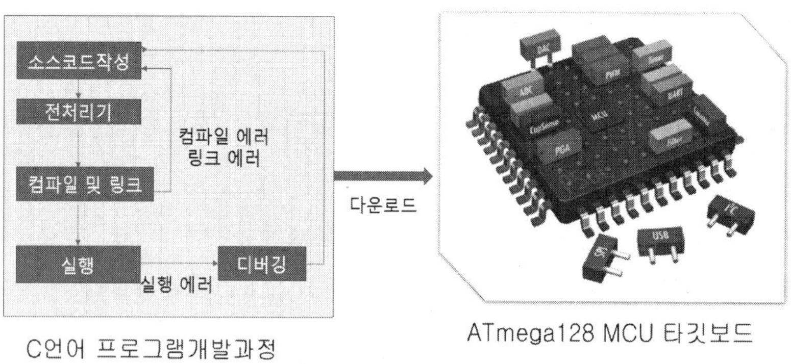

[그림 1-1] 임베디드 시스템 개발과정

윈도우 환경에서는 통합개발환경(IDE : Integrated Development Environment)인 Atmel사의 AVRStudio 혹은 CodeVisionAVR을 통하여 소스파일작성, 컴파일, 링크, 실행 및 디버깅이 하나에서 이루지므로 편리하다.

2. C언어의 프로그램 구성과 실행과정

프로그램은 함수들로 만들어지고 함수는 입력 데이터를 가공하여 출력을 만들어 내는 단위코드이다. 메인함수는 다른 함수들을 호출하여 실행하고 프로그램에는 반드시 하나의 메인함수가 있어야한다. 함수는 헤드(head)와 몸통(body)로 구성되어 있다. 함수의 헤드는 함수의 기능에 맞는 함수의 이름, 함수가 기능을 수행하는데 필요한 데이터의 개수와 형태, 함수가 기능을 수행하고 나서 돌려주는 값의 형태의 3가지 정보를 나타낸다.

메인함수인 경우는 int main()처럼 데이터의 개수와 형태가 생략된 것이다.

#include "stdio.h" 이는 화면으로 자료를 출력하는 함수 printf()와 자판으로부터 자료를 입력하는 함수 getchar(), scanf() 등을 사용하기 위하여 이 함수들이 정의된 stdio.h 파일을 프로그램 내에 포함(include)시키는 것으로, 확장자(extension)가 h인 파일을 헤더 파일(header file)이라 한다.

변수(variable)는 변하는 수로써 프로그램 측면에서 자료를 기억하는 장소을 의미하며, 그 장소에 부여한 이름을 **변수 이름**(variable name)이라고 하며 줄여서 변수라고도 한다. 따라서 프로그램에서 변수를 선언하는 것은 자료를 수록할 기억 공간을 확보하는 것이다.

1) 변수 선언 시 유의사항

① 대문자(A~Z), 소문자(a~z), 숫자(0~9), 밑줄문자 '_'를 사용한다.
② 변수명은 숫자로 시작할 수 없다.
③ 변수명은 기본 예약어 또는 함수명을 사용할 수 없다.
④ 변수명은 대 · 소문자를 다르게 구분한다.
⑤ 변수명은 한글로 사용할 수 없다.

2) 데이터형(data type)

C언어에서 자료형이란 프로그램에서 처리하고자 하는 자료의 형태를 의미한다. 이러한 자료형은 시스템의 메모리영역의 크기를 결정하게 된다. C언어에서 지원하는 일반적인 데이터 형은 다음 〈표 1-1〉과 같다.

3) 변수(variable)의 종류

(1) 정수형 변수

정수형 변수는 C 프로그램 작성 중 가장 많이 사용하는 데이터형인 정수 형태의 자료를 표현하기에 적당하다. 선언 방법은 int라는 키워드(keyword)를 작성하고 뒤에 변수명을 사용하면 된다.

(2) 실수형 변수

실수형 변수는 아주 큰 수나 아주 작을 수를 표현해야 하거나, 소수점을 포함하는 실수 자료를 표현할 때 적정하다.

실수형 변수를 출력할 때 "%f"를 사용한다. 특별히 소수점 아래에 자리수를 지정하고 싶을 때는 "%.2f"처럼 표현하고 이것은 소수 셋째 자리에서 반올림하여 소수점 2자리로 표현하라는 것이다.

(3) 문자형 변수

C에서 문자형 변수는 8비트의 영역을 차지하고 있다. 주로 ASCII문자를 표현하기 위해서 사용한다.

〈표 1-1〉 데이터 형

데이터형	데이터형	메모리 크기	표현 범위	표현 범위
문자형 (character)	char	1바이트	-128 ~ 127	양수, 0, 음수
	unsigned char	1바이트	0 ~ 255	0, 양수
정수형 (integral)	int	2바이트	-32,768 ~ 32,767	양수, 0, 음수
	unsigned int	2바이트	0 ~ 65535	0, 양수
	long	4바이트	-2,147,483,648~ 2,147,483,647	양수, 0, 음수
	unsigned long	4바이트	0 ~ 4294967295	0, 양수
실수형 (floating)	float	4바이트	1.2E-38 ~ 3.4E38	양수, 0, 음수

✔ **Tip : 화면 출력 서식**

서식	자료형	의미
%d	int	정수형 자료를 표현
%u	unsigned int	부호 없는 정수형 자료를 표현
%c	char	문자형 자료를 표현
%s	string	문자열 자료를 표현
%f	float	실수형 자료를 표현

4) 산술 연산자와 식

연산 대상(자료)이 수치(정수 또는 실수)에 대하여 가공할 수 있는 연산자를 산술연산자(arithmetic operator)라 하며, 수치와 산술 연산자로 구성된 것을 산술식(arithmetic expression)이라 한다.

5) 제어문

(1) 'for 문'

'for 문'의 조건식을 이용해 원하는 프로그램을 수행할 수 있으며, 반복할 횟수를 정할 수 있다.

① 반복 실행할 회수가 정해져 있을 경우 주로 사용되는 반복문이다.

② 증감치에 따라 초기치가 변화고, 이때 조건식이 만족되면 수행문을 처리하고 조건식이 거짓이면 for문을 빠져 나온다.

③ for 문은 for(; ;)와 같이 쓰면 루프 실행 판단식이 없기 때문에 수행문을 무한 반복 실행한다.

④ 문장 형식 : for(초기치; 조건식; 증감식)

```
{
    수행문;
}
```

⑤ for 문 순서도

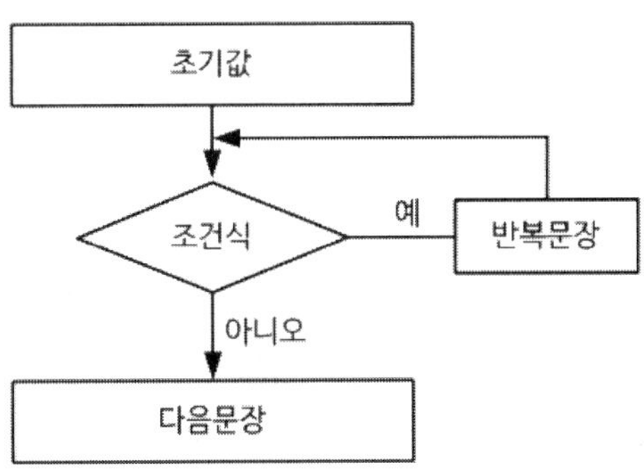

(2) 'while 문'

'while 문' 조건식의 값이 'True', 'False'에 따라 반복하거나 빠져나와 수행문장을 제어할 수 있다.

① while 명령문은 ( ) 안의 조건식이 참일 동안은 { } 안의 내용을 반복을 수행하

는 제어문이다.

② 무조건 반복 실행하기 위해서는 조건식의 값이 '참'이어야 하는데 이때는 "true" 혹은 '1'을, 거짓일 경우는 "false" 혹은 '0'을 넣으면 된다.

③ 주로 반복 회수가 정해져 있지 않고 { } 안의 프로그램을 실행 중 조건식을 만족 시키지 못할 경우는 반복을 멈추고 while(){}; 다음 명령으로 프로그램을 진행한다.

④ 문장 형식 : while(조건식)

```
{
    반복 실행할 수행문;
}
    다음 실행할 수행문;
```

⑤ while 문 순서도

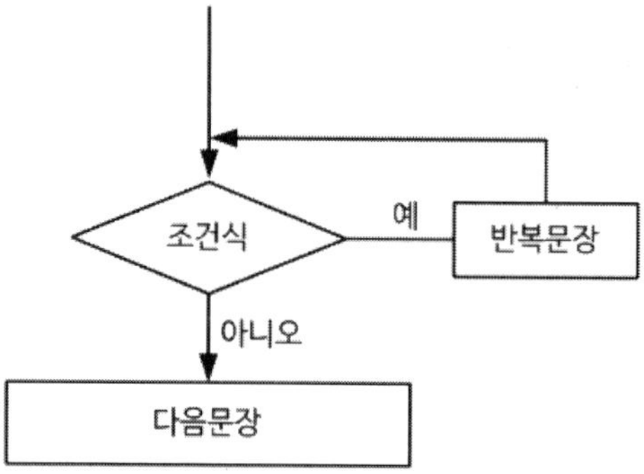

(3) 'do - while 문'

'do - while 문'은 일단 실행함으로써 조건식의 값이 'True', 'False'에 따라 반복하거나 빠져나와 수행문장을 제어할 수 있다.

① do while 문은 do에서 while 문 사이에 있는 수행문을 일단 한번 실행한 다음에 조건식을 검사한다.

② 그러므로 조건식의 값이 처음부터 거짓이라도 문장의 부분이 한번은 실행된다. 이점만 빼고는 while 문과 동일하다.

③ 문장 형식 : do

```
{
  반복 실행할 수행문;
} while(조건식);
```

다음 실행할 수행문;

④ do - while 문 순서도

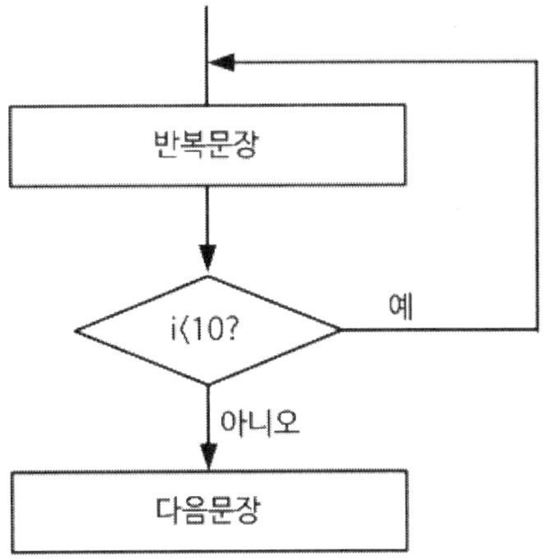

(4) 'if 문'

'if 문'의 조건 값이 참인지 거짓인지 구별해서 수행문을 제어할 수 있다.

① 문장 형식 : if(조건식)

{수행문1;}

{수행문2;}

② if 문 순서도

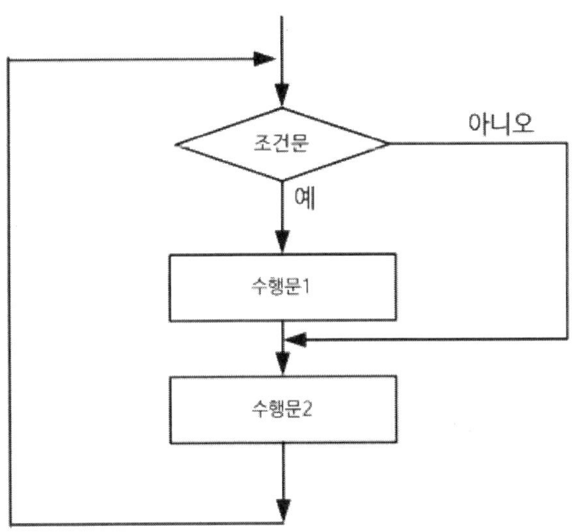

㉠ 조건식이 참이면 수행문1, 수행문2가 순차적으로 실행이 되고 거짓인 경우에는 수행문1은 실행이 되지 않고 수행문2만 실행된다.

ⓛ 조건식은 반드시 괄호로() 묶어야 한다.

ⓒ 브레이스(brace) "{ }"는 유효 범위를 나타낸다. 단일 수행문에서는 필요가 없다.

```
예 if (a >= 10) // 조건식 : a의 값이 10보다 크거나 같으면
   a = 0;       // 수행문1 : a의 값에 0을 대입한 후
   b = a;       // 수행문2 : a의 값을 b에 대입한다.
```

(5) 'if else 문'

'if else 문'에서 if의 조건 값이 거짓일 경우, else 문 안의 수행문을 실행해 제어할 수 있다.

① 문장 형식 : if(조건식)

```
{수행문1;}
else
{수행문2;}
```

② if else 문 순서도

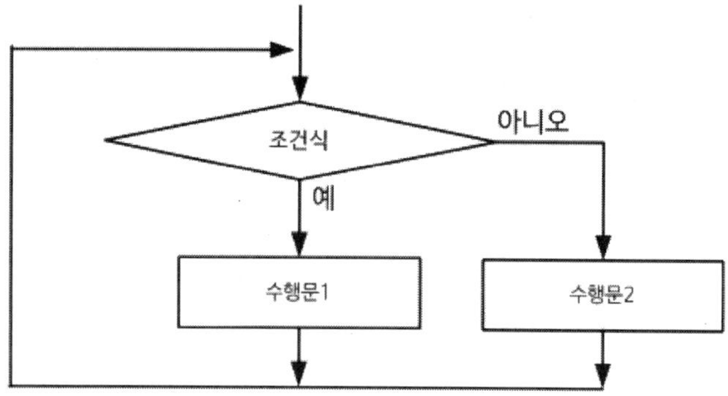

조건식이 참이면 수행문1을 실행하고, 조건식이 거짓이면 수행문2를 수행한다.

③ random 함수

정해준 범위 안에서 random 적으로 선택해서 출력하는 함수

예 Power(변수) = random(50); // 0~50까지의 숫자를 random으로 출력

(6) 'switch~case 문'

'switch~case 문' 이용해서 여러 가지 case에 대해 해당되는 수행문을 실행시켜 제어할 수 있다.

① 문장 형식 : switch(수식)

```
{
    case 상수1 : 수행문1; break;
    case 상수2 : 수행문2; break;
                    …
    case 상수n : 수행문n; break;
    default : 수행문x;
}
```

② switch~case 문 순서도

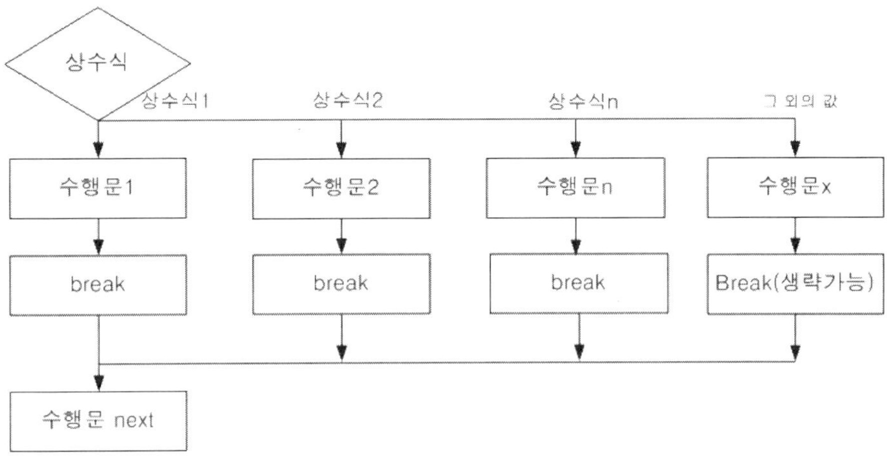

㉠ switch 문은 먼저 (수식)의 값을 계산해서 그 값이 상수식1과 같으면 수행문1을 수행하고 그 값이 상수식2와 같으면 수행문2를 수행하는 방식으로 프로그램이 진행된다.

㉡ (수식)의 값이 아무런 결과 값과도 같지 않으면 default 아래 부분의 문장을 실행한다.

㉢ default는 프로그램의 진행 사항에 따라 있어도 되고 없어도 된다.

㉮
```
switch (nVal){
case 0x00:b=0x40; break; // nVal의 값이 0이면 b에 0x40을 대입하고
case 0x01:b=0x79; break; // nVal의 값이 1이면 b에 0x79을 대입하고
case 0x02:b=0x24; break; // nVal의 값이 2이면 b에 0x24을 대입하고
case 0x03:b=0x30; break; // nVal의 값이 3이면 b에 0x30을 대입하고
default: b=0xff;         // nVal의 값이 0에서3의 값이 아니면 b에 0xff를 대입
}
```

✔ **Tip**

- (수식)에 해당하는 부분은 정수 값을 갖는 식이나 변수가 와야 한다.
- case 뒤에 오는 상수 식도 반드시 상수이거나 상수식 이어야 함은 물론 정수여야 한다.
- switch 문에서 break 명령은 필수적이지만, 때로는 선택적으로도 사용할 수 있다.

(7) break 문

① break 문을 while 문, for 문, do 문 등의 루프(반복) 문 혹은 switch 문에서, 현재 실행중인 블록에서 벗어날 필요가 있을 때 사용한다.

② 위 switch case 문을 참조한다.

㉠ while 문에서 break 문

```
while(1)                      // 무한 루프
   {
   if( x == 10) break;    // x의 값이 10과 같으면 while 문을 빠져 나간다.
   }
```

6) 배열

배열을 통해 여러 개의 변수를 하나로 합쳐서 선언하고, 각각의 변수(배열 구성원)을 이용해서 처리할 수 있다.

(1) 1차원 배열 선언

배열의 선언 형식은 다음과 같이 초기 값을 갖는 경우와 갖지 않은 경우가 있다.

① 초기화가 없는 경우

```
기억클래스    데이터_형    배열_이름   [배열_원소수] ;
   ↑                                      ↑
AUTO인 경우                          상수 혹은 상수식
생략 가능
```

② 초기화가 있는 경우

```
기억클래스    데이터_형    배열_이름   [배열_원소수] = "문자열";
기억클래스    데이터_형    배열_이름   [배열_원소수] = "{정수식,,,};
      ↑                                              ↑
AUTO인 경우                                  상수 혹은 상수식
생략 가능
```

(2) 배열 원소

배열의 원소는 다음과 같이 지정한다.

배열_이름 [인덱스]

① 배열 인덱스

㉠ 인덱스(index) 또는 첨자(subscript)라 부르며, 인덱스는 정수식으로, 이 정수식의 값을 k라 하면 다음과 같이 된다.

0 ≦ k ≦ 배열 원소의 수 - 1

㉡ 인덱스는 "0"부터 시작한다.

㉢ 배열 원소의 수는 배열의 크기가 된다.

배열 선언	배열 원소 범위	배열 원소 사용 예
char a[10]	a[0],a[1],,,,a[9]	a[3], a[5+3], a[2*k]
int b[2*3]	b[0],b[1],,,,b[5]	b[k%10], b[i*j]

(3) 배열 초기 값

① 배열의 초기 값 설정 방법

배열도 선언과 동시에 초기 값을 설정할 수 있고, 초기 값은 다음과 같이 각각 원소에 대응하는 값을 콤마로 분리해서 나열하면 된다.

int a[5] = {20, -3, 4, 22, -133}; ← 세미콜론으로 끝나는 것에 주의

위의 배열 설정 값을 배열 인덱스로 나열하면 다음과 같다.

a[0] = 20; a[1] = -3; a[2] = 4; a[3] = 22; a[4] = -133;

② 배열의 원소 수를 생략한 경우

다음과 같이 배열 원소의 수를 생략하고, 초기 값을 설정할 수도 있다.

int a[ ] = {20, -3, 4, 22, -133}; ← 세미콜론으로 끝나는 것에 주의

③ 초기 값 수가 배열의 크기보다 작은 경우

int a[5] = {2, 2, 2}; ← 세미콜론으로 끝나는 것에 주의

위와 같은 경우 a[0]부터 a[2]까지의 배열 값은 "2"이고, a[3]부터 a[4]까지의 배열 값은 "0"이 된다.

④ 초기 값 수가 배열의 크기보다 많은 경우

초기 값의 수가 배열의 크기보다 많은 경우는 에러가 된다.

⑤ 배열 선언 및 초기 설정 예

char a[3]; // 초기화가 없는 배열만 선언

```
char a[] = {0,1,2};                    // 초기화 방법
char b[4] = {'A', 'B', 'C', 'D'};      // 초기화 방법
A[0] = 0;, A[1] = 1;, A[2] = 2;        // 왼쪽과 같이 개별적으로 초기화 가능
```

수행 내용　개발환경 설정 이해하기

재료 · 자료

- C언어 프로그래밍, 타깃보드

기기(장비 · 공구)

- 컴퓨터, USB케이블, 개발시스템, ISP

안전 · 유의사항

- ATmega128 타깃 시스템의 외형을 관리하고 ATmega128 타깃 시스템에 전원을 관리한다.

수행 순서

01 USB 포트를 설정한다.

① AVR ISP mkII를 사용하려면 먼저 제공되는 CD의 AVR 스튜디오를 설치 해 주어야 한다.

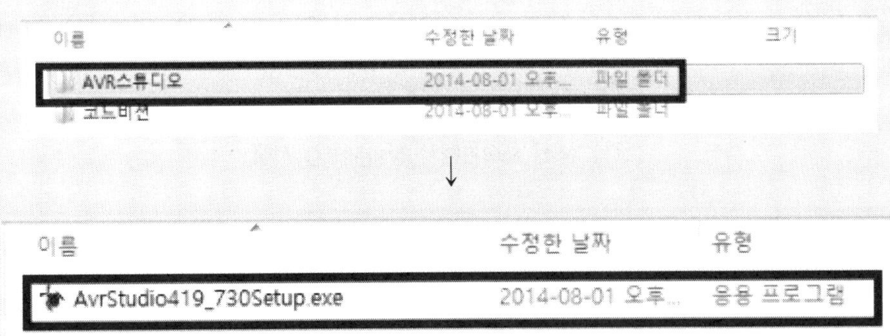

[그림 1-2] AVR 스튜디오 설치

② AVR 스튜디오를 설치하고 나서 드라이버가 제대로 설치되었는지 확인하기 위하여 바탕화면의 "컴퓨터"를 마우스 오른쪽 버튼으로 클릭하여 속성을 선택하여 시스템 제어판 홈을 열어준다

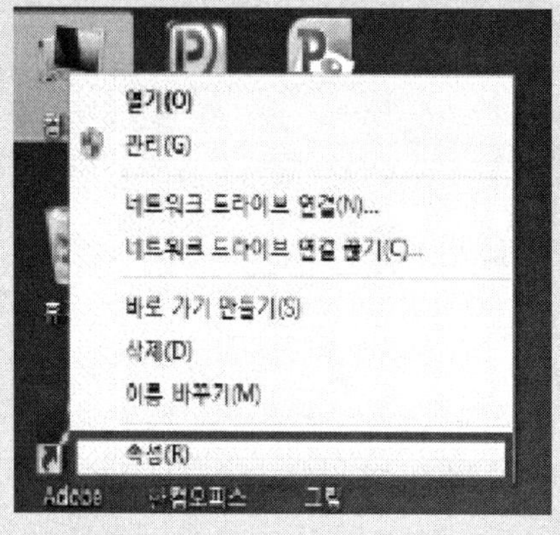

[그림 1-3] 장치관리자 찾아가기

③ 제어판 홈에서 장치관리자를 선택한다.

[그림 1-4] 제어판에서 장치관리자 선택

④ 장치관리자에서 포트(AVRISP mkII)를 선택한다.

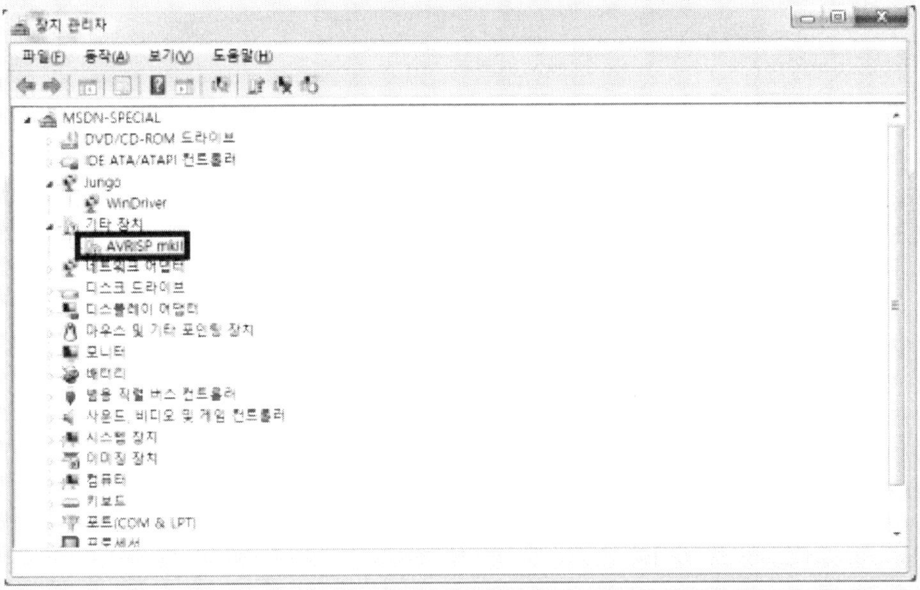

[그림 1-5] AVR mkII 포트 선택

⑤ 마우스 오른쪽 버튼을 눌러서 "드라이버 소프트웨어 업데이트"를 선택한다.

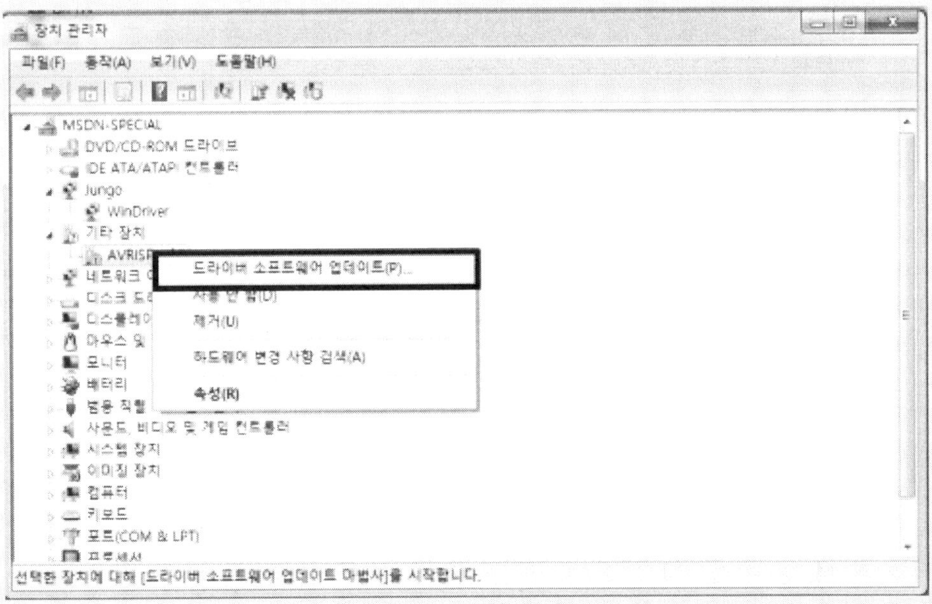

[그림 1-6] 드라이버 소프트웨어 업데이트

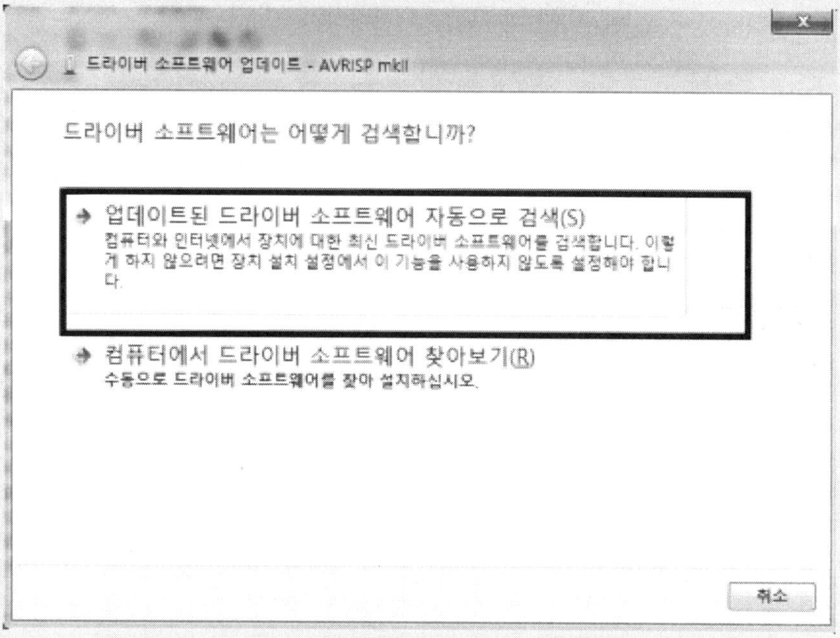

[그림 1-7] 드라이버 소프트웨어 검색

⑥ 아래와 같은 경고 메시지가 나와도 무시하고 소프트웨어를 설치한다.

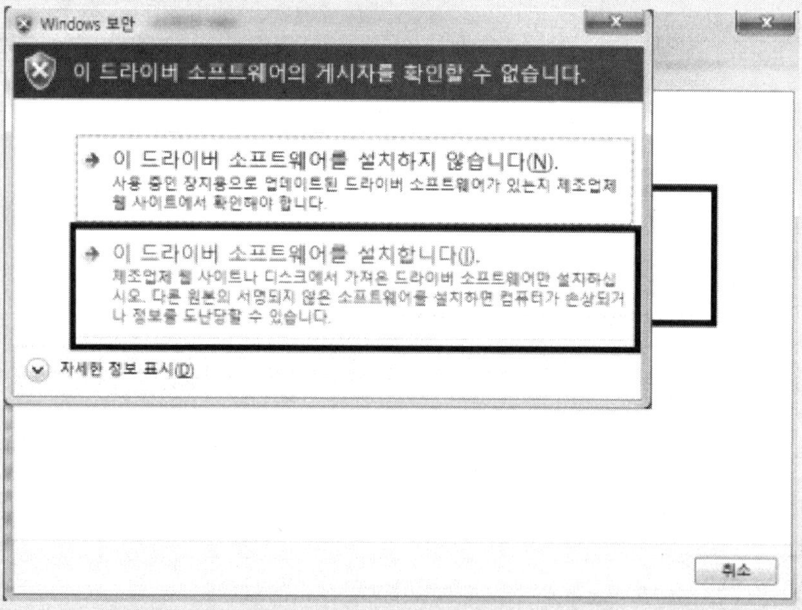

[그림 1-8] 드라이버 소프트웨어 설치

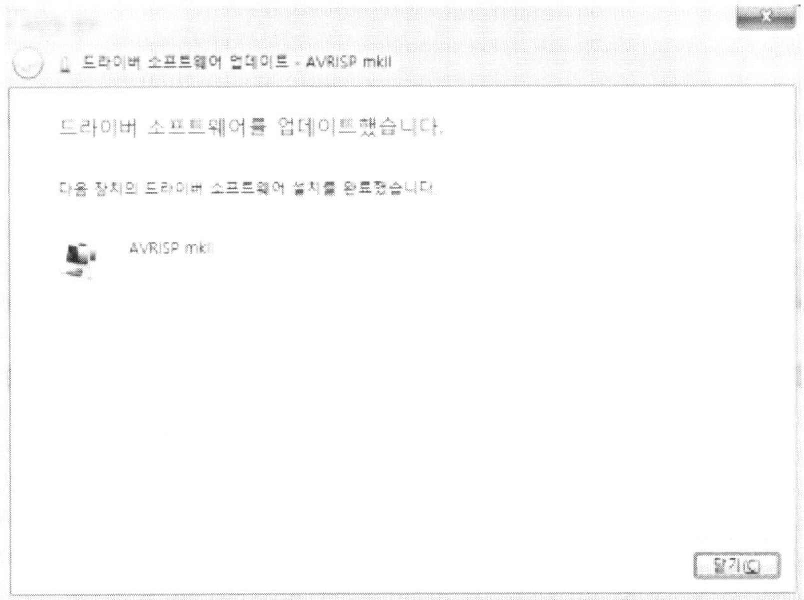

[그림 1-9] 드라이버 소프트웨어 설치 완료

⑦ 장치 관리자에서 AVRISP mkII의 설치를 확인할 수 있다.

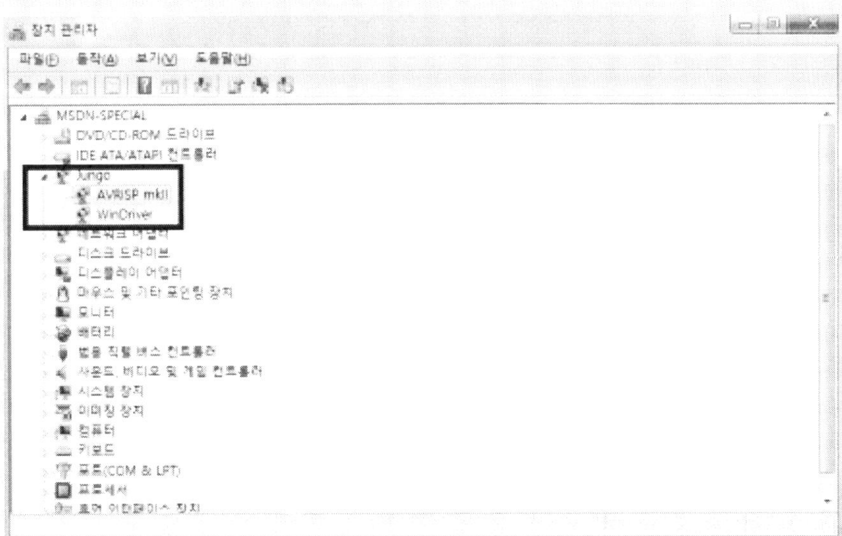

[그림 1-10] 장치관리자에서 AVRISP mkII 설치 확인

02 CodeVision Compiler 프로젝트 생성 및 구동 과정을 설명한다.

1. CodeVision Compiler 설치하기

제공되는 파일의 CodeVisionAVR 컴파일러 평가판을 설치하면 된다.

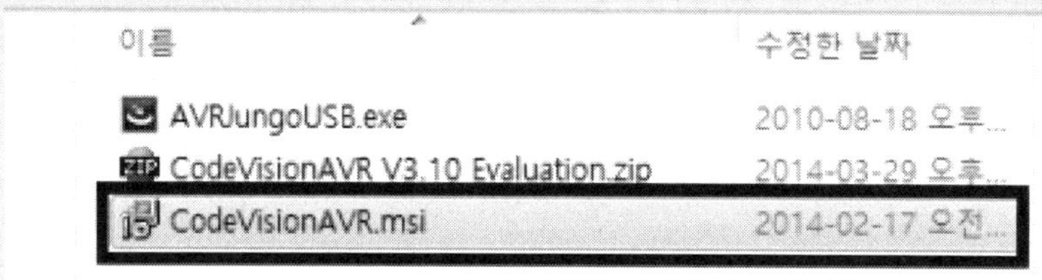

[그림 1-11] CodeVisionAVR 컴파일러 설치파일

2. 프로젝트 생성 및 프로그램 구동

① 먼저 File-New를 선택하여 프로젝트를 생성한다.

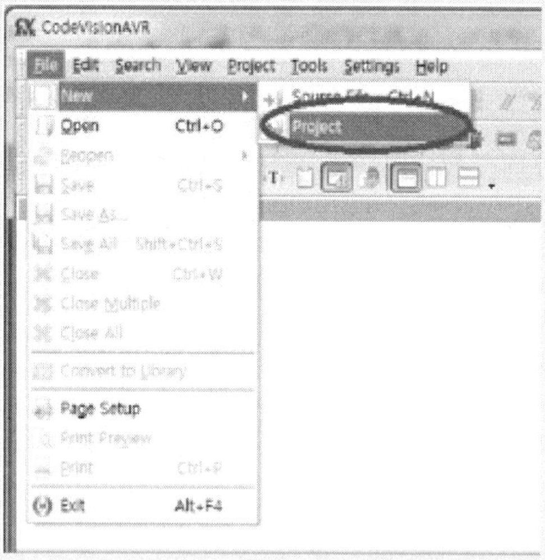

[그림 1-12] 새로운 프로젝트 생성

② [그림 1-13]처럼 WizardAVR을 사용할 것인가를 묻게 되는데 Wizard는 프로그램을 컴파일러에서 자동으로 생성할 수 있도록 도와주는 기능이다. 우리는 이 기능을 사용하지 않으므로 'NO' 버튼을 클릭하여 다음단계로 간다.

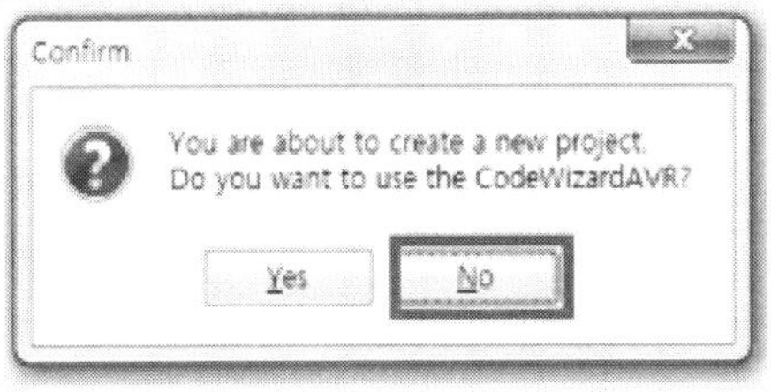

[그림 1-13] No 버튼 클릭

③ 적당한 폴더 이름과 프로젝트 이름을 설정한다.

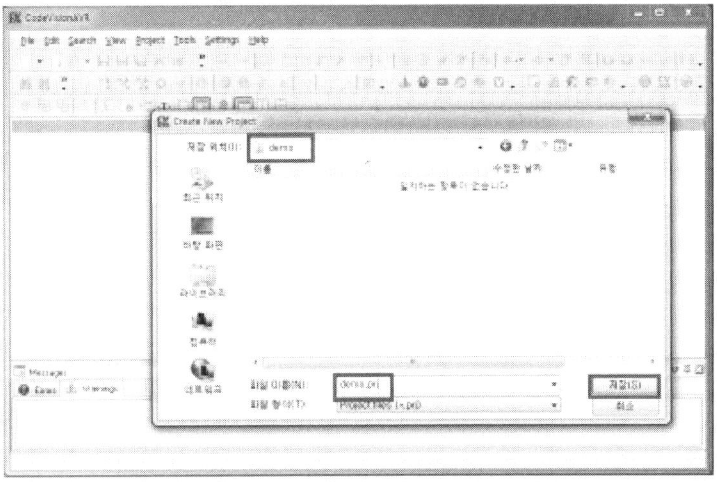

[그림 1-14] 폴더 이름 및 프로젝트 이름 설정

④ [그림 1-15]처럼 Device Selection에서 Chip을 ATmega128A로 선택하고 OK를 눌러 준다.

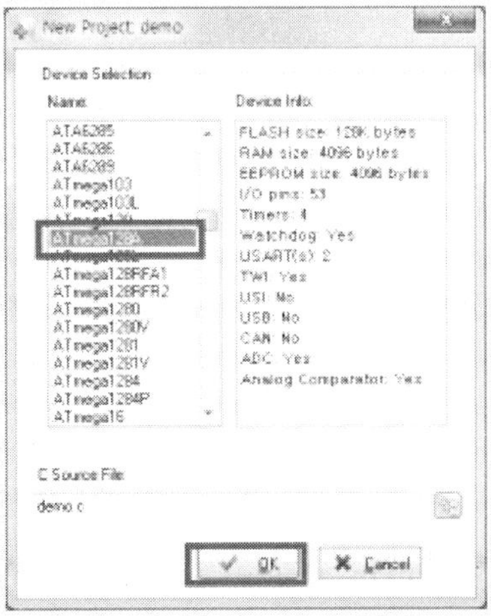

[그림 1-15] Device Selection

⑤ Project Demo의 Configure 화면이 나타난다. 이때 소스파일이 demo.c임을 알 수 있다.

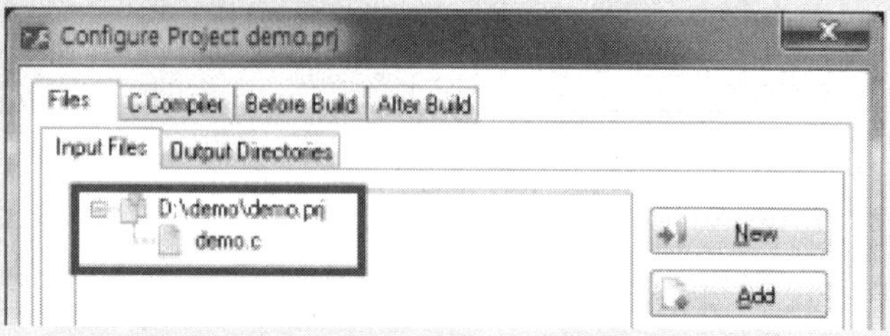

[그림 1-16] 생성된 프로젝트의 Configure 화면

⑥ 이때 다음과 같은 화면이 나타나는데 C Compiler를 선택해 주고 Clock를 14.7456Mhz로 지정해 주고 오른쪽 Check Box를 [그림 1-17]과 같이 지정해준다.

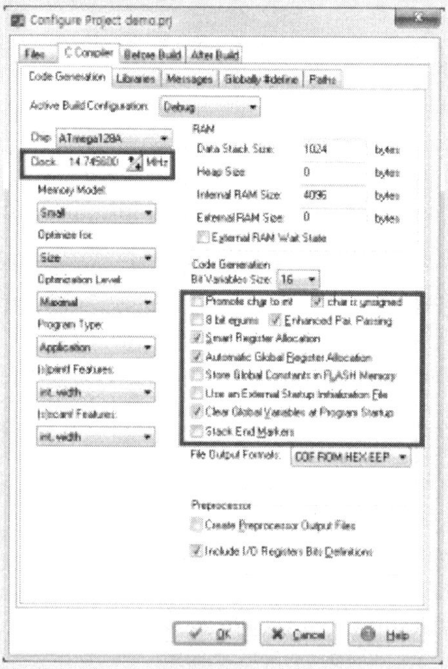

[그림 1-17] C Compiler 설정 화면

⑦ After Build를 선택한 후 Action에서 Program the Chip을 선택해준다.

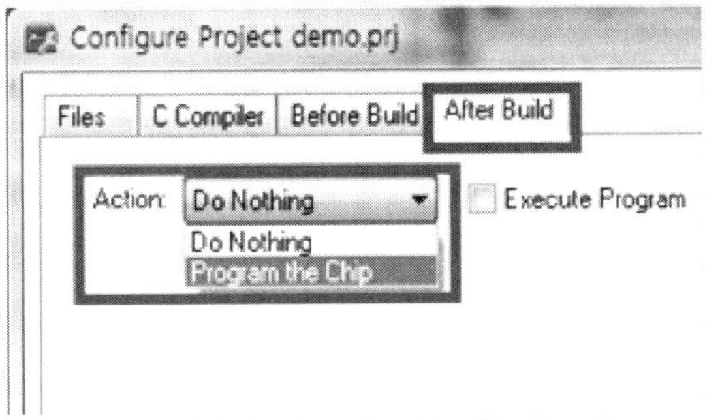

[그림 1-18] After Build 설정 화면 1

⑧ After Build 옵션에서 아래와 같이 세팅 후 'OK' 버튼을 클릭한다.

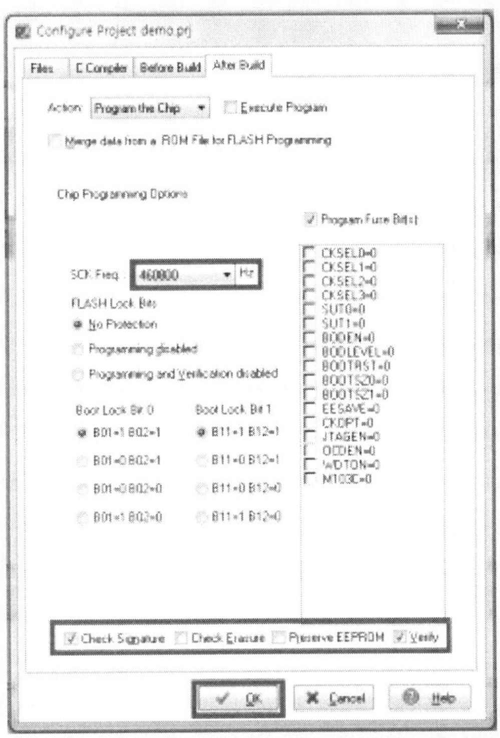

[그림 1-19] After Build 설정 화면 2

⑨ Project 파일생성이 완료된 화면이다.

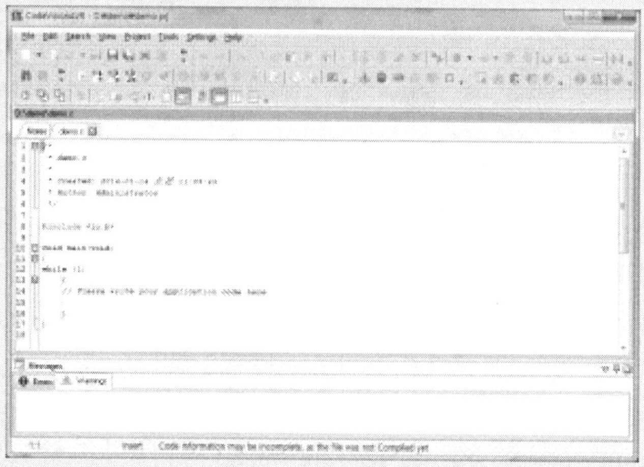

[그림 1-20] Project 생성 완료 화면

⑩ 이제 소스 파일에 PA0~PA7포트에 연결되어 있는 LED를 0.5초 간격으로 점멸하는 프로그램을 작성한 후 다운로딩을 하는 방법을 알아보도록 하겠다. 일단, 아래와 같이 프로그램을 작성한다.

D:\demo\demo.c

Notes / demo.c

```
#include <mega128a.h>
#include <delay.h>


void main(void)
{
DDRA = 0xff;

 while(1)
 {
   PORTA = 0xff;
   delay_ms(500);

   PORTA = 0x00;
   delay_ms(500);

   }
  }
```

[그림 1-21] 프로그램 작성

⑪ Settings-Debugger을 선택하여 AVR Studio 4.19를 선택한다.

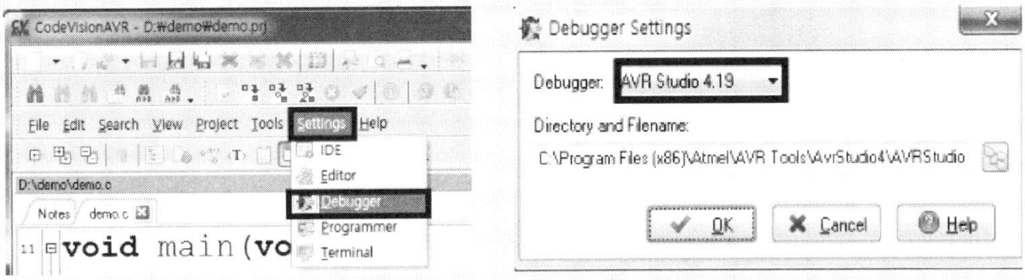

[그림 1-22] Debugger 선택

⑫ Settings-Programmer를 선택하여 DownLoader의 방법을 선택한다.

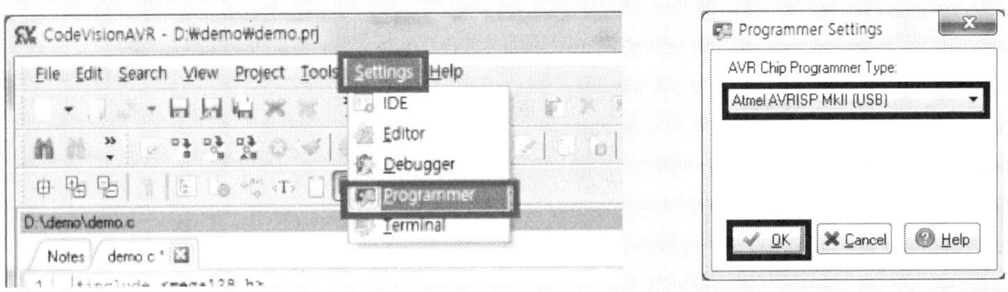

[그림 1-23] Programmer를 MK II 선택

⑬ DownLoader 방법셋팅이 끝났으면, Build All을 실행한다.

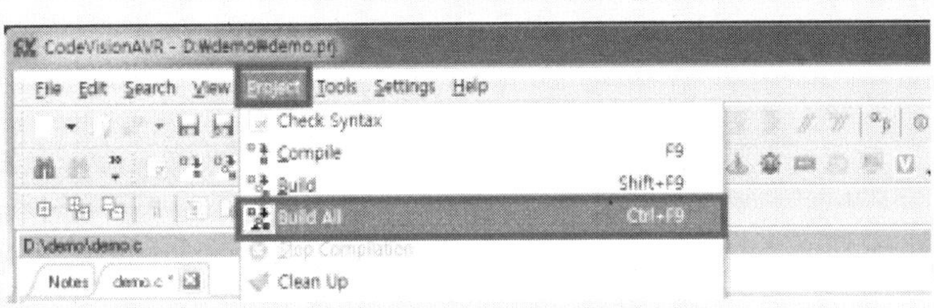

[그림 1-24] Build All 클릭

⑭ 아래 그림과 같이 정상적으로 다운로딩이 된다.

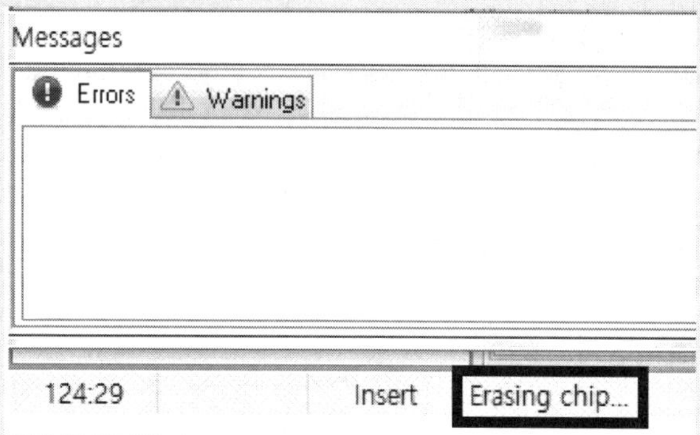

[그림 1-25] FLASH Programming 진행

⑮ 위와 같은 프로그램을 다운로드한 경우 LED 모듈이 0.5초 간격으로 깜빡이게 된다. 이렇게 되면 장비는 모든 것이 정상적임을 알 수 있다. 만약 위와 같이 진행사항이 나오지 않을 경우, 케이블 연결 상태 또는 장비의 전원투입 여부 등을 확인하여 본다.

⑯ 모든 부분을 확인 후에도 이상이 있을 경우에는 장비의 초기 세팅작업을 다시 한 번 확인하고, 증상이 계속되면 A/S 요청을 하는 것이 좋다.

학습활동.1 교수 · 학습 방법

교수 방법

- C언어와 개발환경에 대한 관련 용어, 구성, 방식 이해 정도를 파악한 후 수업을 진행한다.
- 교수자의 주도로 C언어와 개발환경 등의 내용을 PPT 자료로 제시한 후 설명한다.
- 가능하면 사전에 개인별 학습 자료를 준비하여 모든 학생이 참여할 수 있는 문제 해결식 수업, 협력 수업이 가능하도록 한다.
- C언어와 개발환경의 구성과 특징 전 과정을 작업의 순서에 따라 단계적으로 실습이 이루어질 수 있도록 지도한다.
- 교재를 통해 수업을 준비하는데 있어서 필요한 모든 정보나 팁, 힌트 등 도움이 될 만한 내용들을 확인할 수 있다.
- 학생들이 만들게 될 각 모델들은 수업시간에 중점적으로 다뤄질 부분과 어휘, 질문, 답을 포함하고 있으며 또한 탐구할만한 추가적인 아이디어들도 포함하고 있다.

학습 방법

- C언어와 개발환경에 대한 관련 용어를 숙지하고, C언어와 개발환경의 기초 단계에 대해 이해한다.
- C언어와 개발환경의 각 단계별 중점 사항을 체계적으로 학습한다.
- C언어와 개발환경의 수행순서의 전 과정을 실습한다.
- C언어와 개발환경의 내용을 이해한다.
- C언어와 개발환경의 구성을 이해하고 숙달이 될 때까지 학습한다.

학습활동.1 평가 및 피드백

평가 준거

- 평가자는 피평가자가 수행 준거 및 평가 내용에 제시되어 있는 내용을 성공적으로 수행할 수 있는 지를 평가해야 한다.

• 평가자는 다음 사항을 평가해야 한다.

학습내용	평가항목	성취수준		
		상	중	하
C언어의 이해	C언어의 프로그램을 이해할 수 있다.			
개발환경 설정의 이해	개발환경 설정의 구성과 특징을 이해할 수 있다.			

평가 방법

• 작업 포트폴리오

학습내용	평가항목	성취수준		
		상	중	하
C언어의 이해	C언어의 프로그램을 이해할 수 있다.			
개발환경 설정의 이해	개발환경 설정의 구성과 특징을 이해할 수 있다.			

• 필기시험

학습내용	평가항목	성취수준		
		상	중	하
C언어의 이해	C언어의 프로그램을 이해할 수 있다.			
개발환경 설정의 이해	개발환경 설정의 구성과 특징을 이해할 수 있다.			

• 체크리스트를 통한 관찰

학습내용	평가항목	성취수준		
		상	중	하
C언어의 이해	C언어의 프로그램을 이해할 수 있다.			
개발환경 설정의 이해	개발환경 설정의 구성과 특징을 이해할 수 있다.			

피드백

1. 작업 포트폴리오
   - 제출한 보고서를 평가한 후 주요 사항에 대하여 표시하여 돌려준다.
2. 필기 시험
   - 평가 결과 성적이 저조한 학생은 보고서 제출 기회를 부여한다.
3. 체크리스트를 통한 관찰
   - 실습 과정에서 평가한 후 개선해야 할 사항 등을 정리하여 돌려둔다.

학습 1	C언어 개요 및 개발환경 설정
학습 2	**ATmega128 특징 및 구성**
학습 3	LED 제어 응용
학습 4	FND 제어 응용
학습 5	LCD 제어 응용
학습 6	스위치 제어 응용
학습 7	인터럽트 제어 응용
학습 8	8비트 타이머/카운터 제어 응용
학습 9	AD변환기 제어 응용
학습 10	USART통신 제어 응용
학습 11	모터 제어 응용
학습 12	거리 및 초음파 센서 제어 응용
학습 13	Key 매트릭스 제어 응용
학습 14	Dot 매트릭스 제어 응용
학습 15	블루투스 제어 응용

2-1 ATmega128의 구성 및 특징

학습 목표 2-1. ATmega128의 구성 및 특징을 이해할 수 있다.

필요지식

1. ATmega128의 개요 및 특징

AVR 마이크로 컨트롤러는 하버드 구조(Harvard architecture), RISC 기술을 적용하여 매우 높은 성능을 발휘하는 소자이다. 또한 AVR은 이를 ATmel 사의 플래시 메모리(flash memory) 기술과 접목시켜 소자 내에 프로그램 코드용 플래시 메모리를 내장하고 있고, 여기에 사용자 프로그램을 쉽게 다운로드할 수 있는 ISP(In-System Programming) 방식을 적용하였다.

1) ATmega128A 개요

ATmega128A는 ATmel사가 개발한 저전력 CMOS 8비트 마이크로컨트롤러로 동작 전압이 2.7V~5.5V이다.

2) ATmega128A의 특징

ATmega128 계열은 향상된 RISC 구조를 기반으로 한 하버드 구조로 되어 있어 기존의 폰노이만 구조보다 명령 처리가 훨씬 빠르고 효율적이다.

(1) 고성능 저전력 소모의 RISC 구조

- 133개의 명령어 대부분이 1클록에 실행
- 32×8 비트 범용 레지스터 및 주변장치 제어 레지스터
- 16[MHz] 클럭을 이용하면 16[MIPS]까지의 명령 처리 속도 가능

(2) 비휘발성 데이터 및 프로그램 메모리

- 128[K]바이트 ISP 방식의 프로그램용 플래시 메모리 내장
- 4[K]바이트 내부 SRAM
- 4[K]바이트 EEPROM(100,000번 쓰기 / 삭제 가능)
- 외부 64[K]바이트 메모리 영역(선택할 경우)
- 소프트웨어 보안을 위한 메모리 잠금 프로그래밍 기능

(3) 특수 기능

- 6개의 슬립 모드
- 내부 RC 오실레이터와 외부 크리스탈을 연결하기 위한 발진 회로 내장
- 외부, 내부 인터럽트 소스

(4) 다양한 주변 장치

- 시스템 클록을 발생하는 내부 RC 오실레이터 회로와 외부에 크리스탈이나 세라믹 레조네이터를 접속할 수 있는 발진 회로 내장
- 리셋 벡터를 포함한 총 35개의 인터럽트 벡터
- 8채널 10비트 A/D 변환기와 아날로그 비교기
- 2개의 전 이중 통신이 가능한 USART 직렬 통신 포트
- 별도의 프리스케일러와 PWM 기능이 있는 2개(0, 2)의 8비트 타이머 / 카운터
- 별도의 프리스케일러와 비교, 캡처, PWM(8, 9, 10비트) 기능이 있는 2개

- (1, 3)의 16비트 타이머 / 카운터
- 내부 오실레이터로 작동하는 워치독 타이머(watch-dog timer)
- 마스터 / 슬레이브 SPI 직렬 통신
- 별도의 오실레이터로 작동이 가능한 실시간 카운터(RTC)

2. ARmega128의 구조 및 기능

1) ATmega128A의 구조

ATmega128A의 하버드 구조(Harvard architecture)는 프로그램 메모리와 데이터 메모리가 확연히 구분되어 있어, 프로그램 메모리에는 프로그램만 넣을 수 있고, 데이터 메모리에는 데이터만 넣을 수 있다. 또한 프로그램 메모리와 데이터 메모리는 별개의 버스에 의해 접근된다. 이렇게 각자 버스를 사용하기 때문에 동시에 일을 수행할 수 있어 속도가 빠르다.

ATmega128A는 [그림 2-1]와 같은 외부 핀 배치와 [그림 2-2]와 같은 내부 구조를 가지고 있다.

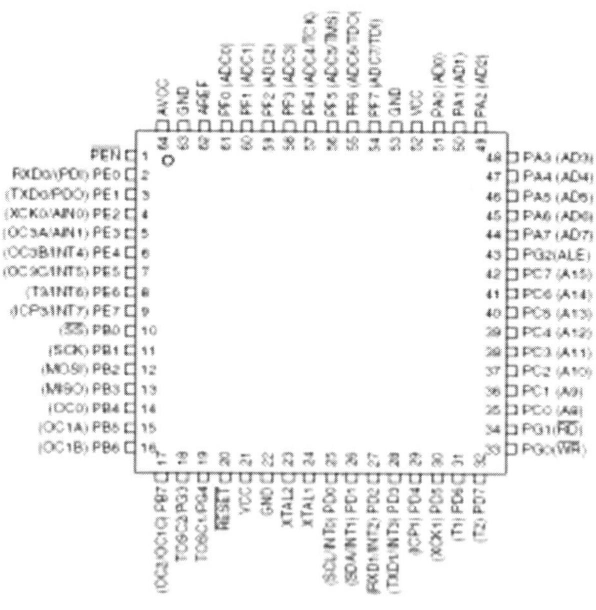

[그림 2-1] ATmega128A의 외부 핀 배치

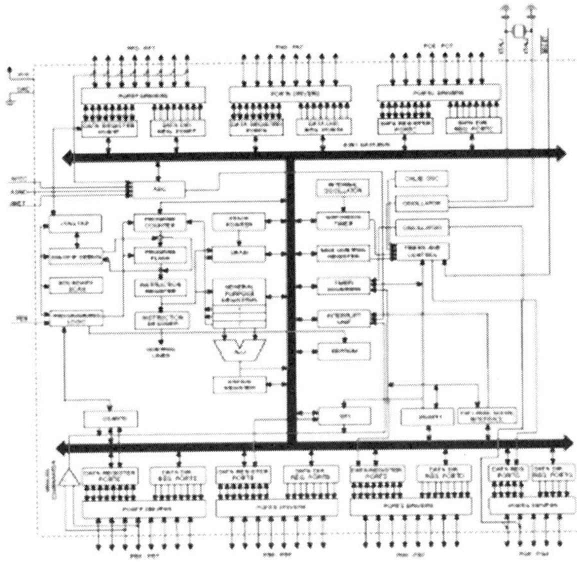

[그림 2-2] ATmega128A의 내부 구조도

1) ATmega128A CPU 코어

CPU는 연산부, 레지스터부 그리고 제어부로 구성된다. CPU 코어는 프로그램 카운터가 지시하는 플래시 메모리 번지에서 명령어를 인출하고 해독하는 부분과 ALU (Arithmetic Logic Unit : 산술 논리 연산 장치), 범용 레지스터, 상태 레지스터, 스택 포인터 등의 명령어 처리 부분, 그리고 데이터 메모리 및 인터럽트 처리기 I/O 모듈 등으로 구성된다.

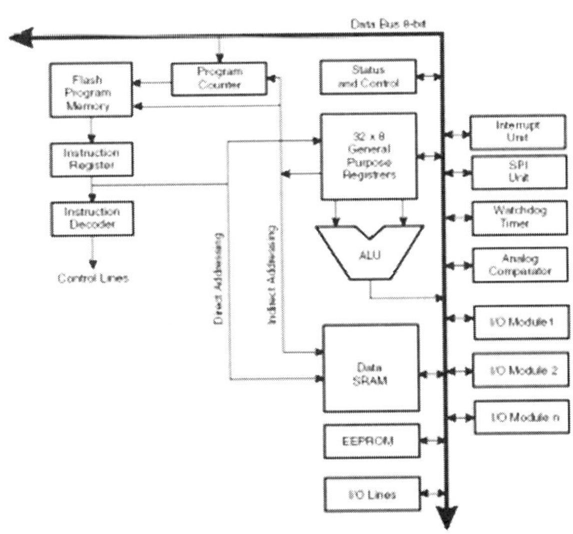

[그림 2-3] ATmega128A의 내부 구조도

2) 메모리와 하드웨어 기본 사항

CPU는 프로그램 메모리의 내용을 읽어서 이를 실행하고, 데이터 메모리는 데이터를 일시 저장한다.

〈표 2-1〉 ATmega128A 메모리의 기본 구조

구 분	프로그램 메모리	데이터 메모리
소자	플래시 메모리	SRAM
1워드 폭	16비트	8비트
크기	64[K]×16비트(128[K]바이트)	4[K]×8비트(4[K]바이트)
용도	프로그램 저장	데이터 저장

(1) 프로그램 메모리

ATmega128A는 프로그램 저장을 위해 재 프로그램이 가능한 128[K]바이트의 플래시 메모리를 갖고 있다. 이것은 8비트 마이크로컨트롤러이지만, 프로그램 메모리는 각 번지가 16비트 구조로 되어 있어서 64[K]×16비트=128[K]바이트 용량을 가진다.

이 플래시 메모리는 SPI 통신 방식을 이용한 ISP(In-System Programming) 기능을 가지고 있어서 사용자가 작성한 프로그램을 직접 다운로드할 수 있다. 플래시 메모리에 프로그램을 기입하는 방법은 ISP 방식 이외에도 JTAG 에뮬레이터를 사용하는 방법과 병렬 프로그래밍 모드를 사용하는 방법이 있다.

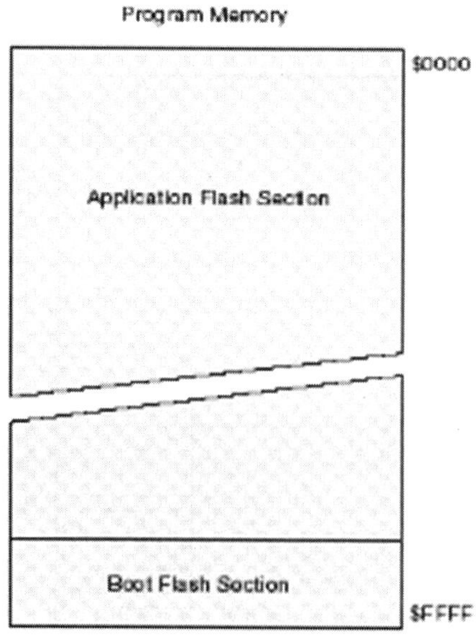

[그림 2-4] 프로그램 메모리

✔ **Tip : boot flash section**

[그림 2-4]는 boot flash section 영역으로 부트로더를 탑재하여 self-programming을 할 수 있도록 한다. self-programming은 주로 온라인상에서 펌웨어를 업그레이드 할 때 사용된다.

(2) 데이터 메모리

ATmega128A의 데이터 메모리는 크게 3가지로 나눈다. 내부 데이터 메모리로서의 SRAM, 외부 데이터 메모리, 그리고 내부 EEPROM이다. 이 중에서 EEPROM은 별도의 레지스터를 통하여 특별한 방식으로 액세스하며, 나머지는 모두 64[K]바이트의 데이터 메모리 영역에 지정되어 있다.

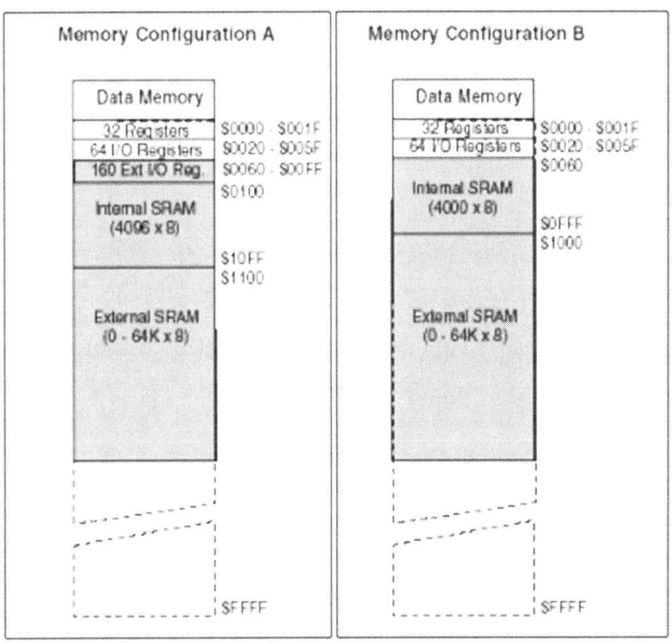

[그림 2-5] ATmega128A의 데이터 메모리

데이터 메모리의 최대 크기는 64[K]바이트이며, 메모리는 바이트 단위로 주소가 지정된다. 처음부터 32개의 레지스터 파일, 64개의 표준 I/O 메모리, 160개의 확장 I/O 메모리, 4[K]바이트의 내부 데이터 SRAM과 선택적으로 사용할 수 있는 외부 데이터 SRAM 순으로 구성되어 있다.

64개의 I/O 레지스터는 0x20~0x5F의 I/O 번지를 가지지만, IN 그리고 OUT 명령을 사용할 때는 0x00~0x3F의 I/O 번지를 사용해야 한다.

2) ATmega128A의 주요 기능

ATmega128A의 주요 기능 중에서 입·출력 포트, 타이머/카운터, A/D변환기, USART 기능 등을 가지고 있다.

1) 입·출력 포트

ATmega128A 마이크로컨트롤러에는 8비트 양방향 I/O 포트 6개(A, B, C, D, E, F)가 있다. 각 포트에는 입·출력과 관련된 레지스터 3개씩 가지고 있다.

〈표 2-2〉 입·출력포트 레지스터

레지스터	기 능	리셋 시
DDR	포트의 데이터 방향을 결정한다.	0000 0000
PORT	DDR에 의해 출력으로 설정되어 있는 경우에 출력을 하면 PORT 래치에 기록된다.	0000 0000
PIN	DDR에 의해 입력으로 설정되어 있는 경우에 PIN을 읽게 되면 포트 I/O의 high/low 상태를 읽어 들인다.	하이 임피던스 상태

(1) 포트 A(PA0~PA7)

내부 풀업(20~50[kΩ])되어 있는 8비트의 양방향 입·출력 단자이다. 출력 포트로 사용할 때 각 핀은 8개의 LED를 직접 구동할 수 있을 정도의 20[mA] 전류를 공급한다. 각각의 핀을 프로그램에서 DDRA 레지스터를 이용하여 포트의 입·출력을 설정한다.

이 포트는 입·출력 포트 외에 〈표 2-3〉과 같은 다른 기능도 가지고 있다.

〈표 2-3〉 포트 A의 기능

포트 핀	다른 기능	설 명
PA0~PA7	AD0~AD7	주소/데이터 비트 0~7

(2) 포트 B(PB0~PB7)

내부 풀업(20~50[kΩ])되어 있는 8비트의 양방향 입·출력 단자이다. 출력 포트로 사용할 때 각 핀은 8개의 LED를 직접 구동할 수 있을 정도의 20[mA] 전류를 공급한다. 각각의 핀을 프로그램에서 DDRB 레지스터를 이용하여 포트의 입·출력 방향을 설정해 사용할 수 있다.

이 포트는 입·출력 포트 외에 〈표 2-4〉와 같은 다른 기능도 가지고 있다.

> ✔ **Tip : 풀업 저항**
>
> 논리적으로 하이레벨 상태를 유지하기 위해 입력/출력 단자와 전원 단자 사이에 접속하는 저항

〈표 2-4〉 포트 B의 기능

포트 핀	다른 기능	설 명
PB0	SS	SPI 슬레이브 선택 입력
PB1	SCK	SPI 버스 직렬 클록
PB2	MOSI	SPI 버스 마스터 출력/슬레이브 입력
PB3	MISO	SPI 버스 마스터 입력/슬레이브 출력
PB4	OC0	타이머/카운터 0 비교 매치와 PWM 출력
PB5	OC1A	타이머/카운터 1 비교 매치와 PWM 출력 A
PB6	OC1B	타이머/카운터 1 비교 매치와 PWM 출력 B
PB7	OC2/OC1C	타이머/카운터 2의 비교 매치와 PWM 출력 타이머/카운터 1의 비교 매치와 PWM 출력

> ✔ **Tip : PWM(Pulse Width Modulation) 펄스 폭 변조**
>
> 진폭은 일정하고 전송하고 하는 신호에 따라 펄스폭이 변화하는 방식

(3) 포트 C(PC0~PC7)

내부 풀업(20~50[kΩ])되어 있는 8비트의 양방향 입·출력 단자이다.

출력 포트로 사용할 때 각 핀은 8개의 LED를 직접 구동할 수 있을 정도의 20[mA] 전류를 공급한다. 각각의 핀을 프로그램에서 DDRC 레지스터를 이용하여 포트의 입·출력 방향을 설정해 사용할 수 있다. 이 포트는 또한 입·출력 단자 외에 〈표 2-5〉와 같이 외부 데이터 메모리를 엑세스하기 위한 16비트 어드레스 중에서 상위 8비트 어드레스 버스로도 사용된다. 따라서 전체적으로 외부 메모리 영역은 $2^{16}=$ 65,536개의 번지 지정이 가능하며, 이중에 내부에서 사용하는 일부 영역은 제외된다.

이 포트는 입·출력 포트 외에 〈표 2-5〉와 같은 다른 기능도 가지고 있다.

〈표 2-5〉 포트 C의 기능

포트 핀	다른 기능	설 명
PC0~PC7	A8~A15	외부주소비트 8~비트 15

(4) 포트 D(PD0~PD7)

내부 풀업(20~50[kΩ])되어 있는 8비트의 양방향 입 · 출력 단자이다. 출력 포트로 사용할 때 각 핀은 8개의 LED를 직접 구동할 수 있을 정도의 20[mA] 전류를 공급한다. 각각의 핀을 프로그램에서 DDRD 레지스터를 이용하여 입력이나 출력으로 설정해 사용할 수 있다. 이 포트는 입 · 출력 포트 외에 〈표 2-6〉와 같은 다른 기능도 가지고 있다.

〈표 2-6〉 포트 D의 기능

포트 핀	다른 기능	설 명
PD0	INT0/SCL	외부 인터럽트 0 입력 / TWI 직렬 클록
PD1	INT1/SDA	외부인터럽트 1 입력 / TWI 직렬 데이터
PD2	INT2/RXD1	외부인터럽트 2 입력 / UART1 수신 핀
PD3	INT3/TXD1	외부인터럽트 3 입력 / UART1 송신 핀
PD4	ICP1	타이머 / 카운터 1의 입력 캡처 핀
PD5	XCK1	UART1의 외부 클록 입 · 출력
PD6	T1	타이머 / 카운터 1 클록 입력
PD7	T2	타이머 / 카운터 2 클록 입력

(5) 포트 E(PE0~PE7)

내부 풀업(20~50[kΩ])되어 있는 8비트의 양방향 입 · 출력 단자이다. 출력 포트로 사용할 때 각 핀은 8개의 LED를 직접 구동할 수 있을 정도의 20[mA] 전류를 공급한다. 각각의 핀을 프로그램에서 DDRE 레지스터를 이용하여 입력이나 출력으로 설정해 사용할 수 있다. 이 포트는 입 · 출력 포트 외에 〈표 2-7〉와 같은 다른 기능도 가지고 있다.

〈표 2-7〉 포트 E의 기능

포트 핀	다른 기능	설 명
PE0	PDI/RXD0	ISP의 프로그램 데이터 입력 / UART0 수신 핀
PE1	PD0/TXD0	ISP의 프로그램 데이터 추력 / UART0 송신 핀
PE2	AIN0/XCK0	아날로그 비교기(+) 입력 / USART0 외부 클록 입 · 출력
PE3	AIN1/OC3A	아날로그비교기(−) 입력 / 타이머/카운터 3의 출력 비교와 PWM 출력 A
PE4	INT4/OC3B	외부 인터럽트 4 / 타이머 / 카운터 3의 출력 비교와 PWM 출력 B
PE5	INT5/OC3C	외부 인터럽트 5 / 타이머 / 카운터 3의 출력 비교와 PWM 출력 C
PE6	INT6/T3	외부 인터럽트 6 / 타이머 / 카운터 3의 클록 입력
PE7	INT7/ICP3	외부 인터럽트 7 / 타이머 / 카운터 3의 캡쳐 입력 핀

(6) 포트 F(PF0~PF7)

내부 풀업(20~50[kΩ])되어 있는 8비트의 양방향 입·출력 단자이다. 출력 포트로 사용할 때 각 핀은 8개의 LED를 직접 구동할 수 있을 정도의 20[mA] 전류를 공급한다. 각각의 핀을 프로그램에서 DDRF 레지스터를 이용하여 입력이나 출력으로 설정해 사용할 수 있다. 이 포트는 입·출력 단자 외에 〈표 2-8〉과 같은 다른 기능도 가지고 있다.

〈표 2-8〉 포트 F의 기능

포트 핀	다른 기능	설 명
PF0~PF3	ADC0~ADC3	A/D 변환기 입력 채널 0~채널 3
PF4	ADC4/TCK	A/D 변환기 입력 채널 4/JTAG 클록
PF5	ADC5/TMS	A/D 변환기 입력 채널 5/JTAG 모드 선택
PF6	ADC6/TDO	A/D 변환기 입력 채널 6/JTAG 데이터 출력
PF7	ADC7/TDI	A/D 변환기 입력 채널 7/JTAG 데이터 입력

(7) 포트 G(PG0~PG7)

내부 풀업(20~50[kΩ])되어 있는 5비트의 양방향 입·출력 단자이다. 출력 포트로 사용할 때 각 핀은 5개의 LED를 직접 구동할 수 있을 정도의 20[mA] 전류를 공급한다. 각각의 핀을 프로그램에서 DDRG 레지스터를 이용하여 입력이나 출력으로 설정해 사용할 수 있다. 이 포트는 입·출력 단자 외에 〈표 2-9〉와 같은 다른 기능도 가지고 있다.

〈표 2-9〉 포트 G의 기능

포트 핀	다른 기능	설 명
PG0	WR	외부 메모리 쓰기 스트로브 신호
PG1	RD	외부 메모리 읽기 스트로브 신호
PG2	ALE	외부 메모리에 대한 주소 래치 신호
PG3	TOSC2	RTC 오실레이터 타이머/카운터 0
PG4	TOSC1	RTC 오실레이터 타이머/카운터 0

(8) 기타 포트

〈표 2-10〉 기타 포트의 기능

핀 이름	설 명
VCC, GND	전원, 접지
RESET	리셋 입력 단자, 확실한 리셋 동작을 위해 1.5[μs] 이상의 low 신호를 인가
XTAL1, 2	내부 클록 발생 증폭 회로의 입력, 출력
AVCC	A/D 컨버터 및 포트 F의 전원 단자
AREF	A/D 컨버터에 대한 아날로그 기준 전압 입력 단자
PEN	SPI모드를 위한 프로그램 ENABLE 핀이며, 내부적으로 HIGH로 풀업됨

✔ **Tip**

- **싱크(sink) 전류** : IC로 흘러들어가는 전류(low 출력)
- **소스(source) 전류** : IC에서 흘러나오는 전류(high 출력)
- **하이 임피던스 상태** : 전기적으로 끊어진 상태

2) 타이머 / 카운터

ATmega128A는 4개(8비트 2개, 16비트 2개)의 범용 타이머 / 카운터를 내장하고 있다. 이들 타이머 / 카운터들은 모두 ATmega128A의 클록과 동기해서 입력 클록을 공급받도록 되어 있다.

타이머 / 카운터 0은 다른 타이머 / 카운터와 달리 32.768[kHz]의 크리스탈을 접속하는 TOSC1 및 TOSC2 단자를 가지고 있어서 RTC의 기능을 갖도록 할 수 있으며, 외부의 클록 입력 단자 T0이 없는 대신 TOSC1 단자에 외부 클록을 인가할 수도 있다.

타이머 / 카운터 1, 2, 3은 내부 클록을 사용하는 타이머에 대하여만 프리스케일러가 동작하는데 비하여, 타이머 / 카운터 0은 내부 클록을 사용하든 외부클록을 사용하든 모두 프리스케일러의 적용을 받는다는 점이 다르다. 이들 타이머 / 카운터들은 내부 클록을 이용하여 타이머로 활용할 수도 있고, 외부 신호 입력 핀과 연결하여 외부 신호 트리거(trigger) 카운터로 활용할 수도 있다.

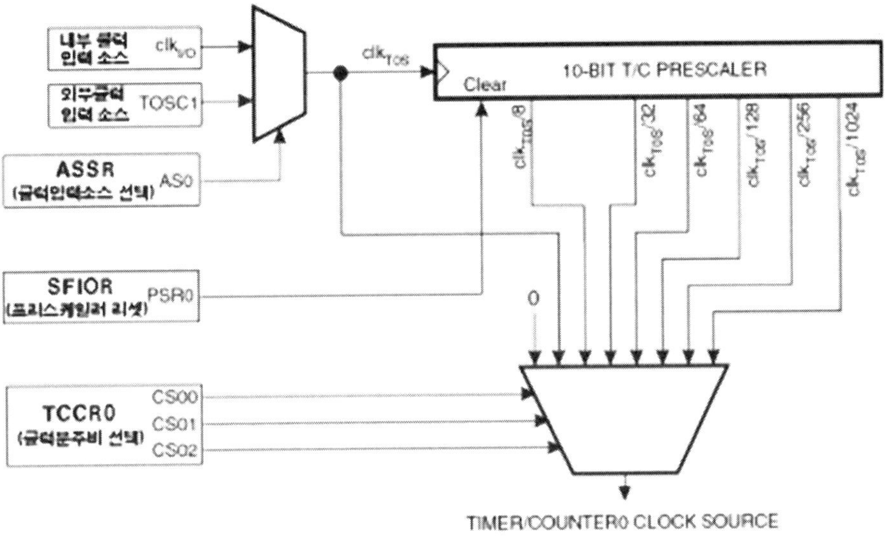

[그림 2-6] 타이머 / 카운터 0 프리스케일러

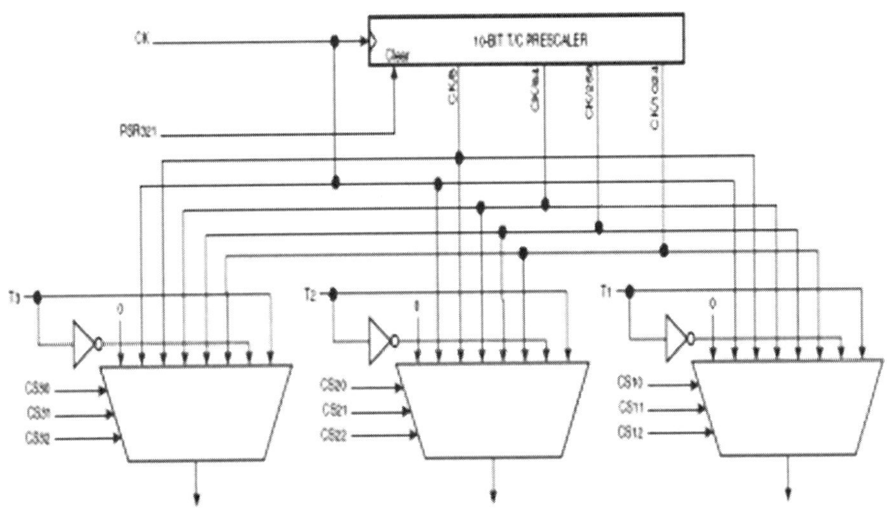

[그림 2-7] 타이머 / 카운터 1, 2, 3 프리스케일러

✓ **Tip :** RTC

Real Time Clock의 약자로 실제 시계와 같은 기능을 하는 것을 의미한다. RTC를 이용하면 실제 시간을 측정하는 것이 가능하기 때문에, 여러 가지 시간 측정을 효율적으로 할 수 있다.

다음은 ATmega128A 타이머 / 카운터의 기능을 요약한 것이다.

〈표 2-11〉 타이머 / 카운터 기능 비교

<table>
<tr><th>구 분</th><th>Timer/Counter 0</th><th>Timer/Counter 2</th><th>Timer/Counter 1, 3</th></tr>
<tr><td>기본 구조</td><td>8비트</td><td>8비트</td><td>16비트</td></tr>
<tr><td>타이머 프리스케일러</td><td rowspan="2">1, 8, 32, 64, 128, 256, 1024</td><td>1, 8, 64, 256, 1024</td><td>1, 8, 64, 256, 1024</td></tr>
<tr><td>카운터 프리스케일러</td><td>–</td><td>–</td></tr>
<tr><td>관련 레지스터</td><td>TCCR0
TCNT0
OCR0
ASSR
SFIOR
TIMSK
TIFR</td><td>TCCR2
TCNT2
OCR2
SFIOR
TIMSK
TIFR</td><td>TCCRnA, TCCRnB, TCCRnC
TCNTnH, TCNTnL
OCRnAH, OCRnAL
OCRnBH, OCRnBL
OCRnCH, OCRnCL
ICRnH, ICRnL
SFIOR
TIMSK, ETIMSK, TIFR, ETIFR</td></tr>
<tr><td>동작 모드</td><td>일반 모드
CTC
fast PWM
PC PWM</td><td>일반 모드
CTC
고속 PWM
PC PWM</td><td>일반 모드
CTC
고속 PWM
PC(phase Correct) PWM
PFC(Phase & Frequency Corrent) PWM</td></tr>
<tr><td>입력 신호 단자</td><td>TOSC1, TOSC2</td><td>T2</td><td>Tn, ICPn</td></tr>
<tr><td>출력 신호 단자 (PWM 가능)</td><td>OC0</td><td>OC2</td><td>OCnA, OCnB, OCnC</td></tr>
<tr><td>인터럽트</td><td>over flow
출력비교 일치</td><td>over flow
출력 비교 일치</td><td>over flow
출력 비교 일치 A/B/C
입력 캡처</td></tr>
<tr><td>기타 특징</td><td>RTC기능, 타이머/카운터 모두 프리스케일러 사용</td><td>OC2 단자는 OC1C 단자와 서로 같은 핀을 사용함</td><td>캡처 기능</td></tr>
</table>

▶ 타이머 / 카운터 레지스터 설정 예

- 일반모드 설정하기 : TCCR0 레지스터의 WGM01과 WGM00 비트를 0으로 설정
- 인터럽트 주기 설정하기

  시스템 클록 : 14.7456[MHz], 분주비 : 1024, 인터럽트 주기 : 10[ms]

  – TCNT0 = 256 − (인터럽트 주기 × 시스템 클록 주파수 / 분주비)

$$- \quad TCNT0 = 256 - (10[ms] \times 14.7456[MHz]/1024)$$

$$= 256 - (10 \times 14.7456 \times 1000/1024) = 112$$

따라서 TCCR0 = 0x07(1024 분주), TCNT = 112으로 설정한다.

3) A/D 변환기

ATmega128A는 10비트 분해능의 A/D 변환기를 8채널 갖고 있고, 이 8채널 아날로그 입력은 포트 F를 통해 입력된다. 단극성인 경우 0~Ref[V]의 입력 전압이 공급되어 0x00~0x3FF(1023)의 디지털 값으로 변환된다. 차동 입력의 경우에는 −Ref[V]~+Ref[V]의 입력 전압이 공급되어 2의 보수 0x00~0x1FF(−512~511)의 디지털 값으로 변환된다.

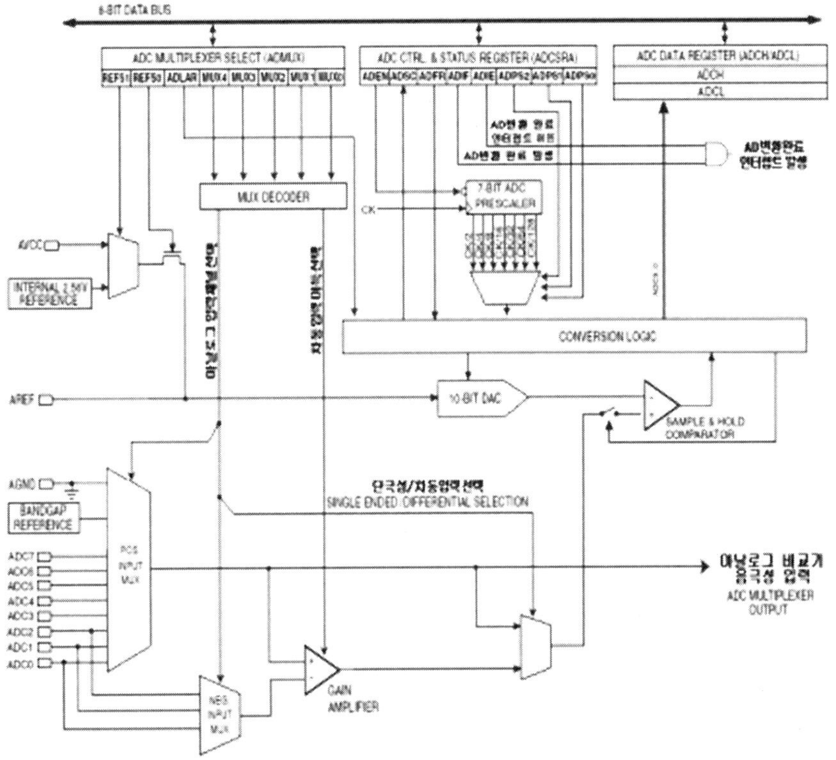

[그림 2-8] A/D 변환기의 내부 블럭도

1) 관련 레지스터

(1) ADMUX : A/D 변환기 멀티플렉서 선택 레지스터

REFS1	REFS0	ADLAR	MUX4	MUX3	MUX2	MUX1	MUX0

(2) ADCSRA : A/D 변환기 제어 및 상태 레지스터

ADEN	ADSC	ADFR	ADIF	ADIE	ADPS2	ADPS1	ADPS0

(3) ADCH, ADCL : A/D 변환기 데이터 레지스터(변환된 데이터가 저장 / 읽기만 가능)

-	-	-	-	-	-	ADC9	ADC8	ADCH
ADC7	ADC6	ADC5	ADC4	ADC3	ADC2	ADC1	ADC0	ADCL

A/D 변환기의 프로그램 예

```
ADMUX  = 0x00;          // ADC0 단극성 입력 선택
ADCSRA  = 0xA7;          // ADC 활성화, ADC free Running, 128분주
while((ADCSRA & 0x10) = 0);
adc = (int)ADCL + ((int)ADCH<<8);
```

2) A/D 변환기의 특징

10비트의 분해능을 가지고 있다(아날로그 신호를 10비트 크기의 디지털 신호로 출력시킨다). 변환 시간은 65~260[μs]이다. 이는 아날로그 신호를 최대 분해능으로 15[KSPS]의 속도로 샘플링할 수 있다. A/D 변환 시 ±2[LSB]의 정밀도를 갖고 있으며 프리러닝 모드와 단일 변환 모드를 사용할 수 있다. 동시에 변환 완료 인터럽트를 사용할 수 있다. 슬립(Sleep) 모드 노이즈 제거 기능이 있으며, 입력 전압 영역은 0~5[V]이다.

즉, AGND(0[V])~(AREF[V])~AVCC(5[V])이다. AREF[V] 전압 신호는 외부에서 인가하는데, AGND(0[V])와 AVCC(5[V]) 사이의 중간 값이 인가되어야 한다.

✔ **Tip : SPS**

Sample per Second의 약자로 단위를 초당 샘플링 단위로 나타낸다.

4) 외부 인터럽트

(1) ATmega128A의 외부 인터럽트 구조

ATmega128A는 리셋과 함께 34개의 인터럽트 소스와 이에 해당하는 인터럽트 벡

터로 구성되어 있다. 이들 인터럽트와 리셋 벡터는 대개의 마이크로프로세서에서와 마찬가지로 프로그램 메모리 영역의 가장 낮은 메모리 번지부터 리셋과 인터럽트 벡터들의 순으로 되어 있다. 이것들은 여러 인터럽트 마스크 레지스터를 통하여 각각 개별적으로 허용여부를 설정할 수 있으며, 상태 레지스터 SREG의 글로벌 인터럽트 허용 비트를 이용하여 전체적인 허용여부를 설정할 수 있다.

여기서 인터럽트 소스의 의미는 [그림 2-9]와 같이 인터럽트가 발생하게 되는 출입구와 같은 것이며, 인터럽트 벡터란 이러한 출입구에 해당하는 인터럽트 소스의 출입구 이름과 같은 것이다. 즉, [그림 2-9]와 같이 3개의 출입구가 있는 경우 인터럽트 소스는 3개가 있는 것이며, 이러한 인터럽트 소스는 각각 3개의 출입구 이름인 3개의 인터럽트 벡터를 갖는다.

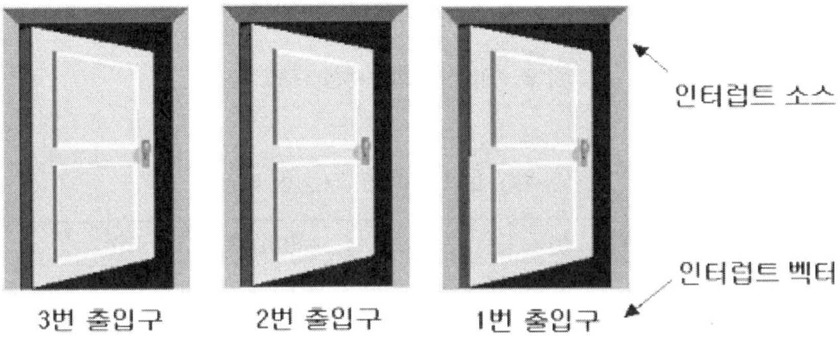

[그림 2-9] 인터럽트 소스와 벡터의 구분

ATmega128A에는 34개의 출입구에 해당하는 34개의 사용자 정의 인터럽트 소스와 이러한 34개 출입구의 출입구이름인 34개의 인터럽트 벡터가 있다.

> ✔ **Tip : 인터럽트 3대 요소**
>
> - 소스 : 인터럽트 요청을 어느 시스템이 했느냐의 문제
> - 벡터 : 인터럽트 발생시 이에 합당한 서비스를 위해 어디로 뛰어가느냐의 문제
> - 우선순위 : 동시에 2개 이상의 인터럽트 요청시 어떤 것부터 인정하느냐의 문제

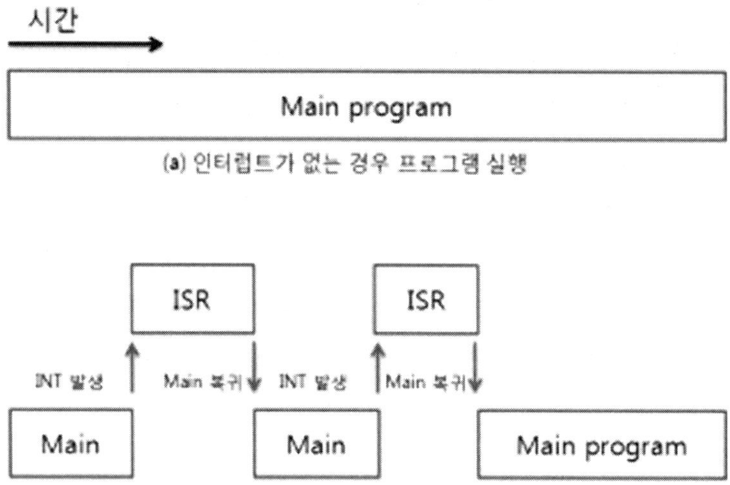

(a) 인터럽트가 없는 경우 프로그램 실행

(b) 인터럽트 발생시 프로그램 수행

[그림 2-10] 인터럽트 수행 프로그램

〈표 2-12〉 외부 인터럽트 소스와 벡터

벡터	벡터 번지	인터럽트 소스	인터럽트 발생 조건
0	0x0000	리셋	External Pin, Power-on Reset, Brown-out Reset, Watchdog Reset, and JTAG AVR Reset
1	0x0002	INT0	External Interrupt Request0
2	0x0004	INT1	External Interrupt Request1
3	0x0006	INT2	External Interrupt Request2
4	0x0008	INT3	External Interrupt Request3
5	0x000A	INT4	External Interrupt Request4
6	0x000C	INT5	External Interrupt Request5
7	0x000E	INT6	External Interrupt Request6
8	0x0010	INT7	External Interrupt Request7

(2) 관련 레지스터

① EICRA : 외부 인터럽트 제어 레지스터 A : 외부 인터럽트 관련해서 INT0~INT3 핀에 가해야 하는 신호의 종류를 설정하는 레지스터로 구성은 다음과 같다.

7	6	5	4	3	2	1	0	비트번호
ISC31	ISC30	ISC21	ISC20	ISC11	ISC10	ISC01	ISC00	초기값(0x00)

〈표 2-13〉 외부 인터럽트 INT0~3의 트리거 방식 결정

ISCn1	ISCn0	인터럽트 요청 신호 형태
0	0	INTn 핀의 "L" 레벨에서 인터럽트 요청
0	1	예약
1	0	INTn의 하강 모서리에서 비동기적으로 인터럽트 요청
1	1	INTn의 상승 모서리에서 비동기적으로 인터럽트 요청

② EICRB : 외부 인터럽트 제어 레지스터 B

7	6	5	4	3	2	1	0	비트번호
ISC71	ISC70	ISC61	ISC60	ISC51	ISC50	ISC41	ISC40	초기값(0x00)

〈표 2-14〉 5외부 인터럽트 INT4~7의 트리거 방식 결정

ISCn1	ISCn0	인터럽트 요청 신호 형태
0	0	INTn 핀의 "L" 레벨에서 인터럽트 요청
0	1	예약
1	0	INTn의 하강 모서리에서 비동기적으로 인터럽트 요청
1	1	INTn의 상승 모서리에서 비동기적으로 인터럽트 요청

✔ **Tip : 에지(edge)**

1. 상승 에지 : 클럭이 상승할 때 만들어지는 모서리

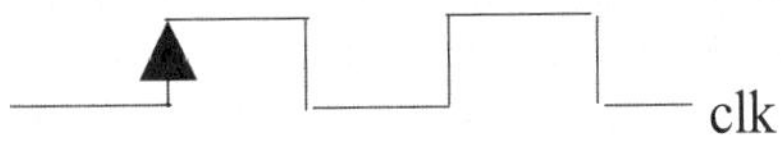

2. 하강 에지 : 클럭이 하강할 때 만들어지는 모서리

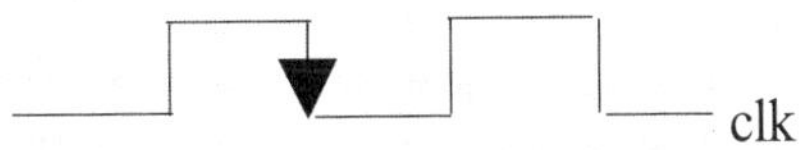

5) 직렬 통신

직렬 통신이란 여러 방식의 통신 중에서 마이크로프로세서와 마이크로프로세서, 또는 마이크로프로세서와 컴퓨터 간에 송·수신 단자를 통하여 직렬로 데이터를 보내거나 받는 구조를 지닌 통신 방식을 말한다.

[그림 2-11] 직렬 통신의 개념도

ATmega128A는 동기 및 비동기 전송 모드에서 전이중 통신을 할 수 있는 USART 2개(USART0, USART1)를 갖고 있으며, 높은 정밀도의 보레이트 발생기를 내장하고 있다.

- ATmega128A 직렬 통신의 특징
- 송·수신을 동시에 할 수 있는 전이중 방식 지원
- 동기식 또는 비동기식 모드를 지원
- 동기식으로 동작하는 마스터 또는 슬레이브 모드를 지원
- 고 분해능의 보레이트 발진기를 내장
- 다양한 직렬 통신 프레임을 지원(5~9 비트의 데이터 비트와 1~2비트의 정지 비트)
- 오류 정정을 위해 짝수 또는 홀수 패리티 발생/검사 기능을 하드웨어로 지원
- 데이터 오버런/프레임 오류 검출 기능을 내장
- 데이터의 신뢰성 향상을 위해 시작 비트 검출과 디지털 저대역 필터 등과 같은 잡음 제거 기능을 내장
- 송신 완료, 송신 데이터 준비 완료, 수신 완료 등의 세 가지 인터럽트를 지원
- 다중 프로세서 통신 모드를 지원
- 비동기 2배속 통신 모드를 지원

USART 직렬 통신 포트에서는 송신 완료(TX complete), 송신 데이터 레지스터 준비 완료(TX data register empty), 수신 완료(RX complete) 등 3가지의 인터럽트를 사용할 수 있다.

USART0는 송·수신 겸용의 데이터 레지스터 UDR0과 3개의 제어 레지스터 UCSR0A, UCSR0B, UCSR0C 그리고 보레이트 레지스터 UBRR0H, UBRR0L에 의해 제어된다.

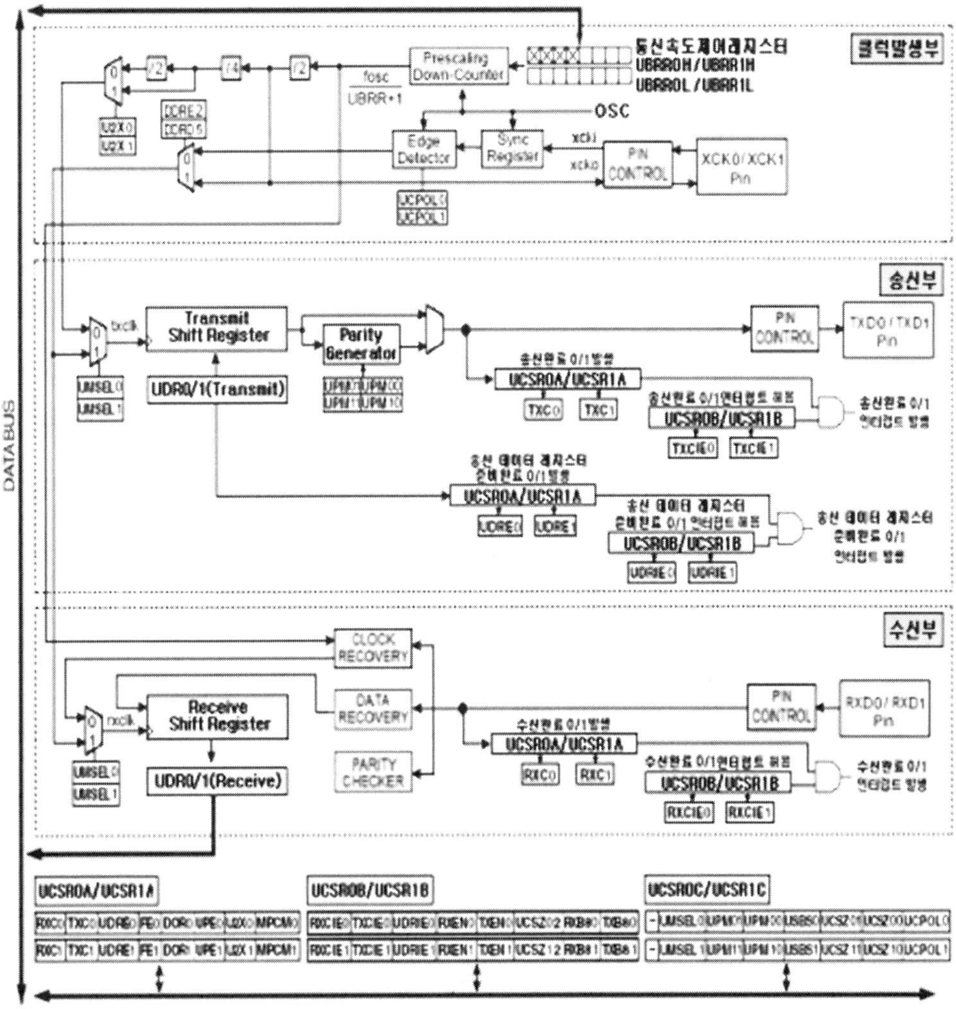

[그림 2-12] 직렬 통신 내부 블럭도

1) 통신 보레이트 결정

설정된 UBBRn 레지스터에 대하여 보레이트를 계산하는 공식이나 반대로 원하는 보레이트를 설정하기 위한 UBBRn 레지스터의 값을 구하는 공식을 동작 모드별로 요약하면 〈표 2-15〉과 같다. 동기 슬레이브 모드에서는 XCKn 단자로 입력되는 클럭의 주파수가 그대로 보레이트가 된다.

✔ **Tip : 보레이트(BAUD Rate)**

BAUD의 단위는 bps(Bit Per Second)이며 UBRRn은 12비트만을 사용하므로 0~4096 범위의 값을 가질 수 있다.

〈표 2-15〉 USARTn 포트에 대한 보레이트 설정 공식(n= 0,1)

동작 모드	보레이트를 결정하는 공식	UBRR 레지스터값을 결정하는 공식
비동기 일반 모드	$BAUD = \dfrac{f_{osc}}{16(UBRRn+1)}$	$UBRR = \dfrac{f_{osc}}{16 \times BAUD} - 1$
비동기 2배속 모드	$BAUD = \dfrac{f_{osc}}{8(UBRRn+1)}$	$UBRR = \dfrac{f_{osc}}{8 \times BAUD} - 1$
동기 마스터 모드	$BAUD = \dfrac{f_{osc}}{2(UBRRn+1)}$	$UBRR = \dfrac{f_{osc}}{2 \times BAUD} - 1$

이 공식에 따라 ATmega128A에 14.7456[MHz]의 시스템 클럭을 사용하는 경우 각 보레이트로 UBRRn 레지스터의 값을 계산하면 〈표 2-16〉과 같고, UBRRn 레지스터의 값을 표와 같이 설정하는 경우 표준 보레이트와 실제로 동작하는 전송 속도 사이의 오차를 계산하여 제시하였는데, 230.4[Kbps]인 경우를 제외한 모든 전송 속도에서는 거의 동작에 영향을 주지 않는 무시할 수 있는 오차가 된다.

〈표 2-16〉 보레이트에 따른 UBRRn 레지스터 설정($f_{osc} = 14.7456$[MHz])

Baud Rate[bps]	비동기 일반모드(U2Xn=0)		비동기 2배속 모드(U2Xn=1)	
	UBRRn	에러	UBRRn	에러
2400	383	0.0%	767	0.0%
4800	191	0.0%	383	0.0%
9600	95	0.0%	191	0.0%
14,400	63	0.0%	127	0.0%
19,600	47	0.0%	95	0.0%
28,800	31	0.0%	63	0.0%
38,400	23	0.0%	47	0.0%
57,600	15	0.0%	31	0.0%
76,800	11	0.0%	23	0.0%
115,200	7	0.0%	15	0.0%
230,400	3	0.0%	7	0.0%
250,000	3	-7.8%	6	+5.3%
500,000	1	-7.8%	3	-7.8%
1M	0	-7.8%	1	-7.8%

■ 보충학습 : UBRRn을 구하는 공식

보레이트(BAUD)를 결정하는 공식을 이용해, 역으로 UBRRn을 구하는 공식을 유도해 보자.

[풀이]

$BAUD = \frac{f_{osc}}{16(UBRR_n + 1)}$ 로부터 UBRRn을 유도

$$16 \times BAUD = \frac{f_{osc}}{(UBRR_n + 1)}$$

$$16 \times BAUD \times (UBRR_n + 1) = f_{osc}$$

$$(UBRR_n + 1) = \frac{f_{osc}}{16 \times BAUD}$$

【답】 $UBRR_n = \frac{f_{osc}}{16 \times BAUD} - 1$

2) 관련 레지스터

(1) UCSR0A : USART0 제어 및 상태 레지스터 A

RXC0	TXC0	UDRE0	FE0	DOR0	UPE0	U2X0	MPCM0

(2) UCSR0B : USART0 제어 및 상태 레지스터 B

RXCIE0	TXCIE0	UDRIE0	RXEN0	TXEN0	UCSZ02	RXB80	TXB80

(3) UCSR0C : USART0 제어 및 상태 레지스터 C

–	UMSEL0	UPM01	UPM00	USBS0	UCSZ01	UCSZ00	UCPOL0

(4) UBRR0H, UBRR0L : USART0 보레이트 레지스터

<table>
<tr><td>–</td><td>–</td><td>–</td><td>–</td><td colspan="4">USART0 보레이트 레지스터 상위</td></tr>
<tr><td colspan="8">USART0 보레이트 레지스터 하위</td></tr>
</table>

(5) UDR0 : USART I/O 데이터 레지스터

USART 모듈의 송·수신 데이터 버퍼의 기능을 수행하며, 각 포트의 송신 및 수신 버퍼는 동일한 주소에 위치하지만, 내부적으로는 서로 다른 별개의 레지스터로서,

송신할 데이터를 UDR0에 쓰면, 이는 송신 데이터 버퍼 TXB에 저장되고, 수신된 데이터를 UDR0에서 읽으면 수신 데이터 버퍼 RXB에 수신되어 있는 값이 읽혀진다.

RXB[7 : 0]
TXB[7 : 0]

수행 내용　ATmega128의 구성 및 특징 이해하기

재료 · 자료

• C언어 프로그래밍, 타깃보드

기기(장비 · 공구)

• 컴퓨터, USB케이블, 개발시스템, ISP

안전 · 유의사항

• ATmega128 타깃 시스템의 외형을 관리하고 ATmega128 타깃 시스템에 전원을 관리한다.

수행 순서

01 마이크로프로세서와 마이크로컨트롤러를 비교 설명하라.

마이크로프로세서(Microprocessor)는 컴퓨터의 가장 핵심적인 부품이며 중앙연산처리 장치인 CPU(Central Processing Unit)를 말한다. 마이크로프로세서와 마이크로컨트롤러가 혼용되어 쓰이기도 하는데 범용적으로 사용되는 용어가 마이크로프로세서이고 특정 분야에 전용으로 사용되는 것을 마이크로컨트롤러로 생각하면 된다. 또한, 마이크로프로세서를 프로세서라고도 부른다.

1. 마이크로프로세서

마이크로프로세서는 주로 PC의 CPU로서 고속의 연산과 대용량 메모리 처리에 비중을 두어 가격이 비싼 편이다. 부가적인 I/O 기능은 별도의 외부 IC 칩을 사용한다. IC 칩의 발전 속도가 매우 빠르다. 마이크로프로세서는 MPU(Micro Processor Unit)로 부르기도 한다.

2. 마이크로컨트롤러

마이크로컨트롤러는 CPU 기능과 기본 메모리, I/O 포트 및 직렬 통신 등의 기능을 하나의 칩에 내장한 것이다. 마이크로프로세서에 비해 처리 속도가 느리고 소용량의 메모리를 내장하고 있으며 가격이 싼 편이다. 최근에는 A/D 변환기, PWM 출력기 등을 내장한 마이크로컨트롤러가 출시되고 있다. 주로 모터 제어, 자동차 ECU 등과 같은 제어 전용의 CPU로 사용된다. 8051, PIC, AVR 시리즈 등이 있다. 마이크로컨트롤러는 마이크로프로세서로 지칭되는 MPU와 구별하여 MCU(Micro Control Unit)라 부른다.

02 마이크로프로세서의 하드웨어의 구성에 대하여 설명하라.

마이크로프로세서 시스템의 하드웨어 구성은 컴퓨터의 하드웨어 구성과 기본적으로 같다. 하드웨어 구성요소는 다음과 같다.

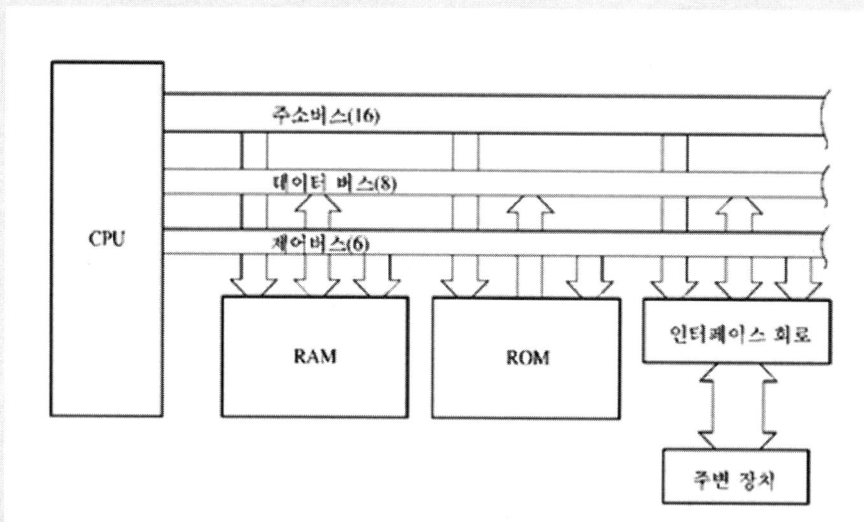

[그림 2-13] 마이크로프로세서 시스템의 하드웨어 구성

1. CPU

컴퓨터 하드웨어의 핵심부분으로 산술연산, 논리연산 등을 수행하는 명령어를 처리한다. 보통 8비트 마이크로프로세서라고 말하는 것은 CPU에서 연산하는 기본 단위가 8비트,

즉 1바이트임을 말한다. 또한, 데이터 버스가 8비트임을 나타낸다. 따라서 16비트 마이크로프로세서는 기본 연산 단위가 16비트이므로 8비트 마이크로프로세서에 비해 더 빠른 연산 수행 속도를 갖게 된다.

2. 메모리

RAM과 ROM과 같이 CPU가 프로그램을 실행하기 위해 사용하는 메모리와 PC와 같은 범용 컴퓨터에서는 저장용 메모리인 하드디스크 등도 있다.

3. 입출력 장치

CPU에 데이터를 입력하거나 CPU의 연산 결과를 출력하는 부분으로서 PC와 같은 범용 컴퓨터에서는 모니터, 키보드 등이 있다.

4. 인터페이스 회로

CPU와 입·출력 장치를 연결해주는 부분으로 CPU와 메모리 외에 다른 소자들은 모두 인터페이스 회로라고 할 수 있다.

5. 어드레스 버스, 데이터 버스, 제어 버스

CPU, 메모리 및 입·출력 장치 사이에서 어드레스, 데이터 및 제어 신호가 이동하는 통로가 버스(bus)이다. 버스란 같은 기능의 신호들을 묶은 것이다. 메모리와 입×출력 장치는 고유의 주소가 할당되어 있기 때문에 CPU가 메모리나 입·출력 장치의 주소를 알고 있어야 CPU↔메모리, CPU↔입·출력 장치간에 데이터를 제대로 주고 받을 수 있다.

주소가 이동하는 통로가 어드레스 버스(address bus), 데이터가 이동하는 통로가 데이터 버스(data bus)이고 CPU가 메모리 및 입·출력 장치에 리드/라이트 등 제어 관련 신호가 이동하는 통로가 제어 버스(control bus)이다. 주소와 데이터가 보통 8비트, 16비트, 32비트 등으로 구성되어 있기 때문에 버스라고 부른다.

03 마이크로프로세서의 소프트웨어 구성에 대하여 설명하라.

마이크로프로세서는 하드웨어에 소프트웨어를 탑재하여 실행시킨다. 사용자가 프로그램을 만들어서 원하는 하드웨어 기능을 최대로 동작시킬 수 있다. 소프트웨어의 구성은 PC와 같은 고사양의 컴퓨터에는 하드웨어를 처리하는 소프트웨어인 BIOS와 OS가 미리 내장되어 있고 그 위에서 어플리케이션 프로그램이 동작한다. 반면에 저사양의 컴퓨터인 단순한 마이크로프로세서 시스템에서는 사용자가 하드웨어 기능까지 직접 프로그래밍을 하게 된다.

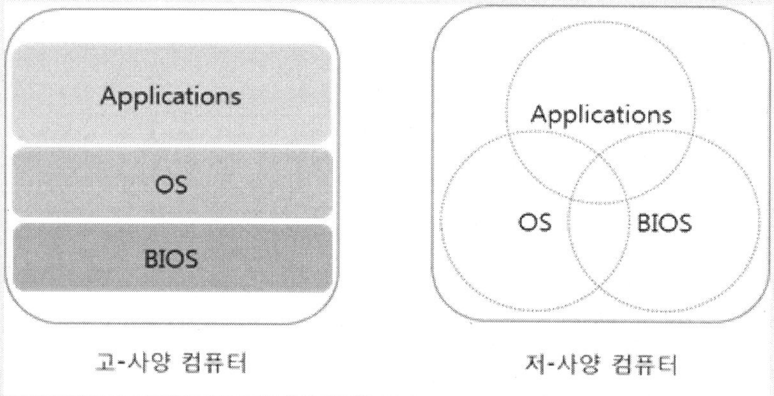

[그림 2-14] 마이크로프로세서 시스템의 소프트웨어 구성

04 폰노이만 구조와 하버드 구조에 대하여 설명하라.

마이크로프로세서의 메모리 엑세스 방법에 따라 폰-노이만 구조와 하버드 구조로 구분할 수 있다. 폰-노이만 구조(펜실베니아 대학의 Von Neumann이 1946년에 개발하여 ENIAC(Electronic Numerical Integrator and Calculator)에 채택한 구조)는 프로그램과 데이터가 같이 메모리를 사용하기 때문에 같은 버스를 사용한다. 하버드 구조(하버드 대학의 Howard Aiken에 의해 1930년 말에 개발된 것)는 프로그램 메모리와 데이터 메모리가 분리되어 각각 별도의 버스를 사용한다. 따라서 하버드 구조는 명령어와 데이터를 동시에 리드할 수 있어 버스 병목 현상을 줄일 수 있다.

05 CISC와 RISC에 대하여 설명하라.

마이크로프로세서는 명령어 구조에 따라 CISC와 RISC로 분류된다. CISC 프로세서는 Intel社의 x86, Motorola社의 68xxx 등이 있고 RISC 프로세서는 MIPS, Sun SPARC, ARM, Atmel社의 AVR, Microchip社의 PIC 등이 있다.

1. CISC 프로세서

CISC 프로세서는 단일 명령어 처리, 외부 메모리, 작은 개수의 레지스터, 수백개 이상의 명령어 등으로 특징된다. CISC 프로세서의 단점은 다양하고 수 많은 명령어를 처리하기 위해 프로세서가 과도하게 복잡해지며 명령어 해독도 복잡하고 느려져서 과도한 전력 소모로 인한 발열이 문제점 이었다.

2. RISC 프로세서

RISC 프로세서는 CISC 프로세서에 비해 명령어 개수는 작으며 처리 속도는 빠르고 전력 소모가 작다. 일반적으로 RISC 프로세서의 명령어 처리는 1~2 사이클에서 이루어지지만 CISC 프로세서는 수십 사이클이 걸리기도 한다. RISC 프로세서는 명령어를 파이프 라인 방식으로 처리한다. 이것은 한 명령어를 실행하는 동안 다음 명령어를 해독하면서 그 다음 명령어를 메모리에서 리드한다. 이러한 특징으로 인해 1~2 사이클에서 명령어 처리가 가능하도록 한다. 이러한 RISC 프로세서는 고속의 처리 속도와 낮은 전력 소모의 장점으로 임베디드(embedded) 분야에서 많이 활용되고 있다.

06 메모리 종류에 대하여 설명하라.

메모리는 마이크로프로세서가 필요로 하는 명령어(코드)나 데이터를 보관하는 소자이다. 메모리용 IC는 전통적으로 RAM(Random Access Memory)과 ROM(Read Only Memory)으로 나뉜다.

RAM은 전원이 꺼지면 저장된 데이터가 사라지는 휘발성(volatile) 메모리이다. 따라서 RAM은 마이크로프로세서가 데이터를 리드/라이트하는 임시 저장 공간으로 사용된다.

ROM은 전원이 끄고 다시 켰을 때 저장된 코드(프로그램)나 데이터가 살아있는 비휘발성(nonvolatile) 메모리이다. ROM은 시스템 전원을 켰을 때 필요로 하는 코드를 저장하기 위한 목적으로 사용된다. 따라서 ROM은 주로 시스템 전원이 켜진 후 하드웨어를 초기화 시키는 코드를 저장하는데 사용된다. 한편, 근래에 들어 플래쉬 메모리의 등장으로 ROM와 RAM의 경계가 모호해졌다. 메모리의 종류는 다음과 같다.

1. DRAM

DRAM(Dynamic RAM)은 내부 콘덴서에 개별적인 비트 데이트를 저장한다. 저장된 데이터를 보존하기 위해 일정 시간마다 내부 콘덴서를 재 충전해야 하는데, 이것을 리플레쉬(refresh)라고 한다. DRAM은 리플레쉬 시간이 필요로 하기 때문에 SRAM에 비해 데이터 엑세스 시간이 더 걸린다.

2. SRAM

SRAM(Static RAM)은 논리 게이트를 사용하여 비트 데이터를 저장한다. SRAM은 DRAM과 같이 리플레쉬 회로가 없기 때문에 엑세스 시간이 빠르고 전력 소모가 상대적으로 낮다. 반면에 DRAM에 비해 용량이 작으며 가격이 비싸다.

3. EPROM

EPROM(Erasable Programmable Read Only Memory)은 저장된 코드를 지우고 재 사용할 수 있는 ROM으로서 EPROM IC 표면에 부착된 창을 통해 자외선을 비추면 EPROM에 저장된 코드가 지워진다. EPROM에 데이터를 라이트하거나 데이터를 지우기 위해 롬-

라이터(ROM-Writer) 혹은 프로그래머와 이레이져와 같은 장비가 필요하다. 최근에는 플래쉬 메모리가 내장된 마이크로프로세서의 개발로 사용 범위가 점차적으로 줄어들고 있다.

4. EEPROM

EEPROM(Electrically Erasable Programmable Read Only Memory)은 EEROM (Electrically Erasable Read Only Memory)로 부르기도 하는데 "이-스궤어드 롬"이라고 읽는다. EEPROM은 회로 상에서 데이터를 지우고 다시 라이트할 수 있기 때문에 EPROM과 달리 데이터를 라이트하기 위해 보드에서 빼낼 필요가 없다. 용량이 작기 때문에 네트워크 주소, 시리얼 넘버 등 시스템 상태 정보를 저장하는데 주로 사용한다. EEPROM은 일부 데이터를 선택적으로 수정할 수 없으며, 바이트 단위로 전체 내용을 지우고 다시 라이트해야 한다. 또한, 사용 수명도 제한되어 있다.

5. 플래쉬 메모리

플래쉬 메모리(flash memory)는 가장 최신의 ROM 기술로서 활용도가 매우 커지고 있다. EEPROM과 같이 회로 상에서 지우고 다시 라이트가 가능하며 일반 ROM과 같이 용량이 크다. 플래쉬 메모리는 보통 여러 개의 영역(sector)로 나뉘어져 있고 EEPROM과 달리 블록 단위로 데이터를 수정할 수 있다. 플래쉬 메모리에 라이트할 때는 RAM과 같이 데이터를 덮어 쓸 수 없고 라이트할 영역을 먼저 지워야 한다.

07 IC의 패키지 구조에 대하여 설명하라.

하나의 IC(Integrated Circuit)에 대해서도 핀 형태, IC 두께 및 크기 등에 따라 여러 형태가 있다. 즉, 동일한 IC에 여러 종류의 패키지(package)가 있다. 따라서 어떤 IC를 사용할 경우 사용 목적에 맞게 패키지를 선택하는 것이 바람직하다. [그림 2-5]과 [그림 2-6]에 여러 종류의 IC 패키지가 나타나 있다.

일반적으로 만능 보드에 직접 납땜을 하거나 래핑 와이어로 만들때는 DIP(Dual In-Line Package) 형태가 적합할 것이고 산업 제품으로 생산할 경우에는 크기와 두께를 고려해야 할 경우는 얇고 작은 패키지를 선택해야 할 것이다. 예를 들어 ATmega162의 패키지는 PDIP와 TQFP(Thin Qaud FlatPack)가 있고 ATmega128의 패키지는 TQFP과 MLF(Micro Lead Frame Package)가 있다.

IC 패키지란 외부에 연결 핀을 내부의 집적 회로에 연결하여 포장한 것을 말한다. 패키지 소재에 따라 플라스틱(plastic), 세라믹 등이 있고 외형에 따라 여러가지 패키지 타입이 있다. 세라믹 소재의 패키지는 초창기에 많이 쓰였고 현재는 플라스틱 소재의 패키지가 많다.

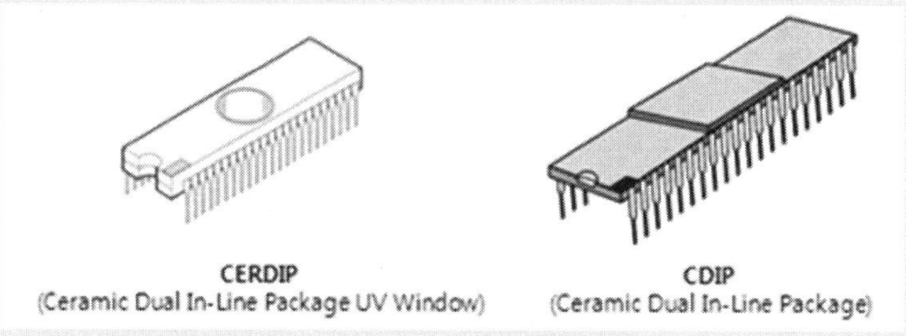

[그림 2-15] 세라믹 패키지

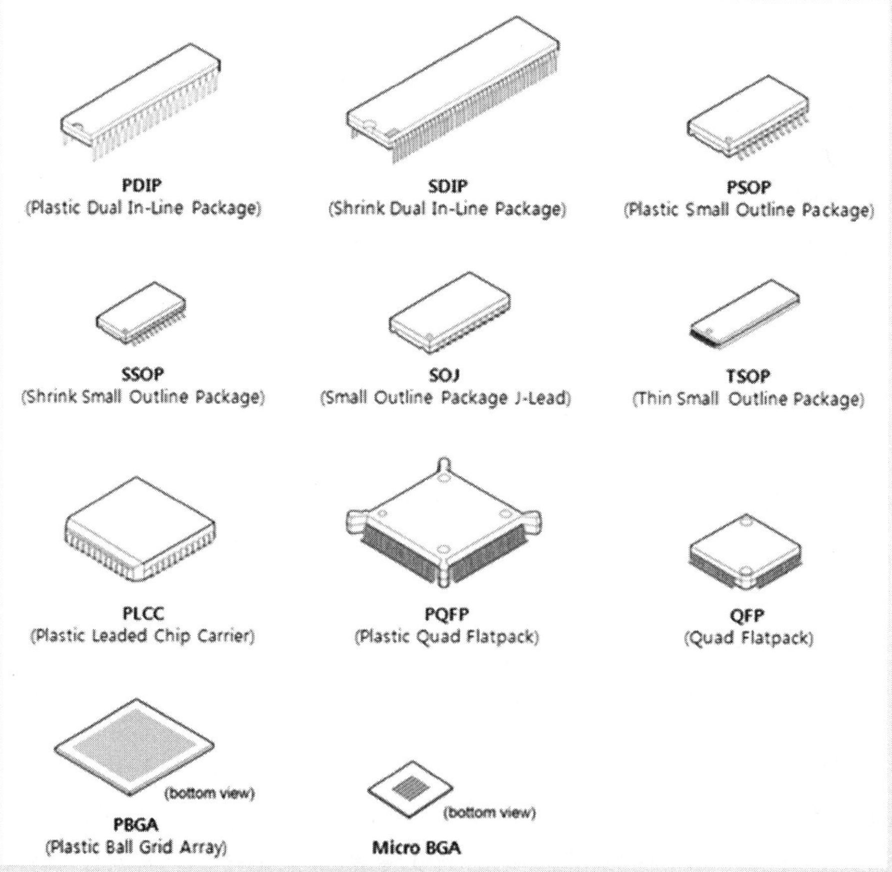

[그림 2-16] 플라스틱 패키지

08 AVR 시리즈에 대하여 설명하라.

AVR 시리즈란 Atmel社에서 1997년 처음 발표한 8비트 RISC 마이크로컨트롤러로서 많은 분야에서 사용되고 있다. AVR 시리즈 중에서 ATmega128은 로봇 제어기, 모바일 제어 장치 등 다양한 응용 분야로 적용 범위가 넓어지고 있다.

AVR 시리즈는 응용 분야에 따라 내장 기능과 성능을 달리하여 3개의 기본 계열(tiny, classic, xmega)이 있고 기타 특수 기능이 포함된 계열(automotive, LCD, CAN, USB 등)로 나누어진다. 최신 AVR 시리즈의 세부 사양에 대한 것은 Atmel社의 웹사이트를 참조하면 알 수 있다. AVR 시리즈는 기본 모델이 ATtiny1x, ATtiny2x, ATtiny4x, ATiny8x, ATmega8, ATmeg16x, ATmega32x, ATmega64x, ATmega128x, ATmega256x인데 1, 2, 4, 5, 16, 32, 64, 128, 256이 내장 플래쉬 메모리 용량을 나타낸다.

1. tiny 계열

tiny AVR은 모델 명이 "ATtiny"로 시작하는 4비트 범용 마이크로컨트롤러이다. 대량으로 생산되는 간단한 응용 분야에 적합한 것으로 가격이 싸고 성능도 낮다. 내부 플래쉬 메모리 용량이 1KB~8KB로 작고 핀 개수는 8핀~28핀이며 칩의 크기도 작다.

2. mega 계열

모델명이 "ATmega"로 시작되는 8비트 범용 마이크로컨트롤러이다. AVR 시리즈 중에서 기능과 성능이 가장 우수하여 고 성능 응용 분야에 적용되어 사용 범위가 확대되고 있다. mega 계열은 내부 플래쉬 메모리 용량이 8KB~256KKB로 큰 편이다. 핀 개수가 28~100핀 정도로 기능 및 성능이 높아 tiny 계열에 비해 가격도 비싸다. 로봇 제어기, 무선 전화기 및 각종 제어기와 같은 비교적 고성능의 응용 분야에 적합하다.

classic 계열의 모델명은 'AT90S'로 시작되고 tiny 계열에 비해 높은 사양의 응용 분야를 겨냥하여 개발되었으나 mega 계열의 수요가 늘어남에 따라 사장되고 있는 추세이다. 기본 계열 외에서 부가 기능이 추가되어 사용되고 있다.

3. 특수 기능 계열

AVR은 기본 계열 외에도 자동차, 조명, 통신, 배터리 관리, LCD 제어 등 다양한 응용

분야에 맞추어 최적화되어 출시되는 추세이다. 자동차용 AVR은 자동차용 통신 방식인 CAN(Controller Area Network)이 지원되고 통신용 AVR은 USB, ZigBee용 Z-Link 기능이 지원되는 AVR이 출시되고 있다.

09 AVR의 기본 구조에 대하여 설명하라.

AVR의 기본 구조는 NTH(Norwegian Instutitue of Technology)의 Alf-Egil Bogen과 Vegard Wollan에 의해 고안되었고 Atmel社에서 점진적으로 개선하여 현재 Atmel社의 대표적인 마이크로컨트롤러이다. AVR은 Advanced Virtual RISC의 약자이다. AVR 시리즈의 특징은 다음과 같다.

AVR은 프로그램 메모리와 데이터 메모리의 버스가 분리된 하버드 구조를 채택하였고 파이프 라인 처리 방식의 RISC 기술 기반으로 고속의 명령어 처리가 가능하다.

플래쉬 메모리를 내장하였으며 AVR 칩을 PCB 보드에 실장한 상태에서 실행 프로그램을 플래쉬 메모리에 쉽게 다운로드할 수 있는 ISP(In-System Programming) 기능을 지원한다.

이러한 장점으로 인해 AVR은 범용 8비트 마이크로컨트롤러급에서 오래 전에 출시되어 널리 사용되고 있는 8051 시리즈와 PIC 시리즈를 짧은 기간 내에 능가하여 많이 사용되고 있는 칩이다.

10 ISP에 대하여 설명하라.

ISP(In-System Programming)는 AVR 칩을 PCB 보드에 실장한 후 전원, 클럭 등의 최소한의 소자만 연결된 상태에서도 AVR 칩의 프로그래밍이 가능하게 지원하는 기능이다.

이전에는 ROM-Writer 또는 Universal Programmer와 같은 장비로 칩을 프로그래밍을 한 후 PCB에 장착하는 방식을 취했으나 ISP 기능이 지원으로 AVR 칩의 프로그래밍은 PCB 보드에서 직접 리드 / 라이트 동작이 가능해지도록 편리해졌다.

학습활동.2 교수 · 학습 방법

교수 방법

- ATmega128의 구성 및 특징에 대한 관련 용어, 구성, 방식 이해 정도를 파악한 후 수업을 진행한다.
- 교수자의 주도로 ATmega128의 구성 및 특징 등의 내용을 PPT 자료로 제시한 후 설명한다.
- 가능하면 사전에 개인별 학습 자료를 준비하여 모든 학생이 참여할 수 있는 문제 해결식 수업, 협력 수업이 가능하도록 한다.
- ATmega128의 구성 및 특징 전 과정을 작업의 순서에 따라 단계적으로 실습이 이루어질 수 있도록 지도한다.
- 교재를 통해 수업을 준비하는데 있어서 필요한 모든 정보나 팁, 힌트 등 도움이 될 만한 내용들을 확인할 수 있다.
- 학생들이 만들게 될 각 모델들은 수업시간에 중점적으로 다뤄질 부분과 어휘, 질문, 답을 포함하고 있으며 또한 탐구할만한 추가적인 아이디어들도 포함하고 있다.

학습 방법

- ATmega128의 구성 및 특징에 대한 관련 용어를 숙지하고, ATmega128의 구성 및 특징의 기초 단계에 대해 이해한다.
- ATmega128의 구성 및 특징의 각 단계별 중점 사항을 체계적으로 학습한다.
- ATmega128의 구성 및 특징의 수행순서의 전 과정을 실습한다.
- ATmega128의 구성 및 특징의 내용을 이해한다.
- ATmega128의 구성 및 특징을 이해하고 숙달이 될 때까지 학습한다.

학습활동.2 평가 및 피드백

평가 준거

- 평가자는 피평가자가 수행 준거 및 평가 내용에 제시되어 있는 내용을 성공적으로 수행할 수 있는 지를 평가해야 한다.

• 평가자는 다음 사항을 평가해야 한다.

학습내용	평가항목	성취수준		
		상	중	하
ATmega128의 구성 및 특징의 이해	ATmega128의 구성 및 특징을 이해할 수 있다.			

평가 방법

• 작업 포트폴리오

학습내용	평가항목	성취수준		
		상	중	하
ATmega128의 구성 및 특징의 이해	ATmega128의 구성 및 특징을 이해할 수 있다.			

• 필기시험

학습내용	평가항목	성취수준		
		상	중	하
ATmega128의 구성 및 특징의 이해	ATmega128의 구성 및 특징을 이해할 수 있다.			

• 체크리스트를 통한 관찰

학습내용	평가항목	성취수준		
		상	중	하
ATmega128의 구성 및 특징의 이해	ATmega128의 구성 및 특징을 이해할 수 있다.			

피드백

1. 작업 포트폴리오
   - 제출한 보고서를 평가한 후 주요 사항에 대하여 표시하여 돌려준다.
2. 필기 시험
   - 평가 결과 성적이 저조한 학생은 보고서 제출 기회를 부여한다.
3. 체크리스트를 통한 관찰
   - 실습 과정에서 평가한 후 개선해야 할 사항 등을 정리하여 돌려둔다.

학습 1	C언어 개요 및 개발환경 설정
학습 2	ATmega128 특징 및 구성
학습 3	**LED 제어 응용**
학습 4	FND 제어 응용
학습 5	LCD 제어 응용
학습 6	스위치 제어 응용
학습 7	인터럽트 제어 응용
학습 8	8비트 타이머/카운터 제어 응용
학습 9	AD변환기 제어 응용
학습 10	USART통신 제어 응용
학습 11	모터 제어 응용
학습 12	거리 및 초음파 센서 제어 응용
학습 13	Key 매트릭스 제어 응용
학습 14	Dot 매트릭스 제어 응용
학습 15	블루투스 제어 응용

3-1 LED의 개요

학습 목표 3-1. LED의 개념 및 특징을 이해할 수 있다.

필요지식

C언어 프로그래밍을 통하여 타깃인 ATmega128A 마이크로컨트롤러의 포트를 이용하여 LED를 켜는 실습을 해보도록 한다. ATmega128A의 입출력 포트를 출력으로 설정하고, 그 포트를 이용하여 LED에 신호를 보내 LED를 점멸하게 될 것이다. 프로그램이 시작하면 0.5초마다 LED가 켜졌다 꺼졌다를 무한히 반복하게 된다.

LED(Light-Emitting Diode)는 발광다이오드로써 빛을 발산하는 반도체 소자를 말하며, 방출하는 빛의 색깔은 크리스탈 도핑(crystal doping)의 양과 종류에 따라 적색, 녹색 또는 황색 등이 될 수 있다.

LED는 Pn 접합을 하는 다이오드이고 순방향에 전류를 흘리는 것에 따라 전자와 정공이 재결합하여 발광하는 소자이다. LED의 심볼은 아래와 같으며, 전기적 특성은 일반적으로 10~20[mA]의 전류에서 1.5~2.5[V]의 전압강하를 결정된다. LED의 모양은 다리가 긴 부분이 양극(anode), 짧은 쪽이 음극(cathode)이다.

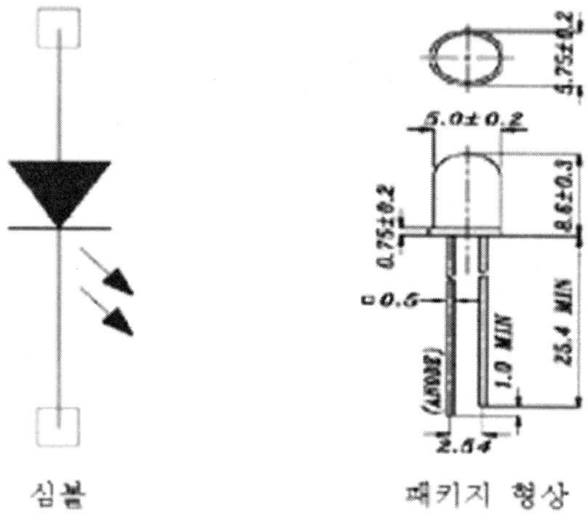

[그림 3-1] LED의 심볼 및 형상

LED는 모듈의 입출력 포트를 사용하여 제어하게 된다. 따라서 [그림 3-2]와 [그림 3-3]에 AVR MCU 모듈과 LED 부분의 회로도를 나타내었다.

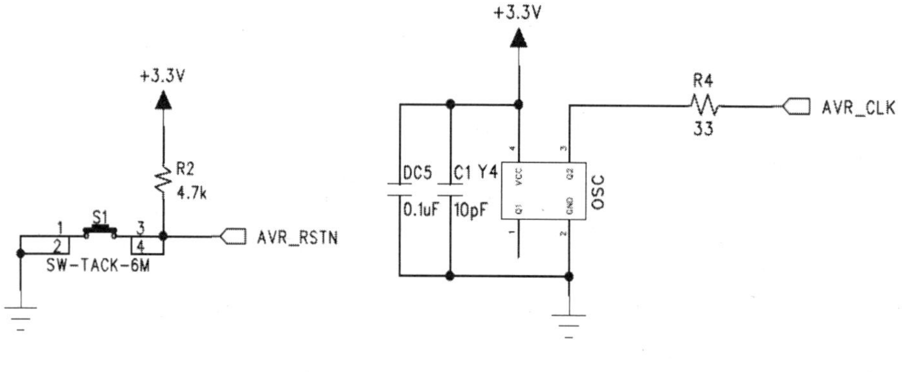

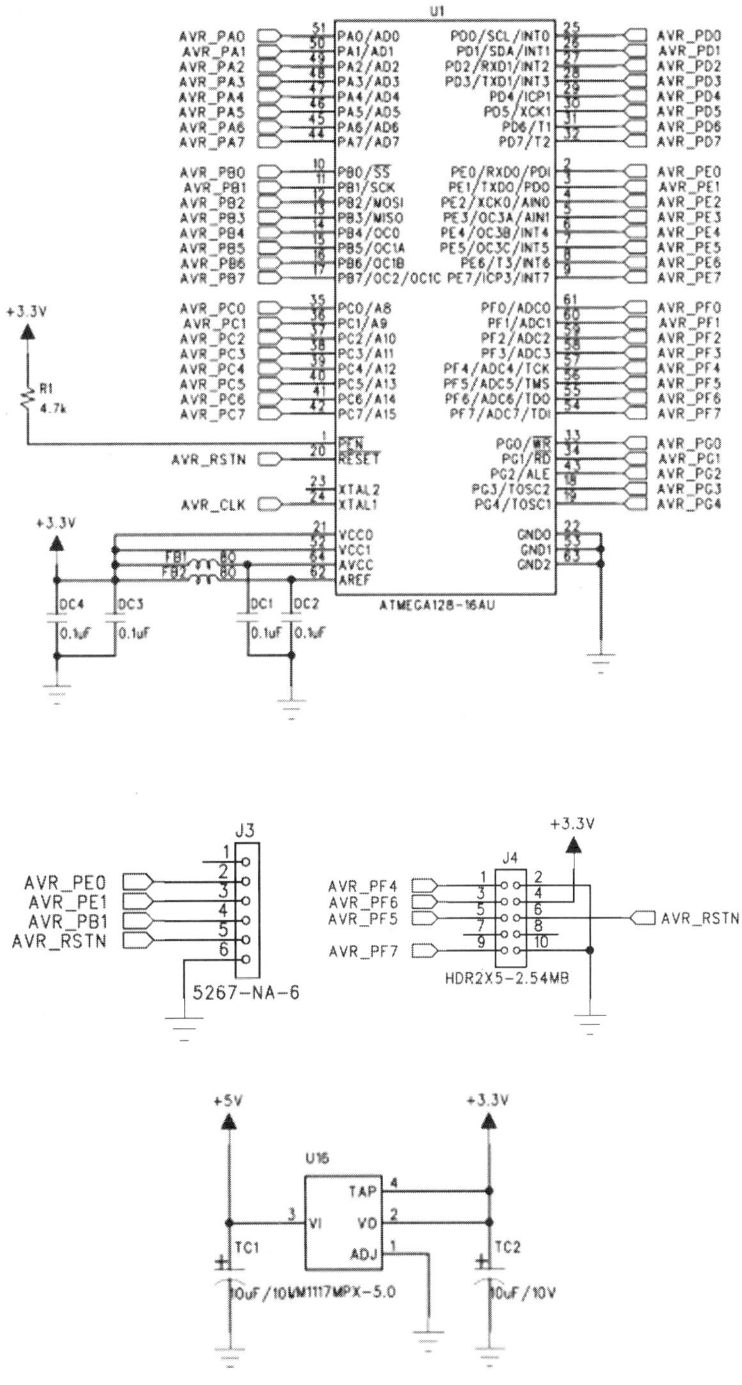

[그림 3-2] ATmega128A MCU 모듈부 회로

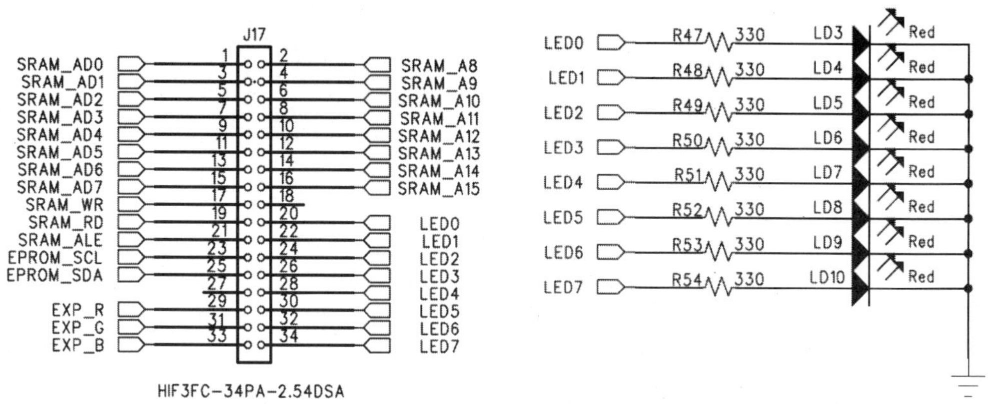

[그림 3-3] LED 모듈 회로

수행 내용　LED의 개념 및 특징을 이해하기

재료 · 자료

- C언어 프로그래밍, 타깃보드

기기(장비 · 공구)

- 컴퓨터, USB케이블, 개발시스템, ISP

안전 · 유의사항

- ATmega128 타깃 시스템의 외형을 관리하고 ATmega128 타깃 시스템에 전원을 관리한다.

수행 순서

01 LED를 MCU 모듈의 PE포트에 연결하여 1초주기로 LED가 ON(0.5초)-OFF(0.5초)되는 프로그램을 작성해 보기로 한다.

① 포트 E PE0~PE7을 8핀 케이블로 LED 신호선 포트 LED0~LED7까지로 연결해 준다.

② LED를 MCU 모듈에 연결하기 위해서는 아래와 같이 커넥터를 연결하도록 한다.

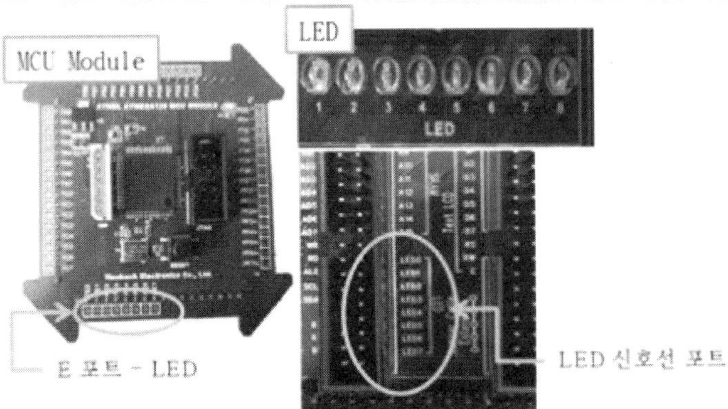

```
// ATmega128A의 각 레지스터들을 정의한 헤더파일
 #include <mega128a.h>

// delay 함수를 정의한 헤더파일
 #include <delay.h>

void main(void)
{
  DDRE = 0xff;              // PE0 ~ PE7을 출력포트로 설정한다.

  while(1)
  {
     PORTE = 0xff;          // PE 포트 전체에 'high'를 출력한다.

     delay_ms(500);         // 500 ms 지연

     PORTE = 0x00;          // PE 포트 전체에 'low'를 출력한다.
     delay_ms(500);         // 500ms 지연
  }
}
```

02 LED는 MCU 모듈의 PE 포트에 연결해 0.5초마다 LED가 하나씩 켜지는 프로그램을 작성해보도록 하자.

① 포트 E PE0~PE7을 8핀 케이블로 LED 신호선 포트 LED0~LED7까지로 연결해 준다.

LED7	LED6	LED5	LED4	LED3	LED2	LED1	LED0
○	○	○	○	○	○	○	●

⇩

LED7	LED6	LED5	LED4	LED3	LED2	LED1	LED0
○	○	○	○	○	○	●	○

⇩

LED7	LED6	LED5	LED4	LED3	LED2	LED1	LED0
○	○	○	○	○	●	○	○

⋮

LED7	LED6	LED5	LED4	LED3	LED2	LED1	LED0
●	○	○	○	○	○	○	○

⇩

LED7	LED6	LED5	LED4	LED3	LED2	LED1	LED0
○	○	○	○	○	○	○	●

…

```
#include <mega128a.h>
#include <delay.h>

void main(void)
{
DDRE = 0xff;                    // PORT E를 출력으로 설정한다.

 while(1)
 {
   PORTE = 0x01;               // LED 0을 ON 시킨다.
   delay_ms(500);              // 0.5초 딜레이

   PORTE = 0x02;               // LED 1을 ON 시킨다.
   delay_ms(500);              // 0.5초 딜레이

   PORTE = 0x04;               // LED 2를 ON 시킨다.
   delay_ms(500);              // 0.5초 딜레이

   PORTE = 0x08;               // LED 3을 ON 시킨다.
   delay_ms(500);              // 0.5초 딜레이

   PORTE = 0x10;               // LED 4를 ON 시킨다.
   delay_ms(500);              // 0.5초 딜레이

   PORTE = 0x20;               // LED 5를 ON 시킨다.
   delay_ms(500);              // 0.5초 딜레이

   PORTE = 0x40;               // LED 6을 ON 시킨다.
   delay_ms(500);              // 0.5초 딜레이

   PORTE = 0x80;               // LED 7을 ON 시킨다.
   delay_ms(500);              // 0.5초 딜레이

 }
}
```

03

LED를 PORTB에 연결하여 LED 전체가 0.5초 간격으로 ON-OFF를 무한히 반복하는 프로그램을 작성해 보도록 하자.

```
#include<avr/io.h>
#include<avr/interrupt.h>
#include<util/delay.h>


int main()
{
DDRB = 0xff;                    // PORT E를 출력으로 설정한다.

 while(1)
 {
   PORTB = 0xff;                // LED 0을 ON 시킨다.
   _delay_ms(500);              // 0.5초 딜레이

   PORTB = 0x00;                // LED 1을 ON 시킨다.
   _delay_ms(500);              // 0.5초 딜레이


  }
  return 0;
}
```

04

아래와 같이 LED가 0.6초 간격으로 무한히 반복하는 프로그램을 작성해 보도록 하자.

LED7	LED6	LED5	LED4	LED3	LED2	LED1	LED0
○	○	○	○	○	○	●	●

⇨

LED7	LED6	LED5	LED4	LED3	LED2	LED1	LED0
○	○	○	○	●	●	○	○

⇨

LED7	LED6	LED5	LED4	LED3	LED2	LED1	LED0
○	○	●	●	○	○	○	○

⇨

LED7	LED6	LED5	LED4	LED3	LED2	LED1	LED0
●	●	○	○	○	○	○	○

⇨

LED7	LED6	LED5	LED4	LED3	LED2	LED1	LED0
○	○	○	○	○	○	●	●

⇨ . .

```
#include<avr/io.h>
#include<avr/interrupt.h>
#include<util/delay.h>


int main()
{
DDRB = 0xff; // PORT E를 출력으로 설정한다.

 while(1)
 {
```

```
    PORTB = 0x03; // LED 0을 ON 시킨다.
    _delay_ms(500); // 0.5초 딜레이

    PORTB = 0x0c; // LED 1을 ON 시킨다.
    _delay_ms(500); // 0.5초 딜레이

    PORTB = 0x30; // LED 1을 ON 시킨다.
    _delay_ms(500); // 0.5초 딜레이

    PORTB = 0xc0; // LED 1을 ON 시킨다.
    _delay_ms(500); // 0.5초 딜레이


   }
   return 0;
}
```

학습활동.3 교수 · 학습 방법

교수 방법

- LED 제어 응용에 대한 관련 용어, 구성, 방식 이해 정도를 파악한 후 수업을 진행한다.
- 교수자의 주도로 LED 제어 응용 등의 내용을 PPT 자료로 제시한 후 설명한다.
- 가능하면 사전에 개인별 학습 자료를 준비하여 모든 학생이 참여할 수 있는 문제 해결식 수업, 협력 수업이 가능하도록 한다.
- LED 제어 응용 전 과정을 작업의 순서에 따라 단계적으로 실습이 이루어질 수 있도록 지도한다.
- 교재를 통해 수업을 준비하는데 있어서 필요한 모든 정보나 팁, 힌트 등 도움이 될 만한 내용들을 확인할 수 있다.
- 학생들이 만들게 될 각 모델들은 수업시간에 중점적으로 다뤄질 부분과 어휘, 질문, 답을 포함하고 있으며 또한 탐구할만한 추가적인 아이디어들도 포함하고 있다.

학습 방법

- LED 제어 응용에 대한 관련 용어를 숙지하고, LED 제어 응용의 기초 단계에 대해 이해한다.
- LED 제어 응용의 각 단계별 중점 사항을 체계적으로 학습한다.
- LED 제어 응용의 수행순서의 전 과정을 실습한다.
- LED 제어 응용의 내용을 이해한다.
- LED 제어 응용을 이해하고 숙달이 될 때까지 학습한다.

학습활동.3 평가 및 피드백

평가 준거

- 평가자는 피평가자가 수행 준거 및 평가 내용에 제시되어 있는 내용을 성공적으로 수행할 수 있는 지를 평가해야 한다.
- 평가자는 다음 사항을 평가해야 한다.

학습내용	평가항목	성취수준		
		상	중	하
LED 제어 응용	LED 제어 응용을 이해할 수 있다.			

평가 방법

- 작업 포트폴리오

학습내용	평가항목	성취수준		
		상	중	하
LED 제어 응용	LED 제어 응용을 이해할 수 있다.			

- 필기시험

학습내용	평가항목	성취수준		
		상	중	하
LED 제어 응용	LED 제어 응용을 이해할 수 있다.			

- 체크리스트를 통한 관찰

학습내용	평가항목	성취수준		
		상	중	하
LED 제어 응용	LED 제어 응용을 이해할 수 있다.			

피드백

1. 작업 포트폴리오
   - 제출한 보고서를 평가한 후 주요 사항에 대하여 표시하여 돌려준다.
2. 필기 시험
   - 평가 결과 성적이 저조한 학생은 보고서 제출 기회를 부여한다.
3. 체크리스트를 통한 관찰
   - 실습 과정에서 평가한 후 개선해야 할 사항 등을 정리하여 돌려둔다.

학습 1	C언어 개요 및 개발환경 설정
학습 2	ATmega128 특징 및 구성
학습 3	LED 제어 응용
학습 4	**FND 제어 응용**
학습 5	LCD 제어 응용
학습 6	스위치 제어 응용
학습 7	인터럽트 제어 응용
학습 8	8비트 타이머/카운터 제어 응용
학습 9	AD변환기 제어 응용
학습 10	USART통신 제어 응용
학습 11	모터 제어 응용
학습 12	거리 및 초음파 센서 제어 응용
학습 13	Key 매트릭스 제어 응용
학습 14	Dot 매트릭스 제어 응용
학습 15	블루투스 제어 응용

4-1 FND 구성 및 특징

학습 목표 4-1. FND 구성 및 특징을 이해할 수 있다.

필요지식

C언어 프로그래밍으로 Atmega128A 마이크로컨트롤러의 포트를 이용하여 FND (Flexible Numeric Display)인 7-세그먼트를 구동하는 프로그램을 해보기로 한다.

7-세그먼트는 LED 8개를 [그림 4-1]과 같이 배열해 놓은 것으로서 숫자나 간단한 기호 표현에 많이 사용된다. 7-세그먼트는 공통(common)단자에 인가되는 전원에 따라서 Common Anode는 (+)극이 공통)인 것과 Common Cathode는 (−)극이 공통인 것으로 분류된다. 즉, 아래 그림과 같이 공통 단자에 VCC(+5V)에 연결하고 입력 단자에 0V를 인가하였을 때 해당하는 LED에 램프가 들어오는 Anode(+) 공통

형과 공통단자에 접지(0V)를 연결하고 입력단자에 +5V를 인가하였을 때, 해당하는 LED에 램프가 들어오는 Cathode(−) 공통형으로 나누어진다.

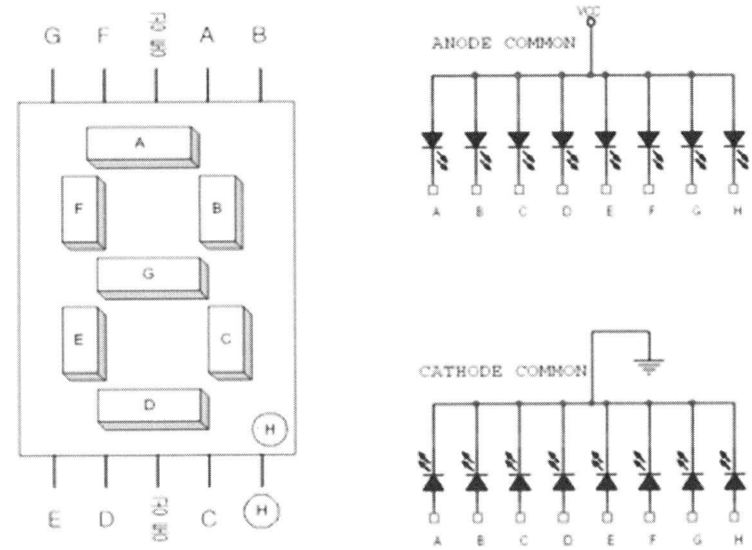

[그림 4-1] 7-세그먼트 LED 구조

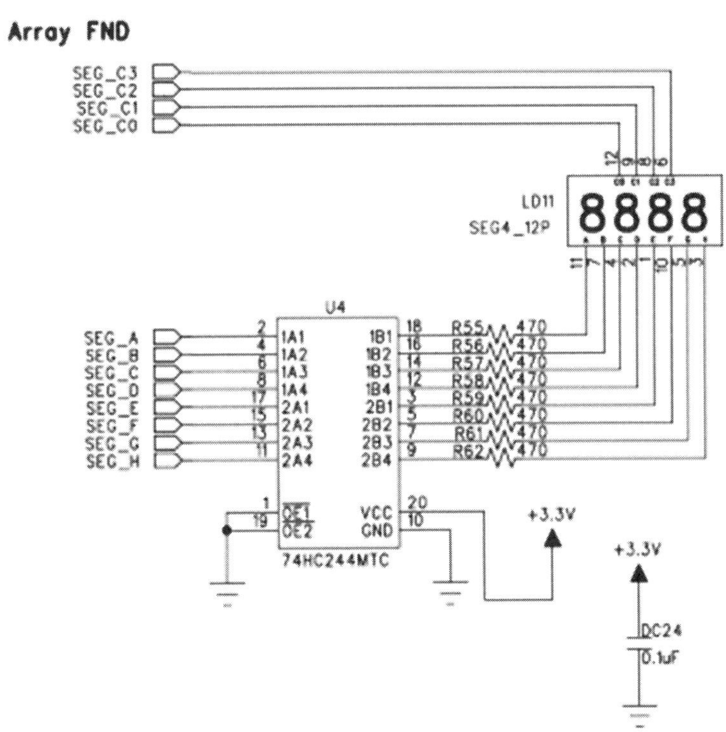

[그림 4-2] 7-세그먼트 모듈 회로도

7-표시숫자	비트 값								데이터 값 (HEX)
	PB7	PB6	PB5	PB4	PB3	PB2	PB1	PB0	
0	0	0	1	1	1	1	1	1	0x3F
1	0	0	0	0	0	1	1	0	0x06
2	0	1	0	1	1	0	1	1	0x5B
3	0	1	0	0	1	1	1	1	0x4F
4	0	1	1	0	0	1	1	0	0x66
5	0	1	1	0	1	1	0	1	0x6D
6	0	1	1	1	1	1	0	1	0x7D
7	0	0	1	0	0	1	1	1	0x27
8	0	1	1	1	1	1	1	1	0x7F
9	0	1	1	0	1	1	1	1	0x6F
A	0	1	1	1	1	1	1	1	0x77
b	0	1	1	1	1	1	0	0	0x7C
C	0	0	1	1	1	0	0	1	0x39
d	0	1	0	1	1	1	1	0	0x5E
E	0	1	1	1	1	0	0	1	0x79
F	0	1	1	1	0	0	0	1	0x71
_	0	0	0	0	1	0	0	0	0x08
.	1	0	0	0	0	0	0	0	0x80

수행 내용 FND 제어 이해하기

재료 · 자료

• C언어 프로그래밍, 타깃보드

기기(장비 · 공구)

• 컴퓨터, USB케이블, 개발시스템, ISP

안전 · 유의사항

• ATmega128 타깃 시스템의 외형을 관리하고 ATmega128 타깃 시스템에 전원을 관리한다.

수행 순서

01

7-세그먼트를 MCU 모듈포트 PB0~PB7, PG0~PG3까지 연결한다. 그리고 7-세그먼트의 각 LED가 어느 비트에 의하여 제어되는지 알아보기 위해 LED를 하나씩 ON시키는 프로그램을 작성해 보자. 단, 여기서는 7-세그먼트 4개를 동시에 구동해 보도록 한다.

1. 7-세그먼트 부를 구동시키기 위하여 7-세그먼트의 Array FND 부분을 MCU 모듈 포트 PB0~PB7를 7-세그먼트 A~H까지 연결해 주고, PG0~PG3를 7-세그먼트 C0~C3까지 연결해 준다.
2. 7-세그먼트 모듈의 회로도와 실습모듈 결선 방법은 다음과 같다.

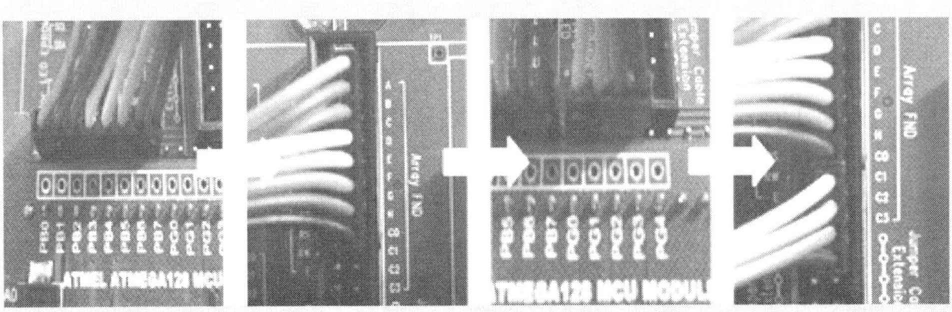

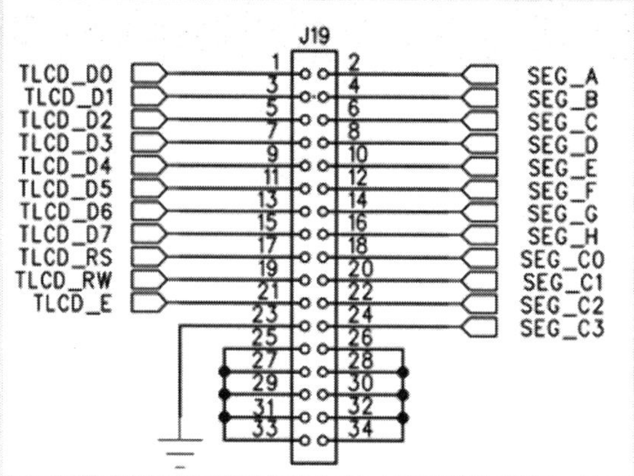


```
#include <mega128a.h>
#include <delay.h>

void main(void)
{
DDRB = 0xff;   // 포트 B를 출력으로 설정 .
DDRG = 0xff;   // 포트 G를 출력으로 설정

// PG0 ~PG3 을 모두 '0'으로 출력함으로써 7-세그먼트 4개를 다 켠다.
PORTG = 0x00;

 while(1)
 {
   PORTB= 0x01;
   delay_ms(500); // 0.5초 딜레이

   PORTB= 0x02;
   delay_ms(500); // 0.5초 딜레이

   PORTB = 0x04;
   delay_ms(500); // 0.5초 딜레이

   PORTB = 0x08;
   delay_ms(500); // 0.5초 딜레이

   PORTB = 0x10;
   delay_ms(500); // 0.5초 딜레이
```

```
    PORTB = 0x20;
    delay_ms(500); // 0.5초 딜레이

    PORTB = 0x40;
    delay_ms(500); // 0.5초 딜레이

    PORTB = 0x80;
    delay_ms(500); // 0.5초 딜레이

    }
  }
```


02 이번 실험에서는 위에 실험과 같이 LED를 비트 단위로 제어하되 맨 왼쪽에 있는 7-세그먼트만 구동해 보도록 한다.

1. 7-세그먼트 부를 구동시키기 위하여 7-세그먼트의 Array FND 부분을 MPU 모듈포트 PB0~PB7, PG0~PG3까지 연결해 준다.

```
#include <mega128a.h>
#include <delay.h>
void main(void)
{
DDRB = 0xff;   // 포트 B를 출력으로 설정
DDRG = 0xff;   // 포트 G를 출력으로 설정

/* 왼쪽에서 첫 번째 7-세그먼트 구동 시 :  PG0 비트를 '0' 으로 해준다.
   왼쪽에서 두 번째 7-세그먼트 구동 시 :  PG1 비트를 '0' 으로 해준다.
   왼쪽에서 세 번째 7-세그먼트 구동 시 :  PG2 비트를 '0' 으로 해준다.
   왼쪽에서 네 번째 7-세그먼트 구동 시 :  PG3 비트를 '0' 으로 해준다.
*/
PORTG = 0x0e;  // 왼쪽에서 첫 번째  7-세그먼트만  구동한다.
  while(1)
  {
    PORTB= 0x01;
    delay_ms(500); // 0.5초 딜레이
```

```
    PORTB= 0x02;
    delay_ms(500); // 0.5초 딜레이

    PORTB = 0x04;
    delay_ms(500); // 0.5초 딜레이



    PORTB = 0x08;
    delay_ms(500); // 0.5초 딜레이

    PORTB = 0x10;
    delay_ms(500); // 0.5초 딜레이

    PORTB = 0x20;
    delay_ms(500); // 0.5초 딜레이

    PORTB = 0x40;
    delay_ms(500); // 0.5초 딜레이

    PORTB = 0x80;
    delay_ms(500); // 0.5초 딜레이

    }
  }
```

2. 이제 [그림 3-4]와 지금까지 한 실험을 통하여 우리는 다음과 같은 7-세그먼트 폰트를 조합해 낼 수 있다.

7-표시숫자	비트 값								데이터 값(HEX)
	PB7	PB6	PB5	PB4	PB3	PB2	PB1	PB0	
0	0	0	1	1	1	1	1	1	0x3F
1	0	0	0	0	0	1	1	0	0x06
2	0	1	0	1	1	0	1	1	0x5B
3	0	1	0	0	1	1	1	1	0x4F
4	0	1	1	0	0	1	1	0	0x66
5	0	1	1	0	1	1	0	1	0x6D
6	0	1	1	1	1	1	0	1	0x7D
7	0	0	1	0	0	1	1	1	0x27
8	0	1	1	1	1	1	1	1	0x7F
9	0	1	1	0	1	1	1	1	0x6F
A	0	1	1	1	1	1	1	1	0x77
b	0	1	1	1	1	1	0	0	0x7C
C	0	0	1	1	1	0	0	1	0x39
d	0	1	0	1	1	1	1	0	0x5E
E	0	1	1	1	1	0	0	1	0x79
F	0	1	1	1	0	0	0	1	0x71
_	0	0	0	0	1	0	0	0	0x08
.	1	0	0	0	0	0	0	0	0x80

03 7-세그먼트 이용하여 0000 → 1111 → 2222 → ··· → 9999 → 0000 → ··· 가 0.5초마다 무한히 반복되는 프로그램을 작성해 보기로 한다.

1. 7-세그먼트 부를 구동시키기 위하여 7-세그먼트의 Array FND 부분을 MPU 모듈포트 PB0~PB7, PG0~PG3까지 연결해 준다.

```
#include <mega128a.h>
#include <delay.h>
```

```
// 7-세그먼트 폰트를 배열로 지정한다.
unsigned char Font[18] = {0x3F, 0x06, 0x5B, 0x4F,
                          0x66, 0x6D, 0x7C, 0x07,
                          0x7F, 0x67, 0x77, 0x7C,
                          0x39, 0x5E, 0x79, 0x71,
                          0x08, 0x80};

void main(void)
{

DDRB = 0xff;
DDRG = 0xff;

// 7-세그먼트 4개를 모두 켠다.
PORTG = 0x00;

 while(1)
 {
   PORTB = Font[0];        // 7-세그먼트에 '0000'을 출력한다.
   delay_ms(500);

   PORTB = Font[1];        // 7-세그먼트에 '1111'을 출력한다.
   delay_ms(500);

   PORTB = Font[2];        // 7-세그먼트에 '2222'를 출력한다.
   delay_ms(500);
   PORTB = Font[3];        // 7-세그먼트에 '3333'을 출력한다.
   delay_ms(500);

   PORTB = Font[4];        // 7-세그먼트에 '4444'를 출력한다.
   delay_ms(500);

   PORTB = Font[5];        // 7-세그먼트에 '5555'를 출력한다.
   delay_ms(500);

   PORTB = Font[6];        // 7-세그먼트에 '6666'을 출력한다.
   delay_ms(500);

   PORTB = Font[7];        // 7-세그먼트에 '7777'을 출력한다.
   delay_ms(500);
```

```
    PORTB = Font[8];        // 7-세그먼트에 '8888'을 출력한다.
    delay_ms(500);

    PORTB = Font[9];        // 7-세그먼트에 '9999'를 출력한다.
    delay_ms(500);

    }
}
```

04 이번에는 7-세그먼트 이용하여 '1234'가 출력되는 프로그램을 작성해 보기로 한다.

1. 7-세그먼트 부를 구동시키기 위하여 7-세그먼트의 Array FND 부분을 MCU 모듈포트 PB0~PB7, PG0~PG3까지 연결해 준다.
2. 7-세그먼트 4개가 각각의 숫자를 표기하기 위해서는 사람 눈의 착시 현상을 잘 이용해야 한다. 즉, 다시 말하면 사람의 눈이 눈치채지 못하도록 7-세그먼트 왼쪽 첫 번째 것부터 네 번째 것까지 순차적으로 켜주면 잔상효과에 의해서 사람의 눈은 7-세그먼트 4개가 모두 켜져 있는 것처럼 느끼게 된다. 이런 방식은 실제적으로는 7-세그먼트 1개를 구동하면서 마치 4개를 모두 구동하는 효과를 보게 함으로써 회로에 사용되는 전류값을 최소화 하여 구동할 수 있다는 장점이 있다. 이러한 구동 방식을 7-세그먼트 Dynamic 구동 방식이라고 한다.

```
#include <mega128a.h>
#include <delay.h>

unsigned char Font[18] = {0x3F, 0x06, 0x5B, 0x4F,
                          0x66, 0x6D, 0x7C, 0x07,
                          0x7F, 0x67, 0x77, 0x7C,
                          0x39, 0x5E, 0x79, 0x71,
                          0x08, 0x80};
```

```
void main(void)
{
DDRB = 0xff;
DDRG = 0xff;


  while(1)
 {

  PORTG = 0x0e;     // 왼쪽에서 첫 번째 7-세그먼트 ON
  PORTB = Font[1];  // '1'을 출력한다.
  delay_ms(1);      // 사람 눈에 잔상을 남게 하기 위하여 약간의 Delay를 준다.


  PORTG = 0x0d;     // 왼쪽에서 두 번째 7-세그먼트 ON
  PORTB = Font[2];  // '2'를 출력한다.
  delay_ms(1);


  PORTG = 0x0b;     // 왼쪽에서 세 번째 7-세그먼트 ON
  PORTB = Font[3];  // '3'을 출력한다.

  delay_ms(1);

   PORTG = 0x07;    // 왼쪽에서 네 번째 7-세그먼트 ON
  PORTB = Font[4];  // '4'를 출력한다.
  delay_ms(1);

   }
}
```

05 7-세그먼트 이용하여 '0000'에서 '9999'까지 '1'씩 증가하는 프로그램을 작성해 보기로 한다.

1. 7-세그먼트 부를 구동시키기 위하여 7-세그먼트의 Array FND 부분을 MCU 모듈포트 PB0~PB7, PG0~PG3까지 연결해 준다.

```
#include <mega128a.h>
#include <delay.h>

unsigned char Font[18] = {0x3F, 0x06, 0x5B, 0x4F,
                          0x66, 0x6D, 0x7C, 0x07,
                          0x7F, 0x67, 0x77, 0x7C,
                          0x39, 0x5E, 0x79, 0x71,
                          0x08, 0x80};
void Segment(int) ;  // Segment 함수 선언
void Segment ( int N )
{
 int  i ;
 unsigned char N1000, N100, N10, N1 ;
 int Buff ;

  N1000 = N /1000;              // 세그먼트에서 사용하는 천의 자리를 추출
  Buff = N % 1000 ;
  N100 = Buff / 100 ;           // 세그먼트에서 사용하는 백의자리 추출
  Buff = Buff % 100;
  N10 = Buff /10 ;              // 세그먼트에서 사용하는 십의 자리 추출
  N1 =  Buff % 10 ;             // 세그먼트에서 사용하는 일의 자리 추출

  for( i = 0 ; i < 30; i++ ) {
      PORTG = 0x0e;             // 왼쪽 첫 번째 세그먼트 ON
      PORTB = Font[N1000];      // 천의 자리 숫자를 출력해 준다.
      delay_ms(1);

      PORTG = 0x0d;             // 왼쪽 두 번째 세그먼트 ON
      PORTB = Font[N100];       // 백의 자리 숫자를 출력해 준다.

      delay_ms(1);
```

```
        PORTG = 0x0b;              // 왼쪽 세 번째 세그먼트 ON
        PORTB = Font[N10];         // 십의 자리 숫자를 출력해 준다.
        delay_ms(1);

        PORTG = 0x07;              // 왼쪽 네 번째 세그먼트 ON
        PORTB = Font[N1];          // 일의 자리 숫자를 출력해 준다.
        delay_ms(1);
    }

}

void main(void)
{
    int count = 0;

    DDRB = 0xff;
    DDRG = 0xff;


   while(1)
   {

      Segment(count);
      count = count + 1;
      if (count==9999)
                 count = 0;

   }
 }
```

06 7-세그먼트에 '-127'을 표시해 보자.

```
#include<avr/io.h>
#include<avr/interrupt.h>
#include<util/delay.h>


unsigned char Font[18] = {0x3F, 0x06, 0x5B, 0x4F,
                          0x66, 0x6D, 0x7C, 0x07,
                          0x7F, 0x67, 0x77, 0x7C,
                          0x39, 0x5E, 0x79, 0x71,
                          0x08, 0x80};

int main()
{
DDRB = 0xff;   // 포트 B를 출력으로 설정
DDRG = 0xff;   // 포트 G를 출력으로 설정

// PG0 ~PG3 을 모두 '0'으로 출력함으로써 7-세그먼트 4개를 다 켠다.
PORTG = 0x00;

 while(1)
 {

   PORTG = 0x0e;         // 왼쪽에서 첫 번째 7-세그먼트 ON '-'
   PORTB = 0x40;
   _delay_ms(1);         // 0.5초 딜레이

   PORTG = 0x0d;         // 왼쪽에서 두 번째 7-세그먼트 ON
   PORTB = Font[1];      // '1'을 출력한다.
   _delay_ms(1);


   PORTG = 0x0b;         // 왼쪽에서 세 번째 7-세그먼트 ON
   PORTB = Font[2];      // '2'를 출력한다.
   _delay_ms(1);
```

```
    PORTG = 0x07;          // 왼쪽에서 네 번째 7-세그먼트 ON
    PORTB = Font[7];       // '7'을 출력한다.
    _delay_ms(1);


    }
    return 0;
  }
```

07 7 세그먼트에 '12.8'을 표시해 보자.

```
#include<avr/io.h>
#include<avr/interrupt.h>
#include<util/delay.h>



unsigned char Font[18] = {0x3F, 0x06, 0x5B, 0x4F,
                          0x66, 0x6D, 0x7C, 0x07,
                          0x7F, 0x67, 0x77, 0x7C,
                          0x39, 0x5E, 0x79, 0x71,
                          0x08, 0x80};

int main()
{
DDRB = 0xff;   // 포트 B를 출력으로 설정
DDRG = 0xff;   // 포트 G를 출력으로 설정

// PG0 ~PG3을 모두 '0'으로 출력함으로써 7-세그먼트 4개를 다 켠다.
PORTG = 0x00;
```

```
while(1)
{

    PORTG = 0x0e;          // 왼쪽에서 첫 번째 7-세그먼트 ON '1'
    PORTB =Font[1];
    _delay_ms(1);          // 0.5초 딜레이

    PORTG = 0x0d;          // 왼쪽에서 두 번째 7-세그먼트 ON
    PORTB = Font[2];       // '2'를 출력한다.
    _delay_ms(1);


    PORTG = 0x0b;          // 왼쪽에서 세 번째 7-세그먼트 ON
    PORTB = Font[17];      // '.'을 출력한다.
    _delay_ms(1);

    PORTG = 0x07;          // 왼쪽에서 네 번째 7-세그먼트 ON
    PORTB = Font[8];       // '8'을 출력한다.
    _delay_ms(1);


    }
    return 0;
  }
```

08 7-세그먼트 이용하여 '9999'에서 '0000'까지 '-1'씩 감소하는 프로그램을 작성해 보자.

```
#include<avr/io.h>
#include<avr/interrupt.h>
#include<util/delay.h>

unsigned char Font[18] = {0x3F, 0x06, 0x5B, 0x4F,
                          0x66, 0x6D, 0x7C, 0x07,
```

```
                    0x7F, 0x67, 0x77, 0x7C,
                    0x39, 0x5E, 0x79, 0x71,
                    0x08, 0x80};

void Segment(int) ;  // Segment 함수 선언
void Segment ( int N )
{
 int  i ;
 unsigned char N1000, N100, N10, N1 ;
 int Buff ;

  N1000 = N /1000;            // 세그먼트에서 사용하는 천의 자리를 추출
  Buff = N % 1000 ;
  N100 = Buff / 100 ;         // 세그먼트에서 사용하는 백의자리 추출
  Buff = Buff % 100;
  N10 = Buff /10 ;            // 세그먼트에서 사용하는 십의 자리 추출
  N1 =  Buff % 10 ;           // 세그먼트에서 사용하는 일의 자리 추출

  for( i = 0 ; i < 30; i++ ) {
      PORTG = 0x0e;           // 왼쪽 첫 번째 세그먼트 ON
      PORTB = Font[N1000];    // 천의 자리 숫자를 출력해 준다.
      _delay_ms(1);

      PORTG = 0x0d;           // 왼쪽 두 번째 세그먼트 ON
      PORTB = Font[N100];     // 백의 자리 숫자를 출력해 준다.
      _delay_ms(1);

      PORTG = 0x0b;           // 왼쪽 세 번째 세그먼트 ON
      PORTB = Font[N10];      // 십의 자리 숫자를 출력해 준다.
      _delay_ms(1);

      PORTG = 0x07;           // 왼쪽 네 번째 세그먼트 ON
      PORTB = Font[N1];       // 일의 자리 숫자를 출력해 준다.
      _delay_ms(1);
  }

}

int main()
{
```

```
  int count =9999;

  DDRB = 0xff;
  DDRG = 0xff;


 while(1)
 {

   Segment(count);
   count = count - 1;
   if (count==0)
              count = 9999;

 }
  return 0;
}
```

09 7-세그먼트를 이용하여 '0000'에서 'FFFF'까지 +1 씩 증가하는 프로그램을 작성해 보자(16진법으로 표시).

```
#include<avr/io.h>
#include<avr/interrupt.h>
#include<util/delay.h>



unsigned char Font[18] = {0x3F, 0x06, 0x5B, 0x4F,
                          0x66, 0x6D, 0x7C, 0x07,
                          0x7F, 0x67, 0x77, 0x7C,
                          0x39, 0x5E, 0x79, 0x71,
                          0x08, 0x80};
void Segment(int) ;  // Segment 함수 선언
void Segment ( int N )
{
```

```
int  i ;
unsigned char N1000, N100, N10, N1 ;
int Buff ;

 N1000 = N /0x1000;              // 세그먼트에서 사용하는 천의 자리를 추출
 Buff = N % 0x1000 ;
 N100 = Buff / 0x100 ;           // 세그먼트에서 사용하는 백의자리 추출
 Buff = Buff % 0x100;
 N10 = Buff /0x10 ;              // 세그먼트에서 사용하는 십의 자리 추출
 N1 =  Buff % 0x10 ;             // 세그먼트에서 사용하는 일의 자리 추출

 for( i = 0 ; i < 30; i++ ) {
     PORTG = 0x0e;               // 왼쪽 첫 번째 세그먼트 ON
     PORTB = Font[N1000];        // 천의 자리 숫자를 출력해 준다.
     _delay_ms(1);

     PORTG = 0x0d;               // 왼쪽 두 번째 세그먼트 ON
     PORTB = Font[N100];         // 백의 자리 숫자를 출력해 준다.
     _delay_ms(1);

     PORTG = 0x0b;               // 왼쪽 세 번째 세그먼트 ON
     PORTB = Font[N10];          // 십의 자리 숫자를 출력해 준다.
     _delay_ms(1);

     PORTG = 0x07;               // 왼쪽 네 번째 세그먼트 ON
     PORTB = Font[N1];           // 일의 자리 숫자를 출력해 준다.
     _delay_ms(1);
 }

}

int main()
{
   int count =0;

   DDRB = 0xff;
   DDRG = 0xff;

  while(1)
  {
```

```
    Segment(count);
    count = count + 1;
    if (count==0xffff)
            count = 0;

  }
  return 0;
}
```

학습 4. FND 제어 응용

학습활동.4 교수 · 학습 방법

교수 방법

- FND 제어 응용에 대한 관련 용어, 구성, 방식 이해 정도를 파악한 후 수업을 진행한다.
- 교수자의 주도로 FND 제어 응용 등의 내용을 PPT 자료로 제시한 후 설명한다.
- 가능하면 사전에 개인별 학습 자료를 준비하여 모든 학생이 참여할 수 있는 문제 해결식 수업, 협력 수업이 가능하도록 한다.
- FND 제어 응용 전 과정을 작업의 순서에 따라 단계적으로 실습이 이루어질 수 있도록 지도한다.
- 교재를 통해 수업을 준비하는데 있어서 필요한 모든 정보나 팁, 힌트 등 도움이 될 만한 내용들을 확인할 수 있다.
- 학생들이 만들게 될 각 모델들은 수업시간에 중점적으로 다뤄질 부분과 어휘, 질문, 답을 포함하고 있으며 또한 탐구할만한 추가적인 아이디어들도 포함하고 있다.

학습 방법

- FND 제어 응용에 대한 관련 용어를 숙지하고, FND 제어 응용의 기초 단계에 대해 이해한다.
- FND 제어 응용의 각 단계별 중점 사항을 체계적으로 학습한다.
- FND 제어 응용의 수행순서의 전 과정을 실습한다.
- FND 제어 응용의 내용을 이해한다.
- FND 제어 응용을 이해하고 숙달이 될 때까지 학습한다.

학습활동.4 평가 및 피드백

평가 준거

- 평가자는 피평가자가 수행 준거 및 평가 내용에 제시되어 있는 내용을 성공적으로 수행할 수 있는 지를 평가해야 한다.
- 평가자는 다음 사항을 평가해야 한다.

학습내용	평가항목	성취수준		
		상	중	하
FND 제어 응용	FND 제어 응용을 이해할 수 있다.			

평가 방법

• 작업 포트폴리오

학습내용	평가항목	성취수준		
		상	중	하
FND 제어 응용	FND 제어 응용을 이해할 수 있다.			

• 필기시험

학습내용	평가항목	성취수준		
		상	중	하
FND 제어 응용	FND 제어 응용을 이해할 수 있다.			

• 체크리스트를 통한 관찰

학습내용	평가항목	성취수준		
		상	중	하
FND 제어 응용	FND 제어 응용을 이해할 수 있다.			

피드백

1. 작업 포트폴리오
   - 제출한 보고서를 평가한 후 주요 사항에 대하여 표시하여 돌려준다.
2. 필기 시험
   - 평가 결과 성적이 저조한 학생은 보고서 제출 기회를 부여한다.
3. 체크리스트를 통한 관찰
   - 실습 과정에서 평가한 후 개선해야 할 사항 등을 정리하여 돌려둔다.

학습 1	C언어 개요 및 개발환경 설정
학습 2	ATmega128 특징 및 구성
학습 3	LED 제어 응용
학습 4	FND 제어 응용
학습 5	**LCD 제어 응용**
학습 6	스위치 제어 응용
학습 7	인터럽트 제어 응용
학습 8	8비트 타이머/카운터 제어 응용
학습 9	AD변환기 제어 응용
학습 10	USART통신 제어 응용
학습 11	모터 제어 응용
학습 12	거리 및 초음파 센서 제어 응용
학습 13	Key 매트릭스 제어 응용
학습 14	Dot 매트릭스 제어 응용
학습 15	블루투스 제어 응용

5-1 LCD의 구성 및 특징

학습 목표	5-1. LCD의 구성 및 특징을 이해할 수 있다.

필요지식

LCD 모듈은 디스플레이 장치로써 디스플레이 부분과 컨트롤러 부문이 하나로 된 LCD 모듈 형태이다. LCD 모듈은 16문자/1라인, 16문자/2라인, 20문자/2라인, 20문자/4라인 등 여러 가지 종류가 있으므로 원하는 용도에 적합한 모듈을 선택하여 사용하면 된다.

LCD 컨트롤러는 여러 가지 종류가 있으나 많이 사용되고 있는 히다찌(HITACHI) 사의 HD44780를 내장하고 있는 모듈을 사용한다(HD44780A는 거의 흡사한 LCD 컨트롤러이다).

1. HD44780, HD44780A의 특징

HD44780, HD44780A 특징은 다음과 같다.

- 5*7 도트, 5*10 도트의 디스플레이 폰트를 지니고 있다.
- 4비트, 8비트 마이크로프로세서와 간편하게 인터페이스 할 수 있다.
- 80*8비트의 D.D.RAM(Display Data RAM)을 내장하고 있다(최대 80 글자).
- C.G.ROM(Character generator ROM)을 내장하고 있다.
  - 글자 폰트(Character Font) 5*7 도트 : 160 글자
  - 글자 폰트(Character Font) 5*10 도트 : 32 글자

  LCD 컨트롤러 HD44780, HD44780A를 사용한 모듈의 핀 번호는 [그림 5-1]과 같으며 각 핀의 기능은 다음과 같다.
- VSS(입력) : 0V(GND)
- VDD(입력) : +5V
- Vo(입력) : 가변 저항 10K를 [그림 5-2]처럼 달아서 글자의 밝기를 조절해준다.
- RS (입력) : Read/Write 신호, LCD 자체 명령과 데이터 입력을 제어한다.
- R/W : Read/Write 신호를 관장한다.
- E(입력) : Enable 신호, 명령이 하나 입력될 때마다 펄스를 하나씩 내주어야 한다.
- DB0~DB7 : 데이터 버스이다.

핀 번호	기호
1	VSS
2	VDD
3	V0
4	RS
5	R/W
6	E
7	DB0
8	DB1
9	DB2
10	DB3
11	DB4
12	DB5
13	DB6
14	DB7

[그림 5-1] LCD 모듈핀 번호

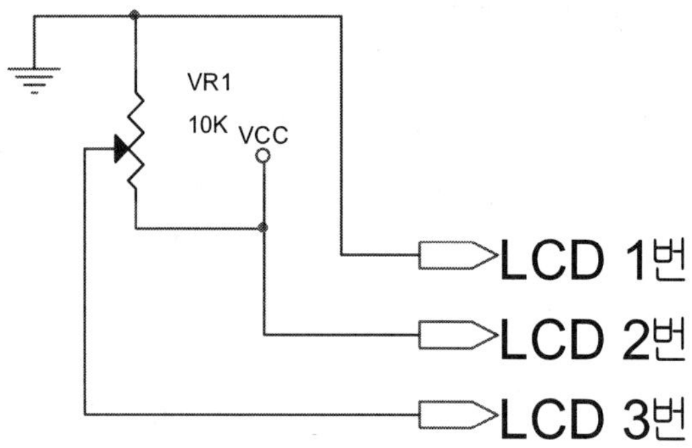

[그림 5-2] LCD Vo(3번 핀) 접속법

– Write Operation

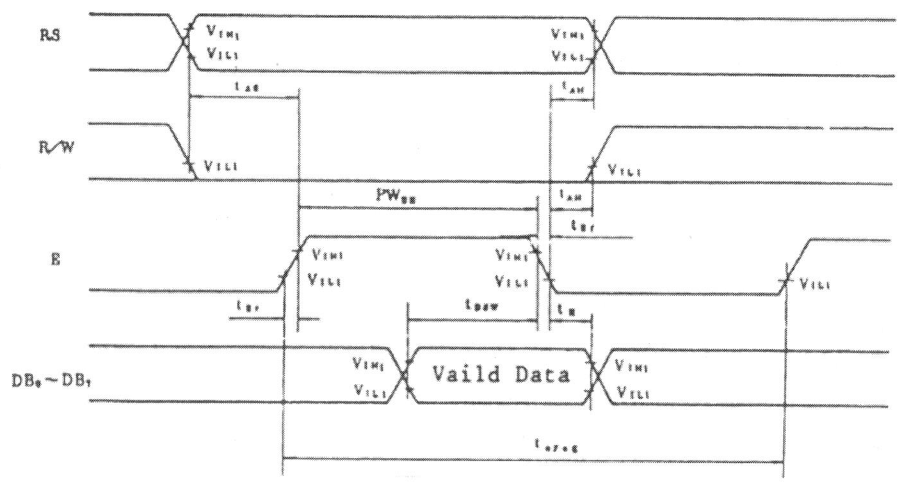

– Read Operation

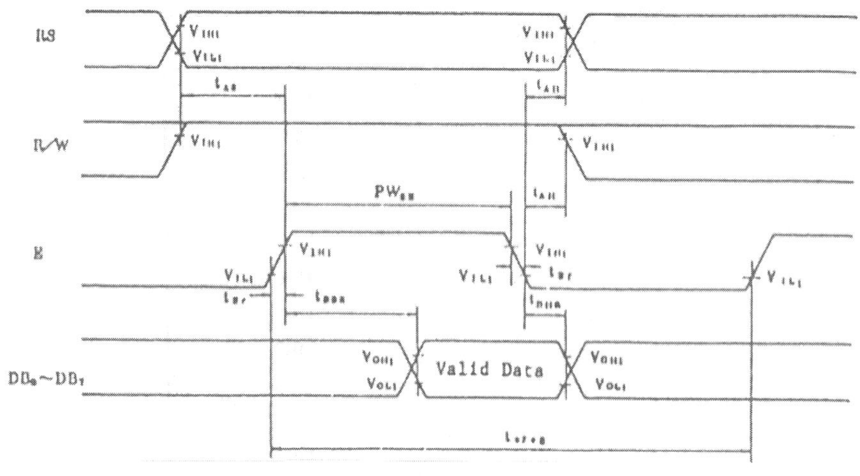

[그림 5-3] HD44780 R/W 타이밍

2. HD44780, HD44780A 기본 동작

1) 레지스터

HD44780, HD44780A는 8비트 레지스터인 인스트럭션 레지스터(IR)와 데이터 레지스터(DR)를 가지고 있다.

(1) 인스트럭션 레지스터(IR)

D.D.RAM과 C.G.RAM에 대한 어드레스 정보와 클리어, 커서 이동에 대한 명령 코드를 가지고 있다. IR은 써넣기만 가능하고 읽기는 되지 않는다.

(2) 데이터 레지스터(DR)

D.D.RAM, C.G.RAM에 써넣은 데이터나 읽어낸 데이터를 일시적으로 저장하는 역할을 한다.

마이크로프로세서에서 데이터레지스터(DR)에 써넣은 데이터는 LCD 내부 동작에 의해 D.D.RAM과 C.G.RAM에 자동적으로 써지게 된다. D.D.RAM, C.G.RAM에서 데이터를 읽어낼 경우 읽어낸 데이터를 저장하는 역할을 한다. 또 IR에 어드레스 정보를 써넣으면 LCD 내부 동작에 의해서C.G.RAM, D.D.RAM으로부터 DR로 데이터가 전송된다. 마이크로프로세서의 데이터 전송은 마이크로프로세서가 DR에서 데이터를 읽어내는 것으로 이루어진다. 마이크로프로세서에서DR의 데이터를 읽어내면 D.D.RAM과 C.G.RAM의 다음 번지의 어드레스가 자동적으로 DR에 전송되어서 마이크로프로세서가 그 다음 번지를 읽어낼 수 있도록 하여 준다.

LCD 모듈 RS(4번 핀)와 R/W(5번 핀)의 관계는 〈표 5-1〉과 같다.

〈표 5-1〉 RS와 RW의 관계

RS	R/W	동 작
0	0	IR write as internal operation(Display clear, etc.)
0	1	Read busy flag(DB7) and address counter(DB0~DB6)
1	0	DR write as internal operation(DR to DD or CG RAM)
1	1	DR read as internal operation(DD or CG RAM to DR)

2) Busy Flag(BF)

- Busy flag가 '1'일 때 HD44780은 내부 동작 모드이므로 다음 명령을 받을 수 없다.

- Busy flag가 '0'일 때 다음 명령을 받아들일 수 있다.
- 〈표 5-1〉에 제시된 바와 같이 RS=0, R/W=1의 조건에서 DB7로 출력한다.

3) Address Counter(AC)

- 어드레스 카운터(AC)는 D.D.RAM, C.G.RAM의 어드레스를 지정할 때 사용한다.
- IR에 어드레스 정보를 써넣으면 이것은 AC로 전송된다.
- D.D.RAM 또는 C.G.RAM은 인스트럭션에 의해서 선택된다.
- D.D.RAM 또는 C.G.RAM에 디스플레이 데이터를 써놓은 후에 AC는 자동적으로 +1 혹은 -1이 된다.
- AC의 내용은 RS=0, R/W=1일 때 DB0~DB6으로 출력된다.

4) Display Data RAM(D.D.RAM)

- D.D.RAM에는 8비트 글자 코드의 디스플레이 데이터를 갖고 있다.
- 최대 용량은 80*8비트, 80 글자이다.
- D.D.RAM 내에 글자 표시에 사용되지 않는 메모리 영역은 일반적인 데이터 RAM으로 사용될 수 있다.
- D.D.RAM 어드레스와 LCD상의 글자 위치간의 관계는 다음과 같다.
- D.D.RAM 어드레스(ADD)는 AC에서 세트하고 D.D.RAM 어드레스는 다음과 같이 16진법으로 표시된다.

	MSB						LSB
AC	AC6	AC5	AC4	AC3	AC2	AC1	AC0

㉑ D.D.RAM 어드레스 0x4E

1	0	0	1	1	1	0
4			E			

(1) 1라인 디스플레이(N = 0)

	1	2	3	4	5	……	79	80	(디스플레이 위치)
1라인	00	01	02	03	04	……	4E	4F	(D.D.RAM어드레스)

표시되는 글자가 80보다 작으면 디스플레이는 맨 앞부터 시작된다.
예를 들면 8글자의 디스플레이는 다음과 같다.

1	2	3	4	5	6	7	8	(디스플레이 위치)
00	01	02	03	04	05	06	07	(D.D.RAM 어드레스)

디스플레이 시프트가 시행될 경우 D.D.RAM의 어드레스는 다음과 같이 움직인다.

① 왼쪽 시프트

01	02	03	04	05	06	07	08

② 오른쪽 시프트

4F	01	02	03	04	05	06	07

HD44780과 HD44100H를 같이 사용한 16글자 문자 표시는 다음과 같다.

(디스플레이 위치)

1	2	3	4	5	6	7	8	9	10	11	12	13	14	15	16
00	01	02	03	04	05	06	07	08	09	0A	0B	0C	0D	0E	0F

(D.D.RAM 어드레스)

HD44780H Display (1~8) HD44100H Display (9~16)

디스플레이 시프트가 이루어지면 D.D.RAM 어드레스는 다음과 같이 변환한다.
① 왼쪽 시프트

01	02	03	04	05	06	07	08	09	0A	0B	0C	0D	0F	10

② 오른쪽 시프트

4F	00	01	02	03	04	05	06	07	08	09	0A	0B	0C	0D

1개의 HD44780과 두 개 이상의 HD44100H를 사용할 경우는 위의 확장으로 생각하면 된다.

(digit)	1	2	3	4	5	6	7	8	9	10	11	12	13	14	15	16	17	18	19	20		73	74	75	76	77	78	79	80	(디스플레이 위치)
1-line	00	01	02	03	04	05	06	07	08	09	0A	0B	0C	0D	0E	0F	10	11	12	13	----	48	49	4A	4B	4C	4D	4E	4F	(D.D.RAM 어드레스)

HD44780 Display (digit 1–8), HD44100H(1) Display (digit 9–16), HD44100H (2)~(8) Display (digit 17–20 …), HD44100H(9) Display (digit 73–80)

(2) 2라인 디스플레이(N = 1)

(digit)	1	2	3	4	5		39	40	(디스플레이 위치)
1-line	00	01	02	03	04	······	26	27	
2-line	40	41	42	43	44	······	66	67	(D.D.RAM 어드레스)

만약 디스플레이 되는 글자가 40*2보다 작으면 2라인은 처음을 기준으로 하여 표현된다. 따라서 첫 번째 라인의 마지막 어드레스와 두 번째 라인의 시작 어드레스가 연속되지 않는 것에 주의하라. 예를 들어 HD44780을 사용하였을 때 8문자*2라인의 디스플레이는 다음과 같다.

(digit)	1	2	3	4	5	6	7	8	(디스플레이 위치)
1-line	00	01	02	03	04	05	06	07	
2-line	40	41	42	43	44	45	46	47	(D.D.RAM 어드레스)

디스플레이가 수행되고 남는 D.D.RAM 어드레스는 다음과 같이 된다.

왼쪽 시프트 디스플레이								
	01	02	03	04	05	06	07	08
	41	42	43	44	45	46	47	47

오른쪽 시프트 디스플레이								
	27	00	01	02	03	04	05	06
	67	40	41	42	43	44	45	46

16문자×2라인의 디스플레이는 HD44780과 HD44100H를 사용할 때 다음과 같다.

(디스플레이 위치)

	1	2	3	4	5	6	7	8	9	10	11	12	13	14		
1-line	00	01	02	03	04	05	06	07	08	09	0A	0B	0C	0D	0E	0F
2-line	40	41	42	43	44	45	46	47	48	49	4A	4B	4C	4D	4E	4F

(D.D.RAM 어드레스)

HD44780 Display　　HD44100H Display

디스플레이 시프트가 이루어지고 나면 D.D.RAM 어드레스는 다음과 같이 된다.

왼쪽 시프트 디스플레이																
	01	02	03	04	05	06	07	08	09	0A	0B	0C	0D	0E	0F	10
	41	42	43	44	45	46	47	48	49	4A	4B	4C	4D	4E	4F	50

오른쪽 시프트 디스플레이																
	27	00	01	02	03	04	05	06	07	08	09	0A	0B	0C	0D	0E
	67	40	41	42	43	44	45	46	47	48	49	4A	4B	4C	4D	4E

1개의 HD44780과 두 개 이상의 HD44100H를 사용하여 디스플레이를 증가시키면 디스플레이 위치와 D.D.RAM 어드레스는 앞 항의 경우를 확대한 것과 같다.

(digit)	1	2	3	4	5	6	7	8	9	10	11	12	13	14	15	16	17	18	19	20		33	34	35	36	37	38	39	40	(디스플레이 위치)
1-line	00	01	02	03	04	05	06	07	08	09	0A	0B	0C	0D	0E	0F	10	11	12	13	----	20	21	22	23	24	25	26	27	(D.D.RAM 어드레스)
2-line	40	41	42	43	44	45	46	47	48	49	4A	4B	4C	4D	4E	4F	50	51	52	53	----	68	69	6A	6B	6C	6D	6E	6F	

HD44780 Display　　HD44100H(1) Display　　HD44100H (2)(3) Display　　HD44100H(4) Display

5) Character Generator ROM(C.G.ROM)

글자 발생기(Character Generator ROM)는 8비트 코드로 5*7 도트, 5*10 도트의 글자를 발생시킨다. [그림 5-4]에 C.G.ROM의 문자 코드를 제시한다.

6) Character Generator RAM(C.G.RAM)

C.G.RAM은 사용자가 프로그램으로 새로운 글자의 패턴을 만들 경우에 사용되는 RAM이다. 5*7 도트는 8개, 5*10은 4개의 문자 패턴을 만들 수 있다.

[그림 5-4]는 C.G.RAM 어드레스, 데이터, 디스플레이 패턴의 관계를 나타내고 디스플레이에 사용될 수 없는 메모리를 일반적인 데이터 메모리로 사용됨을 보여주고 있다.

[그림 5-4] C.G.ROM 문자 코드

5-2 LCD 제어 명령어

학습 목표	5-2. LCD 제어 명령어를 이해할 수 있다.

필요지식

1. 클리어 디스플레이(display clear)

LCD 화면을 클리어하고 나서 커서 위치는 홈으로 돌아가고 D.D.RAM 어드레스 카운터는 0이 된다.

RS	R/W	DB7	DB6	DB5	DB4	DB3	DB2	DB1	DB0
0	0	0	0	0	0	0	0	0	1

실행 시간 : 1.64ms

2. 홈 리턴(return home)

D.D.RAM 어드레스 카운터를 0으로 만들어주고 디스플레이 시프트되었던 것들은 본래의 위치로 돌아간다. 커서의 위치는 홈에 위치하고 D.D.RAM 내용은 바뀌지 않는다.

RS	R/W	DB7	DB6	DB5	DB4	DB3	DB2	DB1	DB0
0	0	0	0	0	0	0	0	1	*

실행 시간 : 1.64ms

3. 엔트리 모드 세트(entry mode set)

커서의 움직이는 방향과 디스플레이 시프트를 할 것인지를 결정한다. 이런 동작은 데이터 읽기, 쓰기 동안에 수행된다.

RS	R/W	DB7	DB6	DB5	DB4	DB3	DB2	DB1	DB0
0	0	0	0	0	0	0	1	I/D	S

실행 시간 : 40μs

S는 디스플레이 전체를 좌/우로 이동시키는 변수이다.

- S = 1, I/D = 1이면 디스플레이는 좌로 시프트 된다.
- S = 1, I/D = 0이면 디스플레이는 우로 시프트 된다.
- S = 0이면 디스플레이는 시프트 되지 않는다.

4. 디스플레이 ON/OFF 제어

전체 디스플레이의 ON/OFF 제어, 커서의 ON/OFF 제어, 커서 위치가 있는 부분의 글자를 깜빡이게 하는 역할을 한다.

- D = 1이면 디스플레이 전체가 ON되어 모든 글자가 나타난다.
- D = 0이면 디스플레이 전체가 OFF되어 어떤 글자도 나타나지 않는다. 이 때 디스플레이 데이터는 D.D.RAM에 남아 있기 때문에 다시 D = 1을 해 주면 그 전의 디스플레이 데이터가 다시 표시된다.
- C = 1이면 커서가 나타난다.
- C = 0이면 커서가 나타나지 않는다. 커서는 5*7 도트의 폰트를 사용할 경우 8째 줄에 나타나고 5*10 도트의 폰트를 사용할 경우 11번 째 줄에 나타난다.
- B = 1이면 커서는 글자 위치에서 깜빡이게 된다.
- B = 0이면 커서는 깜빡이지 않는다.

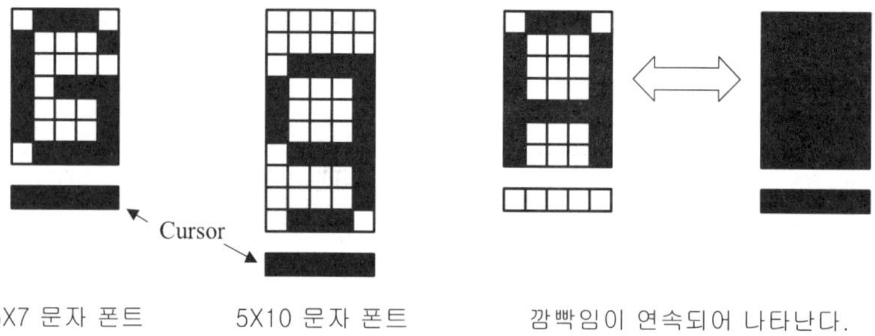

(a) 커서 디스플레이 예 (b) 커서 깜빡임 예

RS	R/W	DB7	DB6	DB5	DB4	DB3	DB2	DB1	DB0
0	0	0	0	0	0	1	D	C	B

실행 시간 : 40μs

5. 커서 디스플레이 시프트(cursor display shift)

D.D.RAM의 내용을 변경시키지 않은 상태에서 커서를 움직이고 디스플레이를 시프트 한다. 2라인 디스플레이의 경우, 커서는 첫 번째 라인의 마지막 칸(40번째) 다음에 두 번째 라인으로 넘어간다. 첫째 라인과 두 번째 라인은 동시에 시프트된다. 디스플레이의 시프트는 단지 수평으로만 가능하고 두 번째 라인은 첫 번째 라인으로 시프트되지 않는다.

RS	R/W	DB7	DB6	DB5	DB4	DB3	DB2	DB1	DB0
0	0	0	0	0	1	S/C	R/L	*	*

실행 시간 : 40μs

S/C	R/L	설 명
0	0	커서는 왼쪽으로 시프트된다(어드레스 카운터 하나 감소)
0	1	커서는 오른쪽으로 시프트된다(어드레스 카운터 하나 증가)
1	0	전체 디스플레이와 커서를 왼쪽으로 시프트 시킨다.
1	1	전체 디스플레이와 커서를 오른쪽으로 시프트 시킨다.

디스플레이의 시프트만 행해질 때는 어드레스 카운터는 변하지 않는다.

6. LCD 기능 설정(function set)

인터페이스되는 데이터 라인, 디스플레이 라인, 글사 폰트를 설정해 준다.

RS	R/W	DB7	DB6	DB5	DB4	DB3	DB2	DB1	DB0
0	0	0	0	1	DL	N	F	*	*

실행 시간 : 40μs

- DL = 1일 때 8비트(DB0~DB7)를 인터페이스 할 수 있다.
- DL = 0일 때 4비트(DB0~DB3)를 인터페이스 할 수 있다. 4비트로 인터페이스 되었을 경우, HD44780에서 필요로 하는 데이터는 8비트이므로 데이터를 읽거나 쓸 때 4비트씩 두 번 동작되어야 한다.
- N : 디스플레이 라인을 설정한다.
- F : 글자 폰트를 결정한다.

N	F	디스플레이 라인	글자 폰트	듀티비	참 고
0	0	1	5*7 도트	1/8	
0	1	1	5*10 도트	1/11	
1	*	2	5*7 도트	1/16	5*10 도트는 2라인 디스플레이가 안됨

7. C.G.RAM 어드레스 설정

C.G.RAM 어드레스를 설정할 수 있다. 어드레스 설정 후 C.G.RAM에 데이터를 읽고 쓸 수 있다.

RS	R/W	DB7	DB6	DB5	DB4	DB3	DB2	DB1	DB0
0	0	0	1	ACG					

실행 시간 : 40μs

ACG는 6비트이므로 C.G.RAM 어드레스는 6비트까지 설정 가능하다.

8. D.D.RAM 어드레스 설정

D.D.RAM 어드레스를 설정할 수 있다. 어드레스 설정 후 D.D.RAM에 데이터를 읽고 쓸 수 있다.

RS	R/W	DB7	DB6	DB5	DB4	DB3	DB2	DB1	DB0
0	0	1	ACG						

실행 시간 : 40μs

- ADD는 7비트이므로 D.D.RAM 어드레스는 7비트까지 설정 가능하다.
- 디스플레이 라인을 설정하는 N 값에 따라서 N = 0(1라인 디스플레이)이면 ADD는 0x00～0x4F이다. N = 1(2라인 디스플레이)이면 ADD는 첫 번째 라인이 0x00 ～ 0x27이고 두 번째 라인은 0x40～0x67이다.

9. 비지 플래그와 어드레스 읽기(read busy flag & address)

HD44780 내부의 동작 상태를 알아볼 수 있는 비지 플래그(busy flag)와 어드레스 카운터의 내용을 읽어볼 수 있다.

RS	R/W	DB7	DB6	DB5	DB4	DB3	DB2	DB1	DB0
0	1	BF	AC						

실행 시간 : 40μs

- BF = 1이면 내부 동작이 진행되고 있는 중이라 다음 명령을 받을 수 없다.
- BF = 0이면 다음 명령을 받을 준비가 되어 있다.
- 어드레스 카운터(AC)를 읽어낼 수 있다.

10. C.G.RAM과 D.D.RAM 데이터 쓰기(write data to C.G or D.D.RAM)

D.D.RAM 또는 C.G.RAM에 8비트 데이터를 쓸 수 있다. C.G.RAM 또는 D.D.RAM 선택은 이전의 어드레스 설정에 따라서 결정된다. 데이터를 쓴 후에 어드레스는 엔트리 모드(entry mode)에 따라 +1 또는 −1이 된다.

RS	R/W	DB7	DB6	DB5	DB4	DB3	DB2	DB1	DB0
1	0	Write Data							

실행 시간 : 40μs

11. C.G.RAM과 D.D.RAM 데이터 읽기(read data from C.Gor D.D.RAM)

C.G.RAM 또는 D.D.RAM에서부터 8비트 데이터를 읽는다. 읽기 동작에 들어가기 이전에 반드시 D.D.RAM 또는 C.G.RAM 어드레스 설정 명령을 실행하여야 된다.

만약 어드레스 설정 명령이 읽기 동작 전에 실행되지 않으면 처음에 읽히는 데이터는 이상한 값으로 읽히게 되므로 처음 읽은 데이터는 버려야 한다. 그리고 두 번째 읽히는 데이터부터 진짜 데이터로 활용할 수 있다. 커서 시프트 명령에 의해서 커서를 시프트시킨 후에는 어드레스 설정 명령이 “읽기” 명령 바로 전에 실행될 필요는 없다. 왜냐하면 커서 시프트 명령은 D.D.RAM 어드레스 설정 명령과 같기 때문이다. 읽기 명령이 실행된 후에 엔트리 모드에 따라서 어드레스가 +1 또는 -1이 된다.

RS	R/W	DB7	DB6	DB5	DB4	DB3	DB2	DB1	DB0
1	1	Read Data							

✔ **Tip**

C.G.RAM, D.D.RAM으로 데이터를 써 넣은 후에 어드레스 카운터는 엔트리 모드에 따라 자동적으로 +1이 되지만, 그 바로 다음에 읽기 명령을 실행해도 그때 어드레스 카운터가 가리키는 RAM의 내용은 읽혀지지 않는다. 따라서 읽기를 할 때는 반드시 다음과 같이 행해야 된다.

① 읽기 전에 어드레스 설정 명령을 실행한다.

② D.D.RAM의 경우는 읽기 전에 커서 시프트 명령을 실행한다.

5-3 LCD 제어의 초기화

학습 목표	5-3. LCD 제어의 초기화를 이해할 수 있다.

필요지식

LCD 제어(HD44780)의 초기화는 반드시 다음과 같은 과정을 거쳐야 된다.

1. 8비트의 경우

전원 ON

↓

VDD가 4.5V 이상된 후
15 ms 이상을 기다린다.

↓

RS	R/W	DB7	DB6	DB5	DB4	DB3	DB2	DB1	DB0
0	0	0	0	1	1	*	*	*	*

↓

4.1 ms 이상을 기다린다.

↓

RS	R/W	DB7	DB6	DB5	DB4	DB3	DB2	DB1	DB0
0	0	0	0	1	1	*	*	*	*

↓

100μs 이상을 기다린다.

↓

RS	R/W	DB7	DB6	DB5	DB4	DB3	DB2	DB1	DB0
0	0	0	0	1	1	*	*	*	*

↓

[그림 5-5] HD 44780 초기 설정

다음은 8비트, 2라인 디스플레이의 예제이다.

1) 전원 투입

① 동작 : HD44780은 전원을 투입하면 내부 리셋 회로에 의해 자동적으로 초기화 된다.

② 디스플레이

2) LCD 기능 설정(function set)

① 동작 : 데이터 라인을 8비트로 인터페이스, 2라인 디스플레이, 5*7 도트 글자 폰트를 사용하기 위하여 지정된 값을 설정한다.

② 명령

RS	R/W	DB7	DB6	DB5	DB4	DB3	DB2	DB1	DB0
0	0	0	0	1	1	1	0	*	*

③ 디스플레이

3) 디스플레이 ON/OFF 제어

① 동작 : 디스플레이와 커서를 ON 시킨다. 하지만 이 때는 초기화시킨 직후이므로 어떤 글자도 나타나지 않는다.

② 명령

RS	R/W	DB7	DB6	DB5	DB4	DB3	DB2	DB1	DB0
0	0	0	0	0	0	1	1	1	0

③ 디스플레이

4) 엔트리 모드 세트(entry mode set)

① 동작 : 쓰기 동작을 할 때마다 어드레스는 +1, 커서는 오른쪽으로 시프트하게 설정하고 이 때 디스플레이는 시프트하지 않게 설정한다.

② 명령

RS	R/W	DB7	DB6	DB5	DB4	DB3	DB2	DB1	DB0
0	0	0	0	0	0	0	1	1	0

③ 디스플레이

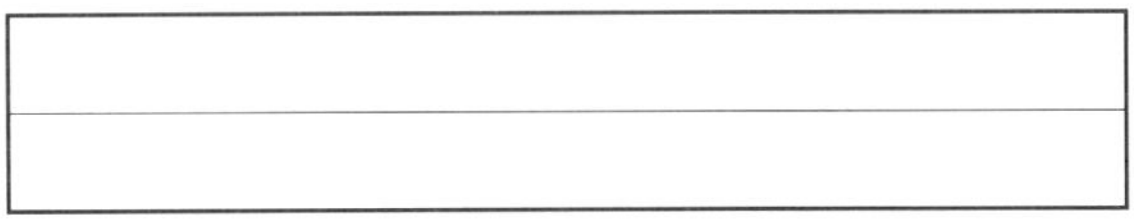

5) C.G.RAM/D.D.RAM 데이터 쓰기(write data to C.G.RAM/D.D.RAM)

① 동작 : 'B'(0x42)를 쓴다. 전원 투입시 초기화에 의해서 D.D.RAM이 선택되었으므로 커서는 오른쪽으로 하나씩 시프트된다.

② 명령

RS	R/W	DB7	DB6	DB5	DB4	DB3	DB2	DB1	DB0
1	0	0	1	0	0	0	0	1	0

③ 디스플레이

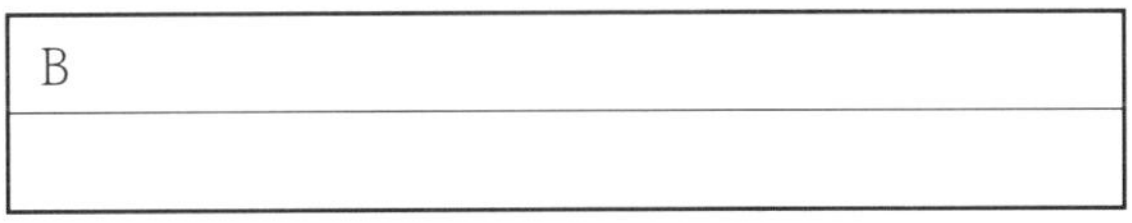

6) BASE Multi-2_를 쓴다

앞 항의 명령을 계속 사용하여 BASE Multi-2_를 쓴다.

7) C.G.RAM/D/D/RAM 데이터 쓰기(write data to C.G.RAM/D.D.RAM)

① 동작 : 마지막으로 '2'(0x32)를 쓴다.

② 명령

RS	R/W	DB7	DB6	DB5	DB4	DB3	DB2	DB1	DB0
1	0	0	0	1	1	0	0	1	0

③ 디스플레이

BASE Multi-2_

8) D.D.RAM 어드레스 설정(set D.D.RAM address)

① 동작 : D.D.RAM 어드레스를 설정하여 커서가 2번째 라인 제일 처음의 위치에 오게 한다.

② 명령

RS	R/W	DB7	DB6	DB5	DB4	DB3	DB2	DB1	DB0
0	0	1	1	0	0	0	0	0	0

③ 디스플레이

BASE Multi-2
_

9) C.G.RAM/D.D.RAM 데이터 쓰기(write data to C.G.RAM/D.D.RAM)

① 동작 : 'H'(0x48)를 쓴다.

② 명령

RS	R/W	DB7	DB6	DB5	DB4	DB3	DB2	DB1	DB0
1	0	0	1	0	0	1	0	0	0

③ 디스플레이

BASE Multi-2
H_

10) HANBAC를 쓴다

앞 항의 명령을 계속 사용하여 'HANBA'를 쓴다.

11) C.G.RAM/D.D.RAM 데이터 쓰기(write data to C.G.RAM/D.D.RAM)

① 동작 : 'C'(0x43)를 쓴다.

② 명령

RS	R/W	DB7	DB6	DB5	DB4	DB3	DB2	DB1	DB0
1	0	0	1	0	0	0	0	1	1

③ 디스플레이

BASE Multi-2
HANBAC

12) C.G.RAM/D.D.RAM 데이터 쓰기(write data to C.G.RAM/D.D.RAM)

① 동작 : 마지막으로 'K'(0x4b)를 쓴다.

② 명령

RS	R/W	DB7	DB6	DB5	DB4	DB3	DB2	DB1	DB0
1	0	0	1	0	1	1	0	1	1

③ 디스플레이

BASE Multi-2
HANBACK

13) 홈 리턴(return home)

① 동작 : 디스플레이와 커서를 원래의 위치(home)로 복귀시킨다.

② 명령

RS	R/W	DB7	DB6	DB5	DB4	DB3	DB2	DB1	DB0
0	0	0	0	0	0	0	0	1	0

③ 디스플레이

BASE Multi-2
HANBACK

RS	R/W	DB7	DB6	DB5	DB4	DB3	DB2	DB1	DB0
0	0	0	0	1	1	N	F	*	*
0	0	0	0	0	0	1	0	0	0
0	0	0	0	0	0	0	0	0	1
0	0	0	0	0	0	0	1	I/D	S

수행 내용 R

재료 · 자료

- C언어 프로그래밍, 타깃보드

기기(장비 · 공구)

- 컴퓨터, USB케이블, 개발시스템, ISP

안전 · 유의사항

- ATmega128 타깃 시스템의 외형을 관리하고 ATmega128 타깃 시스템에 전원을 관리한다.

수행 순서

HD44780의 특징과 각종 레지스터들의 동작에 관하여 알아보았다. 하지만 LCD를 처음 대하는 독자들에게는 이제까지 설명된 것들이 잘 이해되지 않으리라 본다. 하드웨어 또는 소프트웨어라는 것은 직접 실험을 해보지 않고는 자신의 것으로 만들 수 없다. 따라서, 이제부터는 실제 LCD를 동작해 가면서 작동 방법을 설명하기로 한다. [그림 5-6]은 타깃시스템에 설치된 Text LCD의 회로를 나타내고 있다.

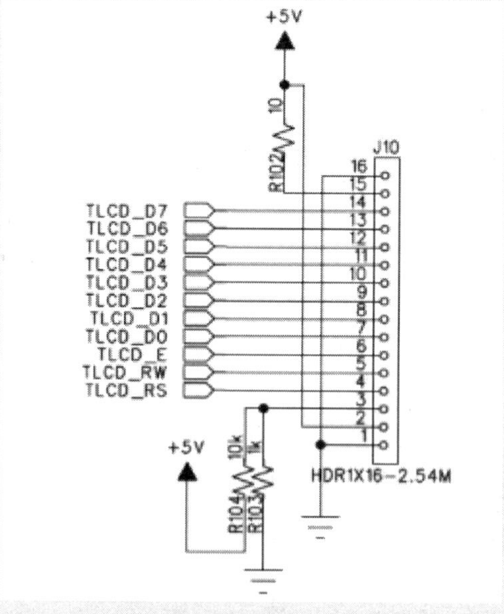

[그림 5-6] LCD 디스플레이 부

01 LCD 초기화하고 '1234'를 화면에 출력해 보도록 한다.

1. LCD 제어신호는 포트 B와 연결해 준다(4핀 케이블로 연결).
2. TLCD_RS는 PB0, TLCD_RW는 PB1, TLCD_E는 PB2에 연결해 준다
3. 포트 C에는 LCD 데이터 신호를 연결해 준다.
4. TLCD_D0~TLCD_D7를 PC0~PC7까지와 연결해 준다.

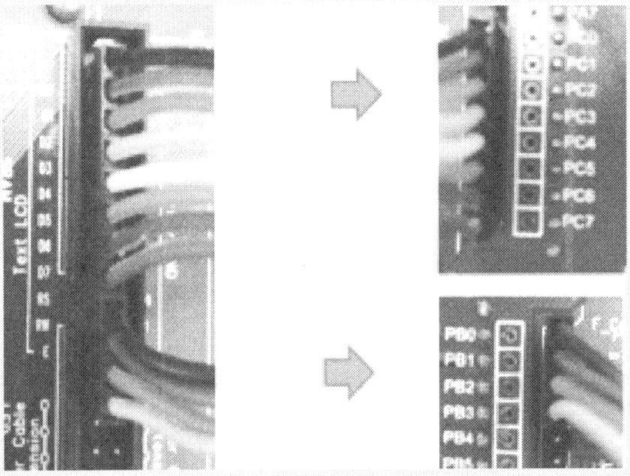

```
#include <mega128a.h>
#include <delay.h>
#define TLCD_RS   PORTB.0             // LCD RS 신호
#define TLCD_RW   PORTB.1             // LCD RW 신호
#define TLCD_E    PORTB.2             // LCD E 신호
#define TLCD_EN { TLCD_E = 0; TLCD_E = 1; }
#define DATA  PORTC                   // LCD 데이터 신호
void Port_Init(void);                 // 128a 포트 초기화 함수
void E_Pulse(void);                   // Enable Pulse 생성 함수
void Func_Set(void);                  // 5 장에서 설명한 Function Set 명령 함수
void TLCD_DATA(unsigned char);        // LCD에 데이터 입력 함수
void Init_LCD(void);                  // LCD 초기화 함수

void Port_Init(void)
{
  DDRB = 0xff ;                       // 포트 D를 출력으로 설정
  DDRC = 0xff;                        // 포트 C를 출력으로 설정
```

```
}
// LCD 에 모든 명령을 전송한후 반드시 Enable Pulse를 주어야 한다.
void E_Pulse(void)
{
  TLCD_E = 1;
  delay_ms(5);
  TLCD_E = 0;
}
```

```
// LCD에 데이터를 전송하는 함수이다.
void TLCD_DATA(unsigned char data)
{
 DATA = data ;
 TLCD_EN;                    // 이 부분에서는 E_Pulse() 함수 대신 사용한다.
}

void Func_Set(void)
{
  TLCD_RW = 0;               // RW = 0, RS = 0일 때 IR쓰기 명령
  TLCD_RS = 0;
  TLCD_DATA(0x38);           // 초기화를 위한 Function Set
  E_Pulse();                 // Enable Pulse
}

// LCD 초기화 함수이다.

void Init_LCD(void)
{
  TLCD_E = 0;
  delay_ms(15);              // 약 15ms 시간 지연
  Func_Set();
  delay_ms(10);              // 약 10ms 시간 지연
  Func_Set();
  delay_us(150);             // 약 150us 시간 지연
  Func_Set();
  TLCD_DATA(0x0f);           // 디스플레이 ON, 커서 ON
  E_Pulse();
  TLCD_DATA(0x06);           // 글자를 오른쪽으로 시프트 시키며 출력
```

```
    E_Pulse();
    TLCD_DATA(0x01);        // 화면 클리어
    E_Pulse();

    }
```

```
    /**************************************************
       lcd_char() : 1 문자를 디스플레이 하는 함수
    **************************************************/
    void lcd_char(char s)
    {
     TLCD_RS = 1;
     TLCD_DATA(s);
     E_Pulse();
    }

  // LCD를 초기화 하고 LCD 화면에 '1','2','3','4'를 출력해 주는 프로그램이다.
    void main(void)
    {
     Port_Init();
     Init_LCD();

       lcd_char('1');
       lcd_char('2');
       lcd_char('3');
       lcd_char('4');

   // 마이크로 프로세서 프로그램은 반드시 무한루프를 돌도록 프로그램해야만 한다.
        while(1);
     }
```

02 여러 가지 LCD 명령 세트를 이용하여 LCD 프로그램에 편리하게 사용할 수 있는 응용함수들을 만들어 보도록 한다.

① lcd_char(char) : 1 글자 디스플레이 함수

【사용 예】 lcd_char('P') : → 'P'를 LCD에 디스플레이 한다.

```
void lcd_char(char s)
{
  TLCD_RS = 1;
  TLCD_DATA(s);
  E_Pulse();
}
```

② lcd_disp(char, char) : LCD(16 by 2)에서 원하는 곳에 커서가 위치하기 위한 함수

LCD의 좌표는 다음과 같이 표시된다

【사용 예】 lcd_char(14, 1) : → LCD 커서를 지정된 곳에 위치 시킨다.

X : 0 Y : 0	X : 1 Y : 0	X : 2 Y : 0	…	X : 14 Y : 0	X : 15 Y : 0
X : 0 Y : 1	X : 1 Y : 1	X : 2 Y : 1	…	X : 14 Y : 1	X : 15 Y : 1

[그림 5-7] lcd_disp(char, char)에서 사용된 LCD 좌표

```
void lcd_disp(char x, char y)
{
  TLCD_RS = 0 ;
  TLCD_RW = 0 ;
  if(y==0) TLCD_DATA(x+0x80);
  else if(y==1) TLCD_DATA(x+0xc0);
  E_Pulse();
}
```

③ clrscr(void) : 디스플레이 전체를 클리어 한다.

【사용 예】 clrscr() : → LCD에 디스플레이 되어있는 모든 글자를 클리어 하는 함수이다.

```
void clrscr(void)
{
  TLCD_RS = 0;
  TLCD_RW = 0;
  TLCD_DATA(0x01);
  E_Pulse();

  delay_ms(10);
}
```

④ move_disp(void) : 디스플레이를 왼쪽 또는 오른쪽으로 시프트하는 함수이다.

【사용 예】 move_disp(LEFT); move_disp(RIGHT); → LCD에 디스플레이 되어있는 모든 글자를 왼쪽 또는 오른쪽으로 시프트하는 함수이다.

```
void move_disp(char p )
{
  TLCD_RS = 0;
  TLCD_RW = 0;

  if(p==LEFT ) TLCD_DATA(0x18);
  else if(p==RIGHT) TLCD_DATA(0x1c);

  E_Pulse();
}
```

⑤ display_ON_OFF(char, char, char) : 디스플레이, 커서, 커서 깜빡임 ON/OFF 제어함수

【사용 예】

display_ON_OFF(ON, ON, ON) ;→ 디스플레이 ON, 커서 ON, 커서 깜빡임 ON

display_ON_OFF(OFF, ON, ON) ;→ 디스플레이 OFF, 커서 ON, 커서 깜빡임 ON

display_ON_OFF(ON, ON, ON) ;→ 디스플레이 ON, 커서 ON, 커서 깜빡임 ON

display_ON_OFF(ON, OFF, ON) ;→ 디스플레이 ON, 커서 OFF, 커서 깜빡임 ON
display_ON_OFF(ON, ON, ON) ;→ 디스플레이 ON, 커서 ON, 커서 깜빡임 ON
display_ON_OFF(ON, ON, OFF) ;→ 디스플레이 ON, 커서 ON, 커서 깜빡임 OFF

```
void disp_ON_OFF(char d, char c, char b)
{
    char disp = 0x08;

    TLCD_RS = 0;
    TLCD_RW = 0 ;

    if (d==ON) d = 0x04;
    else       d = 0x00;

    if(c == ON) c = 0x02;
    else        c = 0x00;

    if(b == ON) b = 0x01;
    else        b = 0x00;

    TLCD_DATA(disp | d | c| b);
    E_Pulse();

}
```

⑥ move_cursor(char p) : 커서를 왼쪽 또는 오른쪽으로 시프트하는 함수이다.

【사용 예】 move_cursor(LEFT); move_cursor(RIGHT); → LCD에 디스플레이 되어 있는 모든 글자를 바꾸지 않고 커서만 왼쪽 또는 오른쪽으로 시프트시키는 함수이다.

```
void move_cursor(char p)
{
    TLCD_RS = 0;
    TLCD_RW = 0;

    if(p==RIGHT) TLCD_DATA(0x14);
```

```
    else if(p==LEFT) TLCD_DATA(0x10);
    E_Pulse();
  }
```

03 위에서 만든 LCD 함수들을 이용하여 여러 가지 기능들을 직접 구현해 본다.

1. LCD 제어신호는 포트 B와 연결해 준다(4핀 케이블로 연결).
   TLCD_RS는 PB0, TLCD_RW는 PB1, TLCD_E는 PB2에 연결해 준다.
2. 포트 C에는 LCD 데이터 신호를 연결해 준다.
   TLCD_D0~TLCD_D7를 PC0~PC7까지와 연결해 준다.

```
#include <mega128a.h>
#include <delay.h>


#define TLCD_RS   PORTB.0
#define TLCD_RW   PORTB.1
#define TLCD_E    PORTB.2
#define TLCD_EN { TLCD_E = 0; TLCD_E = 1; }
#define DATA   PORTC

#define ON       1
#define OFF      2

#define RIGHT    1
#define LEFT     2


void Port_Init(void); void E_Pulse(void);  void Func_Set(void);
void TLCD_DATA(unsigned char); void Init_LCD(void);
void lcd_disp(char, char); void clrscr(void); void move_disp(char );
void disp_ON_OFF(char, char, char); void lcd( char, char, char *);
```

```
void Port_Init(void)
{
  DDRB = 0xff ;
  DDRC = 0xff;
}

void E_Pulse(void)
{
  TLCD_E = 1;
  delay_ms(5);
  TLCD_E = 0;
}

void TLCD_DATA(unsigned char data)
{
 DATA = data ;
 TLCD_EN;
}

void Func_Set(void)
{
  TLCD_RW = 0;
  TLCD_RS = 0;
  TLCD_DATA(0x38);
  E_Pulse();
}


void Init_LCD(void)
{

  TLCD_E = 0;
  delay_ms(15);
  Func_Set();
  delay_ms(10);
  Func_Set();
  delay_us(150);
  Func_Set();

  TLCD_DATA(0x0f);
```

```
  E_Pulse();
  TLCD_DATA(0x06);
  E_Pulse();
  TLCD_DATA(0x01);
  E_Pulse();

  }

  void lcd_char(char s)
  {
   TLCD_RS = 1;
   TLCD_DATA(s);
   E_Pulse();
  }

  void lcd_disp(char x, char y)
  {
   TLCD_RS = 0 ;
   TLCD_RW = 0 ;
   if(y==0) TLCD_DATA(x+0x80);
   else if(y==1) TLCD_DATA(x+0xc0);
   E_Pulse();
   }

void move_disp(char p )
 {
  TLCD_RS = 0;
  TLCD_RW = 0;

  if(p==LEFT ) TLCD_DATA(0x18);
  else if(p==RIGHT) TLCD_DATA(0x1c);

  E_Pulse();
}

void disp_ON_OFF(char d, char c, char b)
{
   char disp = 0x08;

   TLCD_RS = 0;
```

학습 5. LCD 제어 응용

```
    TLCD_RW = 0 ;

    if (d==ON) d = 0x04;
    else       d = 0x00;

    if(c == ON) c = 0x02;
    else        c = 0x00;

    if(b == ON) b = 0x01;
    else        b = 0x00;

    TLCD_DATA(disp | d | c| b);
    E_Pulse();

}

void clrscr(void)
{
   TLCD_RS = 0;
   TLCD_RW = 0;
   TLCD_DATA(0x01);
   E_Pulse();

   delay_ms(10);
}


 /****************************************************************************
    LCD에 위치를 지정하여 문자열을 출력할 수 있도록 만든 함수이다.
 ****************************************************************************/
void lcd(char x, char y, char *str)
{
   lcd_disp(x, y);
   while(*str) lcd_char(*str++);
}
 void main(void)
 {
 int i;
    Port_Init();
    Init_LCD();
```

```
while(1)
{
  clrscr();  //  화면 클리어
  lcd(0,0,"HBE-Multi II");       // 문자열 출력
  lcd(0,1,"BASE PROGRAM"); // 문자열 출력
  delay_ms(1000);                // 일정시간 지연


  // 디스플레이 ON/OFF를 번갈아 가면서 5번 수행
  for(i = 0; i < 5 ; i++ ) {
        disp_ON_OFF(OFF, ON, ON);  // 디스플레이 OFF
        delay_ms(1000);

        disp_ON_OFF(ON, ON, ON);  // 디스플레이 ON
        delay_ms(1000);
  }

  // 문자열 전체를 오른쪽/왼쪽으로 각 10회씩 이동
  for ( i = 0 ; i < 20 ; i ++) {
        if(i < 10) move_disp(RIGHT); // 디스플레이 오른쪽 시프트
        else        move_disp(LEFT); // 디스플레이 왼쪽 시프트
        delay_ms(1000);
  }
   lcd_disp(0,0);   // 커서위치 초기화

  disp_ON_OFF(ON, ON, OFF); // 커서 깜빡임
  delay_ms(1000);                // 일정 시간 지연
  disp_ON_OFF(ON, ON, ON);  // 커서 깜빡임 ON
  delay_ms(1000);                // 일정 시간 지연
  clrscr();                      // 화면 클리어
  lcd(0,1,"End of Demo");        // 종료 문자열 출력
  delay_ms(1000);                // 약 1초간 시간 지연
  }
}
```

04 본인의 번호와 이름을 LCD에 출력해 보시오.

05 푸쉬 버튼 스위치에서 입력받은 버튼의 숫자를 LCD에 표시하시오.

㉮ 1번 키가 입력되었으면 → '1'을 표시

```
#include<avr/io.h>
#include<avr/interrupt.h>
#include<util/delay.h>

#define sbi(PORTX, BITX) PORTX |=(1<<(BITX)
#define cbi(PORTX,BITX) PORTX &= ~(1 <<(BITX)

// PORTB.0                    // LCD RS 신호
// PORTB.1                    // LCD RW 신호
// PORTB.2                    // LCD E 신호

#define TLCD_EN { cbi(PORTB,2); sbi(PORTB,2); }
#define DATA  PORTC           // LCD 데이터 신호



void Port_Init(void); void E_Pulse(void);  void Func_Set(void);
void TLCD_DATA(unsigned char); void Init_LCD(void);
void clrscr(void);



void Port_Init(void)
{
  DDRB = 0xff ;               // 포트 D를 출력으로 설정
  DDRC = 0xff;                // 포트 C를 출력으로 설정
}
// LCD 에 모든 명령을 전송한후 반드시 Enable Pulse를 주어야 한다.
```

```
void E_Pulse(void)
{
  sbi(PORTB,2); //  LCD E = 1;
  _delay_ms(5);
  cbi(PORTB,2); // LCD E = 0;
}

 // LCD에 데이터를 전송하는 함수이다.
void TLCD_DATA(unsigned char data)
{
 DATA = data ;
 TLCD_EN;              // 이 부분에서는  E_Pulse() 함수 대신 사용한다.
}

void Func_Set(void)
{
    // RW = 0, RS = 0 일 때 IR쓰기 명령
  cbi(PORTB, 0);
  cbi(PORTB, 1);

  TLCD_DATA(0x38);    // 초기화를 위한 Function Set
  E_Pulse();          // Enable Pulse
}

// LCD 초기화 함수 이다
void Init_LCD(void)
{
  // LCD E = 0;
  cbi(PORTB, 2);
  _delay_ms(15);           // 약 15ms 시간 지연
  Func_Set();
  _delay_ms(10);           // 약 10ms 시간 지연
  Func_Set();
  _delay_us(150);          // 약 150us 시간 지연
  Func_Set();
  TLCD_DATA(0x0f);         // 디스플레이 ON, 커서 ON
  E_Pulse();
  TLCD_DATA(0x06);         // 글자를 오른쪽으로 시프트시키며 출력
  E_Pulse();
  TLCD_DATA(0x01);         // 화면 클리어
```

```
  E_Pulse();
  }

// 1 문자 디스플레이 하는 함수
void lcd_char(char s)
{
   sbi(PORTB, 0); // LCD_RS = 0 ;
   TLCD_DATA(s);
   E_Pulse();
}

void lcd_disp(char x, char y)
{
   cbi(PORTB, 0); // LCD_RS = 0 ;
   cbi(PORTB, 1); // LCD_RW = 0 ;
   if(y==0) TLCD_DATA(x+0x80);
   else if(y==1) TLCD_DATA(x+0xc0);
   E_Pulse();
}



void clrscr(void)
{
   cbi(PORTB, 0); // LCD_RS = 0 ;
   cbi(PORTB, 1); // LCD_RW = 0 ;

  TLCD_DATA(0x01);
  E_Pulse();
   _delay_ms(10);
}

/***************************************************************************
   LCD에 위치를 지정하여 문자열을 출력할 수 있도록 만든 함수이다.
 ***************************************************************************/
void lcd(char x, char y, char *str)
{
  lcd_disp(x, y);
  while(*str) lcd_char(*str++);
}
```

```
int main( )
 {

  unsigned char ps_switch;
   Port_Init();
   Init_LCD();


     clrscr();  //  화면 클리어
     while(1){
      ps_switch = PIND ;

      if(ps_switch !=0 ) {
           if(ps_switch==0x01) lcd_char('1');
           else if(ps_switch==0x02) lcd_char('2');
           else if(ps_switch==0x04) lcd_char('3');
           else if(ps_switch==0x08) lcd_char('4');
           else if(ps_switch==0x10) lcd_char('5');
           else if(ps_switch==0x20) lcd_char('6');
           else if(ps_switch==0x40) lcd_char('7');
           else if(ps_switch==0x80) lcd_char('8');
      }

  }
   return 0;

  }
```

학습활동.5 교수 · 학습 방법

교수 방법

- LCD 제어 응용에 대한 관련 용어, 구성, 방식 이해 정도를 파악한 후 수업을 진행한다.
- 교수자의 주도로 LCD 제어 응용 등의 내용을 PPT 자료로 제시한 후 설명한다.
- 가능하면 사전에 개인별 학습 자료를 준비하여 모든 학생이 참여할 수 있는 문제 해결식 수업, 협력 수업이 가능하도록 한다.
- LCD 제어 응용 전 과정을 작업의 순서에 따라 단계적으로 실습이 이루어질 수 있도록 지도한다.
- 교재를 통해 수업을 준비하는데 있어서 필요한 모든 정보나 팁, 힌트 등 도움이 될 만한 내용들을 확인할 수 있다.
- 학생들이 만들게 될 각 모델들은 수업시간에 중점적으로 다뤄질 부분과 어휘, 질문, 답을 포함하고 있으며 또한 탐구할만한 추가적인 아이디어들도 포함하고 있다.

학습 방법

- LCD 제어 응용에 대한 관련 용어를 숙지하고, C언어와 개발환경의 기초 단계에 대해 이해한다.
- LCD 제어 응용의 각 단계별 중점 사항을 체계적으로 학습한다.
- LCD 제어 응용의 수행순서의 전 과정을 실습한다.
- LCD 제어 응용의 내용을 이해한다.
- LCD 제어 응용의 구성을 이해하고 숙달이 될 때까지 학습한다.

학습활동.5 평가 및 피드백

평가 준거

- 평가자는 피평가자가 수행 준거 및 평가 내용에 제시되어 있는 내용을 성공적으로 수행할 수 있는 지를 평가해야 한다.
- 평가자는 다음 사항을 평가해야 한다.

학습내용	평가항목	성취수준		
		상	중	하
LCD 제어 응용	LCD 제어 응용에 대하여 이해할 수 있다.			

평가 방법

- 작업 포트폴리오

학습내용	평가항목	성취수준		
		상	중	하
LCD 제어 응용	LCD 제어 응용에 대하여 이해할 수 있다.			

- 필기시험

학습내용	평가항목	성취수준		
		상	중	하
LCD 제어 응용	LCD 제어 응용에 대하여 이해할 수 있다.			

- 체크리스트를 통한 관찰

학습내용	평가항목	성취수준		
		상	중	하
LCD 제어 응용	LCD 제어 응용에 대하여 이해할 수 있다.			

피드백

1. 작업 포트폴리오
   - 제출한 보고서를 평가한 후 주요 사항에 대하여 표시하여 돌려준다.
2. 필기 시험
   - 평가 결과 성적이 저조한 학생은 보고서 제출 기회를 부여한다.
3. 체크리스트를 통한 관찰
   - 실습 과정에서 평가한 후 개선해야 할 사항 등을 정리하여 돌려둔다.

학습 1	C언어 개요 및 개발환경 설정
학습 2	ATmega128 특징 및 구성
학습 3	LED 제어 응용
학습 4	FND 제어 응용
학습 5	LCD 제어 응용
학습 6	**스위치 제어 응용**
학습 7	인터럽트 제어 응용
학습 8	8비트 타이머/카운터 제어 응용
학습 9	AD변환기 제어 응용
학습 10	USART통신 제어 응용
학습 11	모터 제어 응용
학습 12	거리 및 초음파 센서 제어 응용
학습 13	Key 매트릭스 제어 응용
학습 14	Dot 매트릭스 제어 응용
학습 15	블루투스 제어 응용

6-1 스위치의 구성 및 특징

학습 목표 6-1. 스위치의 구성 및 특징을 이해할 수 있다.

필요지식

타깃 보드 상에는 푸쉬 버튼 스위치, 로타리 스위치, DIP 스위치, 리드 스위치, 마이크로스우치, 엔코더 스위치 등과 같이 6개의 스위치 모듈이 있다. 이 6가지 스위치의 제어를 위하여 C언어 프로그래밍을 통하여 스위치를 구동하고자 한다.

1. 푸쉬 버튼 스위치

푸쉬버튼 스위치의 회로도는 다음과 같다.

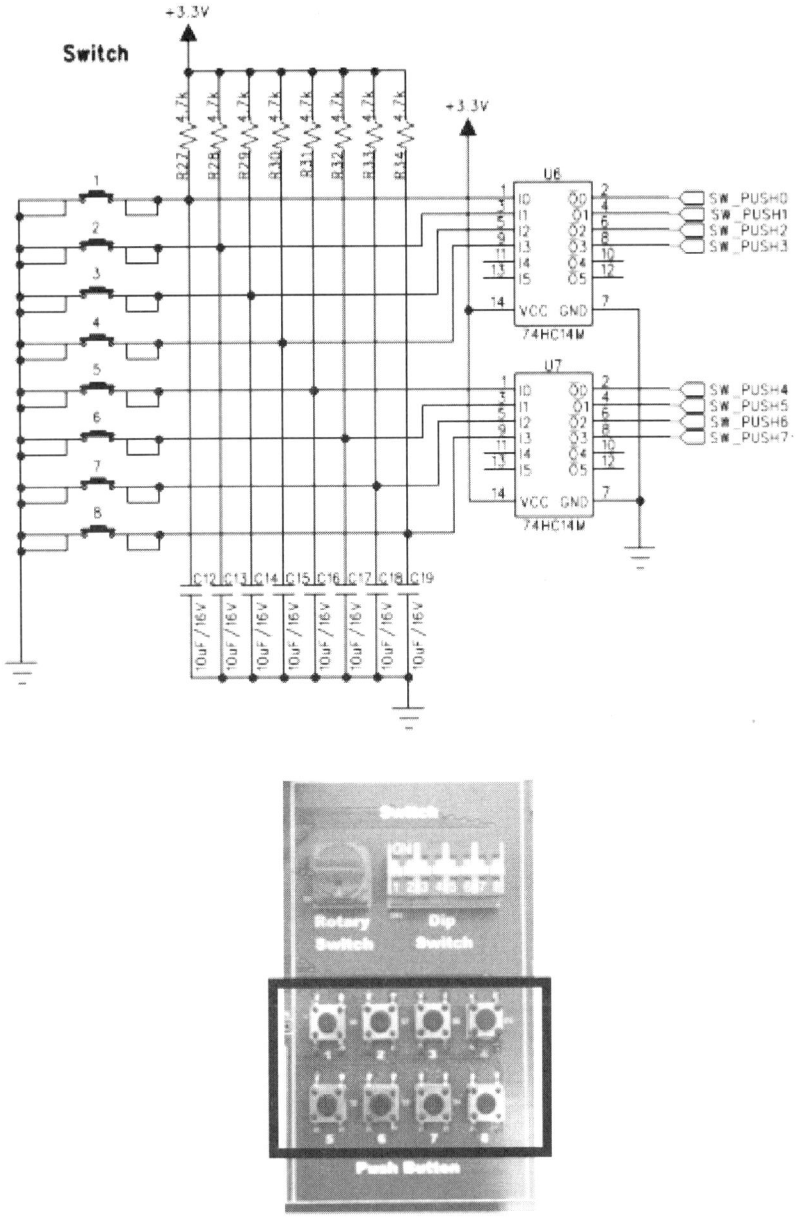

[그림 6-1] 푸쉬버튼 스위치 회로도와 모듈

[그림 6-1]과 같이 푸쉬버튼 스위치들은 +3.3V에 풀업(Pull Up)되어 있다. 따라서 스위치를 누르면 74HC14(NOT GATE IC)를 통과하여 해당 입력비트가 이 '1'이 된다.

예를 들어 스위치 1번을 눌리면 SW_PUSH0가 '1'이 되고, 눌리지 않았으면 '0'이 된다. 따라서 우리는 스위치에 해당된 비트를 검사해 보고 스위치의 눌림 정도를 알아 낼 수 있다.

2. 로타리 스위치

로타리 스위치의 회로도와 모듈은 다음과 같이 되어 있다.

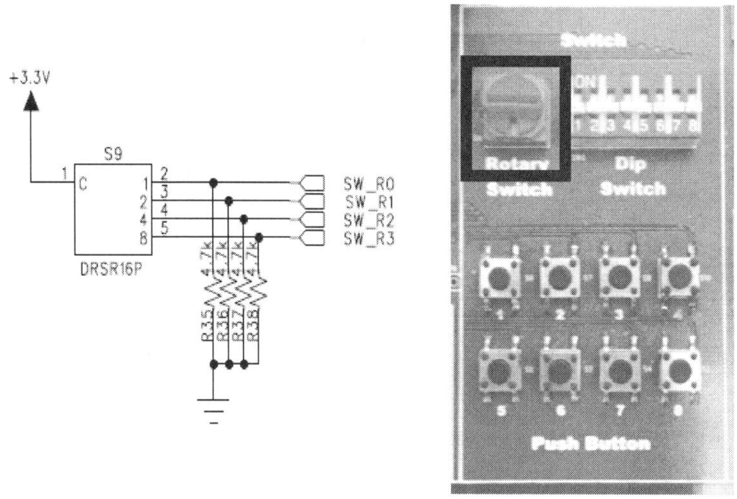

[그림 6-2] 로타리 스위치 회로도와 모듈

로타리 스위치는 헥사(HEX; 16진법)코드 로타리 스위치로 0부터 F까지 선택을 할 수 있고 그에 해당되는 출력이 SWR0~SWR3까지 4비트로 출력되게 되어 있다.

3. DIP 스위치

DIP 스위치의 회로도와 모듈은 다음과 같다.

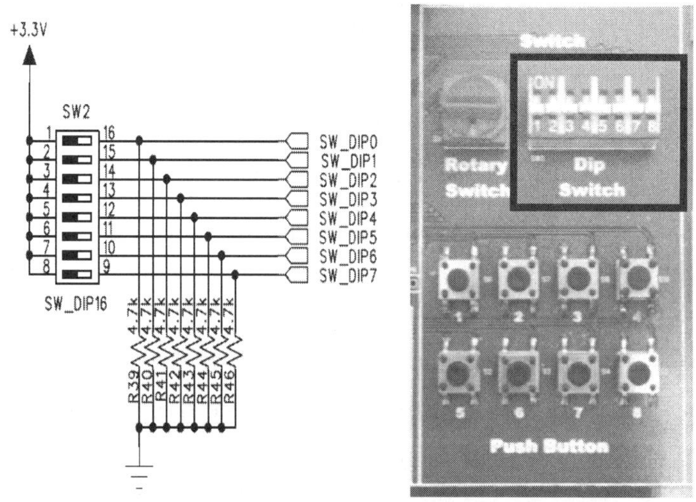

[그림 6-3] DIP 스위치 회로도와 모듈

4. 마이크로 스위치

마이크로 스위치라고 부르는 스위치의 원 이름은 Snap Action Switch라고 하는 것으로 외부의 힘을 가하였을 때 어떤 범위를 넘으면 즉시 On 또는 Off 동작이 이루어지도록 스위치 내부에 Snap Action 장치를 한 것이다. [그림 18-1]에 마이크로스위치의 구조와 회로를 나타내고 있다.

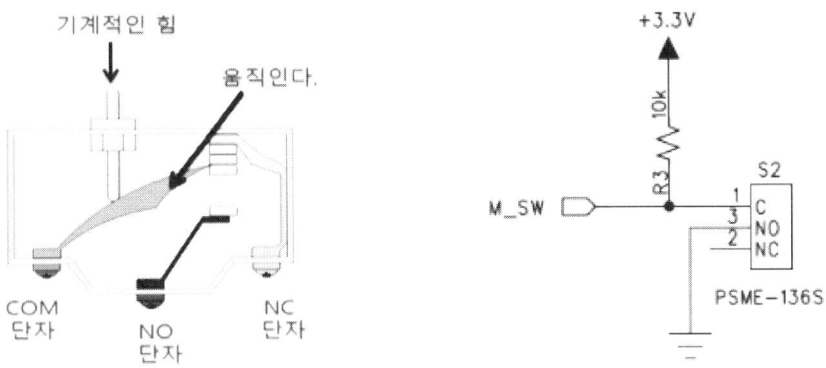

[그림 6-4] 마이크로 스위치의 구조와 회로

마이크로스위치 접점 부분인 1번핀 COM은 평소에는 NC(Normal Close)와 연결되어 있으나 외부에서 힘을 가하면 NO(Normal Open)과 연결된다. 따라서, 스위치 출력인 1번 COM핀에서는 스위치를 누르지 않았을 때 'High'가 출력되고 스위치를 눌렀을 때 'Low'가 출력된다.

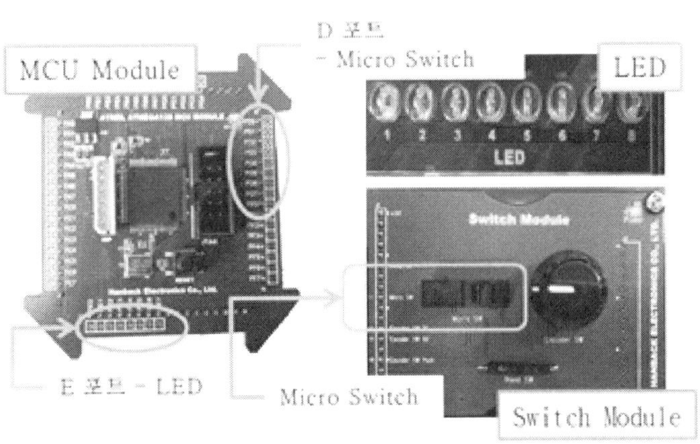

[그림 6-5] MCU 모듈과 마이크로 스위치

5. 리드스위치

리드(reed) 스위치는 ㈜에이치케이산업의 KR2S 시리즈이다. 4.0×1.5×1.5 막대형 네오디뮴 자석을 기준으로 감지하는 스위치이다. 감지 거리는 약 2.5~3.5[mm]이다. 이 거리는 자석의 크기(자력 세기)에 따라 동작거리는 차이가 있다. 리드 스위치는 방범용부터 가전기기의 문닫이 스위치, 물품 도난방지용, 비접촉 스위치, 근접 센서 등 산업용부터 민수용까지 매우 다양한 용도로 이용된다.

〈표 6-1〉 리드 스위치 사양

Sensor	KR2-S-1
Range	3~5mm(0.5mm 기준 동작)
Operation Volt	5V
Output	Analog Output
PORT	ADC0

아래 실제 자석크기에 대한 센서감지거리 실측 데이터를 참조하여 검지 자석을 선정할 수 있다.

KR2S-1 (10-15 AT)

Actuation Sketch	Magnet	Dimensions	Operate Distance	Release Distance
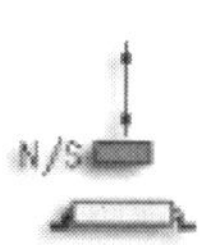	NDR-T	4.0 x 1.5 x 1.5	3.0 - 4.0	4.0 - 5.0
	NDC-T	Ø2.0 x 4.0	4.0 - 6.5	5.5 - 7.0
	NDR-S	6.0 x 2.5 x 2.5	8.0 - 9.0	9.0 - 11.0
	NDC-S	Ø3.0 x 7.0	9.0 - 10.0	10.0 - 13.0
	NDR-M	8.0 x 3.0 x 3.0	11.0 - 12.0	13.0 - 15.0
	NDC-M	Ø4.0 x 10.0	13.0 - 16.0	15.0 - 18.0
	NDR-L	19.0 x 4.0 x 4.0	20.0 - 23.0	23.0 - 27.0
	NDC-L	Ø8.0 x 15.0	30.0 - 36.0	33.0 - 37.0

[그림 6-6] KR2의 자석에 따른 감지거리

① ADD : Actuation Distances Data(자석크기 및 사이즈별 센서감지거리실측 Data)

② 상기 ADD는 참조용이며 실측에서는 차이가 있을 수 있다.

*ND(네오디뮴) R(막대형) – T(크기 : 높이 4 / 지름 2)
C(실린더형) – S(크기 : 높이 6 / 지름 3)
– M(크기 : 높이 8 / 지름 4)
– L(크기 : 높이 19 / 지름 8)

다음 그림은 리드 스위치의 회로도를 보인 것이다. KR2는 자석이 인접함에 따라 내부의 리드가 자화현상에 의해 접점이 붙게 된다. 자석을 가져가면 도통되어 LED

가 켜지게 되며 "Low"로 출력되게 된다.

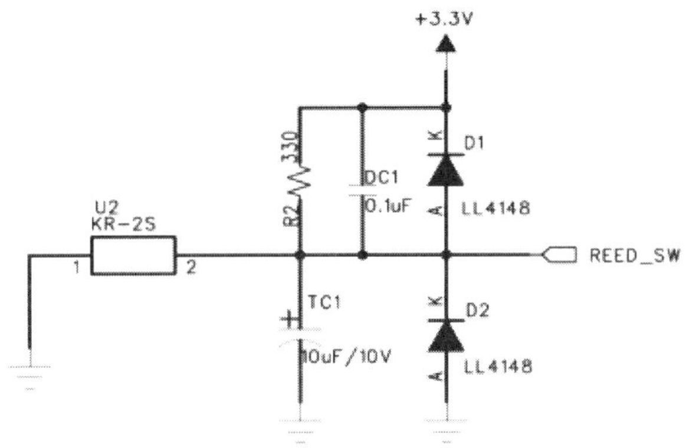

[그림 6-7] 리드 스위치 회로

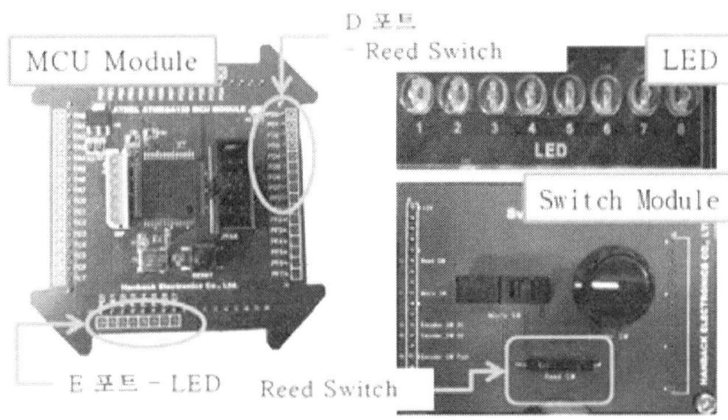

[그림 6-8] MCU 모듈과 리드 스위치

6. 엔코더 스위치

1) 엔코더의 종류

(1) 광학식 엔코더

광학식 엔코더는 광원과 슬릿 그리고 빛 센서를 이용하여 속도에 따른 출력 파형을 얻어내는 장치이다. [그림 6-9]에 전형적인 광학식 증가형 엔코더의 원리를 보인다.

LED로부터 광투사된 광선은 회전 디스크의 슬릿을 통과한 뒤 고정 슬릿판의 A, B, Z에 해당하는 각각의 슬릿을 통과하여 A, B, Z의 수광 소자에서 검출된다. 고정 슬릿판 상의 A, B의 슬릿은 90°의 위상차를 갖도록 배치되어 있으며 파형이 정비된 전기적 신호 출력도 90°의 위상차를 갖는 구형파로 된다.

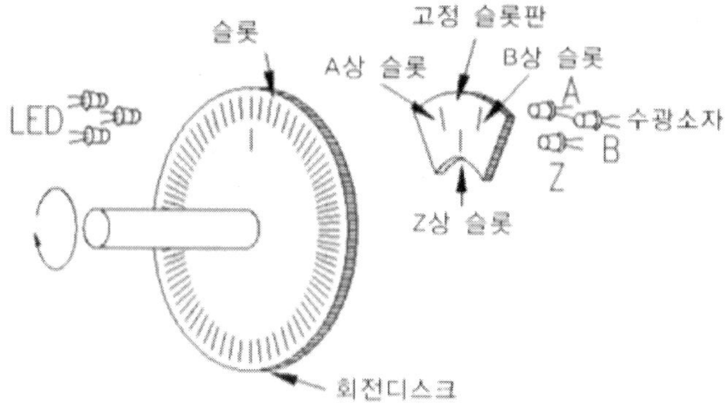

[그림 6-9] 광학식 증가형 엔코더 원리

광학식 엔코더는 1회전당 펄스수가 수천~수만 펄스로서 분해능이 좋아서 정밀제어가 요구되는 분야에서 많이 사용된다. 그러나 전원요구나 환경에 민감하다는 단점이 있다.

(2) 자기식 엔코더

자기식 엔코더는 모터 후면의 자기센서를 통해 모터의 회전을 감지하게 된다. 센서를 통해 자극이 바뀌는 것을 감지하여 구형파를 출력하게 되는 것이다. 이 출력파형은 A상, B상 2개가 존재하고 정, 역 방향에 따라 90° 또는 270°의 위상 간격으로 출력이 나오게 된다.

자기식 엔코더는 미소 다극 착자된 자기 드럼과 이 드럼에 근접하도록 설치된 자기저항 소자로 구성되어 있다. 자기 드럼과 자기 저항 소자의 위치 관계는 [그림 6-10]에서 보여주는 바와 같이 드럼의 바깥 둘레에 착자하고, 자기 저항 소자를 드럼의 바깥 둘레에 대향 하도록 배치된 것과, 드럼의 측면에 착자되고 이 면에 자기 저항 소자를 대향하도록 배치된 것이 있다.

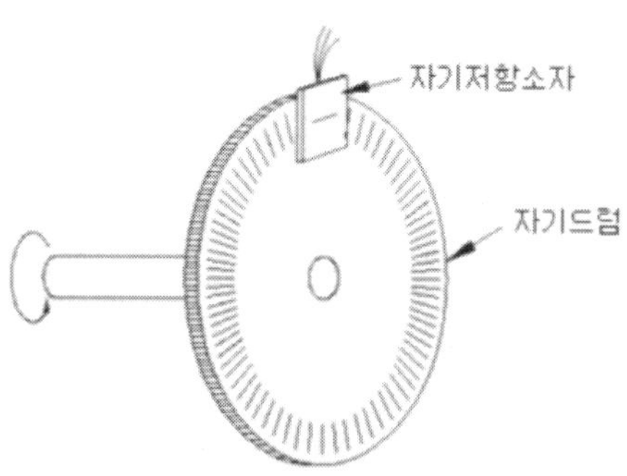

[그림 6-10] 자기식 엔코더 원리

어느 쪽의 경우에 있어서도 기본적인 원리는 동일하다. 이와 같이 자기식 엔코더는 광학식 엔코더와는 검출부의 구조는 다르지만 출력신호를 만들어 내는 방법은 완전히 동일하다.

자기식 엔코더는 보통 1회전 당 펄스 수(Pulse Per Revolution : PPR)가 수백이하로 분해능이 떨어지는 단점이 있으나, 소비전력이 적고 외부 진동에 강인하여 보통 견인 전동기 등과 같은 열악한 환경에서 사용되는 전동기의 속도 측정에 사용된다. [그림 6-11], [그림 6-12]에 엔코더 스위치와 회로도를 나타내고 있다.

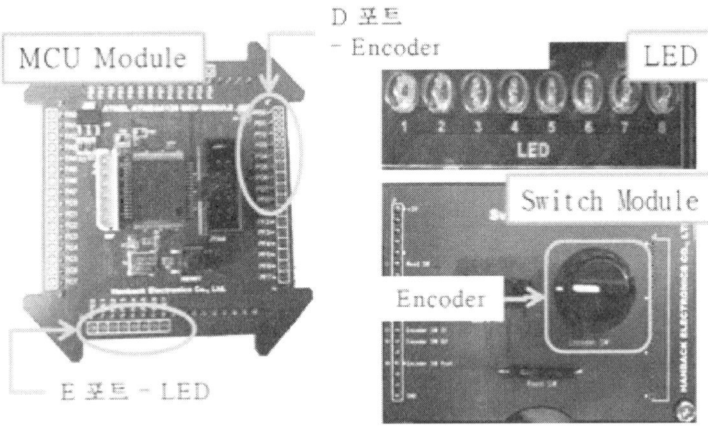

[그림 6-11] MCU 모듈과 엔코더 스위치

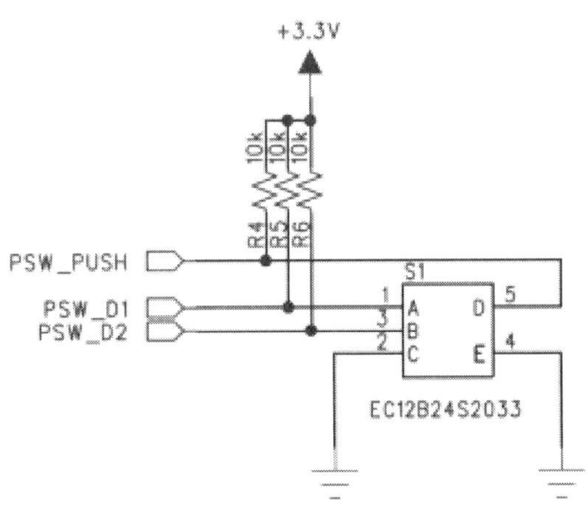

[그림 6-12] 엔코더 스위치 회로

엔코더 펄스를 돌리면 출력되는 엔코더 펄스는 Encoder SW D1(A상)과 Encoder SW D2(B상)이 있다. A상과 B상은 90°의 위상차를 가지며 정회전(시계방향)일 때는 A상이 90° 앞서며 역회전(반시계방향)일 때는 B상이 90° 앞서게 된다.

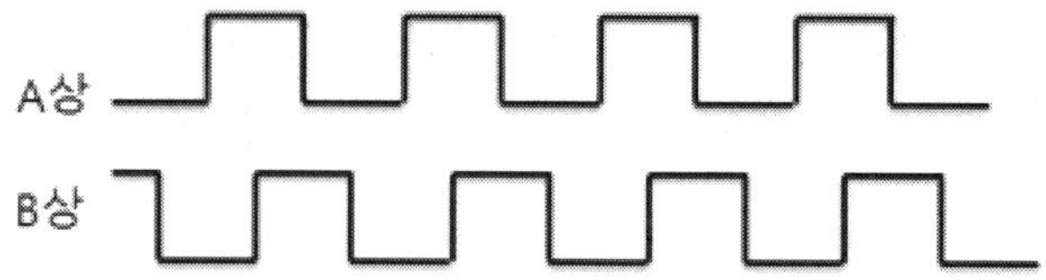

[그림 6-13] 정회전(시계방향) 엔코더 펄스 출력

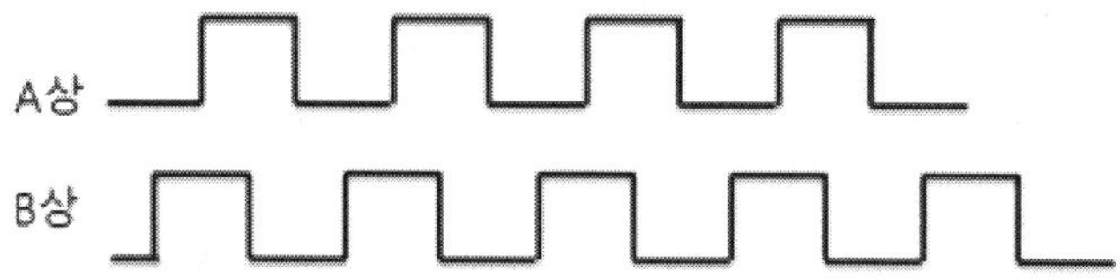

[그림 6-14] 역회전(반시계방향) 엔코더 펄스 출력

수행 내용　스위치 제어 이해하기

재료 · 자료

• C언어 프로그래밍, 타깃보드

기기(장비 · 공구)

• 컴퓨터, USB케이블, 개발시스템, ISP

안전 · 유의사항

• ATmega128 타깃 시스템의 외형을 관리하고 ATmega128 타깃 시스템에 전원을 관리한다.

수행 순서

01 스위치를 누르면 해당 LED가 ON되는 프로그램을 작성해 보도록 한다.

예 스위치 1을 누르면 → LED 1이 ON
스위치 2을 누르면 → LED 2이 ON
…
스위치 8을 누르면 → LED 8이 ON

① 포트 E의 PE0~ PE7를 LED 0~7까지로 연결해 준다

② 포트 D의 PD0~PD7을 8핀 케이블로 푸쉬버튼 신호인 BT0~BT7까지로 연결해 준다. 아래에 MCU모듈과 스위치 그리고 LED모듈을 연결을 나타내고 있다.

```
#include <mega128a.h>
#include <delay.h>

void main(void)
{

    DDRE = 0xff; // 포트 E를 모두 출력 포트로 사용
    DDRD = 0x00; // 포트 D를 모두 입력 포트로 사용


  while(1)
  {
    PORTE = PIND ;  // 포트 D로 입력된 값을 포트 E로 바로 출력하라.
  }

}
```

02 위 실험과 같이 스위치를 누르면 해당 LED가 ON이 되면서 해당 스위치 번호가 7-세그먼트에 표시되는 프로그램을 작성해 보도록 한다.

예를 들어 스위치 1번이 눌리면 7-세그먼트에 '1111'이 스위치 2번이 눌리면 '2222'가 표시되도록 프로그램을 작성한다).

① 포트 E의 PE0~ PE7를 LED 0~7까지로 연결해 준다.

② 포트 D의 PD0~PD7을 8핀 케이블로 푸쉬버튼 신호인 BT0~BT7까지로 연결해 준다.

③ MCU 모듈포트 PB0~PB7를 7-세그먼트 a~h까지 연결해주고, PG0~PG3를 7-세그먼트 C0~C3까지 연결해 준다.

③ 이번 실험을 하기 위해서는 실험 4-1에서 MCU 모듈과 LED를 연결한것에서 실험 3-3과 같이 7-세그먼트 모듈도 추가적으로 연결하여야한다. 즉, 7-세그먼트를 MCU 모듈포트 PB0~PB7, PG0~PG3까지 연결해 준다.

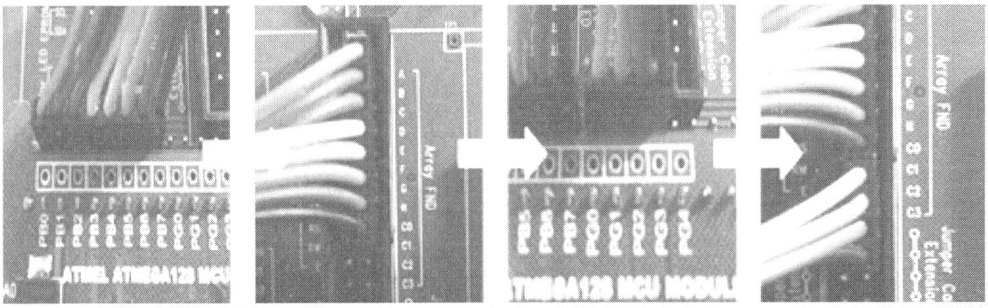

```
#include <mega128a.h>
#include <delay.h>

unsigned char Font[18] = {0x3F, 0x06, 0x5B, 0x4F,
                          0x66, 0x6D, 0x7C, 0x07,
                          0x7F, 0x67, 0x77, 0x7C,
                          0x39, 0x5E, 0x79, 0x71,
                          0x08, 0x80};

void main(void)
{
   unsigned char  ps_switch ;
```

```
    DDRE = 0xff;    // LED에 연결된 포트 E를 출력으로 설정한다.
    DDRD = 0x00;    // 스위치에 연결된 포트 D를 입력으로 설정한다.

    DDRB = 0xff;    // 7-세그먼트에 연결된 포트 B를 출력으로 설정한다.
    DDRG = 0xff;    // 7-세그먼트 Common 단자에 연결된 포트 G를 출력으로 설정한다.

    PORTG = 0x00;   // 7-세그먼트 4개를 모두 한꺼번에 구동하도록 한다.

  while(1)
  {
       ps_switch = PIND ;        // 스위치 입력을 포트 D에서 읽어 온다.
       PORTE = ps_switch ;       // 읽어온 스위치 입력을 LED로 출력해 준다.
     // 스위치 입력이 없으면 세그먼트에 '0000'을 표시해 주고
     // 스위치 '1'이 눌렸으면 세그먼트에 '1111'을 표시해 주고
     // 스위치 '2'가 눌렸으면 세그먼트에 '2222' 이런 식으로 표시해 준다.

     if(ps_switch == 0x00) PORTB = Font[0];              // 스위치가 안눌림
     else if(ps_switch == 0x01) PORTB = Font[1];         // 스위치 1이 눌림
     else if(ps_switch == 0x02)   PORTB = Font[2];       // 스위치 2가 눌림
     else if(ps_switch == 0x04)   PORTB = Font[3];       // 스위치 3이 눌림
     else if(ps_switch == 0x08)   PORTB = Font[4];       // 스위치 4가 눌림
     else if(ps_switch == 0x10)   PORTB = Font[5];       // 스위치 5가 눌림
     else if(ps_switch == 0x20)   PORTB = Font[6];       // 스위치 6이 눌림
     else if(ps_switch == 0x40)   PORTB = Font[7];       // 스위치 7이 눌림

     else if(ps_switch == 0x80)   PORTB = Font[8];       // 스위치 8이 눌림
          }
  }
```

03 스위치 1이 눌리면 7-세그먼트에 '0001', 스위치 2가 눌리면 '0002' … 스위치 8이 눌리면 '0008'이 출력되는 프로그램을 작성해 보시오.

```
#include<avr/io.h>
#include<avr/interrupt.h>
#include<util/delay.h>


unsigned char Font[18] = {0x3F, 0x06, 0x5B, 0x4F,
                          0x66, 0x6D, 0x7C, 0x07,
                          0x7F, 0x67, 0x77, 0x7C,
                          0x39, 0x5E, 0x79, 0x71,
                          0x08, 0x80};
void Segment(int) ;  // Segment 함수 선언
void Segment ( int N )
{
 int  i ;
 unsigned char N1000, N100, N10, N1 ;
 int Buff ;

  N1000 = N /1000;              // 세그먼트에서 사용하는 천의 자리를 추출
  Buff = N % 1000 ;
  N100 = Buff / 100 ;           // 세그먼트에서 사용하는 백의자리 추출
  Buff = Buff % 100;
  N10 = Buff /10 ;              // 세그먼트에서 사용하는 십의 자리 추출
  N1 =  Buff % 10 ;             // 세그먼트에서 사용하는 일의 자리 추출

  for( i = 0 ; i < 30; i++ ) {
      PORTG = 0x0e;             // 왼쪽 첫 번째 세그먼트 ON
      PORTB = Font[N1000];      // 천의 자리 숫자를 출력해 준다.
      _delay_ms(1);

      PORTG = 0x0d;             // 왼쪽 두 번째 세그먼트 ON
      PORTB = Font[N100];       // 백의 자리 숫자를 출력해 준다.
      _delay_ms(1);
```

학습 6. 스위치 제어 응용

```
        PORTG = 0x0b;                // 왼쪽 세 번째 세그먼트 ON
        PORTB = Font[N10];           // 십의 자리 숫자를 출력해 준다.
        _delay_ms(1);

        PORTG = 0x07;                // 왼쪽 네 번째 세그먼트 ON
        PORTB = Font[N1];            // 일의 자리 숫자를 출력해 준다.
        _delay_ms(1);
    }

}

int main()
{
    unsigned char  ps_switch ;

    DDRE = 0xff;   // LED에 연결된 포트 E를 출력으로 설정한다.
    DDRD = 0x00;   // 스위치에 연결된 포트 D를 입력으로 설정한다.

    DDRB = 0xff;   // 7-세그먼트에 연결된 포트 B를 출력으로 설정한다.
    DDRG = 0xff;   // 7-세그먼트 Common 단자에 연결된 포트 G를 출력으로 설정한다.

    PORTG = 0x00; // 7-세그먼트 4개를 모두 한꺼번에 구동하도록 한다.


    while(1)
    {
       ps_switch = PIND ;         // 스위치 입력을 포트 D에서 읽어 온다.
        PORTE = ps_switch ;     // 읽어온 스위치 입력을 LED로 출력해 준다.
       // 스위치 입력이 없으면 세그먼트에 '0000'을 표시해 주고
       // 스위치 '1'이 눌렸으면 세그먼트에 '1111'을 표시해 주고
       // 스위치 '2'가 눌렸으면 세그먼트에 '2222' 이런 식으로 표시해 준다.

       if(ps_switch == 0x00)              Segment(0);      // 스위치가 안눌림
       else if(ps_switch == 0x01)         Segment(1);      // 스위치 1이 눌림
       else if( ps_switch == 0x02 )       Segment(2);      // 스위치 2가 눌림
       else if( ps_switch == 0x04 )       Segment(3);      // 스위치 3이 눌림
       else if( ps_switch == 0x08 )       Segment(4);      // 스위치 4가 눌림
       else if( ps_switch == 0x10 )       Segment(5);      // 스위치 5가 눌림
       else if( ps_switch == 0x20 )       Segment(6);      // 스위치 6이 눌림
       else if( ps_switch == 0x40 )       Segment(7);      // 스위치 7이 눌림
```

```
else if( ps_switch == 0x80 )   Segment(8);        // 스위치 8이 눌림
    }
            return 0;

}
```

04 실험 3의 연결상태에서 다음과 같은 동작을 완성시키시오.

- 스위치 1이 눌리면 LED 8이 ON이 된다.
- 스위치 2가 눌리면 LED 7이 ON이 된다.
- 스위치 3이 눌리면 LED 6이 ON이 된다.
- 스위치 4가 눌리면 LED 5가 ON이 된다.
- 스위치 5가 눌리면 LED 4가 ON이 된다.
- 스위치 6이 눌리면 LED 3이 ON이 된다.
- 스위치 7이 눌리면 LED 2가 ON이 된다.
- 스위치 8이 눌리면 LED 1이 ON이 된다.

```
#include<avr/io.h>
#include<avr/interrupt.h>
#include<util/delay.h>



int main()
{
    unsigned char  ps_switch ;

    DDRE = 0xff;   // LED에 연결된 포트 E를 출력으로 설정한다.
    DDRD = 0x00;   // 스위치에 연결된 포트 D를 입력으로 설정한다.
```

학습 6. 스위치 제어 응용

```
while(1)
{
    ps_switch = PIND ;    //스위치 입력을 포트 D에서 읽어 온다.


    if(ps_switch == 0x00)              PORTE =0x00 ;      // 스위치가 안눌림
    if(ps_switch == 0x01)               PORTE =0x80;      // 스위치 1이 눌림
    else if( ps_switch == 0x02 )    PORTE =0x40;      // 스위치 2가 눌림
    else if( ps_switch == 0x04 )    PORTE =0x20;      // 스위치 3이 눌림
    else if( ps_switch == 0x08 )    PORTE =0x10;      // 스위치 4가 눌림
    else if( ps_switch == 0x10 )    PORTE =0x08;      // 스위치 5가 눌림
    else if( ps_switch == 0x20 )    PORTE =0x04;      // 스위치 6이 눌림
    else if( ps_switch == 0x40 )    PORTE =0x02;      // 스위치 7이 눌림
    else if( ps_switch == 0x80 )    PORTE =0x01;      // 스위치 8이 눌림
        }

    return 0;
}
```

05 로타리 스위치에 해당 값을 선택하면 그 값이 7-세그먼트에 출력되는 프로그램을 작성해 보도록 한다.

① 포트 PB0~PB7, PG0~PG3에 7-세그먼트의 Array FND 부분을 연결해 준다.

② 포트 PE0~PE7에 LED 0~LED 7을 연결해 준다.

③ 포트 PD0~PD3에 Rotary Switch를 연결해 준다.

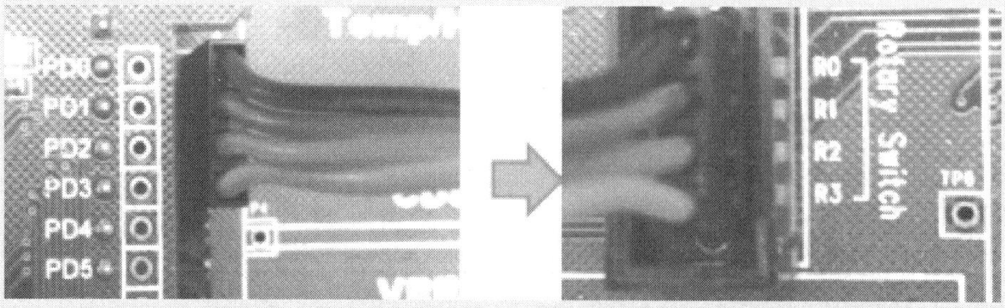

```
#include <mega128a.h>
#include <delay.h>

unsigned char Font[18] = {0x3F, 0x06, 0x5B, 0x4F,
                          0x66, 0x6D, 0x7C, 0x07,
                          0x7F, 0x67, 0x77, 0x7C,
                          0x39, 0x5E, 0x79, 0x71,
                          0x08, 0x80};
void main(void)
{
   unsigned char R_sw ;

   DDRE = 0xff;   // 포트 E를 LED용 출력포트로 설정한다.
   DDRD = 0x00;   // 포트 D를 로타리 스위치용 입력포트로 설정한다.

   DDRB = 0xff;   // 포트 B를 7-세그먼트로 사용하기 위해 출력으로 설정한다.

  // 포트 G를 7-세그먼트 Common 단자로 사용하기 위해 출력으로 설정한다.
   DDRG = 0xff;

   PORTG = 0x00;          // 7-세그먼트 4개를 모두 한꺼번에 사용한다.
  while(1)
  {
   R_sw = PIND ;          // 로타리 스위치 입력을 읽어 온다.
   R_sw = R_sw & 0x0f ; // PORTD 의 7,6,5,4 비트를 확실히 '0'으로 해준다.
   PORTE = R_sw ;         // 읽어온 로타리 스위치 입력을 LED로 출력한다.


   // 읽어온 로타리 스위치에 해당되는 값을  7-세그먼트에 출력한다.

   PORTB = Font[R_sw];

   }
  }
```

06 로타리 스위치를 돌려서 그에 해당하는 값을 7-세그먼트 왼쪽 두 자리에 십진으로 표시하시오.

㉄ 스위치에서 0을 선택 → '00'

스위치에서 1을 선택 → '01'

.

.

.

.

스위치에서 E를 선택 → '14'

스위치에서 F를 선택 → '15'

```
#include<avr/io.h>
#include<avr/interrupt.h>
#include<util/delay.h>

unsigned char Font[18] = {0x3F, 0x06, 0x5B, 0x4F,
                          0x66, 0x6D, 0x7C, 0x07,
                          0x7F, 0x67, 0x77, 0x7C,
                          0x39, 0x5E, 0x79, 0x71,
                          0x08, 0x80};

void Segment(int) ;          // Segment 함수 선언
void Segment ( int N )
{
 int  i ;
 unsigned char N10, N1 ;


  N10 = N /0x10;             // 세그먼트에서 사용하는 십의 자리를 추출
  N1 = N % 0x10 ;            // 세그먼트에서 사용하는 일의 자리를 추출


  for( i = 0 ; i < 30; i++ ) {
      PORTG = 0x0e;          // 왼쪽 첫 번째 세그먼트 ON
```

```
        PORTB = Font[N10];             // 십의 자리 숫자를 출력해 준다.
        _delay_ms(1);

        PORTG = 0x0d;                  // 왼쪽 두 번째 세그먼트 ON
        PORTB = Font[N1];              // 일의 자리 숫자를 출력해 준다.
        _delay_ms(1);

    }

}

int main()
{
    unsigned char R_sw ;

    DDRE = 0xff;   // 포트 E를 LED용 출력포트로 설정한다.
    DDRD = 0x00;   // 포트 D를 로타리 스위치용 입력포트로 설정한다.

    DDRB = 0xff;  // 포트 B를 7-세그먼트로 사용하기 위해 출력으로 설정한다.

   // 포트 G를 7-세그먼트 Common 단자로 사용하기 위해 출력으로 설정한다.
    DDRG = 0xff;

   while(1)
   {
    R_sw = PIND ;            // 로타리 스위치 입력을 읽어 온다.
    R_sw = R_sw & 0x0f ; // PORTD의 7,6,5,4 비트를 확실히 '0'으로 해준다.


    // 읽어온 로타리 스위치에 해당되는 값을 7-세그먼트에 출력한다.
    Segment(R_sw);

    }
    return 0;
   }
```

07 Dip 스위치 각 비트를 ON시키면 그에 해당되는 LED가 켜지도록 프로그램을 작성해 보도록 한다.

① 포트 PE0~PE7에 LED 0~LED 7을 연결해 준다

② 포트 PD0~PD7에 DIP Switch를 연결해 준다.

```
#include <mega128a.h>
#include <delay.h>

void main(void)
{

    DDRE = 0xff; // 포트 E를 LED 출력으로 지정한다.
    DDRD = 0x00; // 포트 D를 DIP 스위치 입력으로 지정한다.

   while(1)
   {

    PORTE = PIND ;  // DIP 스위치 입력을 포트 E의 LED로 직접 출력한다.

    }
   }
```

08 위 실험과 같이 DIP 스위치 각 비트를 ON시키면 해당되는 LED가 켜지고, 그에 해당되는 헥사(HEX) 값이 7-Segment의 왼쪽에서 세 번째 네 번째에 표시되도록 프로그램을 작성해 보도록 한다.

① 포트 PE0~PE7에 LED 0~LED 7을 연결해 준다.

② 포트 PD0~PD7에 DIP Switch를 연결해 준다.

③ 포트 PB0~PB7, PG0~PG3에 7-세그먼트의 Array FND 부분을 연결해 준다.

```
#include <mega128a.h>
#include <delay.h>

unsigned char Font[18] = {0x3F, 0x06, 0x5B, 0x4F,
                          0x66, 0x6D, 0x7C, 0x07,
                          0x7F, 0x67, 0x77, 0x7C,
                          0x39, 0x5E, 0x79, 0x71,
                          0x08, 0x80};

// Hex Segment 함수 선언 ==> 이 함수는 입력되는 값을 16진 HEX 값으로
// 7-세그먼트에 표시해 주는 함수이다
void HexSegment(unsigned char) ;

void HexSegment (unsigned char N)
{
 int  i ;
 unsigned char  N10, N1 ;


  N10 = N /16;  // 세그먼트에서 사용하는 첫번째의 자리를 추출
  N1 = N % 16 ;


   for( i = 0 ; i < 30; i++ ) {

      PORTG = 0x0b;              // 왼쪽 세 번째 세그먼트 ON
      PORTB = Font[N10];         // 첫 번째  숫자를 출력해 준다.
      delay_ms(1);
      PORTG = 0x07;              // 왼쪽 네 번째 세그먼트 ON
```

```
        PORTB = Font[N1];        // 두 번째 자리 숫자를 출력해 준다.
        delay_ms(1);
    }
  }

void main(void)
{
   unsigned char DIP_sw ;

   DDRE = 0xff;  // 포트 E를 LED 출력으로 사용하기 위해 출력으로 설정
   DDRD = 0x00; // 포트 D를 DIP 스위치 입력으로 사용하기 위해 입력으로 설정

  // 포트 G를 7-세그먼트 Common 단자로 사용하기 위해 출력으로 설정한다.
   DDRB = 0xff;
   DDRG = 0xff;


  while(1)
  {
   DIP_sw = PIND ;  // DIP 스위치 값을 포트 D에서 읽어온다.

   PORTE = DIP_sw ; // 읽어온 DIP 스위치 입력을 LED로 출력한다.

   // 읽어온 DIP 스위치에 해당되는 값을 7-세그먼트에 16진으로 표시한다.
    HexSegment(DIP_sw);

   }
  }
```

09 실험 8에서 입력되는 DIP 스위치 값을 7-세그먼트 왼쪽 첫 번째와 두 번째 자리에 16진 값으로 표시하시오.

```
#include<avr/io.h>
#include<avr/interrupt.h>
#include<util/delay.h>


unsigned char Font[18] = {0x3F, 0x06, 0x5B, 0x4F,
                          0x66, 0x6D, 0x7C, 0x07,
                          0x7F, 0x67, 0x77, 0x7C,
                          0x39, 0x5E, 0x79, 0x71,
                          0x08, 0x80};

void Segment(int) ;  // Segment 함수 선언
void Segment ( int N )
{
 int  i ;
 unsigned char N10, N1 ;


  N10 = N /0x10;  // 세그먼트에서 사용하는 십의 자리를 추출
  N1 = N % 0x10 ; // 세그먼트에서 사용하는 일의 자리를 추출


  for( i = 0 ; i < 30; i++ ) {
      PORTG = 0x0e;            // 왼쪽 첫 번째 세그먼트 ON
      PORTB = Font[N10];       // 십의 자리 숫자를 출력해 준다.
      _delay_ms(1);

      PORTG = 0x0d;            // 왼쪽 두 번째 세그먼트 ON
      PORTB = Font[N1];        // 일의 자리 숫자를 출력해 준다.
      _delay_ms(1);

  }

}
```

```
void main(void)
{
    unsigned char DIP_sw ;

   DDRE = 0xff;           // 포트 E를 LED 출력으로 사용하기 위해 출력으로 설정
   DDRD = 0x00;           // 포트 D를 DIP 스위치 입력으로 사용하기 위해 입력으로 설정

   DDRB = 0xff;           // 포트 B를 7-세그먼트로 사용하기 위해 출력으로 설정한다.

  // 포트 G를 7-세그먼트 Common 단자로 사용하기 위해 출력으로 설정한다.
   DDRG = 0xff;

  while(1)
  {
   {
   DIP_sw = PIND ;        // DIP 스위치 값을 포트 D에서 읽어온다.
   PORTE = DIP_sw ;       // 읽어온 DIP 스위치 입력을 LED로 출력한다.


   // 읽어온 로타리 스위치에 해당되는 값을 7-세그먼트에 출력한다.
   Segment(DIP_sw);

     }
   }

  }
```

10 변수를 사용하여 마이크로스위치를 누를 때 마다 '1'씩 증가하게 하고 변수값을 LED로 출력하는 프로그램을 작성하시오.

① 포트 PE0~PE7을 LED0~LED7에 연결해 준다.

② 포트 PD0를 Micro SW핀에 연결해 준다.

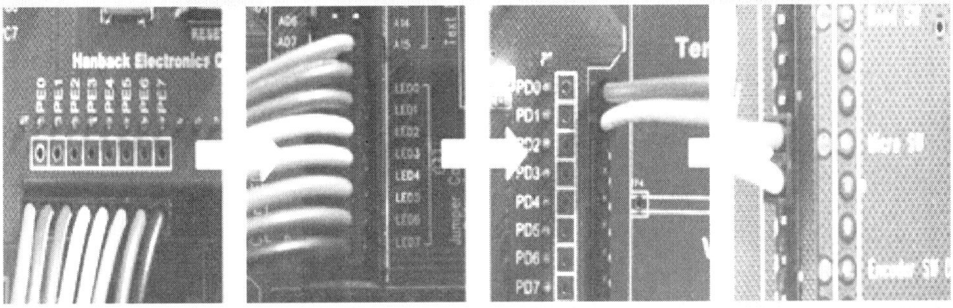

마이크로스위치의 그림의 1번 출력은 평소에는 'High'이고 스위치를 누르면 'Low'가 출력되므로 하강에지에서 인터럽트를 발생시키도록 한다.

	ISC31	ISC30	ISC21	ISC20	ISC11	ISC10	ISC01	ISC00
EICRA	0	0	0	0	0	0	1	0

	INT7	INT6	INT5	INT4	INT3	INT2	INT1	INT0
EIMSK	0	0	0	0	0	0	0	1

```
#include <mega128a.h>
#include <delay.h>

unsigned char microSW = 0;
unsigned char count = 0;

// 외부 인터럽트 0 PD0포트에서 인터럽트 신호를 받는다.
interrupt [EXT_INT0] void external_int0(void)
{

  if ( microSW== 0 )
              microSW = 1;
}

void main(void)
{
```

```
  DDRD = 0x00;
  DDRE = 0xFF;

  EICRA = 0x02; // INT0의 하강에지에서 인터럽트 발생

  EIMSK = 0x01;
  #asm("sei");

  while(1) {

     if (microSW == 1) {            // 인터럽트가 발생하면...
                count++;
                delay_ms(100);    // 채터링 방지를 위해서 약간의 딜레이를 갖는다.
                microSW = 0;
     }

    PORTE = count;  // 증가된 count 값을 PORTE에 연결된 LED로 출력한다.
  }
}
```

11 변수를 사용하여 리드스위치를 누를 때마다 '1'씩 증가하게 하고 변수값을 LED로 출력하는 프로그램을 작성하시오.

① 포트 PE0~PE7을 LED0~LED7에 연결해 준다.

② 포트 PD0를 Reed SW핀에 연결해 준다.

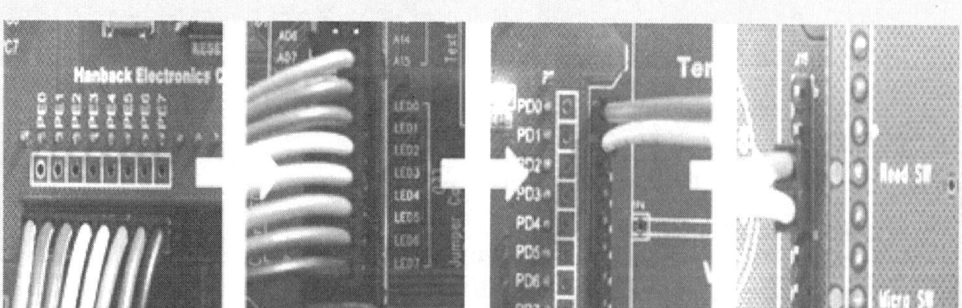

③ 리드 스위치 출력은 자석을 대지 않았을 때 'High'가 출력되고, 자석을 스위치에 갖다 대면 'Low'가 출력된다.

```
#include <mega128a.h>
#include <delay.h>

unsigned char ReedSW = 0;
unsigned char count = 0;

interrupt [EXT_INT0] void external_int0(void)
{
 if ( ReedSW== 0 )
              ReedSW = 1;

}



void main(void)
{

 DDRD = 0x00;
 DDRE = 0xFF;

 EICRA = 0x02; // INT0의 하강에지에서 인터럽트 발생

 EIMSK = 0x01;
 #asm("sei");

 while(1) {
      if (ReedSW == 1) {
                count++;
                delay_ms(100);
                ReedSW = 0;
      }

   PORTE = count;
 }
}
```

위 실험에서 사용된 리드(reed) 스위치는 ㈜에이치케이이산업의 KR2S 시리즈이다. 4.0x1.5x1.5 막대형 네오디뮴 자석을 기준으로 감지하는 스위치이다. 감지 거리는 약 2.5 ~3.5[mm]이다. 이 거리는 자석의 크기(자력 세기)에 따라 동작거리는 차이가 있다.

12 **엔코더 스위치에서 A상, B상의 입력을 받아서 정회전으로 스위치를 돌릴 때는 LED 8이 켜지게 하고 역회전으로 스위치를 돌릴 때는 LED 1이 켜지도록 한다. 또한 엔코더 스위치를 누를 때는 LED 4, LED 5가 켜지도록 하는 프로그램을 작성하시오.**

① 포트 PE0~PE7을 LED0~LED7에 연결해 준다.

② 포트 PD0를 Encoder SW D1, 포트 PD1을 Encoder SW D2에 연결해 준다.

③ 포트 PD3를 Encoder SW Push에 연결해 준다.

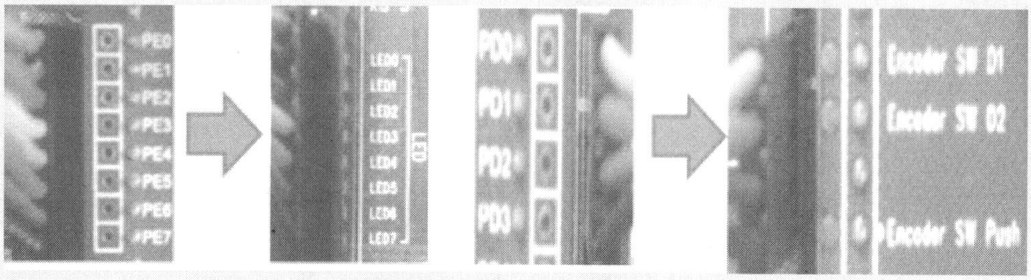

외부 인터럽트 0를 상승에지에서 검출하도록 하는 각 레지스터 설정은 다음과 같다.

	ISC31	ISC30	ISC21	ISC20	ISC11	ISC10	ISC01	ISC00
EICRA	0	0	0	0	0	0	1	1

	INT7	INT6	INT5	INT4	INT3	INT2	INT1	INT0
EIMSK	0	0	0	0	0	0	0	1

```
#include <mega128a.h>
#include <delay.h>

unsigned char DIR = 0;
```

```
// A상 엔코더 입력
interrupt [EXT_INT0] void external_int0(void)
{
     if(PIND.0==1 && PIND.1==0) DIR = 0x80;  // 정방향 회전
     else if(PIND.0==1 && PIND.1==1) DIR = 0x01; //역방향 회전
}
void main(void)
{

 DDRE = 0xFF;
 DDRD = 0x00;

  EICRA = 0x03; // 상승에지 인터럽트 검출
  EIMSK = 0x01; // INT0 Enable

 #asm("sei");

  while(1){
    PORTE = DIR;
    delay_ms(200);

    if (PIND.3==0)   // 엔코더 스위치를 누르면..
                DIR = DIR | 0x18;

    else if( PIND.3==1)   // 엔코더 스위치를 누르지 않으면
              DIR = DIR & 0xE7;

  }
 }
```

13 엔코더 스위치를 시계방향으로 돌리면 7-세그먼트에 '1111'이 반시계 방향으로 돌리면 '0000'이 표시되도록 하는 프로그램을 작성하시오.

14 엔코더 스위치를 시계방향으로 돌렸을 때 나오는 엔코더 펄스를 계수하여 7-세그먼트에 펄스의 수를 표시하는 프로그램을 작성하시오.

```
#include<avr/io.h>
#include<avr/interrupt.h>
#include<util/delay.h>


volatile unsigned int DIR = 0;
unsigned char Font[18] = {0x3F, 0x06, 0x5B, 0x4F,
                          0x66, 0x6D, 0x7C, 0x07,
                          0x7F, 0x67, 0x77, 0x7C,
                          0x39, 0x5E, 0x79, 0x71,
                          0x08, 0x80};


void Segment(int);          // Segment 함수 선언

void Segment( int N )
{
 int  i;
 unsigned char N1000, N100, N10, N1;
 int Buff;

  N1000 = N / 1000;     // 세그먼트에서 사용하는 천의 자리를 추출
  Buff = N % 1000;

  N100 = Buff / 100;    // 세그먼트에서 사용하는 백의자리 추출
  Buff = Buff % 100;

  N10 = Buff / 10;      // 세그먼트에서 사용하는 십의 자리 추출
  N1 =  Buff % 10;      // 세그먼트에서 사용하는 일의 자리 추출

  for( i = 0 ; i < 30 ; i++ ) {

      PORTC = 0x0e;                // 왼쪽 첫 번째 세그먼트 ON
```

```
        PORTA = Font[N1000];        // 천의 자리 숫자를 출력해 준다.
        _delay_ms(1);

        PORTC = 0x0d;               // 왼쪽 두 번째 세그먼트 ON
        PORTA = Font[N100];         // 백의 자리 숫자를 출력해 준다.
        _delay_ms(1);

        PORTC = 0x0b;               // 왼쪽 세 번째 세그먼트 ON
        PORTA = Font[N10];          // 십의 자리 숫자를 출력해 준다.
        _delay_ms(1);

        PORTC = 0x07;               // 왼쪽 네 번째 세그먼트 ON
        PORTA = Font[N1];           // 일의 자리 숫자를 출력해 준다.
        _delay_ms(1);
    }
}


// A상 엔코더 입력
 SIGNAL(SIG_INTERRUPT0)
{
        if((PIND & 0x03)==0x01 ) DIR = 1111;
    else if ((PIND & 0x03)==0x03) DIR = 0;
}

void main(void)
{
 DDRA = 0xff;
 DDRC = 0x0f;



 PORTA = 0xff;
 PORTC = 0x0f;

 DDRE = 0xFF;
 DDRD = 0x00;

  EICRA = 0x03; // 상승에지 인터럽트 검출
  EIMSK = 0x01; // INT0 Enable
```

```
    sei();

    while(1){
      Segment(DIR);


    }
}
```

학습활동.6 교수 · 학습 방법

교수 방법

- 스위치 제어 응용에 대한 관련 용어, 구성, 방식 이해 정도를 파악한 후 수업을 진행한다.
- 교수자의 주도로 스위치 제어 응용 등의 내용을 PPT 자료로 제시한 후 설명한다.
- 가능하면 사전에 개인별 학습 자료를 준비하여 모든 학생이 참여할 수 있는 문제 해결식 수업, 협력 수업이 가능하도록 한다.
- 스위치 제어 응용 전 과정을 작업의 순서에 따라 단계적으로 실습이 이루어질 수 있도록 지도한다.
- 교재를 통해 수업을 준비하는데 있어서 필요한 모든 정보나 팁, 힌트 등 도움이 될 만한 내용들을 확인할 수 있다.
- 학생들이 만들게 될 각 모델들은 수업시간에 중점적으로 다뤄질 부분과 어휘, 질문, 답을 포함하고 있으며 또한 탐구할만한 추가적인 아이디어들도 포함하고 있다.

학습 방법

- 스위치 제어 응용에 대한 관련 용어를 숙지하고, FND 제어 응용의 기초 단계에 대해 이해한다.
- 스위치 제어 응용의 각 단계별 중점 사항을 체계적으로 학습한다.
- 스위치 제어 응용의 수행순서의 전 과정을 실습한다.
- 스위치 제어 응용의 내용을 이해한다.
- 스위치 제어 응용을 이해하고 숙달이 될 때까지 학습한다.

학습활동.6 평가 및 피드백

평가 준거

- 평가자는 피평가자가 수행 준거 및 평가 내용에 제시되어 있는 내용을 성공적으로 수행할 수 있는 지를 평가해야 한다.
- 평가자는 다음 사항을 평가해야 한다.

학습내용	평가항목	성취수준		
		상	중	하
스위치 제어 응용	스위치 제어 응용을 이해할 수 있다.			

평가 방법

• 작업 포트폴리오

학습내용	평가항목	성취수준		
		상	중	하
스위치 제어 응용	스위치 제어 응용을 이해할 수 있다.			

• 필기시험

학습내용	평가항목	성취수준		
		상	중	하
스위치 제어 응용	스위치 제어 응용을 이해할 수 있다.			

• 체크리스트를 통한 관찰

학습내용	평가항목	성취수준		
		상	중	하
스위치 제어 응용	스위치 제어 응용을 이해할 수 있다.			

피드백

1. 작업 포트폴리오
   - 제출한 보고서를 평가한 후 주요 사항에 대하여 표시하여 돌려준다.
2. 필기 시험
   - 평가 결과 성적이 저조한 학생은 보고서 제출 기회를 부여한다.
3. 체크리스트를 통한 관찰
   - 실습 과정에서 평가한 후 개선해야 할 사항 등을 정리하여 돌려둔다.

7-1 인터럽트의 개념 및 특징

학습 목표	7-1. 인터럽트의 개념 및 특징을 이해할 수 있다.

필요지식

1. 인터럽트의 이해

인터럽트(interrupt)는 '방해하다' 또는 어떠한 행위의 중간에 행위 자체를 중지시키는 '가로채기'를 의미한다.

[그림 7-1]에서는 이러한 인터럽트의 의미를 예를 들어 그림으로 나타낸 것이다. 즉, 인터럽트란 그림과 같이 강사가 강의를 하고 있는 중이라고 할 때 갑자기 출입문에서 노크소리가 나서 강의하고 있는 현재의 행위를 중지시키게 하는 방해신호를 의미한다. 그리고 이러한 노크(인터럽트)에 의해 강의가 잠시 중지되고 노크소리가 나

는 문으로 이동하여 노크한 용건을 확인하여 이를 처리하고 다시 원래 하던 강의를 계속하는 일련의 행위를 인터럽트의 처리라 한다. 이와 같이 인터럽트는 마이크로프로세서 제어기 설계에 있어서 앞장에서 배운 포트 제어와 함께 중요한 부분이므로 주의 깊게 살펴보아야 한다.

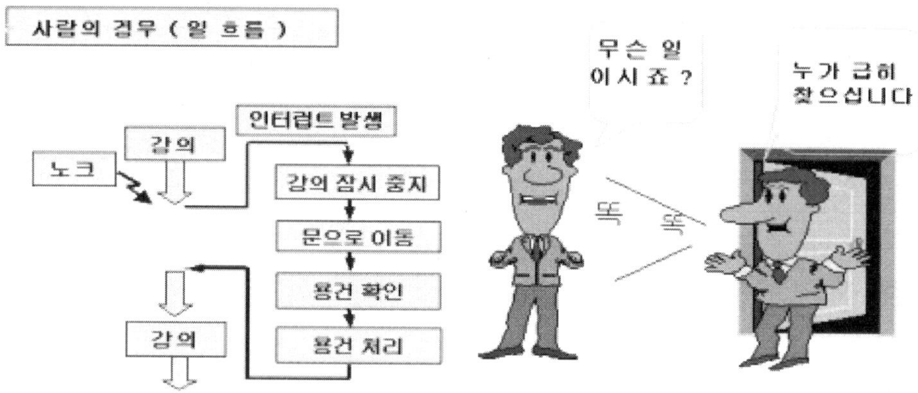

[그림 7-1] 인터럽트 개념도

1) 인터럽트의 분류

인터럽트는 마이크로프로세서에 의해, 또한 이를 보는 관점에 의해 여러 방법으로 분류할 수 있으며 이는 다음과 같다.

(1) 인터럽트 발생 원인에 따른 분류

① 하드웨어 인터럽트 : 내부 인터럽트, 외부 인터럽트

② 소프트웨어 인터럽트

(2) 인터럽트 발생 시 마이크로프로세서의 반응 방식에 따른 분류

① 차단 가능 인터럽트(INT Maskable Interrupt)

② 차단 불가능 인터럽트(NMI : Non-Maskable Interrupt)

(3) 인터럽트를 요구한 입출력 기기를 확인하는 방법에 따른 분류

① 벡터형 인터럽트(vectored interrupt)

② 조사형 인터럽트(polled interrupt)

2. ATmega128A의 인터럽트

ATmega128A는 리셋과 함께 34개의 인터럽트 소스와 이에 해당하는 인터럽트 벡

터로 구성되어 있다. 이들 인터럽트들과 리셋 벡터는 대개의 마이크로프로세서에서와 마찬가지로 프로그램 메모리 영역의 가장 낮은 메모리 번지부터 리셋과 인터럽트 벡터들의 순으로 되어 있다.

이것들은 여러 인터럽트 마스크 레지스터를 통하여 각각 개별적으로 허용여부를 설정할 수 있으며, 상태 레지스터 SREG의 글로벌 인터럽트 허용 비트 I를 이용하여 전체적인 허용여부를 설정할 수 있다.

여기서, 인터럽트 소스의 의미는 [그림 7-2]와 같이 인터럽트가 발생하게 되는 출입구와 같은 것이며, 인터럽트 벡터란 이러한 출입구에 해당하는 인터럽트 소스의 출입구 이름과 같은 것이다. 즉 [그림 7-2]와 같이 3개의 출입구가 있는 경우 인터럽트 소스는 3개가 있는 것이며, 이러한 인터럽트 소스는 각각 3개의 출입구 이름인 3개의 인터럽트 벡터를 갖는다.

[그림 7-2] 인터럽트 소스와 벡터의 의미

1) 외부 인터럽트

ATmega128A에는 34개의 출입구에 해당하는 34개의 사용자 정의 인터럽트 소스와 이러한 34개 출입구의 출입구 이름인 34개의 인터럽트 벡터가 있다. 이들 인터럽트를 다시 구분해보면 외부 핀을 통해 요구되는 인터럽트 8개, 타이머0 관련 2개, 타이머1 관련 5개, 타이머2 관련 2개, 타이머3 관련 5개, USART0 관련 3개, USART1 관련 3개, 기타 6개이다.

ATmega128A의 외부 인터럽트 핀 제어는 8개의 외부핀 INT0~7을 통해 입력되는 신호에 의하여 발생하는 인터럽트를 가리킨다. 각각의 외부 인터럽트는 L의 논리레벨, 하강 에지, 상승 에지, 레벨 및 상/하강에지 모두에서 무조건 트리거 될 수 있는 4가지 트리거방법이 있다. 트리거방법은 외부 인터럽트 제어 레지스터 EICRA(INT3~0) 및 EICRB(INT7~4)로 설정한다.

〈표 7-1〉 외부 인터럽트 소스와 핀 기능 및 관련 레지스터

포트 핀	부가 기능	외부 인터럽트 트리거 설정 레지스터	외부 인터럽트 사용 관련 레지스터
PD0	SCL/INT0	EICRA	EIMSK EIFR
PD1	SDA/INT1		
PD2	RXD1/INT2		
PD3	TXD1/INT3		
PE4	OC3B/INT4	EICRB	
PE5	OC3C/INT5		
PE6	T3/INT6		
PE7	IC3/INT7		

(1) 외부 인터럽트 사용 관련 제어 레지스터(EIMSK, EIFR)

① 외부 인터럽트 허용/금지 가능 레지스터(EIMSK) : INT7~0을 개별적으로 허용하는 데 사용된다. 1로 설정하면 인터럽트 허용 0으로 설정하면 인터럽트 금지가 된다.

Bit	7	6	5	4	3	2	1	0	
	INT7	INT6	INT5	INT4	INT3	INT2	INT1	INT0	EIMSK
Read/Write	R/W	R/W	R/W	R/W	R/W	R/W	R/W	R/W	
Initial Value	0	0	0	0	0	0	0	0	

② 외부 인터럽트 플래그 레지스터(EIFR) : INT7~0핀에 인터럽트 신호가 입력되어 해당 인터럽트가 트리거 되었음을 트리거 되었음을 표시하는데 사용된다. 이 비트들은 인터럽트 벡터를 인출하여 인터럽트 서비스 루틴으로 점프하게 되면 다시 0으로 클리어된다.

Bit	7	6	5	4	3	2	1	0	
	INTF7	INTF6	INTF5	INTF4	INTF3	INTF2	INTF1	INTF0	EIFR
Read/Write	R/W	R/W	R/W	R/W	R/W	R/W	R/W	R/W	
Initial Value	0	0	0	0	0	0	0	0	

(2) 외부 인터럽트 핀의 트리거 설정

ATmega128의 외부 인터럽트 핀 INT7~0은 L의 논리레벨, 하강 에지, 상승 에지 등에 의하여 트리거될 수 있으며 트리거 방법은 외부 인터럽트 제어 레지스터

EICRA(INT3~0) 및 EICRB(INT7~4)로 설정한다.

레벨 트리거 방식으로 설정되어 있다면 해당 핀에 L상태가 입력되는 동안 인터럽트가 발생된다. 모든 레벨 트리거 인터럽트와 INT3~0이 하강 또는 상승 에지 트리거 방식으로 설정된 경우에는 인터럽트가 클록에 관계없이 비동기적으로 검출되며 따라서 이것들은 슬립모드를 해제하는 수단으로 사용될 수 있다. 레벨 트리거로 사용되는 인터럽트가 슬립모드의 해제 수단으로 사용되는 경우에는 좀 더 긴인터럽트 신호가 요구되는데 이것은 MCU가 잡음에 대하여 덜 민감하게 해주는 효과가 있다. 레벨 트리거 인터럽트 신호는 워치독 오실레이터에 의하여 2번 샘플링 되며 이 기간 동안 L레벨 샘플링이 되면 이는 슬립모드를 해제한다. 그러나 만약 그 이후에 인터럽트 신호가 기동시간이 경과하기 전에 사라지면 슬립모드의 해제는 이루어지지만 인터럽트는 발생되지 않는다. 슬립모드를 해제하고 인터럽트도 발생되려면 충분히 긴 시간동안 인터럽트 신호가 L상태로 입력되어야 한다.

① 외부 인터럽트 INT0~3의 트리거 방식 결정(EICRA)

Bit	7	6	5	4	3	2	1	0	
	ISC31	ISC30	ISC21	ISC20	ISC11	ISC10	ISC01	ISC00	EICRA
Read/Write	R/W	R/W	R/W	R/W	R/W	R/W	R/W	R/W	
Initial Value	0	0	0	0	0	0	0	0	

〈표 7-2〉 외부 인터럽트 INT0~3의 트리거 방식 결정

(n=0, 1, 2, 3)

ISCn1	ISCn0	인터럽트 트리거 방식
0	0	INTn핀의 L레벨 신호(low level)입력이 인터럽트를 트리거 한다.
0	1	(Reserved)
1	0	INTn핀의 하강에지(falling edge)가 인터럽트를 비동기적으로 트리거 한다.
1	1	INTn핀의 상승에지(rising edge)가 인터럽트를 비동기적으로 트리거 한다.

② 외부 인터럽트 INT4~7의 트리거 방식 결정(EICRB)

Bit	7	6	5	4	3	2	1	0	
	ISC71	ISC70	ISC61	ISC60	ISC51	ISC50	ISC41	ISC40	EICRB
Read/Write	R/W	R/W	R/W	R/W	R/W	R/W	R/W	R/W	
Initial Value	0	0	0	0	0	0	0	0	

〈표 7-3〉 외부 인터럽트 INT4~7의 트리거 방식 결정

(n=4, 5, 6, 7)

ISCn1	ISCn0	인터럽트 트리거 방식
0	0	INTn핀의 L레벨 신호(low level)입력이 인터럽트를 트리거 한다.
0	1	INTn핀에 논리적인 변화가 발생할 경우
1	0	INTn핀의 하강에지(falling edge)가 인터럽트를 비동기적으로 트리거 한다.
1	1	INTn핀의 상승에지(rising edge)가 인터럽트를 비동기적으로 트리거 한다.

수행 내용 인터럽트 제어 이해하기

재료 · 자료

- C언어 프로그래밍, 타깃보드

기기(장비 · 공구)

- 컴퓨터, USB케이블, 개발시스템, ISP

안전 · 유의사항

- ATmega128 타깃 시스템의 외형을 관리하고 ATmega128 타깃 시스템에 전원을 관리한다.

수행 순서

01 푸쉬버튼 스위치 입력은 스위치를 누르지 않았을 때는 'Low' 레벨이 입력되고, 스위치를 눌렀을 때 'High' 레벨이 입력된다. 따라서 푸쉬버튼 스위치 1번을 INT0(PD0)에 연결하고, 스위치 1번을 누르면 출력되는 펄스의 상승 에지에서 외부 인터럽트를 발생시키도록 한다. 그리고 외부 인터럽트 신호의 누계만큼 7-세그먼트 왼쪽 3, 4 자리에 표시하는 프로그램을 작성하도록 한다.

① 7-세그먼트 부를 구동시키기 위하여 7-세그먼트의 Array FND 부분을 MCU 모듈 포트 PB0~PB7, PG0~PG3까지 연결해 준다.

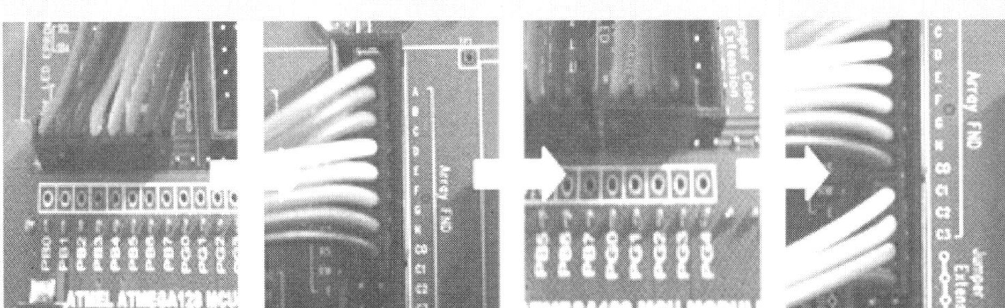

② 포트 D의 PD0~PD1을 2핀 케이블로 푸쉬버튼 신호인 BT0~BT1까지로 연결해 준다(PD0 한개의 포트만 연결해 주면 되나 2핀 컨넥터가 준비 되었으므로 2핀 모두 연결해주고 우리는 이 중에 1핀만 사용한다).

③ 외부 인터럽트를 사용하기 위해서 우리가 설정해야 할 레지스터는 EIMSK, EICRA이다. EIFR 레지스터는 플래그 값을 보여주는 레지스터 이므로 프로그램상에서 이 레지스터를 건드릴 필요가 없다는 점에 유의하여야 한다.

	ISC31	ISC30	ISC21	ISC20	ISC11	ISC10	ISC01	ISC00
EICRA	0	0	0	0	0	0	1	1

	INT7	INT6	INT5	INT4	INT3	INT2	INT1	INT0
EIMSK	0	0	0	0	0	0	0	1

```
#include <mega128a.h>
#include <delay.h>

unsigned char Font[18] = {0x3F, 0x06, 0x5B, 0x4F,
                          0x66, 0x6D, 0x7C, 0x07,
                          0x7F, 0x67, 0x77, 0x7C,
                          0x39, 0x5E, 0x79, 0x71,
                          0x08, 0x80};

int count = 0; // 인터럽트가 몇 번 수행되었는가를 나타내주는 변수이다.

// Dec Segment 함수 선언 ==> 이 함수는 입력되는 값을 10진값으로
// 7-세그먼트에 표시해 주는 함수이다.
void DecSegment(unsigned char) ;
```

```
void DecSegment ( unsigned char N )
{
 int  i ;
 unsigned char  N10, N1 ;


  N10 = N /10;
  N1 = N % 10 ;

  for( i = 0 ; i < 30; i++ ) {

      PORTG = 0x0b;              // 왼쪽 세 번째 세그먼트 ON
      PORTB = Font[N10];         // 십의 자리 숫자를 출력해 준다.
      delay_ms(1);
      PORTG = 0x07;              // 왼쪽 네 번째 세그먼트 ON
      PORTB = Font[N1];          // 일의 자리 숫자를 출력해 준다.
      delay_ms(1);
   }
 }

// 푸쉬버튼 스위치 1번을 누르면 인터럽트가 발생하여
// 아래의 인터럽트 함수가 수행된다.
 interrupt [EXT_INT0] void external_int0(void)
 {
   count ++ ;

 }


void main(void)
{

 // 포트 G를 7-세그먼트 Common 단자로 사용하기 위해 출력으로 설정한다.
 DDRB = 0xff;
 DDRG = 0xff;

 // PD0를 입력포트로 설정한다.
 DDRD = 0x00 ;
 // ISC01, ISC00 => 1 ,1 상승 에지 인터럽트 요청
 EICRA = 0x03;
```

```
// 외부 인터럽트 0을 사용하기 위하여 INT0을 인에이블 시킨다.
EIMSK = 0x01;

// 인터럽트를 사용하기 위하여는 반드시 아래와 같이 선언한다.
#asm("sei");

// 처음에 인터럽트가 입력되지 않았을 때는 '0'으로 표시된다.
// 외부 인터럽트가 들어오면 들어온 횟수만큼 7-세그먼트에 표시한다.
count = 0;


 while(1)
 {

   DecSegment(count);

 }
}
```

④ 만약 실험 7-1에서 사용되는 푸쉬버튼이 74HC14나 캐패시터를 달지 않고 바로 [그림 7-3]과 같이 회로가 설계되어 있다면 스위치를 한번 누를 때 마다 '1'씩 증가하는 것이 아니고 '2' 혹은 '3'씩 증가할 수도 있다. 그러한 이유는 스위치 채터링 현상 때문이다. [그림 7-3]에서와 같은 스위치에서 실제 사람은 스위치를 한 번 누르는 것 같지만 전기적으로는 여러 번 스위치가 눌려지게 된다. 따라서 이렇게 채터링이 발생되면 스위칭 회수만큼 인터럽트가 발생된다. 채터링을 방지하기 위해서는 채터링 방지회로를 설계해야 되는데, 채터링 방지회로의 경우 우리가 4장에서 공부했던 푸쉬버튼 스위치와 같이 하드웨어적으로 채터링을 방지하는 방법과 소프트웨어적으로 채터링을 방지할 수 있는 방법이 있다.

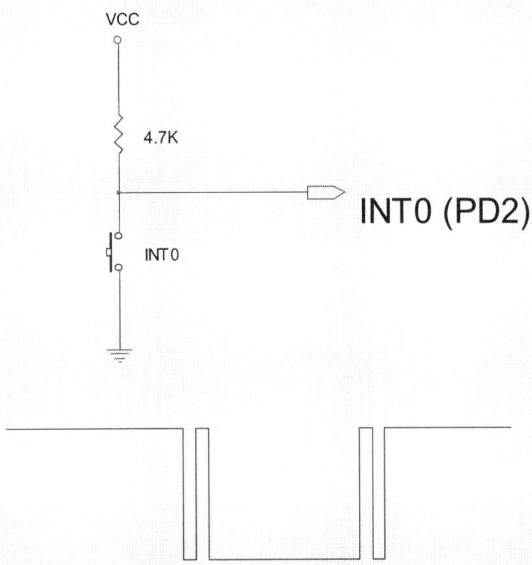

[그림 7-3] 스위치 채터링 현상

02

7-세그먼트로 외부 인터럽트를 입력 확인하기로써 이번 실험에서는 푸쉬버튼 스위치 2번을 INT1(PD1)에 연결하고, 스위치 2번을 눌렀다 손을뗄 때 발생되는 펄스의 하강 에지에서 외부 인터럽트를 발생시키도록 한다. 그리고 외부 인터럽트 신호의 누계만큼 7-세그먼트 왼쪽 3,4 자리에 표시하는 프로그램을 작성하도록 한다.

① 7-세그먼트 부를 구동시키기 위하여 7-세그먼트의 Array FND 부분을 MCU 모듈 포트 PB0~PB7, PG0~PG3까지 연결해 준다.

② 포트 D의 PD0~PD1을 2핀 케이블로 푸쉬버튼 신호인 BT0~BT1까지로 연결해 준다.

※ 실험 7-2는 실험 7-1의 프로그램 차이

→ EICRA 레지스터의 ISC11/ISC10 비트가 각각 1, 0으로 바뀜.

EICRA = 0x08 ;

→ EIMASK = 0x02 // 외부 인터럽트 1을 사용한다.

→ 외부 인터럽트 1의 함수 이름

interrupt [EXT_INT1] void external_int1(void)

나머지는 모두 같다.

```
#include <mega128a.h>
#include <delay.h>

unsigned char Font[18] = {0x3F, 0x06, 0x5B, 0x4F,
                          0x66, 0x6D, 0x7C, 0x07,
                          0x7F, 0x67, 0x77, 0x7C,
                          0x39, 0x5E, 0x79, 0x71,
                          0x08, 0x80};

int count = 0; // 인터럽트가 몇 번 수행되었는가를 나타내주는 변수이다.

// Dec Segment 함수 선언 ==> 이 함수는 입력되는 값을 10진값으로
//  7-세그먼트에 표시해 주는 함수이다.
void DecSegment(unsigned char) ;

void DecSegment ( unsigned char N )
{
 int  i ;
 unsigned char  N10, N1 ;

  N10 = N /10;
  N1 = N % 10 ;

  for( i = 0 ; i < 30; i++ ) {

      PORTG = 0x0b;              // 왼쪽 세 번째 세그먼트 ON
      PORTB = Font[N10];         // 십의 자리 숫자를 출력해 준다.
      delay_ms(1);
      PORTG = 0x07;              // 왼쪽 네 번째 세그먼트 ON
      PORTB = Font[N1];          // 일의 자리 숫자를 출력해 준다.
      delay_ms(1);
  }
 }

 interrupt [EXT_INT1] void external_int1(void)
 {
  count ++ ;
 }
void main(void)
```

```
{
 // 포트 G를 7-세그먼트 Common 단자로 사용하기 위해 출력으로 설정한다.
 DDRB = 0xff;
 DDRG = 0xff;

 // PD0를 입력포트로 설정한다.
 DDRD = 0x00 ;

 // ISC11, ISC10 => 1 ,0 하강에지에서 인터럽트 요청
 EICRA = 0x08;

 // 외부 인터럽트 1을 사용하기 위하여 INT1을 인에이블 시킨다.
 EIMSK = 0x02;

 // 인터럽트를 사용하기 위하여는 반드시 아래와 같이 선언한다.
 #asm("sei");

 // 처음에 인터럽트가 입력되지 않았을 때는 '0'으로 표시된다.
 // 외부 인터럽트가 들어오면 들어온 횟수만큼 7-세그먼트에 표시한다.
 count = 0;

  while(1)
  {
    DecSegment(count);
   }
}
```

03

스위치 1을 INT0, 스위치 2를 INT1 에 연결하여 스위치 1은 하강에지에서, 스위치 2는 상승에지에서 각각의 인터럽트가 발생하게 하여 7-세그먼트 왼쪽 두 자리는 INT0의 카운트를 표시하고 오른쪽 2자리는 INT1의 카운트를 누적하여 표시하도록 한다.

```
#include<avr/io.h>
#include<avr/interrupt.h>
#include<util/delay.h>



unsigned char Font[18] = {0x3F, 0x06, 0x5B, 0x4F,
                          0x66, 0x6D, 0x7C, 0x07,
                          0x7F, 0x67, 0x77, 0x7C,
                          0x39, 0x5E, 0x79, 0x71,
                          0x08, 0x80};

int count = 0, count_1 = 0; // 인터럽트가 몇 번 수행되었는가를 나타내주는 변수이다

// Dec Segment 함수 선언 ==> 이 함수는 입력되는 값을 10진값으로
//  7-세그먼트에 표시해 주는 함수이다.
void Segment(unsigned char, unsigned char );

void Segment ( unsigned char c, unsigned char c1 )
{
 int  i ;
 unsigned char  N10, N1, N10_1, N1_1 ;


  N10 = c /10;
  N1 = c % 10;

  N10_1 = c1/10;
  N1_1  = c1%10;

  for( i = 0 ; i < 30; i++ ) {

      PORTG = 0x0e;                // 왼쪽 세 번째 세그먼트 ON
```

```
        PORTB = Font[N10];            // 십의 자리 숫자를 출력해 준다.
        _delay_ms(1);

            PORTG = 0x0d;             // 왼쪽 네 번째 세그먼트 ON
        PORTB = Font[N1];             // 일의 자리 숫자를 출력해 준다.
        _delay_ms(1);

        PORTG = 0x0b;                 // 왼쪽 세 번째 세그먼트 ON
        PORTB = Font[N10_1];          // 십의 자리 숫자를 출력해 준다.
        _delay_ms(1);

            PORTG = 0x07;             // 왼쪽 네 번째 세그먼트 ON
        PORTB = Font[N1_1];           // 일의 자리 숫자를 출력해 준다
        _delay_ms(1);
    }
  }

// 푸쉬버튼 스위치 1번을 누르면 인터럽트가 발생하여
// 아래의 인터럽트 함수가 수행된다.
 SIGNAL(SIG_INTERRUPT0)
 {
   count ++ ;
 }
 // 푸쉬버튼 스위치 2번을 누르면 인터럽트가 발생하여
// 아래의 인터럽트 함수가 수행된다.
 SIGNAL(SIG_INTERRUPT1)
 {
   count_1 ++ ;
 }

int main()
{

 // 포트 G를 7-세그먼트 Common 단자로 사용하기 위해 출력으로 설정한다.
 DDRB = 0xff;
 DDRG = 0xff;

 // PD0를 입력포트로 설정한다.
 DDRD = 0x00 ;
 // 상승에지 , 하강에지를 설정
```

학습 7. 인터럽트 제어 응용

```
EICRA = 0x0e;

// 외부 인터럽트 0 을 사용하기 위하여 INT0을 인에이블시킨다.
EIMSK = 0x03;

// 인터럽트를 사용하기 위하여는 반드시 아래와 같이 선언한다.
sei();

// 처음에 인터럽트가 입력되지 않았을 때는 '0'으로 표시된다.
// 외부 인터럽트가 들어오면 들어온 횟수만큼 7-세그먼트에 표시한다.
count = 0;


 while(1)
 {

  Segment(count,count_1);


  }
  return 0;
 }
```

학습활동.7 교수 · 학습 방법

교수 방법

- 인터럽트 제어 응용에 대한 관련 용어, 구성, 방식 이해 정도를 파악한 후 수업을 진행한다.
- 교수자의 주도로 인터럽트 제어 응용 등의 내용을 PPT 자료로 제시한 후 설명한다.
- 가능하면 사전에 개인별 학습 자료를 준비하여 모든 학생이 참여할 수 있는 문제 해결식 수업, 협력 수업이 가능하도록 한다.
- 인터럽트 제어 응용 전 과정을 작업의 순서에 따라 단계적으로 실습이 이루어질 수 있도록 지도한다.
- 교재를 통해 수업을 준비하는데 있어서 필요한 모든 정보나 팁, 힌트 등 도움이 될 만한 내용들을 확인할 수 있다.
- 학생들이 만들게 될 각 모델들은 수업시간에 중점적으로 다뤄질 부분과 어휘, 질문, 답을 포함하고 있으며 또한 탐구할만한 추가적인 아이디어들도 포함하고 있다.

학습 방법

- 인터럽트 제어 응용에 대한 관련 용어를 숙지하고, 인터럽트 제어 응용의 기초 단계에 대해 이해한다.
- 인터럽트 제어 응용의 각 단계별 중점 사항을 체계적으로 학습한다.
- 인터럽트 제어 응용의 수행순서의 전 과정을 실습한다.
- 인터럽트 제어 응용의 내용을 이해한다.
- 인터럽트 제어 응용을 이해하고 숙달이 될 때까지 학습한다.

학습활동.7 평가 및 피드백

평가 준거

- 평가자는 피평가자가 수행 준거 및 평가 내용에 제시되어 있는 내용을 성공적으로 수행할 수 있는 지를 평가해야 한다.
- 평가자는 다음 사항을 평가해야 한다.

학습내용	평가항목	성취수준		
		상	중	하
인터럽트 제어 응용	인터럽트 제어 응용을 이해할 수 있다.			

평가 방법

• 작업 포트폴리오

학습내용	평가항목	성취수준		
		상	중	하
인터럽트 제어 응용	인터럽트 제어 응용을 이해할 수 있다.			

• 필기시험

학습내용	평가항목	성취수준		
		상	중	하
인터럽트 제어 응용	인터럽트 제어 응용을 이해할 수 있다.			

• 체크리스트를 통한 관찰

학습내용	평가항목	성취수준		
		상	중	하
인터럽트 제어 응용	인터럽트 제어 응용을 이해할 수 있다.			

피드백

1. 작업 포트폴리오
   - 제출한 보고서를 평가한 후 주요 사항에 대하여 표시하여 돌려준다.
2. 필기 시험
   - 평가 결과 성적이 저조한 학생은 보고서 제출 기회를 부여한다.
3. 체크리스트를 통한 관찰
   - 실습 과정에서 평가한 후 개선해야 할 사항 등을 정리하여 돌려둔다.

8-1 8비트 타이머/카운터 기능과 구조

학습 목표 8-1. 8비트 타이머/카운터 기능과 구조를 이해할 수 있다.

필요지식

ATmega128A는 4개(8비트 2개, 16비트 2개)의 범용 타이머/카운터를 내장하고 있다. 이들 타이머/카운터들은 모두 ATmega128A의 클록과 동기해서 입력 클록을 공급받도록 되어 있다. 타이머/카운터 0은 다른 타이머/카운터와 달리 32.768kHz의 크리스탈을 접속하는 TOSC1 및 TOSC2단자를 가지고 있어서 RTC의 기능을 갖도록 할 수 있으며, 외부의 클록 입력 단자 T0이 없는 대신 TOSC1단자에 외부 클록을 인가 할 수도 있다. 타이머/카운터 1, 2, 3은 내부 클록을 사용하는 타이머에 대하여만 프리스케일러가 동작하는데 비하여 타이머/카운터 0은 내부 클록을 사용하든 외부클록을 사용하든 모두 프리스케일러의 적용을 받는다는 점이 다르다. 이들 타이머

/카운터들은 내부 클록을 이용하여 타이머로 활용할 수도 있고, 외부 신호 입력 핀과 연결하여 외부 신호 트리거(trigger) 카운터로 활용할 수도 있다

1. 8 비트 타이머/카운터 0

이 장에서 다룰 ATmega128A의 타이머와 카운터 기능은 내장된 8비트 타이머 0, 2와 16비트 타이머 1에 의해 제어된다. ATmega128A에 내장된 타이머/카운터에 대해 알아보기에 앞서 타이머와 카운터에 대한 개념을 살펴본다.

타이머(timer)는 의미 그대로 시간에 관계되어 있는 것으로 사용자가 원하는 시간을 프로그램으로 만들어 사용하는 것으로서 알람시계를 생각하면 될 것이다. 또한 카운터(counter)란 외부로부터 입력된 숫자를 세는 것을 의미하는 것으로 외부 이벤트(event)나 펄스의 숫자 등을 세는 것이 된다.

1) 8비트 타이머/카운터 0의 기본 동작/구조

타이머/카운터 0은 PWM 및 비동기 동작모드를 가지는 8비트 업/다운 카운터로서, 32.768kHz의 크리스탈 접속이 가능한 TOSC1, TOSC2단자를 가지고 있어서 RTC(Real Time Clock)기능을 구현할 수 있으며, 외부클록 입력단자 T0이 없는 대신 TOSC1단자에 외부 클록을 인가 할 수 있다.

타이머/카운터 0은 타이머기능으로 내부 클록 또는 외부클록의 사용 시 모두 프리스케일러의 적용을 받는다. 〈표 8-1〉은 타이머/카운터0 인터럽트를 처리하기위한 인터럽트 소스와 핀 기능에 대해 나타낸 것이며 [그림 8-1]는 타이머/카운터 0의 전체적인 구조를 나타낸 것이다.

인터럽트 소스	인터럽트 벡터	우선순위
TIMER0 COMP	0x001E	15
TIMER0 OVF	0x0020	16

〈표 8-1〉 타이머/카운터 0 인터럽트 소스와 핀 기능

<table>
<tr><th>포트 핀</th><th>부가 기능</th><th>타이머 0 동작 제어 레지스터</th><th>인터럽트 관련 레지스터</th></tr>
<tr><td>PB4</td><td>OC0</td><td rowspan="3">SFIOR
ASSR
TCCR0
TCNT0
OCR0</td><td rowspan="3">TIMSK
TIFR</td></tr>
<tr><td>PG3</td><td>TOSC2</td></tr>
<tr><td>PG4</td><td>TOSC1</td></tr>
</table>

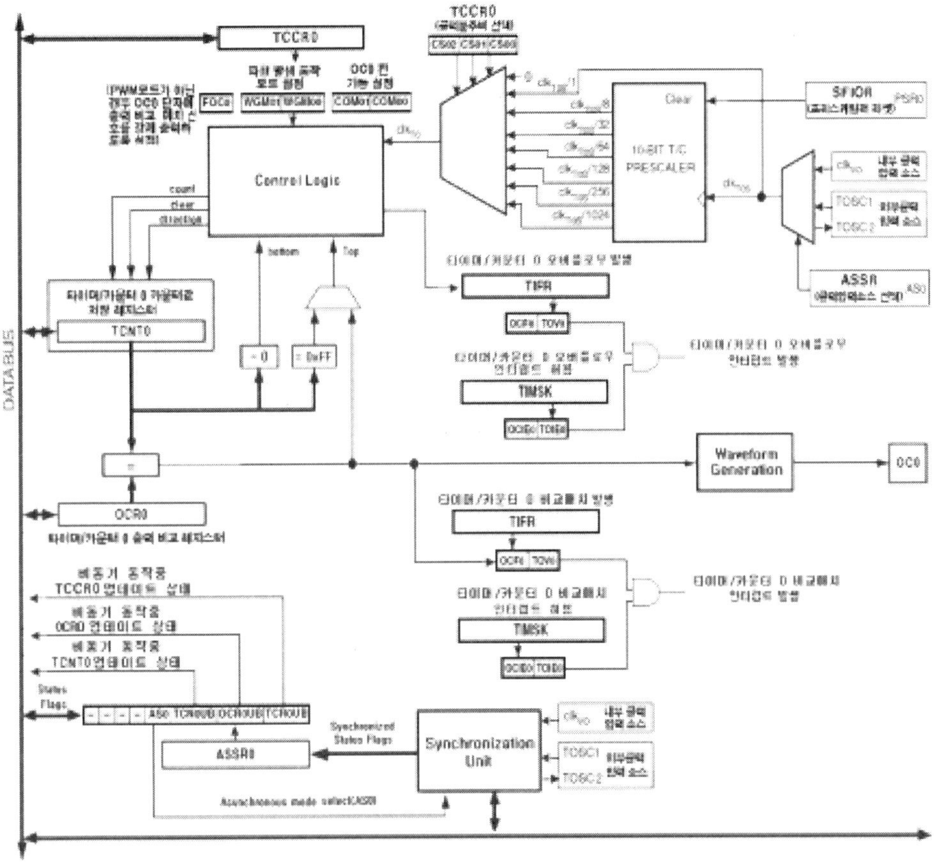

[그림 8-1] 타이머/카운터 0의 전체 구조와 동작도

타이머/카운터 0은 [그림 8-1]와 같이 외부 입력 핀으로 PG4/TOSC1과 PG3/TOSC2가 있고 출력 핀으로 PB4/OC0이 있고, 동기와 비동기식 모드 타이머 동작에 따라 다음과 같은 순서로 동작한다.

① [그림 8-1]의 타이머/카운터 0 동작도에 따라 입력 클록 소스 선택

동기 동작 모드 타이머 동작 시	• 시스템 클록 $clk_{I/O}$를 입력 클록소스로 사용 • 프리스케일러에 의하여 분주비 1, 8, 32, 64, 128, 256, 1024중의 하나로 분주됨 • 클록 입력을 차단하여 타이머/카운터 0의 기능을 정지
비동기 동작 모드 타이머 동작 시	• 외부 클록 입력 소스로 TOSC1과 TOSC2단자 32.768kHz의 크리스탈을 접속하는 것과 TOSC1 단자에 시스템 클록 주파수의 1/4 미만인 외부 클록을 입력. • 외부 클록을 사용하는 것을 제외하면 동기식과 같이 프리스케일러에 의한 동작은 같음.

② 선택된 입력클록은 프리스케일러를 통해 분주비 설정에 따라 분주되어 clk_{T0} 클록을 발생하고, 이는 8비트 업/다운 카운터 TCNT0 레지스터에 입력된다. 그리고 TCNT0 레지스터가 0xFF→0x00으로 오버플로 되면 TOV0신호에 의하여 타이머 0 오버플로 인터럽트가 발생한다.

③ 그리고 8비트의 업/다운 카운터 TCNT0의 값은 출력비교 레지스터 OCR0과 비교되며, 그 값이 같아지면 내부적으로는 OCF0 신호에 의하여 출력비교 인터럽트가 발생되고 외부적으로는 OC0단자에 PWM신호가 출력되도록 설정할 수 있다.

2) 타이머/카운터 0 기능 및 동작 제어 관련 레지스터

(1) TCCR0(Timer/Counter Control Register 0) 레지스터

Bit	7	6	5	4	3	2	1	0	
	FOC0	WGM00	COM01	COM00	WGM01	CS02	CS01	CS00	TCCR0
Read/Write	W	R/W	R/W	R/W	R/W	R/W	R/W	R/W	
Initial Value	0	0	0	0	0	0	0	0	

① FOC0 : Force Output Compare

PWM 모드가 아닌 경우에만 유효함. '1'로 설정하면 COM01~00비트에 의한 출력신호의 동작에 따라 강제로 OC0단자에 출력비교가 매치된 것과 같은 출력을 내보냄. 그러나 이렇게 강제로 만들어진 출력비교 매치는 OC0단자에 신호만 출력할 뿐이며 해당 인터럽트를 발생하지 않고 CTC모드에서 TCNT0레지스터를 클리어 시키지 않는다. 따라서 특별한 경우가 아니면 이 비트는 0으로 설정한다.

② WGM01, WGM00 : Waveform Generation Mode

타이머 0의 동작모드를 제어하여 파형 발생을 결정

〈표 8-2〉 WGM01~00비트에 의한 동작모드 설정

모드	WGM01	WGM00	동작모드	TOP	OCR0레지스터의 업데이트 시점	TIFR레지스터의 TOV0 플랙의 세트시점
0	0	0	Normal	0xFF	설정즉시	MAX
1	0	1	Phase Correct PWM	0xFF	TOP	BOTTOM
2	1	0	CTC	OCR0	설정즉시	MAX
3	1	1	Fast PWM	0xFF	TOP	MAX

③ COM01, COM00 : Compare Match Output Mode

타이머/카운터 0의 출력단자인 OC0핀의 동작 설정, OC0핀의 동작은 타이머/카운터 0의 동작모드에 따라 〈표 8-3〉과 같은 기능을 갖는다.

〈표 8-3〉 COM01~00비트에 의한 OC0핀의 기능설정

	COM01	COM00	OC0핀의 기능
PWM모드가 아닌 경우 (Normal, CTC모드)	0	0	정상적인 범용 I/O포트로 동작(OC0출력을 차단)
	0	1	Compare match에서 OC0출력을 토글
	1	0	Compare match에서 OC0출력을 0으로 클리어
	1	1	Compare match에서 OC0출력을 1로 세트
Fast PWM 모드인 경우	0	0	정상적인 범용 I/O포트로 동작(OC0출력을 차단)
	0	1	(reserved)
	1	0	Compare match에서 OC0출력을 0으로 클리어하고 TOP에서 OC0출력을 1로 세트
	1	1	Compare match에서 OC0출력을 1로 세트하고 TOP에서 OC0출력을 0으로 클리어
Phase Correct PWM모드인 경우	0	0	정상적인 범용 I/O포트로 동작(OC0출력을 차단)
	0	1	(reserved)
	1	0	상향카운터에서는 Compare match에서 OC0출력을 0으로 클리어하고 하향 카운터에서는 Compare match에서 OC0 출력을 1로 세트
	1	1	상향카운터에서는 Compare match에서 OC0출력을 1로 세트하고 하향 카운터에서는 Compare match에서 OC0출력을 0으로 클리어

④ CS02, CS01, CS00 : Clock Select

프리스케일러의 클록 분주비 설정

〈표 8-4〉 CS02~00비트에 의한 클록의 분주비 선택

CS02	CS01	CS00	클록 소스의 기능
0	0	0	클록 입력을 차단(타이머/카운터 0의 기능이 정지)
0	0	1	clk_{T0S} / 1
0	1	0	clk_{T0S} / 8
0	1	1	clk_{T0S} / 32
1	0	0	clk_{T0S} / 64
1	0	1	clk_{T0S} / 128
1	1	0	clk_{T0S} / 256
1	1	1	clk_{T0S} / 1024

타이머/카운터 0의 프리스케일러에서 클록의 분주비 선택을 위한 기능을 갖는 CS02~CS00의 역할과 그밖에 레지스터의 기능을 종합하여 나타내면 [그림 8-2]와 같다.

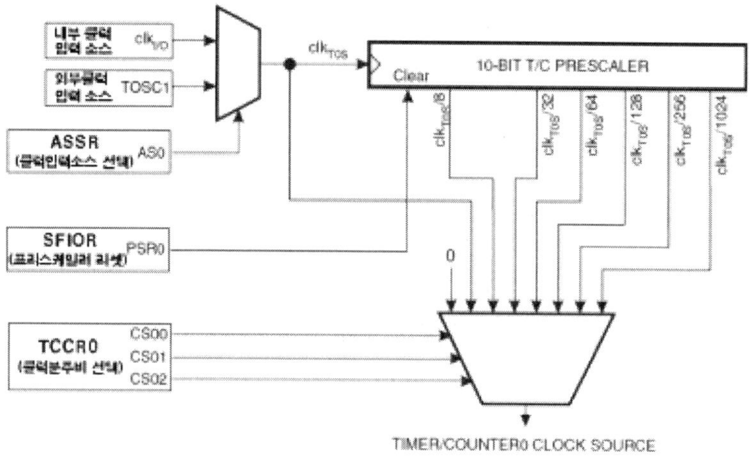

[그림 8-2] 타이머/카운터 0의 프리스케일러 동작

(2) TCNT0(Timer/Counter Register 0) 레지스터

Bit	7	6	5	4	3	2	1	0	
	TCNT0[7:0]								TCNT0
Read/Write	R/W	R/W	R/W	R/W	R/W	R/W	R/W	R/W	
Initial Value	0	0	0	0	0	0	0	0	

타이머/카운터 0의 8비트 카운터 값을 저장하는 레지스터로서 리드 및 라이터 동작이 가능하지만 카운터가 동작하고 있을 때 이 값을 수정하면 TCNT0 값과 OCR0값을 비교하여 동작기능에 문제를 발생시킬 수 있다.

(3) ASSR(Asynchronous Status Register) 레지스터

Bit	7	6	5	4	3	2	1	0	
	–	–	–	–	AS0	TCN0UB	OCR0UB	TCR0UB	ASSR
Read/Write	R	R	R	R	R/W	R	R	R	
Initial Value	0	0	0	0	0	0	0	0	

타이머/카운터 0이 외부 클록에 의하여 비동기 모드로 동작하는 경우에 관련된 기능을 수행한다.

① AS0 : Asynchronous Timer/Counter 0

타이머/카운터 0의 클록 소스 선택

- AS0=0일 때 내부 클록 $clk_{I/O}$가 선택되어 동기모드로 동작
- AS0=1일 때 외부의 크리스탈 오실레이터로부터 TOSC1 단자에 입력되는 클록이 선택되어 비동기 모드로 동작
- AS0의 값을 수정하거나 하면 TCNT0, OCR0, TCCR0의 내용이 깨질 수 있고 이로 인하여 예상하지 않은 인터럽트가 발생할 수 있으니 주의해야 한다.

② TCN0UB : Timer/Counter0 Update Busy

TOSC1 단자로 입력되는 외부 클록에 의하여 비동기로 동작하고 있을 때 TCNT0 레지스터에 새로운 값을 라이트하면 '1'이 되고, TCNT0의 라이트가 완료되면 이 비트는 다시 자동적으로 '0'이 된다.

③ OCR0UB : Output Compare Register 0 Update Busy

TOSC1 단자로 입력되는 외부 클록에 의하여 비동기로 동작하고 있을 때OCR0 레지스터에 새로운 값을 라이트하면 '1'이 되고, OCR0의 라이트가 완료되면 이 비트는 다시 자동적으로 '0'이 된다.

④ TCR0UB : Timer/Count Control Register 0 Update Busy

TOSC1 단자로 입력되는 외부 클록에 의하여 비동기로 동작하고 있을 때 TCCR0 레지스터에 새로운 값을 라이트하면 '1'이 되고, TCCR0의 라이트가 완료되면 이 비트는 다시 자동적으로 '0'이 된다.

이처럼 타이머/카운터 0을 동기 모드와 비동기 모드로 스위칭 하는 경우에는 뜻하지 않은 부작용이 나타날 수 있으므로 다음과 같은 절차로 수행하는 것이 바람직하다.

- TIMSK레지스터 OCIE0 및 TOIE0 비트를 0으로 하여 인터럽트를 금지한다.
- ASSR 레지스터의 AS0 비트 값을 원하는 대로 설정한다.
- TCNT0, OCR0, TCCR0레지스터의 값을 원하는 대로 설정한다.
- ASSR레지스터의 TCN0UB, OCR0UB, TCR0UB비트가 0이 될 때까지 기다린다.
- TIFR 레지스터의 OCF0 및 TOV0비트를 0으로 클리어 한다.
- 필요하다면 다시 TIMSK 레지스터의 OCIE0 및 TOIE0비트를 1로 하여 인터럽트를 허용상태로 한다.

3) 타이머/카운터 0 관련 인터럽트 레지스터(TIMSK, TIFR)

타이머/카운터 0 인터럽트 관련 레지스터에는 인터럽트 허용 레지스터(TIMSK)와 인터럽트 소스에 인터럽트 신호가 입력되었음을 나타내는 인터럽트 플래그 레지스터(TIFR)가 있다.

(1) TIMSK(Timer/Counter Interrupt Mask Register)

Bit	7	6	5	4	3	2	1	0	
	OCIE2	TOIE2	TICIE1	OCIE1A	OCIE1B	TOIE1	OCIE0	TOIE0	TIMSK
Read/Write	R/W	R/W	R/W	R/W	R/W	R/W	R/W	R/W	
Initial Value	0	0	0	0	0	0	0	0	

타이머/카운터 0에 관한 인터럽트를 개별적으로 허용하는 기능을 수행

TOIE0	타이머/카운터 0의 오버플로 인터럽트 발생 허용 비트(1=Enable, 0=Disable)
OCIE0	타이머/카운터 0의 출력 비교 인터럽트 발생 허용 비트(1=Enable, 0=Disable)

(2) TIFR(Timer/Counter Interrupt Flag Register)

Bit	7	6	5	4	3	2	1	0	
	OCF2	TOV2	ICF1	OCF1A	OCF1B	TOV1	OCF0	TOV0	TIFR
Read/Write	R/W	R/W	R/W	R/W	R/W	R/W	R/W	R/W	
Initial Value	0	0	0	0	0	0	0	0	

타이머/카운터 0에서 발생하는 인터럽트 플래그를 저장하는 기능을 수행

TOV0	타이머/카운터 0의 오버플로 인터럽트가 발생하면 이 비트가 세트되면서 오버플로 인터럽트 요청(1=인터럽트 발생, 0=인터럽트 실행 완료)
OCF0	타이머/카운터 0의 TCNT0과 출력 비교 레지스터 OCR0의 값을 비교하여 같으면 이 비트가 세트되면서 출력비교 인터럽트 요청(1=인터럽트 발생, 0=인터럽트 실행 완료)

2. 8비트 타이머/카운터 2

1) 8비트 타이머/카운터 2의 기본 동작/구조

타이머/카운터 2는 PWM 동작모드를 가지며, 내부 클록을 소스로 동작하는 타이머 기능과 외부 클록(T2)을 소스로 동작하는 카운터 기능이 있다.

인터럽트 소스	인터럽트 벡터	우선순위
TIMER2 COMP	0x0012	9
TIMER2 OVF	0x0014	10

〈표 8-5〉 타이머 2 인터럽트 소스와 핀 기능

포트 핀	부가 기능	타이머 2 동작 제어 레지스터	인터럽트 관련 레지스터
PB7	OC2	SFIOR, TCCR2 TCNT2, OCR2	TIMSK, TIFR
PD7	T2		

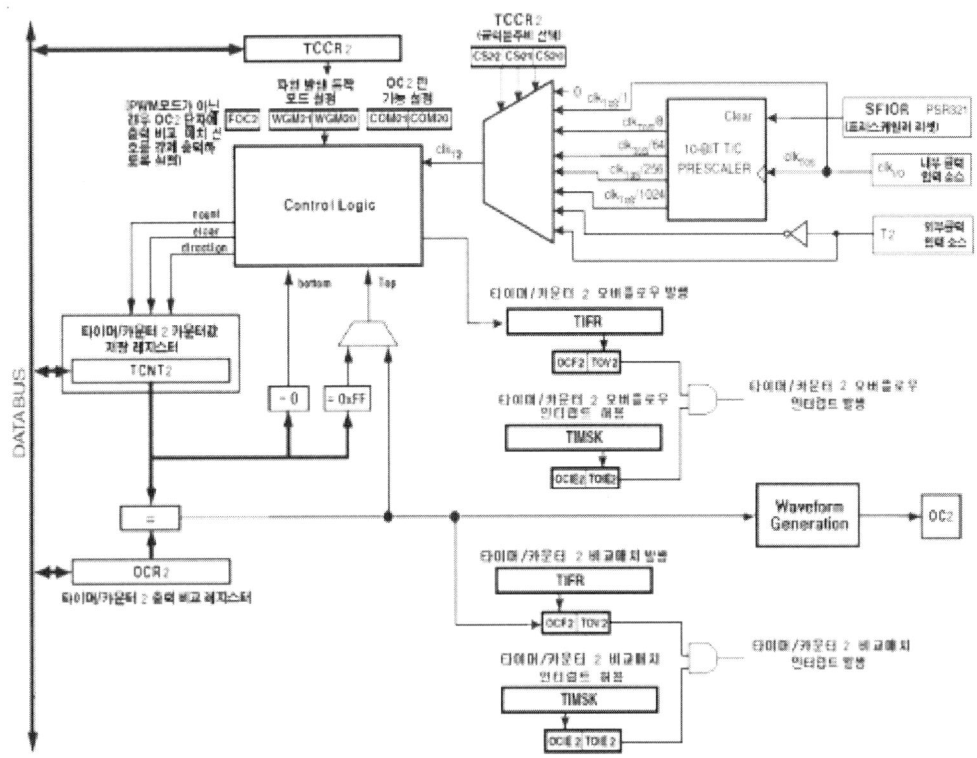

[그림 8-3] 타이머 2의 구조와 인터럽트 발생 블록도

〈표 8-5〉는 타이머/카운터2 인터럽트를 처리하기위한 인터럽트 소스와 핀 기능에 대해 나타낸 것이며 [그림 8-3]은 타이머/카운터 2의 전체적인 구조를 나타낸 것이다.

ATmega128A의 타이머/카운터 2에는 카운터로 사용하기 위한 입력 핀으로 T2가 있고 출력 핀으로 OC2가 있다. 타이머로 동작할 때 시스템 클록 주파수와 같은 내부 클록 $clk_{I/O}$를 클록 소스로 사용하며, 프리스케일러에 의하여 1, 8, 64, 256, 1024중의 하나로 분주될 수 있고, 클록 입력을 차단하여 타이머/카운터 2의 기능을 정지시킬 수도 있다.

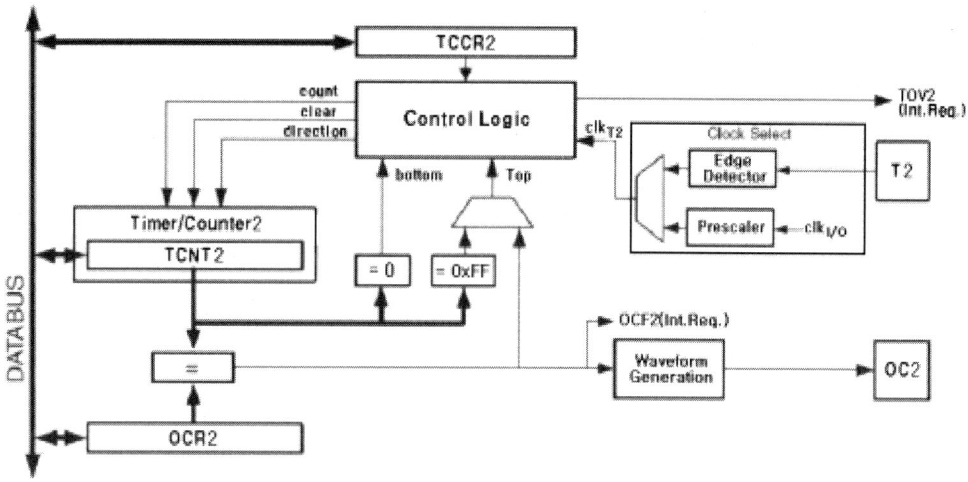

[그림 8-4] 타이머/카운터 2의 구성 블록도

타이머/카운터 0이 TOSC1과 TOSC2단자에 크리스탈을 접속하여 외부 클록으로 동작하는 비동기 동작 모드를 가지고 있는데 비하여, 타이머/카운터 2는 T2핀으로 입력되는 외부 클록을 사용하는 카운터 기능을 가지는 점을 제외하면 이 2개의 타이머/카운터는 서로 상당히 유사한 구조를 가진다.

타이머/카운터 2가 카운터로 동작할 때는 [그림 8-4]과 같이 T2핀으로 입력되는 외부 클록을 사용하며, 이 외부 클록은 에지 검출회로(edge detector)를 통하여 입력되고 프리스케일러를 거치지 않는다. T2핀으로 입력되는 외부 클록의 주파수는 시스템 클록 주파수의 1/2이하여야하며, 안전을 고려하여 1/2.5 이하의 주파수를 사용하는 것이 권장된다.

이와 같이 선택된 클록 clk_{T2}는 8비트의 업/다운 카운터 TCNT2에 입력되고, 이것이 0xFF → 0x00으로 오버플로 되면 TOV2신호에 오버플로 인터럽트가 발생한다.

카운터 값은 동작 중에 항상 출력비교 레지스터 OCR2와 비교되며, 그 값이 같아지면 내부적으로는 OCF2 신호에 의하여 출력비교 인터럽트가 발생되고 외부적으로는 OC2단자에 신호가 출력되도록 설정할 수 있다. 이와 같이 동작모드를 적절히 설정하고 OCR2 레지스터를 활용하면 OC2단자에 원하는 PWM 출력신호를 발생할 수 있게 된다.

2) 타이머/ 카운터2 기능 및 동작 제어 관련 레지스터

(1) TCCR2(Timer/Counter Control Register 2) 레지스터

Bit	7	6	5	4	3	2	1	0	
	FOC2	WGM20	COM21	COM20	WGM21	CS22	CS21	CS20	TCCR2
Read/Write	W	R/W	R/W	R/W	R/W	R/W	R/W	R/W	
Initial Value	0	0	0	0	0	0	0	0	

타이머/카운터2의 동작 모드 설정, 프리스케일의 분주비 설정

① FOC2 : Force Output Compare

PWM 모드가 아닌 경우에만 유효함. '1'로 설정하면 COM21~20비트에 의한 출력신호의 동작에 따라 강제로 OC2단자에 출력비교가 매치된 것과 같은 출력을 내보냄. 특별한 경우가 아니면 이 비트는 0으로 설정한다.

② WGM21, WGM20 : Waveform Generation Mode

타이머 2의 동작모드를 제어하여 파형 발생을 결정

〈표 8-6〉 WGM21~20비트에 의한 동작모드 설정

모드	WGM21	WGM20	동작모드	TOP	OCR2레지스터의 업데이트 시점	TIFR레지스터의 TOV2 플래그의 세트 시점
0	0	0	Normal	0xFF	설정즉시	MAX
1	0	1	Phase Correct PWM	0xFF	TOP	BOTTOM
2	1	0	CTC	OCR2	설정즉시	MAX
3	1	1	Fast PWM	0xFF	TOP	MAX

③ COM21, COM20 : Compare Match Output Mode

타이머 2의 출력단자인 OC2핀의 동작 설정, OC2핀의 동작은 타이머/카운터2의 동작모드에 따라 〈표 8-7〉과 같은 기능을 갖는다.

〈표 8-7〉 COM21～20비트에 의한 OC2핀의 기능 설정

<table>
<tr><th></th><th>COM21</th><th>COM20</th><th>OC2핀의 기능</th></tr>
<tr><td rowspan="4">PWM모드가 아닌 경우 (Normal, CTC모드)</td><td>0</td><td>0</td><td>정상적인 범용 I/O포트로 동작(OC2출력을 차단)</td></tr>
<tr><td>0</td><td>1</td><td>Compare match에서 OC2출력을 토글</td></tr>
<tr><td>1</td><td>0</td><td>Compare match에서 OC2출력을 0으로 클리어</td></tr>
<tr><td>1</td><td>1</td><td>Compare match에서 OC2출력을 1로 세트</td></tr>
<tr><td rowspan="4">Fast PWM 모드인 경우</td><td>0</td><td>0</td><td>정상적인 범용 I/O포트로 동작(OC2출력을 차단)</td></tr>
<tr><td>0</td><td>1</td><td>(reserved)</td></tr>
<tr><td>1</td><td>0</td><td>Compare match에서 OC2출력을 2로 클리어하고 TOP에서 OC2출력을 1로 세트</td></tr>
<tr><td>1</td><td>1</td><td>Compare match에서 OC2출력을 1로 세트하고 TOP에서 OC2출력을 0으로 클리어</td></tr>
<tr><td rowspan="4">Phase Correct PWM모드인 경우</td><td>0</td><td>0</td><td>정상적인 범용 I/O포트로 동작(OC2출력을 차단)</td></tr>
<tr><td>0</td><td>1</td><td>(reserved)</td></tr>
<tr><td>1</td><td>0</td><td>상향카운터에서는 Compare match에서 OC2출력을 0으로 클리어하고 하향 카운터에서는 Compare match에서 OC2출력을 1로 세트</td></tr>
<tr><td>1</td><td>1</td><td>상향카운터에서는 Compare match에서 OC2출력을 1로 세트하고 하향 카운터에서는 Compare match에서 OC2출력을 0으로 클리어</td></tr>
</table>

④ CS22, CS21, CS20 : Clock Select

프리스케일러의 클록 분주비를 설정

〈표 8-8〉 CS22～20비트에 의한 클록의 분주비 선택

CS22	CS21	CS20	클록 소스의 기능
0	0	0	클록 입력을 차단(타이머/카운터 2의 기능이 정지)
0	0	1	$clk_{I/O}$ / 1
0	1	0	$clk_{I/O}$ / 8
0	1	1	$clk_{I/O}$ / 64
1	0	0	$clk_{I/O}$ / 256
1	0	1	$clk_{I/O}$ / 1024
1	1	0	T2 핀에서 입력되는 외부 클록 (하강에지에서 동작)
1	1	1	T2 핀에서 입력되는 외부 클록 (상승에지에서 동작)

따라서 타이머/카운터 2의 프리스케일러 상에서 클록의 분주비 선택을 위한 기능을 갖는 CS22~CS20의 역할과 프리스케일러 상에 사용되는 레지스터에 대해 나타내면 [그림 8-5]와 같다.

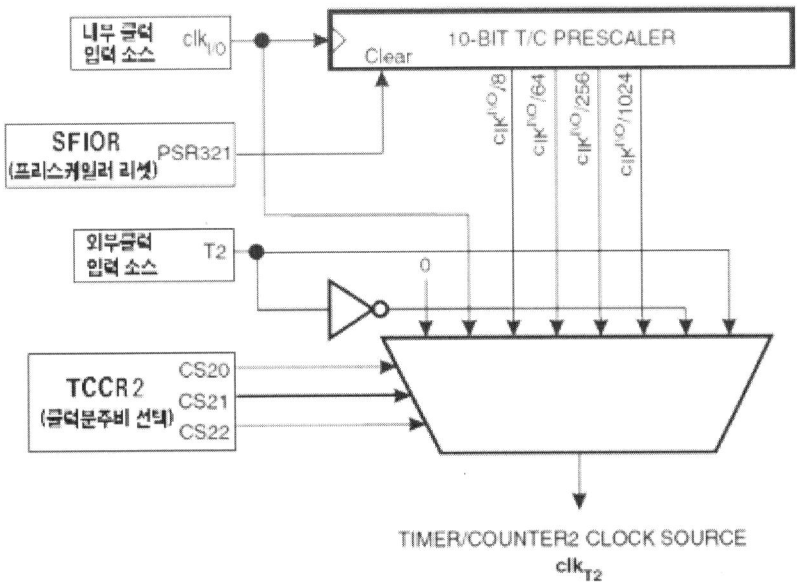

[그림 8-5] 타이머/카운터 2의 프리스케일러

(2) TCNT2(Timer/Counter Register 2) 레지스터

Bit	7	6	5	4	3	2	1	0	
	TCNT2[7:0]								TCNT2
Read/Write	R/W	R/W	R/W	R/W	R/W	R/W	R/W	R/W	
Initial Value	0	0	0	0	0	0	0	0	

타이머/카운터 2의 8비트 카운터 값을 저장하는 레지스터로서 리드 및 라이트 동작이 가능하지만, 카운터가 동작하고 있을 때 이 값을 수정하면 TCNT2 값과 OCR2 값을 비교하여 출력 신호를 발생하는 기능에 문제를 발생시킬 수도 있다.

3) 타이머/카운터 2 관련 인터럽트 레지스터(TIMSK, TIFR)

타이머/카운터 2 인터럽트 관련 레지스터에는 인터럽트 허용 레지스터(TIMSK)와 인터럽트 소스에 인터럽트 신호가 입력되었음을 나타내는 인터럽트 플래그 레지스터(TIFR)가 있다.

(1) TIMSK(Timer/Counter Interrupt Mask Register)

Bit	7	6	5	4	3	2	1	0	
	OCIE2	TOIE2	TICIE1	OCIE1A	OCIE1B	TOIE1	OCIE0	TOIE0	TIMSK
Read/Write	R/W	R/W	R/W	R/W	R/W	R/W	R/W	R/W	
Initial Value	0	0	0	0	0	0	0	0	

타이머/카운터 2에 관한 인터럽트를 개별적으로 허용하는 기능을 수행

TOIE2	타이머/카운터 2의 오버플로 인터럽트 발생 허용 비트(1 = Enable, 0 = Disable)
OCIE2	타이머/카운터 2의 출력 비교 인터럽트 발생 허용 비트(1 = Enable, 0 = Disable)

(2) TIFR(Timer/Counter Interrupt Flag Register)

Bit	7	6	5	4	3	2	1	0	
	OCF2	TOV2	ICF1	OCF1A	OCF1B	TOV1	OCF0	TOV0	TIFR
Read/Write	R/W	R/W	R/W	R/W	R/W	R/W	R/W	R/W	
Initial Value	0	0	0	0	0	0	0	0	

타이머/카운터 2에서 발생하는 인터럽트 플래그를 저장하는 기능을 수행

TOV2	타이머/카운터 2의 오버플로 인터럽트가 발생하면 이 비트가 세트 되면서 오버플로 인터럽트 요청(1 = 인터럽트 발생, 0 = 인터럽트 실행 완료)
OCF2	타이머/카운터 2의 TCNT2와 출력 비교 레지스터 OCR2의 값을 비교하여 같으면 이 비트가 세트되면서 출력비교 인터럽트 요청(1 = 인터럽트 발생, 0 = 인터럽트 실행 완료)

3. 8 비트 타이머/카운터의 동작모드

1) Normal(일반) 모드

앞에서 설명한 타이머/카운터의 일반 동작 모드 외에 ATmega128A가 가지고 있는 타이머/카운터의 동작 모드를 설명할 것이다. 또한 이러한 타이머를 이용하는 PWM(Pulse Width Modulation) 기능을 설명할 것이다. PWM은 모터 구동을 비롯한 매우 다양한 분야에서 널리 사용하는 기능이다.

일반 모드의 동작 모드에서의 카운터는 업 카운터로서만 동작하며, MAX(0xFF)값

이 되면, BOTTOM(0x00)값부터 다시 시작한다. 이때, 오버플로우 인터럽트 발생 (TOV0 0->1)된다. 일정한 시간 간격으로 인터럽트가 발생되어 원하는 처리를 할 수 있으며, TCNTn(n은 0과 2)의 초기값을 설정하여 전체 타이머 주기를 결정한다. TCCRn레지스터의 WGMn1:n0=00으로 설정한다. 다음은 일반 모드에서의 숫자세기 구간과 인터럽트 발생 위치를 그림으로 나타낸 것이다.

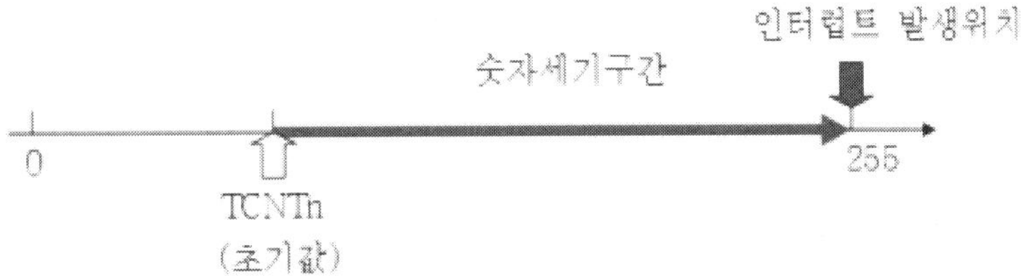

[그림 8-6] 일반 모드에서의 숫자세기와 인터럽트 발생

2) CTC(Clear Timer on Compare match) 모드

이 동작 모드에서는 일반 모드와는 달리 카운트의 한계 값(최대로 세는 수)을 설정한다. 즉, 카운터가 0으로부터 설정된 한계 값까지 세고 다시 0으로 클리어 되는 것이다. TCNTn의 값이 증가하여, OCRn 값과 일치하면 다음 클럭에서 TCNTn의 값이 0으로 클리어되며, OCFn 플래그가 세트되고, 출력 비교 인터럽트가 발생한다. 이때 인터럽트를 발생시켜 OCRn의 값을 바꾸면 그 다음 카운터 주기를 원하는 대로 변경할 수 있다. OCn단자로 하여금 출력파형을 발생하도록 할 수 있는데 TCCRn의 COMn1~n0을 01로 설정하고 OCRn레지스터 값을 바꿔가면서 출력비교에 의해 OCn의 신호를 토글하게 할 수 있다. 토글 모드 실정시 (TCCRn 레지스터의 COM 비트를 "01"로 설정) OCn핀에 구형파를 출력할 수 있다. 이때, 출력되는 파형의 주기는 foc=fclk / (2*N*(1+OCRn))로 계산할 수 있으며, 만약 OC0핀 출력시 PB4의 입출력 방향을 출력으로 설정해야 한다. 이 모드 동작을 위해서는 TCCRn레지스터의 WGMn1:n0를 "10"으로 설정한다. 다음은 CTC 모드에서의 숫자세기 구간과 인터럽트 발생 위치를 그림으로 나타낸 것이다.

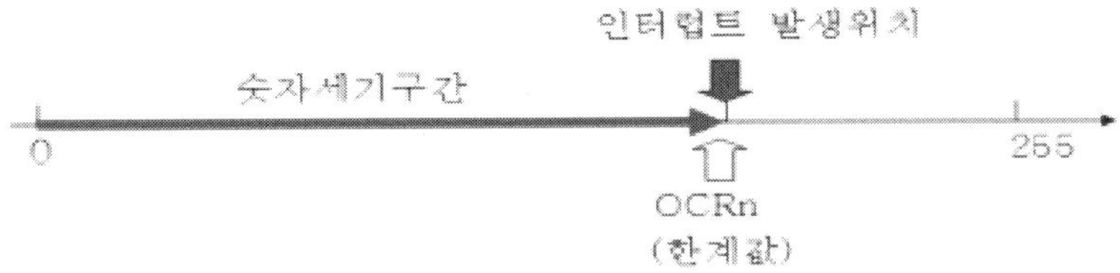

[그림 8-7] CTC 모드에서의 숫자세기와 인터럽트 발생

3) Fast PWM 모드

이 동작 모드에서는 255까지 카운트하기 전에 인터럽트를 발생시키게 할 수 있다. 즉 255까지 다 카운트 하기 전에 한 번, 255까지 다 카운트한 후에 한 번, 이렇게 인터럽트가 두 번 발생하게 만들 수 있다. TCNTn의 값이 OCRn레지스터에 설정한 값과 일치되면 TIFR레지스터의 OCFn비트가 세트되어 출력비교 인터럽트가 발생되고, OCn의 값은 0으로 클리어 된다. 그리고, TCNTn는 업카운팅을 계속하여 TCNTn는 255까지 증가했다가 0으로 바뀌는 순간, TIFR레지스터의 TOVn비트가 세트되어 오버플로우 인터럽트가 발생하며, OCn는 1로 세트된다. TOVn비트가 세트되어 오버플로우 인터럽트가 발생될 때, OCRn의 값을 바꿈으로써, 생성되는 펄스의 펄스폭을 제어할 수 있다.

이 동작 모드에서도(예를 들어 타이머/카운터 0의 경우) 두 가지 모드로 OC0(PB4) 핀에 구형파를 출력할 수 있다. 비 반전 비교 출력 모드(TCCR0 레지스터의 COM 비트를 "10"로 설정)시에는 TCNT0가 OCR0와 일치하면, OC0 핀에 0를 출력하고 TCNT0가 0이 되면 OC0 핀에 1을 출력한다. 한편 반전 비교 출력 모드(TCCR0 레지스터의 COM 비트를 "11"로 설정) 시에는 TCNT0가 OCR0와 일치하면, OC0 핀에 1을 출력하고, TCNT0가 0이 되면 OC0 핀에 0을 출력한다.

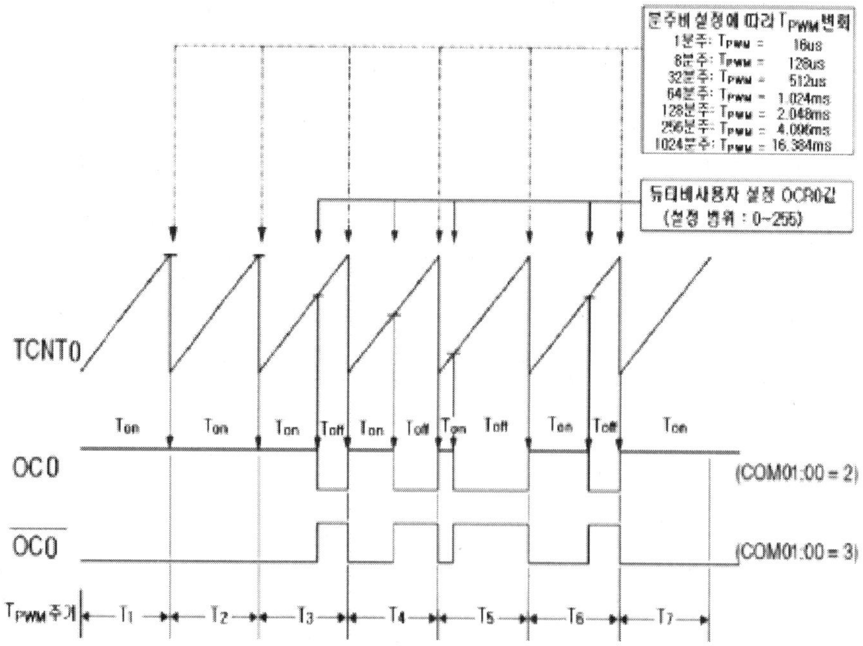

[그림 8-8] 타이머 0 Fast PWM 모드 동작

이때, 출력 파형 주파수는 foc=fclk/(N*256)와 같으며, OC0핀 출력시 PB4의 입출력 방향을 출력으로 설정해야 한다. 이 동작 모드는 높은 주파수의 PWM 파형 발생시 유용하다. 이 모드 동작을 위해서는 TCCRn레지스터의 WGMn1:n0를 11으로 설정해야 한다. 다음은 Fast PWM 모드에서의 숫자세기 구간과 인터럽트 발생 위치를 그림으로 나타낸 것이다.

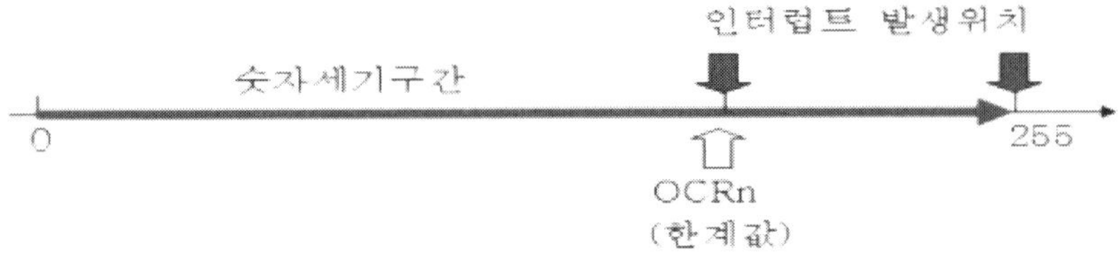

[그림 8-9] Fastr PWM 모드에서의 숫자세기와 인터럽트 발생

4) Phase Correct PWM 모드

이 동작 모드는 PWM과 유사하나, Up 카운팅과 Down 카운팅이 번갈아 일어난다는 것에 차이가 있다. 즉, 255까지 센 후에 0으로 돌아와서 다시 255까지 세는 것이 아니라 255에서 254, 253 이렇게 255~0으로 숫자가 줄어들면서 세는 것이다.

TCNTn의 값이 OCRn레지스터에 설정한 값과 일치되면, TIFR레지스터의 OCFn비트가 세트되며 출력비교 인터럽트가 발생되며, TCNTn는 Up 카운팅을 계속하여 TCNTn는 255에 도달하면 Down 카운팅이 시작된다. 이때, OCRn 값이 갱신된다. Down 카운팅을 하다가 0에 도달하면 TIFR레지스터의 TOVn비트가 세트되며 오버플로우 인터럽트가 발생된다. PC PWM모드에서는 OCRn 레지스터에 이중 버퍼링 기능이 있어 PWM 주기를 변경하기 위해 OCRn 레지스터에 새로운 값을 기록하더라도 즉시 변경되지 않고 TCNTn이 255에 도달하면 갱신된다.

이 동작 모드에서도 두 가지 모드로 OC0핀에 구형파를 출력할 수 있다. 비 반전 출력 모드(TCCRn 레지스터의 COM 비트를 "10"로 설정)시에는 업 카운트 중에 TCNT0와 OCR0가 일치하면, OC0핀에 0를 출력하며, 다운 카운트 중에 일치하면, OC0핀에 1을 출력한다. 한편, 반전 출력 모드(TCCRn 레지스터의 COM 비트를 "11"로 설정)로 설정하면 업 카운트 중에 TCNT0와 OCR0가 일치하면, OC0핀에 1을 출력하고, 다운 카운트 중에 일치하면, OC0핀에 0를 출력한다. 이때, 출력 파형 주파수는 foc=fclk/(N*510)와 같으며, OC0핀 출력시 PB4의 입출력 방향을 출력으로 설정해야 한다. 이 동작 모드는 높은 분해능의 PWM.파형 발생시 유용하게 사용된다. 이 모드 동작을 위해서는 TCCRn레지스터의 WGMn1:n0를 01으로 설정해야 한다. 다음은 PC PWM 모드에서의 숫자세기 구간과 인터럽트 발생 위치를 그림으로 나타낸 것이다.

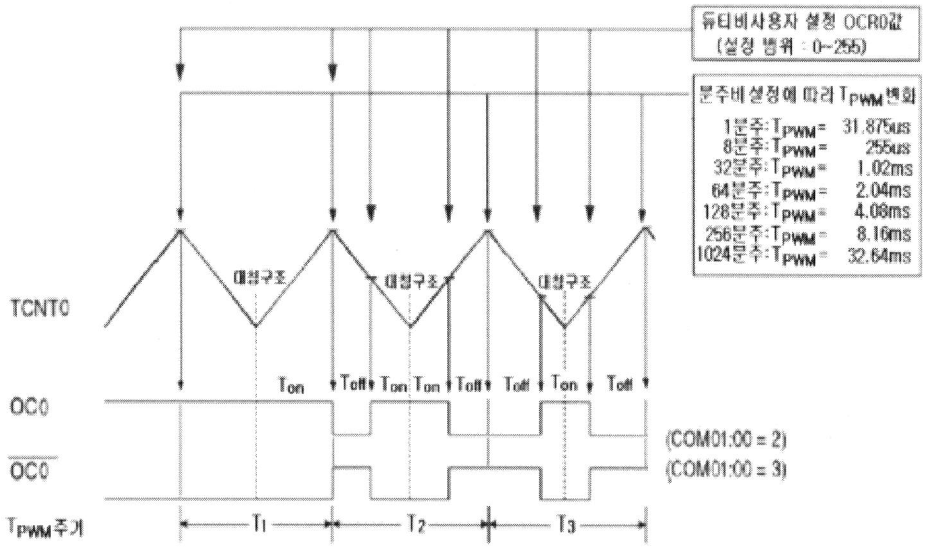

[그림 8-10] 타이머 0 Phase Correct PWM 모드 동작

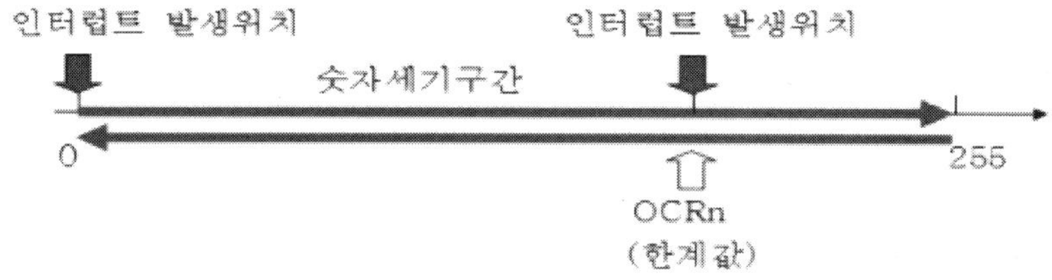

[그림 8-11] Phase Correct PWM 모드에서의 숫자세기와 인터럽트 발생

수행 내용　　8비트 타이머/카운터 제어 응용 이해하기

재료 · 자료

- C언어 프로그래밍, 타깃보드

기기(장비 · 공구)

- 컴퓨터, USB케이블, 개발시스템, ISP

안전 · 유의사항

- ATmega128 타깃 시스템의 외형을 관리하고 ATmega128 타깃 시스템에 전원을 관리한다.

수행 순서

01 타이머/카운터0 Normal 모드 인터럽트 제어

타이머/카운터 0을 1[ms] 주기 인터럽트가 발생하도록 하고 이를 이용하여 인터럽트가 1000번 발생하면, 즉 약 1초가 되면 7-세그먼트에서 숫자가 1씩 증가하도록 하여보자(타이머/카운터 동작모드는 Normal 모드로 설정한다).

① 포트 PA0~PA7, PC0~PC3를 7-세그먼트 Array FND에 연결해준다.

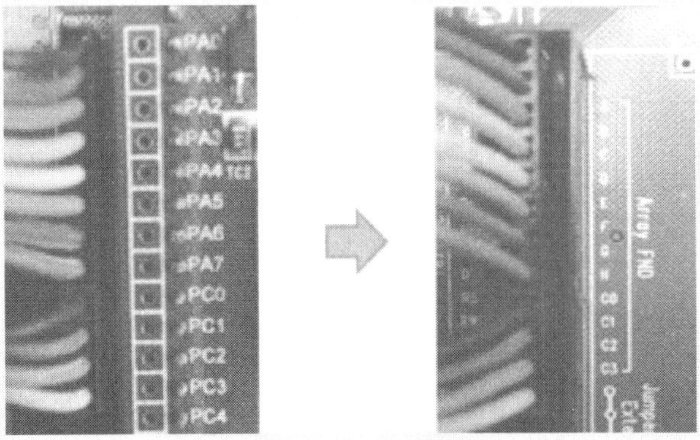

② 〈표 8-2〉에서 WGM01=0, WGM00=0 동작모드를 Normal 모드로 설정한다.

③ 〈표 8-3〉에서 COM01=0, COM00=0, Normal 모드로 설정한다.

타이머/카운터 0이 약 1[ms] 마다 오버플로가 발생하기 위해서는 먼저 타이머/카운터 0의 소스 클록을 몇 분주로 할 것인지 TCCR0 레지스터를 설정하고, 이에 맞춰서 카운트 TCNT0의 초기 값을 설정해야 한다. 〈표 8-4〉을 참조하여 CK/1024 분주로 설정하면 타이머/카운터 0의 입력 소스 클럭의 주파수는 $f_i = \frac{14.7456[\text{Mhz}]}{1024} = 14.4[\text{Khz}]$이다.

	FOC0	WGM00	COM01	COM00	WGM01	CS02	CS01	CS00
TCCR0	0	0	0	0	0	1	1	1

그럼 타이머 카운터의 입력 클럭의 주기는 $T_i = \frac{1}{f_i} = 0.0000694444[\text{sec}]$이다. 그러면 1[ms]에 인터럽트가 발생되려면 TCNT0에 몇 개의 펄스가 입력되어야 하는가?

$\frac{0.001}{0.000069444} = 14.4 \fallingdotseq 14(0x0E)$가 된다.

즉, 입력 소스 클럭이 14.4개 발생해야 1[ms]가 된다는 의미이다.

따라서 TCNT0를 설정할 때 약 14(0x0E)개의 클럭 입력이 들어오면 오버플로가 발생하게 설정해 주어야 한다.

TCNT0 = 0xff(카운트 최댓값) + 1 - 클록 카운트 값(0x0E)=0xF2

따라서 TCNT0의 카운트 값은 0xF2로 설정한다. TCNT0 = 0XF2 (242) 로 설정하면 256(0x100)-242(0xF2) = 14(0x0E) 즉, 14번 클록을 카운트 한 다음에 인터럽트가 발생하게 된다.

```
#include <mega128a.h>
#include <delay.h>

unsigned char Font[18] = {0x3F, 0x06, 0x5B, 0x4F,
                          0x66, 0x6D, 0x7C, 0x07,
                          0x7F, 0x67, 0x77, 0x7C,
                          0x39, 0x5E, 0x79, 0x71,
                          0x08, 0x80};
```

```
void Segment(int) ;  // Segment 함수 선언
int t_cnt = 0,m_cnt=0;



void Segment ( int N )
{
 int  i ;
 unsigned char N1000, N100, N10, N1 ;
 int Buff ;

  N1000 = N /1000;  // 세그먼트에서 사용하는 천의 자리를 추출
  Buff = N % 1000 ;

  N100 = Buff / 100 ; // 세그먼트에서 사용하는 백의자리 추출
  Buff = Buff % 100;

  N10 = Buff /10 ;       // 세그먼트에서 사용하는 십의 자리 추출
  N1 =  Buff % 10 ;      // 세그먼트에서 사용하는 일의 자리 추출

  for( i = 0 ; i < 30; i++ ) {

      PORTC = 0x0e;                // 왼쪽 첫 번째 세그먼트 ON
      PORTA = Font[N1000];         // 천의 자리 숫자를 출력해 준다.
      delay_ms(1);
     PORTC = 0x0d;                 // 왼쪽 두 번째 세그먼트 ON
      PORTA = Font[N100];          // 백의 자리 숫자를 출력해 준다.
      delay_ms(1);

      PORTC = 0x0b;                // 왼쪽 세 번째 세그먼트 ON
      PORTA = Font[N10];           // 십의 자리 숫자를 출력해 준다.
      delay_ms(1);

      PORTC = 0x07;                // 왼쪽 네 번째 세그먼트 ON
      PORTA = Font[N1];            // 일의 자리 숫자를 출력해 준다.
      delay_ms(1);
  }
}
```

```
// 1 [ms] 타이머/카운터 인터럽트 함수
 interrupt [TIM0_OVF] void timer0_ovf_isr(void)
 {
  TCNT0 = 0xF2;  // 타이머/카운터 초기값을 Re-Load
  t_cnt++ ;
  if(t_cnt >= 1000) {
                t_cnt = 0;
                m_cnt ++ ;
    }
  }

void main(void)
{

 // 포트 C를 7-세그먼트 Common 단자로 사용하기 위해 출력으로 설정한다.
 DDRA = 0xff;
 DDRC = 0x0f;
 PORTA = 0xff;
 PORTC = 0x0f;
 ASSR = 0;         // 내부 클럭을 사용한다.
 TCCR0 = 0x07; // 1024 분주
 TIMSK = 0x01; // 타이머/카운터 0 인터럽트 사용

 TCNT0 = 0xF2; // 1 [ms] 타이머/인터럽트 값 설정
 TIFR = 0;

 #asm("sei")

  while(1)
  {

    Segment(m_cnt);

   }
  }
```

02 타이머/카운터 2을 1[ms] 주기 인터럽트가 발생하도록 하고 이를 이용하여 인터럽트가 1000번 발생하면, 즉 약 1초가 되면 7-세그먼트에서 숫자가 1씩 증가하도록 하여 보자(타이머/카운터 동작 모드는 Normal 모드로 설정한다).

① 포트 PA0~PA7, PC0~PC3를 7-세그먼트 Array FND에 연결해준다.

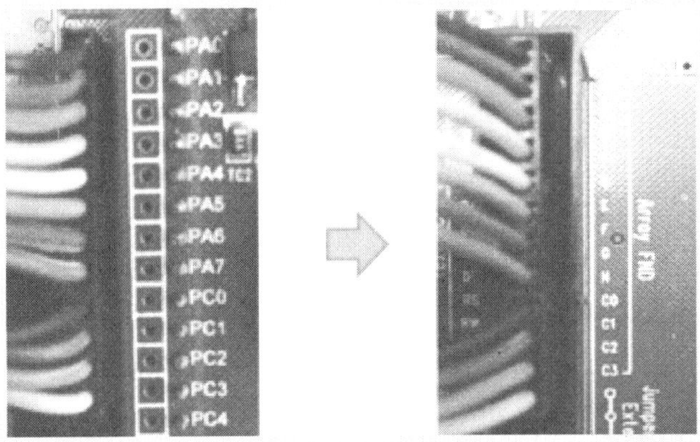

② 〈표 8-6〉에서 WGM21=0, WGM20=0 동작모드를 Normal 모드로 설정한다.

③ 〈표 8-7〉에서 COM21=0, COM20=0, Normal 모드로 설정한다.

먼저 TCNT2에 설정할 값을 계산하여야 할 것이다. 이를 계산하는 방법은 다음과 같다. 타이머/카운터 2가 약 1[ms]마다 오버플로가 발생하기 위해서는 먼저 타이머/카운터 2의 소스 클록을 몇 분주로 할 것인지 TCCR2 레지스터를 설정하고, 이에 맞춰서 카운트 TCNT2의 초기 값 설정해야 한다. 〈표 8-8〉을 참조하여 PCK2/1024 분주로 설정하면(분주 선택은 여러분이 표를 참조하여 바꿔서도 해보자.)

	FOC2	WGM20	COM21	COM20	WGM21	CS22	CS21	CS20
TCCR2	0	0	0	0	0	1	0	1

$$PCK2/1024 = \frac{14.7456\text{MHz}}{1024} = 14.4\text{KHz} = 1\text{클럭발생주파수}$$

$$= \frac{1}{1\text{클럭발생주기}}$$

1 클록 발생 주기×클록 카운트 값=인터럽트 발생 주기이므로,

클록 카운트 값=(인터럽트 발생 주기)×(1 클록 발생 주파수)

$$=1[ms]\times 14.4KHz=14.4 \fallingdotseq 14(0X0E)$$

즉, 클록 카운트 값은 정수이므로 14.4와 가까운 값인 14으로 놓고 다음 식과 같이 TCNT2의 초기값 결정한다.

TCNT2=0xff(카운트 최댓값)+1 - 클록 카운트 값(14)=242=0xF2

$$\text{인터럽트 발생주기}=\text{1클록 발생주기}(\frac{1}{14.4KHz})\times\text{클록카운트 값}(14)$$

$$=0.000972216\text{초}$$

가 되어 약 0.001 초(1[ms])마다 인터럽트 발생이 가능하게 된다.

```
#include <mega128a.h>

#include <delay.h>

unsigned char Font[18] = {0x3F, 0x06, 0x5B, 0x4F,
                          0x66, 0x6D, 0x7C, 0x07,
                          0x7F, 0x67, 0x77, 0x7C,
                          0x39, 0x5E, 0x79, 0x71,
                          0x08, 0x80};

void Segment(int) ;  // Segment 함수 선언
int t_cnt = 0,m_cnt=0;

void Segment ( int N )
{
 int  i ;
 unsigned char N1000, N100, N10, N1 ;
 int Buff ;

  N1000 = N /1000;             // 세그먼트에서 사용하는 천의 자리를 추출
  Buff = N % 1000 ;

  N100 = Buff / 100 ;          // 세그먼트에서 사용하는 백의자리 추출
  Buff = Buff % 100;
```

```
  N10 = Buff /10 ;             // 세그먼트에서 사용하는 십의 자리 추출
  N1 =  Buff % 10 ;            // 세그먼트에서 사용하는 일의 자리 추출

  for( i = 0 ; i < 30; i++ ) {

      PORTC = 0x0e;            // 왼쪽 첫 번째 세그먼트 ON
      PORTA = Font[N1000];  // 천의 자리 숫자를 출력해 준다.
      delay_ms(1);

      PORTC = 0x0d;            // 왼쪽 두 번째 세그먼트 ON
      PORTA = Font[N100];   // 백의 자리 숫자를 출력해 준다.
      delay_ms(1);

      PORTC = 0x0b;            // 왼쪽 세 번째 세그먼트 ON
      PORTA = Font[N10];    // 십의 자리 숫자를 출력해 준다.
      delay_ms(1);

      PORTC = 0x07;            // 왼쪽 네 번째 세그먼트 ON
      PORTA = Font[N1];     // 일의 자리 숫자를 출력해 준다.
      delay_ms(1);
  }
}

 interrupt [TIM2_OVF] void timer2_ovf_isr(void)
 {
  TCNT2 = 0xf2;
  t_cnt++ ;
  if(t_cnt >= 1000) {
              t_cnt = 0;
              m_cnt ++ ;
    }
  }

void main(void)
{
 // 포트 C를 7-세그먼트 Common 단자로 사용하기 위해 출력으로 설정
// 한다
 DDRA = 0xff;
 DDRC = 0x0f;
```

학습 8. 8비트 타이머/카운터 제어 응용

```
PORTA = 0xff;
PORTC = 0x0f;

ASSR = 0;                       // 내부 클럭을 사용한다.
TCCR2 = 0x05;                   // 1024 분주
TIMSK = 0x40;                   // 타이머/카운터 2 인터럽트 사용

TCNT2 = 0xf2;                   // 1[ms] 타이머/인터럽트 값 설정
TIFR = 0;

#asm("sei")

 while(1)
 {

   Segment(m_cnt);

 }
}
```

03 타이머/카운터 0을 사용하여 1.5[ms] 마다 인터럽트를 발생시켜서 7-세그먼트에서 1초에 1씩 증가되도록 하는 프로그램을 작성해 보도록 하자(Normal 동작모드).

```
#include<avr/io.h>
#include<avr/interrupt.h>
#include<util/delay.h>


unsigned char Font[18] = {0x3F, 0x06, 0x5B, 0x4F,
                          0x66, 0x6D, 0x7C, 0x07,
                          0x7F, 0x67, 0x77, 0x7C,
                          0x39, 0x5E, 0x79, 0x71,
                          0x08, 0x80};
```

```
void Segment(int) ;  // Segment 함수 선언

volatile int t_cnt = 0,m_cnt=0;



void Segment ( int N )
{
 int  i ;
 unsigned char N1000, N100, N10, N1 ;
 int Buff ;

  N1000 = N /1000;            // 세그먼트에서 사용하는 천의 자리를 추출
  Buff = N % 1000 ;

  N100 = Buff / 100 ;         // 세그먼트에서 사용하는 백의자리 추출
  Buff = Buff % 100;

  N10 = Buff /10 ;            // 세그먼트에서 사용하는 십의 자리 추출
  N1 =  Buff % 10 ;           // 세그먼트에서 사용하는 일의 자리 추출

  for( i = 0 ; i < 30; i++ ) {

      PORTC = 0x0e;           // 왼쪽 첫 번째 세그먼트 ON
      PORTA = Font[N1000]; // 천의 자리 숫자를 출력해 준다.
      _delay_ms(1);

      PORTC = 0x0d;           // 왼쪽 두 번째 세그먼트 ON
      PORTA = Font[N100];  // 백의 자리 숫자를 출력해 준다.
      _delay_ms(1);

      PORTC = 0x0b;           // 왼쪽 세 번째 세그먼트 ON
      PORTA = Font[N10];   // 십의 자리 숫자를 출력해 준다.
      _delay_ms(1);

      PORTC = 0x07;           // 왼쪽 네 번째 세그먼트 ON
      PORTA = Font[N1];    // 일의 자리 숫자를 출력해 준다.
      _delay_ms(1);
  }
```

```
}

// 1 [ms] 타이머/카운터 인터럽트 함수
 SIGNAL(SIG_OVERFLOW0)
 {
  TCNT0 = 0xEA;  // 타이머/카운터 초기값을 Re-Load
  t_cnt++ ;
  if(t_cnt >= 667) {// 1.5ms가 667번 되면 1초가 된다.
              t_cnt = 0;
              m_cnt ++ ;
    }
  }

int main()
{

 // 포트 C를 7-세그먼트 Common 단자로 사용하기 위해 출력으로 설정한다.
 DDRA = 0xff;
 DDRC = 0x0f;
 PORTA = 0xff;
 PORTC = 0x0f;
 ASSR = 0;                   // 내부 클럭을 사용한다.
 TCCR0 = 0x07;               // 1024 분주
 TIMSK = 0x01;               // 타이머/카운터 0 인터럽트 사용

 TCNT0 = 0xEA;               // 1.5 [ms] 타이머/인터럽트 값 설정
 TIFR = 0;

 sei();

  while(1)
  {

    Segment(m_cnt);

   }
   return 0;
  }
```

04 타이머/카운터 2을 사용하여 2.5[ms] 마다 인터럽트를 발생시켜서 7-세그먼트에서 1초에 2씩 증가되도록 하는 프로그램을 작성해 보도록 하자(Normal 동작모드).

```
#include<avr/io.h>
#include<avr/interrupt.h>
#include<util/delay.h>

unsigned char Font[18] = {0x3F, 0x06, 0x5B, 0x4F,
                          0x66, 0x6D, 0x7C, 0x07,
                          0x7F, 0x67, 0x77, 0x7C,
                          0x39, 0x5E, 0x79, 0x71,
                          0x08, 0x80};

void Segment(int) ;  // Segment 함수 선언
volatile int t_cnt = 0,m_cnt=0;

void Segment ( int N )
{
 int  i ;
 unsigned char N1000, N100, N10, N1 ;
 int Buff ;

  N1000 = N /1000;            // 세그먼트에서 사용하는 천의 자리를 추출
  Buff = N % 1000 ;

  N100 = Buff / 100 ;         // 세그먼트에서 사용하는 백의자리 추출
  Buff = Buff % 100;

  N10 = Buff /10 ;            // 세그먼트에서 사용하는 십의 자리 추출
  N1 =  Buff % 10 ;           // 세그먼트에서 사용하는 일의 자라 추출

  for( i = 0 ; i < 30; i++ ) {

      PORTC = 0x0e;           // 왼쪽 첫 번째 세그먼트 ON
      PORTA = Font[N1000];    // 천의 자리 숫자를 출력해 준다.
```

```
        _delay_ms(1);

        PORTC = 0x0d;           // 왼쪽 두 번째 세그먼트 ON
        PORTA = Font[N100];     // 백의 자리 숫자를 출력해 준다.
        _delay_ms(1);

        PORTC = 0x0b;           // 왼쪽 세 번째 세그먼트 ON
        PORTA = Font[N10];      // 십의 자리 숫자를 출력해 준다.
        _delay_ms(1);

        PORTC = 0x07;           // 왼쪽 네 번째 세그먼트 ON
        PORTA = Font[N1];       // 일의 자리 숫자를 출력해 준다.
        _delay_ms(1);
    }
}

SIGNAL(SIG_OVERFLOW2)
 {
  TCNT2 = 0xdc;
  t_cnt++ ;
  if(t_cnt >= 400) {
                t_cnt = 0;
                m_cnt=m_cnt+2 ;
    }
  }

int main()
{
 // 포트 C를 7-세그먼트 Common 단자로 사용하기 위해 출력으로 설정한다.
 DDRA = 0xff;
 DDRC = 0x0f;

 PORTA = 0xff;
 PORTC = 0x0f;


 ASSR = 0;                      // 내부 클럭을 사용한다.
 TCCR2 = 0x05;                  // 1024 분주
 TIMSK = 0x40;                  // 타이머/카운터 2 인터럽트 사용
```

```
    TCNT2 = 0xdc;               // 1[ms] 타이머/인터럽트 값 설정
    TIFR = 0;

    sei();

     while(1)
     {
       Segment(m_cnt);
      }
      return 0;
     }
```

05 타이머/ 카운터 0,2를 전부 사용하여 프로그램을 작성해 보도록 하자.

(동작모드는 타이머/카운터 0, 2 두 개 모두 Normal 동작 모드로 설정한다). 왼쪽 두 자리의 7-세그먼트는 타이머 0을 이용하여 0.5초마다 카운트가 '1'씩 증가하도록 하고, 3,4번 째 자리의 7-세그먼트는 타이머 2를 이용하여 1 초에 한번 씩 카운트가 증가 하도록 한다. 단, 타이머 0은 4[ms]의 인터럽트 주기를 사용하여 작성하고 타이머 2는 10[ms] 인터럽트 주기를 사용한다.

```
#include<avr/io.h>
#include<avr/interrupt.h>
#include<util/delay.h>


unsigned char Font[18] = {0x3F, 0x06, 0x5B, 0x4F,
                          0x66, 0x6D, 0x7C, 0x07,
                          0x7F, 0x67, 0x77, 0x7C,
                          0x39, 0x5E, 0x79, 0x71,
                          0x08, 0x80};

void Segment(int, int) ;  // Segment 함수 선언
```

```
volatile int t_cnt0 = 0,m_cnt0=0;
volatile int t_cnt2 = 0,m_cnt2=0;

void Segment ( int c, int c1 )
{
 int  i ;
 unsigned char N10, N1, N10_1, N1_1 ;


  N10 = c /10 ;                    // 세그먼트에서 사용하는 십의 자리 추출
  N1 =  c % 10 ;                   // 세그먼트에서 사용하는 일의 자리 추출

  N10_1 = c1 /10 ;                 // 세그먼트에서 사용하는 십의 자리 추출
  N1_1 =  c1 % 10 ;                // 세그먼트에서 사용하는 일의 자리 추출

  for( i = 0 ; i < 30; i++ ) {

      PORTC = 0x0e;                // 왼쪽 첫 번째 세그먼트 ON
      PORTA = Font[N10];           // 천의 자리 숫자를 출력해 준다.
      _delay_ms(1);

      PORTC = 0x0d;                // 왼쪽 두 번째 세그먼트 ON
      PORTA = Font[N1];            // 백의 자리 숫자를 출력해 준다.
      _delay_ms(1);

      PORTC = 0x0b;                // 왼쪽 세 번째 세그먼트 ON
      PORTA = Font[N10_1];         // 십의 자리 숫자를 출력해 준다.
      _delay_ms(1);

      PORTC = 0x07;                // 왼쪽 네 번째 세그먼트 ON
      PORTA = Font[N1_1];          // 일의 자리 숫자를 출력해 준다.
      _delay_ms(1);
  }
}


 SIGNAL(SIG_OVERFLOW0)
 {
  TCNT0 = 0xc6;                    // 타이머/카운터 초기값을 Re-Load
```

```
  t_cnt0++ ;
  if(t_cnt0 >= 125) {
              t_cnt0 = 0;
              m_cnt0 ++ ;
    }
  }

 SIGNAL(SIG_OVERFLOW2)
 {
  TCNT2 = 0x70;
  t_cnt2++ ;
  if(t_cnt2 >= 100) {
              t_cnt2 = 0;
              m_cnt2++; ;
    }
  }

int main()
{
 // 포트 C를 7-세그먼트 Common 단자로 사용하기 위해 출력으로 설정한다.
 DDRA = 0xff;
 DDRC = 0x0f;

 PORTA = 0xff;
 PORTC = 0x0f;

 ASSR = 0;            // 내부 클럭을 사용한다.
 TCCR0 = 0x07;        // 1024 분주
 TCCR2 = 0x05;        // 1024 분주

 TIMSK = 0x41;        // 타이머/카운터 2 인터럽트 사용
 TCNT1 = 0xc6;
 TCNT2 = 0x70;        // 2.5[ms] 타이머/인터럽트 값 설정
 TIFR = 0;

 sei();

  while(1)
  {
```

학습 8. 8비트 타이머/카운터 제어 응용

```
    Segment(m_cnt0, m_cnt2);

  }
 return 0;
 }
```

학습활동.8 교수 · 학습 방법

교수 방법

- 8비트 타이머/카운터 제어 응용에 대한 관련 용어, 구성, 방식 이해 정도를 파악한 후 수업을 진행한다.
- 교수자의 주도로 8비트 타이머/카운터 제어 응용 등의 내용을 PPT 자료로 제시한 후 설명한다.
- 가능하면 사전에 개인별 학습 자료를 준비하여 모든 학생이 참여할 수 있는 문제 해결식 수업, 협력 수업이 가능하도록 한다.
- 8비트 타이머/카운터 제어 응용 전 과정을 작업의 순서에 따라 단계적으로 실습이 이루어질 수 있도록 지도한다.
- 교재를 통해 수업을 준비하는데 있어서 필요한 모든 정보나 팁, 힌트 등 도움이 될 만한 내용들을 확인할 수 있다.
- 학생들이 만들게 될 각 모델들은 수업시간에 중점적으로 다뤄질 부분과 어휘, 질문, 답을 포함하고 있으며 또한 탐구할만한 추가적인 아이디어들도 포함하고 있다.

학습 방법

- 8비트 타이머/카운터 제어 응용에 대한 관련 용어를 숙지하고, 8비트 타이머/카운터 제어 응용의 기초 단계에 대해 이해한다.
- 8비트 타이머/카운터 제어 응용의 각 단계별 중점 사항을 체계적으로 학습한다.
- 8비트 타이머/카운터 제어 응용의 수행순서의 전 과정을 실습한다.
- 8비트 타이머/카운터 제어 응용의 내용을 이해한다.
- 8비트 타이머/카운터 제어 응용을 이해하고 숙달이 될 때까지 학습한다.

학습활동.8 평가 및 피드백

평가 준거

- 평가자는 피평가자가 수행 준거 및 평가 내용에 제시되어 있는 내용을 성공적으로 수행할 수 있는 지를 평가해야 한다.

• 평가자는 다음 사항을 평가해야 한다.

학습내용	평가항목	성취수준		
		상	중	하
8비트 타이머/카운터 제어 응용	8비트 타이머/카운터 제어 응용을 이해할 수 있다.			

평가 방법

• 작업 포트폴리오

학습내용	평가항목	성취수준		
		상	중	하
8비트 타이머/카운터 제어 응용	8비트 타이머/카운터 제어 응용을 이해할 수 있다.			

• 필기시험

학습내용	평가항목	성취수준		
		상	중	하
8비트 타이머/카운터 제어 응용	8비트 타이머/카운터 제어 응용을 이해할 수 있다.			

• 체크리스트를 통한 관찰

학습내용	평가항목	성취수준		
		상	중	하
8비트 타이머/카운터 제어 응용	8비트 타이머/카운터 제어 응용을 이해할 수 있다.			

피드백

1. 작업 포트폴리오
   - 제출한 보고서를 평가한 후 주요 사항에 대하여 표시하여 돌려준다.
2. 필기 시험
   - 평가 결과 성적이 저조한 학생은 보고서 제출 기회를 부여한다.
3. 체크리스트를 통한 관찰
   - 실습 과정에서 평가한 후 개선해야 할 사항 등을 정리하여 돌려둔다.

학습 1	C언어 개요 및 개발환경 설정
학습 2	ATmega128 특징 및 구성
학습 3	LED 제어 응용
학습 4	FND 제어 응용
학습 5	LCD 제어 응용
학습 6	스위치 제어 응용
학습 7	인터럽트 제어 응용
학습 8	8비트 타이머/카운터 제어 응용
학습 9	**AD변환기 제어 응용**
학습 10	USART통신 제어 응용
학습 11	모터 제어 응용
학습 12	거리 및 초음파 센서 제어 응용
학습 13	Key 매트릭스 제어 응용
학습 14	Dot 매트릭스 제어 응용
학습 15	블루투스 제어 응용

9-1 AD변환기 기능 및 구조

학습 목표 9-1. AD변환기 기능 및 구조를 이해할 수 있다.

필요지식

A/D 또는 ADC는 아날로그/디지털 변환기(Analog to Digital Convertor)이고, D/A 또는 DAC는 디지털/아날로그 변환기(Digital to Analog Convertor)를 말한다. A/D 변환기를 AC 전압을 → DC 전압으로 변환시켜주는 장치, D/A 변환기를 DC 전압을 → AC 전압으로 변환시키는 장치라고 생각하는 사람들이 있는데 이는 잘못된 생각이다.

아날로그 값은 연속적인 양으로서 전류, 온도, 시간, 거리 등 우리가 보통 접하는 자연계의 양이며 디지털 값은 불연속적인 값으로서 코드화(code)된 수치이다. 연속적인 양, 예를 들어1부터 2까지를 연속해서 손으로 써 내려가 보자. 1, 1.00 … 01, 1.00 … 02, …, 이렇게 써 나간다면 영원히 써도 불가능하다. 그러나 이를 0.1 간격으로 쓴다면 1.0, 1.1, …, 2.0이다. 이와 같이 어떠한 양을 끊어서 나타낸 것을 불연속적인 양이라 한다.

한편 거의 모든 컴퓨터는 디지털 컴퓨터이고 디지털 컴퓨터는 0과 1만을 구별할 수 있으므로 1.0, 1.1, …, 2.0을 컴퓨터가 알게 하기 위해서는 이 값들을 0과 1만을 이용해서 표현해야 된다. 이렇게 표현하는 것을 코드화한다고 한다. 컴퓨터는 코드로 표시된 값만을 인식할 수 있다. 이와 같이 아나로그 값을 코드 값으로 변환시켜주는 장치를 ADC라 하고 반대 기능의 장치를 DAC라 한다. 예를 들어 −5[V]~+5[V]까지의 입력 전압을 인가할 수 있는 8비트 A/D 변환기가 있다고 생각해 보자. 8비트는 0~0xff까지이므로 이 A/D 변환기는 −5 [V]에서 +5[V]까지의 전압을 0에서 0xff까지의 디지털 값으로 인식할 수 있다. 이 A/D 변환기 입력 단자에 -5[V]를 가해주면 출력되는 디지털 값은 0이 될 것이고, 입력 단자에 +5[V]를 가해주면 0xff가 디지털 값으로 출력될 것이다. 만약 입력 단에 0[V]를 가해주면 0~0xff까지의 중간 값인 0x80이 출력될 것이다. 따라서, 입력되는 전압이 직류가 되었든 교류가 되었든 간에 A/D 변환기는 마이크로프로세서가 인식하고자 하는 순간에 입력되는 아날로그 전압 값을 디지털 값으로 변환시켜 준다.

또한 예를 들어 −10[V]~+10 [V]까지 아날로그 전압을 출력할 수 있는 8비트 D/A 변환기가 있다고 생각해 보자. 출력 전압이 −10[V]~+10[V]까지이므로 이 D/A 변환기에 0xff의 디지털 데이터를 주게 되면 출력되는 전압은 +10[V]가 될 것이고 0의 디지털 데이터를 주게 되면 출력되는 전압은 −10[V]가 될 것이다. 만약 0x80의 디지털 데이터를 주게 되면 출력되는 전압은 0[V]가 될 것이다.

이 장에서는 ATmega128A의 포트 F의 또 다른 기능인 10비트 A/D 변환기를 중심으로 A/D 변환기의 모든 것을 익히기로 한다.

ATmega128A에는 포트 F에 부가적으로 10비트 크기의 ADC 기능을 적용하고 있다.

1. PORTF의 10Bit A/D 변환 기능

ATmega128A는 포트 F에 부가적으로 10비트 크기의 ADC 기능을 적용하고 있다. 이 포트 F의 10비트 ADC의 주요 특징에 대해 먼저 알아보기로 한다.

1) 포트 F 10비트 ADC의 특징

① 10비트의 분해능을 가지고 있다(아날로그 신호를 10비트 크기의 디지털 신호로 출력시킨다).
② 변환시간은 65~260[μs]이다.
③ 아날로그 신호를 최대 분해능으로 15 kSPS(Sample Per Second)의 속도로 샘플링할 수 있다.
④ 8개의 ADC가 있다.
⑤ A/D 변환시 (+/−)2 LSB의 정밀도를 갖고 있다.
⑥ 프리러닝 모드와 단일 변환 모드를 사용할 수 있다.
⑦ 변환완료 인터럽트를 사용할 수 있다.
⑧ 슬립(Sleep) 모드 노이즈 제거기능이 있다.
⑨ 입력 전압 영역은 0~5 [V]이다. 즉, AGND(0V)~ (AREF)~AVCC(5V)이다.

AREF 전압신호는 외부에서 인가해주어야 하는데, AGND와 AVCC 사이의 중간 값이 인가되어야 한다.

2. A/D 변환기의 기본 동작 및 구조

[그림 9-1]은 ATmega128A의 10비트 AD 변환기 구성을 나타낸 것으로 8채널 멀티플렉서, 샘플-홀더, 그리고 10비트의 연속 근사 AD변환기(10 Bit SAA Converter)로 되어 있다. 〈표 9-1〉은 A/D 변환 인터럽트 소스와 핀 기능을 나타낸 것이다 .

인터럽트 소스	인터럽트 벡터	우선순위
ADC	0x002A	21

〈표 9-1〉 A/D 변환 인터럽트 소스와 핀 기능

포트 핀	부가 기능	제어 레지스터	인터럽트 레지스터
PF0	ADC0	AMUX ADCSR ADC	ADCSR
PF1	ADC1		
PF2	ADC2		
PF3	ADC3		
PF4	ADC4/TCK		
PF5	ADC5/TMS		
PF6	ADC6/TDO		
PF7	ADC7/TDI		

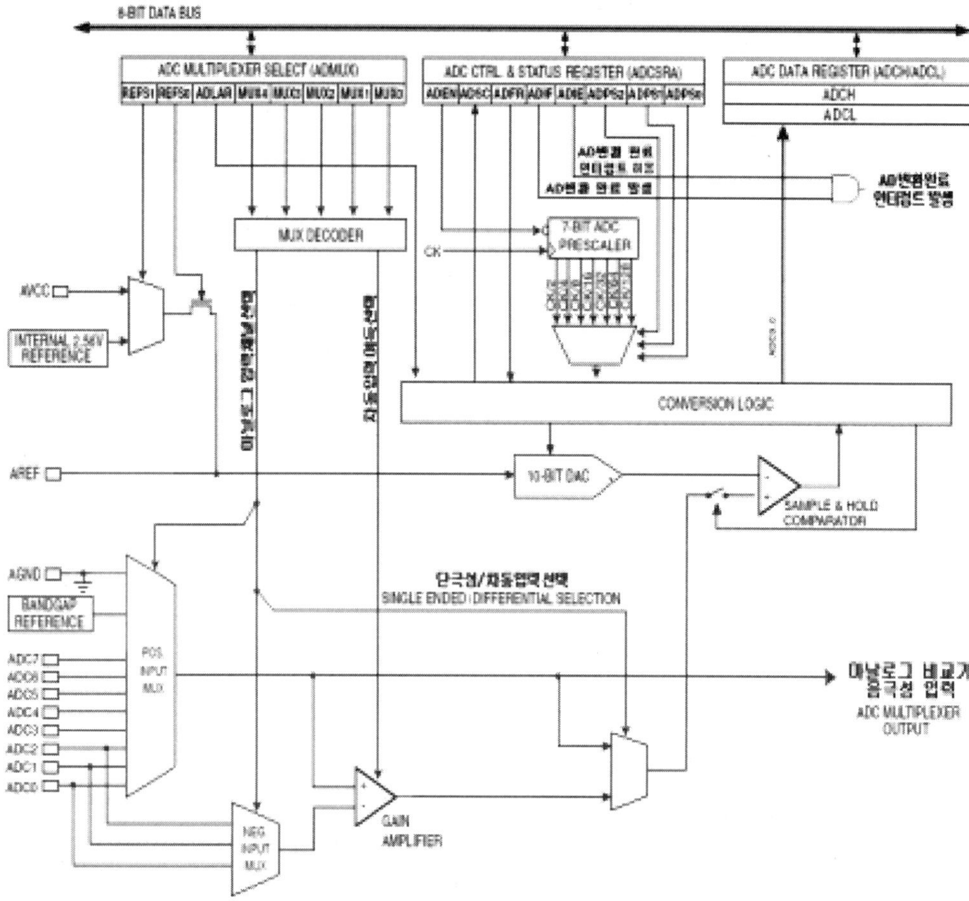

[그림 9-1] AD 변환기 구성 블록도

ATmega128A는 8채널 10비트 분해능의 축차비교형(successive approximation) A/D컨버터를 가지고 있다. 이들 8채널의 아날로그 입력 신호는 포트 F와 동일한 단자를 사용하고 있으며, MCU내부의 아날로그 멀티플렉서(analog multiplexer)에 의하여 선택된다.

각 채널은 8개의 단극성(single ended) 아날로그 입력으로 사용 될 수도 있고, 1개의 지정핀을 기준으로 하는 7개의 차동(differential)입력으로 사용될 수도 있으며, 2가지의 차동 입력에 대해서는 입력된 아날로그 신호를 MCU내부에서 10배 또는 200배 증폭하여 AD변환할 수도 있다. 한편 아날로그 입력신호 단자 ADC0~ADC7은 아날로그 비교기의 음극성 입력으로 사용될 수도 있다.

AD변환시간은 사용 주파수 50~200[kHz]에서 65~260[μs]범위(최고 15KSPS[Sampling Per Second])에서 사용자가 설정할 수 있으며, 아날로그 입력 전압의 범위는 기본적으로

0~ V_{REF}이지만 차동입력의 경우에는 입력전압 범위가 $-V_{REF}$~ V_{REF}로 되며, 기준 전압 V_{REF}는 전원전압 Vcc를 초과할 수 없다. V_{REF}전압은 외부의 AREF단자로 입력된 전압을 사용할 수도 있고, MCU내부의 기준 전압 2.56[V]를 사용할 수도 있다.

AD변환모드에는 단일 변환 모드(single conversion mode)와 프리러닝 모드(free running mode)가 있으며, 변환이 완료되면 변환 결과가 저장되는 데이터 레지스터가 업데이트되면서 AD변환 완료 인터럽트(ADC Conversion Complete Interrupt)가 요청되고 ADCSR레지스터의 ADIF플래그가 1로 세트된다.

AD컨버터에는 보다 안정된 동작을 위하여 MCU의 디지털 전원과 별도로 아날로그 회로의 전원단자 AVCC를 가지고 있으며, AD변환에 필요한 기준전압 단자 AREF도 가지고 있다. AVCC의 전압은 VCC에 인가된 전압의 ±0.3V 이내로 유지되어야 한다.

3. A/D 변환 관련 제어 레지스터

▶ ADMUX(ADC Multiplexer Selection Register)

Bit	7	6	5	4	3	2	1	0	
	REFS1	REFS0	ADLAR	MUX4	MUX3	MUX2	MUX1	MUX0	ADMUX
Read/Write	R/W	R/W	R/W	R/W	R/W	R/W	R/W	R/W	
Initial Value	0	0	0	0	0	0	0	0	

- AD컨버터의 아날로그 입력채널을 선택 기능
- AD컨버터의 기준 전압 소스 선택
- 변환결과 레지스터의 데이터 저장 형식 지정

1) MUX4~0(Analog Channel and Gain Selection) : AD컨버터의 아날로그 입력 채널 선택

8가지의 단극성 입력과 22가지 종류의 차동입력으로 구분되고 이중 차동입력은 4가지 경우로 나누어진다.

〈표 9-2〉 AD컨버터 기준전압의 선택

MUX4~0	단극성 입력	차동입력		
		+단자	-단자	이득
00000	ADC0	-		
00001	ADC1			
00010	ADC2			
00011	ADC3			
00100	ADC4			
00101	ADC5			
00110	ADC6			
00111	ADC7			
01000		ADC0	ADC0	10x
01001		ADC1	ADC0	10x
01010		ADC0	ADC0	200x
01011		ADC1	ADC0	200x
01100		ADC2	ADC2	10x
01101		ADC3	ADC2	10x
01110		ADC2	ADC2	200x
01111		ADC3	ADC2	200x
10000		ADC0	ADC1	1x
10001		ADC1	ADC1	1x
10010		ADC2	ADC1	1x
10011		ADC3	ADC1	1x
10100		ADC4	ADC1	1x
10101		ADC5	ADC1	1x
10110		ADC6	ADC1	1x
10111		ADC7	ADC1	1x
11000		ADC0	ADC2	1x
11001		ADC1	ADC2	1x
11010		ADC2	ADC2	1x
11011		ADC3	ADC2	1x
11100		ADC4	ADC2	1x
11101		ADC5	ADC2	1x
11110	1.23V			
11111	0V(GND)			

① ADC1~ADC0단자 사이의 차동입력(이득10 또는 200)

② ADC3~ADC2단자 사이의 차동입력(이득10 또는 200)

③ ADC1단자를 기준으로 한 8가지의 차동입력

④ ADC2단자를 기준으로 6가지의 차동입력

(1) ADLAR(ADC Left Adjust Result): 변환결과 레지스터의 데이터 저장 형식 지정 비트

• ADLAR=0일 때

Bit	15	14	13	12	11	10	9	8	
	–	–	–	–	–	–	ADC9	ADC8	ADCH
	ADC7	ADC6	ADC5	ADC4	ADC3	ADC2	ADC1	ADC0	ADCL
	7	6	5	4	3	2	1	0	
Read/Write	R R	R R	R R	R R	R R	R R	R R	R R	
Initial Value	0 0	0 0	0 0	0 0	0 0	0 0	0 0	0 0	

• ADLAR=1일 때

Bit	15	14	13	12	11	10	9	8	
	ADC9	ADC8	ADC7	ADC6	ADC5	ADC4	ADC3	ADC2	ADCH
	ADC1	ADC0	–	–	–	–	–	–	ADCL
	7	6	5	4	3	2	1	0	
Read/Write	R R	R R	R R	R R	R R	R R	R R	R R	
Initial Value	0 0	0 0	0 0	0 0	0 0	0 0	0 0	0 0	

(2) REFS1~0(Reference Selection Bit) : AD컨버터에서 사용하는 기준전압 선택 비트

〈표 9-3〉 AD컨버터 기준전압 선택

REFS1	REFS0	AD 기준전압 선택
0	0	외부의 AREF단자로 입력된 전압을 기준전압으로 사용
0	1	외부의 AVCC단자로 입력된 전압을 기준전압으로 사용
1	0	(Reserved)
1	1	내부의 2.56V를 사용

▶ ADCSR(ADC Control and Status Register)

Bit	7	6	5	4	3	2	1	0	
	ADEN	ADSC	ADFR	ADIF	ADIE	ADPS2	ADPS1	ADPS0	ADCSR
Read/Write	R/W	R/W	R/W	R/W	R/W	R/W	R/W	R/W	
Initial Value	0	0	0	0	0	0	0	0	

AD컨버터의 동작을 설정하거나 동작 상태를 표시하는 기능 수행

① ADPS2~0(ADC Prescaler Select Bit) : AD컨버터에 인가되는 클록의 분주비 선택 AD변환을 수행하는데 일정수의 클록주기가 소요되므로 시스템 클록을 나누는 분주비를 어떻게 선택하는지에 따라 변환시간이 달라진다.

〈표 9-4〉 AD컨버터 클록의 분주비 선택

ADPS2	ADPS1	ADPS0	분주비
0	0	0	2
0	0	1	2
0	1	0	4
0	1	1	8
1	0	0	16
1	0	1	32
1	1	0	64
1	1	1	128

② ADIE(ADC Interrupt Enable) : AD변환완료 인터럽트발생을 허용하는 비트(1 = Enable, 0 = Disable)

③ ADIF(ADC Interrupt Flag) : 변환 완료 인터럽트 요청 비트 AD변환이 완료되어 ADC 데이터 레지스터 값이 갱신되고 나면 1로 세트되면서 변환 완료 인터럽트 요청(1 = 인터럽트 발생, 0 = 인터럽트 실행완료)

④ ADSC(ADC Start Conversion) : AD컨버터의 변환 시작 지정 비트
(1 = AD변환 시작, 0 = AD변환 정지)
단, 프리러닝 모드에서는 이를 1로 설정하면 첫 번째의 변환이 개시되며 그 다음부터는 자동으로 변환이 반복된다. ADEN = 1로 설정한 후 첫 번째의 변환에서는 25주기의 ADC클록 주기가 필요하고 그 다음부터는 AD변환에 13클록이 소요된다. 변환이 수행되는 동안에 이 비트를 읽으면 1로 읽혀지며 변환이 완료되면 자동적으로 0이 된다.

⑤ ADFR(ADC Free Running Select) : AD컨버터 프리러닝 모드 설정
'1'로 설정하여 한번만 변환을 스타트시키면 그 다음부터는 반복적으로 변환동작을 수행한다. 따라서 임의의 시간에 ADC 결과 레지스터를 읽어 들일 수 있다.

⑥ ADEN(ADC Enable) : AD컨버터의 모든 동작 허용 비트
(1 = AD변환 동작 허용, 0 = AD변환 동작 멈춤)

4. A/D 변환 결과 기록 레지스터

AD변환결과는 ADC레지스터에 기록되며 2개의 ADCH와 ADCL레지스터로 구성된다.

▶ ADC(ADC Data Register)

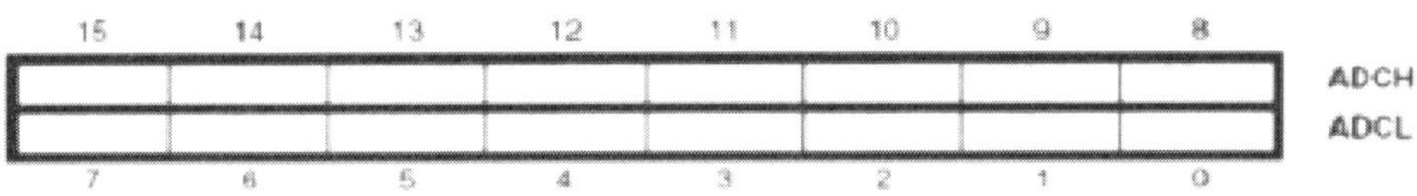

AD컨버터의 변환 결과를 저장한다. 단극성 입력을 사용할 경우에는 AD변환 결과가 10비트 양의 정수로 표시되어 0~1023의 범위를 가지며, 차동입력을 사용할 경우에는 AD변환 결과가 10비트 2의 보수로 표현되어 −512~+511의 범위를 갖는다.

10비트 변환결과의 16비트 데이터 레지스터로 결과 값 기록은 ADMUX레지스터의 ADLAR비트의 설정에 따라 다르게 기록된다.

- ADLAR = 0일 때 : 변환결과가 우측 정렬 기록
- ADLAR = 1일 때 : 변환결과가 좌측 정렬 기록

1) A/D 변환 분주비 클록의 선택 및 동작 타이밍

ATmega128A의 AD컨버터에는 클록이 공급되어야 하는데 10비트 분해능으로 정상적인 동작을 위해서는 50~200[KHz]범위의 클록이 사용되어야 한다. AD컨버터에 인가되는 클록의 분주비 선택은 AD 변환 시간 설정에 해당하는 것으로 이러한 AD 변환 시간 설정을 위해서는 A/D 변환기 내부의 샘플-홀더 회로의 기능과 동작에 대한 이해가 필요하다. [그림 9-2](a)의 샘플-홀더 회로는 샘플-홀더 제어신호에 의해 매 샘플링 주기(T)마다 아날로그 입력신호를 샘플링 하여 AD변환 시간이 끝날 때까지 유지되도록 하는 것이다.

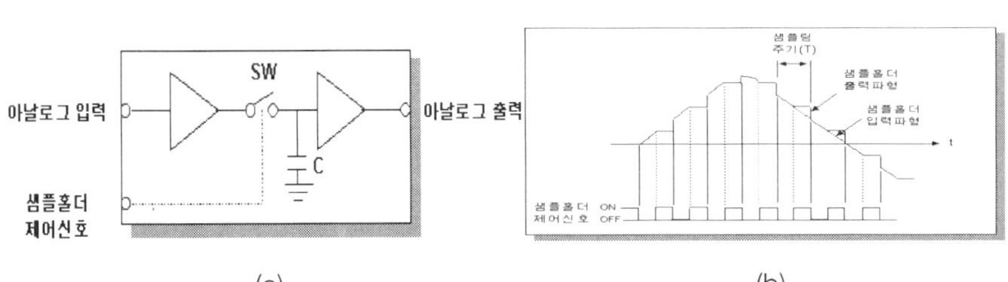

(a) (b)

[그림 9-2] A/D 변환기 내부의 샘플-홀더회로 구성 및 동작 타임차트

[그림 9-2](b)의 타임차트와 같이 샘플홀더 제어신호에 의해 ON(=1)신호가 출력되면, 아날로그 스위치(SW)가 닫히고, 이때 아날로그 입력신호는 스위치(SW)를 통해 출력된다. 그리고 샘플홀더 제어신호에 의해 OFF(= 0)신호가 출력되면 아날로그 스위치(SW)가 열리면서 입력신호는 홀딩 캐패시터(C)에 축적된다. 이때 캐패시터에 축적된 전위는 입력신호와는 관계없이 출력되는 값이 된다.

따라서 이와 같이 샘플-홀더 제어신호를 발생시키기 위해서는 샘플링시간과 AD 변환 시간이 필요하며 ADPS2~0(ADC Prescaler Select Bit)는 이러한 설정을 하는데 사용된다.

(1) AD변환 클록 분주비 선택

ATmega128A AD컨버터의 클록 clk_{ADC}는 [그림 9-3]과 같이 시스템 클록을 프리스케일러로 분주되어 공급되는데 이 프리스케일러의 분주비는 ADCSR레지스터의 ADPS2~0비트에 의하여 2, 4, 8, 16, 32, 64, 128 중의 1가지로 선택될 수 있다. 또한 프리스케일러는 ADEN=1인 경우에만 동작한다.

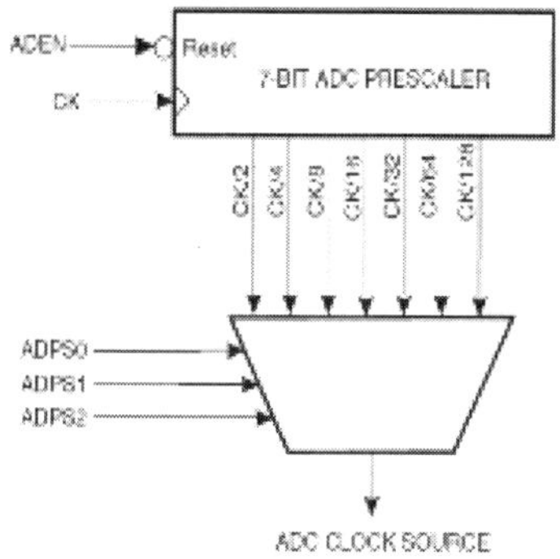

조 건	샘플/홀드시간(사이클)	AD변환시간(사이클)
ADEN=1설정 후 최초변환	14.5	25
그이후의 일반적인 AD변환(단극성 입력)	1.5	13
그이후의 일반적인 AD변환(차동 입력)	1.5~2.5	13~14

[그림 9-3] AD컨버터의 클록을 공급하는 프리스케일러와 동작시간

[그림 9-3]에서 알 수 있듯이 ADEN=1로 설정하고 최초의 변환에는 25개의 ADC클록 주기가 소요되며 그 이후의 단극성 입력 변환에는 13클록이 소요된다. 이 변환시간에는 각각 13.5클록주기와 1.5클록주기의 샘플 홀드 시간이 포함되어 있다. 그러나 차동입력의 경우에는 내부의 동기를 취하는 과정이 필요하기 때문에 상황에 따

라 단극성 입력의 경우보다 1클록 주기씩 더 걸릴 수도 있다.

단일변환 모드에서는 ADCSR레지스터에서 미리 ADEN=1로 설정된 상태에서 또는 ADEN비트를 1로 설정함과 동시에 ADSC비트를 1로 설정하여 AD변환의 시작을 지시하는데, 이렇게 하면 [그림 9-4](a)와 같이 그 이후 첫 번째로 오는 clk_{ADC} 클록 사이클의 상승에지에서 AD변환이 시작된다.

샘플홀드를 포함한 AD변환의 전체 과정에는 25클록주기가 소요되는데 이시간이 지나면 변환 결과가 ADC데이터 레지스터에 저장되면서 ADIF=1로 되어 AD변환 완료 인터럽트가 요청되고 ADSC비트는 자동으로 클리어 된다. MCU가 AD변환결과를 읽어 들인 후에 다시 AD변환을 수행하려면 ADSC비트를 1로 설정하면 된다. 그러나 이제부터 [그림 9-4](b)처럼 AD변환이 13클록에 완료된다.

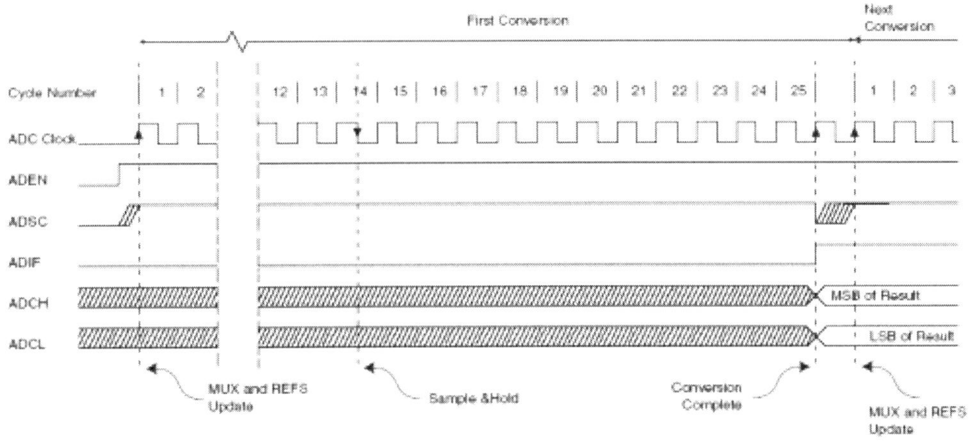

(a) ADEN=1 설정 후 최초의 변환

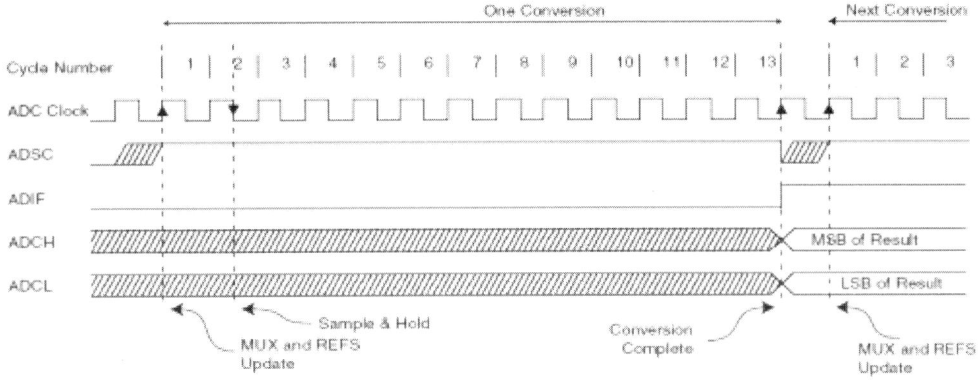

(b) 그 이후의 일반적 변환

[그림 9-4] 단일변환모드의 동작타이밍

프리러닝 모드에서는 최초에 한번만 ADSC=1로 설정하면 반복적으로 AD변환을 수행한다. 즉 [그림 9-5]에서 나타난 것처럼 이 모드에서는 13클록 만에 AD변환이 완료되며, 이것이 ADC결과 레지스터에 저장되면서 바로 그다음 차례의 AD변환이 자동으로 시작된다. 따라서 아무 때나 ADC 데이터 레지스터를 읽어 들이면 가장 최근에 변환된 결과를 읽을 수 있다.

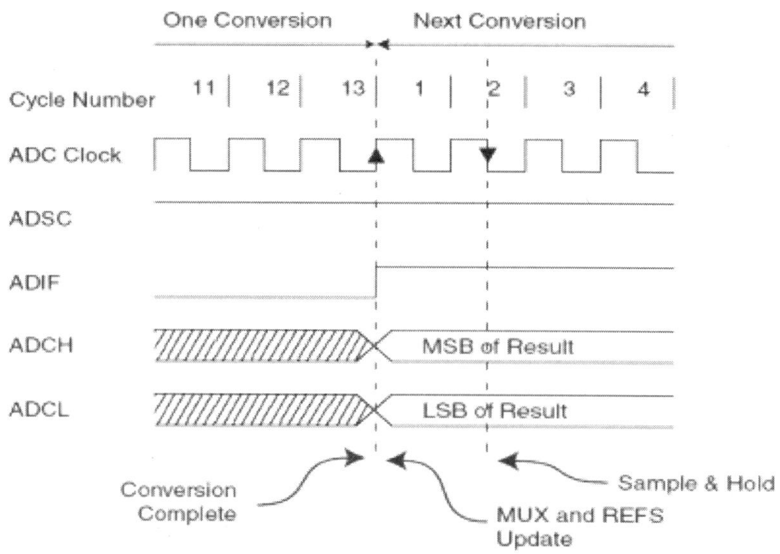

[그림 9-5] 프리러닝 모드의 동작 타이밍

모든 동작 모드에서 ADSC=1로 설정하여 AD변환이 시작될 때마다 AD컨버터는 ADMUX레지스터에 설정되어 있는 REFS1~0비트와 MUX4~0비트로 업데이트되어 가장 최근에 설정된 기준전압과 아날로그 입력 채널에 의해 동작한다.

사용자가 이들 값을 새로 설정할 경우에는 AD변환이 시작되고 나서 최소한 1클록 주기가 경과한 이후에 수행할 수도 있으며 이는 당연히 그 다음의 AD변환부터 새로운 설정 값으로 적용된다.

그러나 차동입력을 사용하는 경우에는 아날로그 신호의 이득을 처리하는 부분의 동작이 안정되는 데는 좀 더 시간이 필요하기 때문에 AD변환을 시작한 후 적어도 125μs가 경과한 이후에 설정치를 변경해야 한다.

(2) AD변환의 결과

AD컨버터가 변환을 완료하면 그 변환 결과는 ADC데이터 레지스터 ADCH 및 ADCL에 저장된다. 단극성 입력 채널을 사용하는 경우의 변환 결과는

$$ADCH: ADCL = \frac{V_{IN}}{V_{REF}} \times 1024$$

와 같이 표현된다. 여기서 V_{IN}은 멀티플렉서로 선택된 단극성 아날로그 입력전압이고 V_{REF}는 선택된 기준전압이다.

변환 결과는 10비트 양의 정수 표현법으로 사용하므로 0(0x0000)∼1023(0x03FF) 범위의 값을 가지는데 여기서 0x0000은 아날로그 입력전압이 접지와 같은 값이라는 것을 나타내고, 0x03FF는 아날로그 입력전압이 V_{REF}보다 1LSB만큼 낮은 값이라는 것을 나타낸다. 그러나 차동입력 채널을 사용하는 경우의 변환 결과는

$$ADCH: ADCL = \frac{V_{POS} - V_{NEG}}{V_{REF}} \times GAIN \times 512$$

와 같이 표현된다. 여기서 V_{POS}는 멀티플렉서로 선택된 차동 아날로그 입력의 양극성 단자 전압이고 V_{NEG}는 음극성 단자의 전압이다. 또한 GAIN은 아날로그 전압의 이득으로서 1, 10, 200중의 1가지이다. 이 변환 결과는 10비트 2의 보수 표현법을 사용하므로 −512(0x0200∼+511(0x01FF)범위의 값을 가진다. 따라서 만약 GAIN이 1인 경우라면 0x0000은 차동 입력전압이 접지 값(0V)이라는 것을 나타내고, 0x01FF는 차동 입력전압이 V_{REF}보다 1LSB만큼 낮은 값이라는 것을 나타내며, 0x0200은 차동 입력전압이 $-V_{REF}$와 같다는 것을 나타낸다.

(3) AD변환의 잡음 제거 방법

ATmega128A의 AD컨버터는 디지털 회로의 영향을 받지 않고, 잡음에 대하여 보다 안정적인 동작을 수행할 수 있도록 독립적인 아날로그 회로 전원단자 AVCC 및 기준 전원 입력 단자 AREF를 가지고 있기는 하지만, AD컨버터는 잡음에 상당히 민감하기 때문에 여러 가지 주의가 필요하다.

① AD컨버터의 아날로그 입력 신호선은 최소한으로 짧게 하고 잡음의 영향을 받지 않도록 처리하는 것이 좋다

② 아날로그 전원 단자 AVCC에는 디지털 전원 VCC를 LC필터로 안정화시켜 인가하는 것이 좋다.

③ 아날로그 회로의 모든 접지는 아날로그 접지 단자 AGND로 묶고 이는 다시 1개의 포인트에서 디지털 전원의 접지 단자 GND와 접속하는 것이 좋다.

④ AD변환이 수행되는 동안에 병렬 I/O포트의 논리 상태를 스위칭하지 않는 것이 좋다.

⑤ 잡음에 대하여 극도의 안정적인 AD변환이 필요한 경우에는 idle 모드(ADC Noise Reduction Mode)에서 AD변환을 수행하는 것도 권장된다.

⑥ AD변환 결과가 잡음 등에 의해 흔들리는 경우에는 디지털 필터를 사용하거나 여러 번 AD변환하여 읽어 들인 결과를 평균 처리하여 사용하면 좋다.

아날로그 전원단자 AVCC에 디지털 전원 VCC를 LC필터로 안정화시켜 인가하는 회로는 [그림 9-6]과 같다. 여기서 사용하는 소자는 L=10μH, C= 0.1μF 정도가 무난하다. AD컨버터의 기준전압 단자 VREF에는 이보다 더욱 정밀한 기준 전압을 인가해야 하지만 저가형으로 구현할 경우에는 여기에도 VCC를 LC 필터로 안정화시켜 인가하는 정도로 처리할 수 있다.

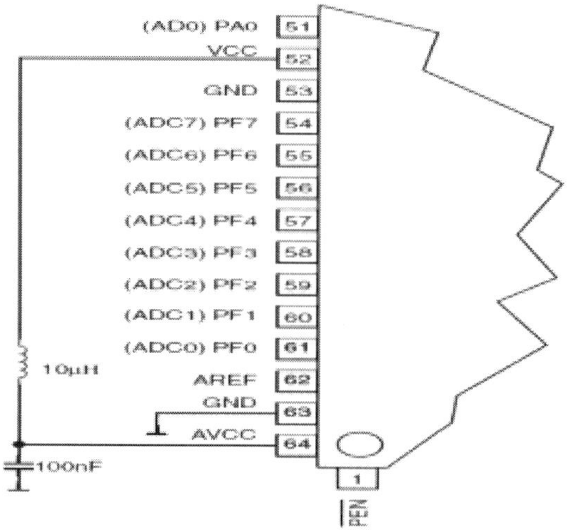

[그림 9-6] AD컨버터의 아날로그 전원처리

5. 아날로그 비교기의 기본 동작/ 구조

[그림 9-7]은 ATmega128A의 아날로그 비교기 구성 블럭도를 나타낸 것이고 [표 13-5]는 아날로그 비교기 인터럽트를 소스와 핀 기능으로 나타낸 것이다.

인터럽트 소스	인터럽트 벡터	Window 버전 IAR C 컴파일러에서 정의된 인터럽트 처리함수명	우선 순위
ANALOG COMP	0x002E	#pragma vector = ANA_COMP_vect __interrupt void ANA_COMP_interrupt(void)	23

〈표 9-5〉 아날로그 비교기 인터럽트 소스와 핀 기능

포트 핀	부가 기능	제어 레지스터	인터럽트 레지스터
PE2	XCL0/AIN0	SFIOR ACSR	ACSR
PE3	OC3A/AIN1		

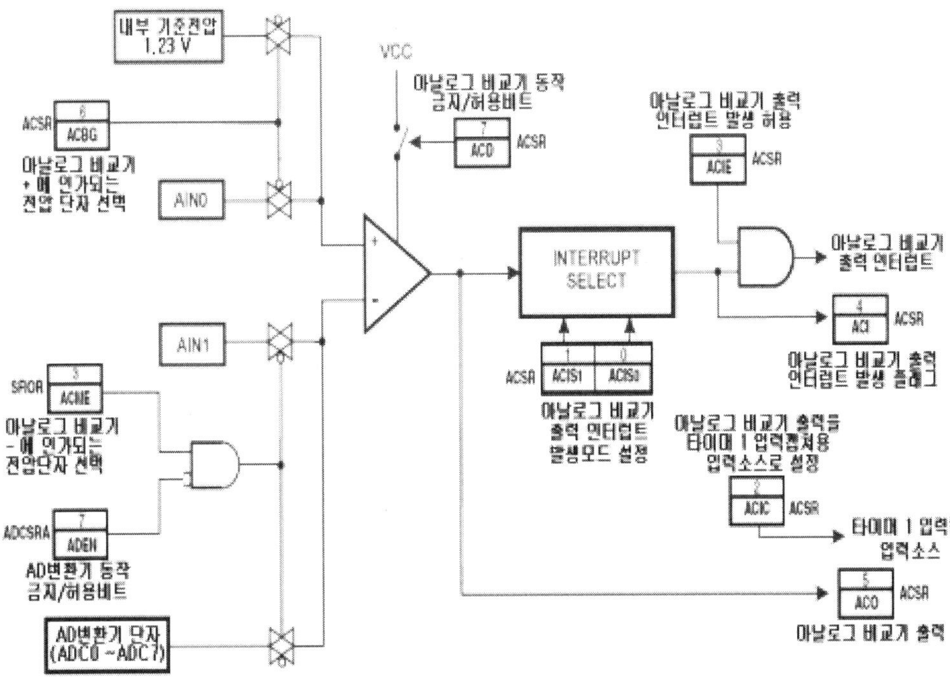

[그림 9-7] 아날로그비교기 구성 블록도

ATmega128A의 아날로그 비교기는 [그림 9-7]의 구성 블록도와 같이 정(+)입력 PE2(AIN0)와 부(−)입력 PE3(AIN1)사이의 전위차를 비교한다. 아날로그 비교기의 양극성 입력(positive input)으로는 핀 AIN0으로 입력된 전압이 사용될 수도 있고, 내부의 기준 전압(bandgap reference voltage, 1.23V)이 사용될 수도 있다.

또한 음극성 입력(negative input)으로는 핀 AIN1로 입력된 전압이 사용될 수도 있고, AD컨버터 입력신호 ADC0~ADC7 중의 하나가 선택적으로 사용될 수도 있다. 그리고 정(+)입력 PE2(AIN0)의 크기가 부(−)입력 PE3(AIN1)의 크기보다 클 경우 비교기 출력 ACO가 '1'로 세트되며 반대로 정(+)입력 PE2(AIN0)의 크기가 부(−)입력 PE3(AIN1)의 크기보다 작을 경우 비교기 출력 ACO가 '0'로 세트된다.

따라서 이를 통해 타이머/카운터 1의 입력 캡처 동작을 트리거시킬 수 있고, 아날로그 비교기 인터럽트를 발생시킬 수도 있다. 비교기 출력 ACO로 아날로그 비교기

인터럽트를 발생시킬 경우 ACSR레지스터의 ACIS1, ACIS0으로 상승에지/하강에지/토글 동작모드로 사용자가 설정할 수 있다.

6. 아날로그 비교기 관련 제어 레지스터

▶ ACSR(Analog Comparator Control and Status Register)

Bit	7	6	5	4	3	2	1	0	
	ACD	ACBG	ACO	ACI	ACIE	ACIC	ACIS1	ACIS0	ACSR
Read/Write	R/W	R/W	R	R/W	R/W	R/W	R/W	R/W	
Initial Value	0	0	N/A	0	0	0	0	0	

아날로그 비교기의 기능을 설정하거나 동작 상태를 표시

① ACIS1~0(Analog Comparator Interrupt Mode Select) : 아날로그 비교기의 출력 인터럽트 발생 모드 설정(단, ACIS1~0비트의 설정을 변경하는 경우에는 아날로그 비교기의 인터럽트가 발생할 수 있으니 미리 ACIE=0으로 하여야 한다)

〈표 9-6〉 비교기 출력 ACO에 의한 아날로그 비교기의 인터럽트 발생 모드

ACIS1	ACIS0	인터럽트 발생모드
0	0	출력의 하강 및 상승에지에서 아날로그 비교기의 인터럽트 발생
0	1	(Reserved)
1	0	출력의 하강 에지에서 아날로그 비교기의 인터럽트 발생
1	1	출력의 상승에지에서 아날로그 비교기의 인터럽트 발생

② ACIC(Analog Comparator Input Enable) : 비교기 출력 ACO를 타이머/카운터1의 입력 캡처 트리거 신호로 사용하도록 설정

③ ACIE(Analog Comparator Interrupt Enable) : 아날로그 비교기의 인터럽트 발생을 허용하는 비트

④ ACI(Analog Comparator Interrupt Flag) : 아날로그 비교기의 인터럽트 발생 플래그 비트

이 플래그는 비교기 출력 ACO와 ACIS1~0비트의 설정에 따라 결정된다. ACIE=1로 설정되고 상태 레지스터의 SREG의 I비트가 1일 경우에는 인터럽트가 처리되며, 인터럽트가 처리되기 시작하면 이 비트는 자동으로 클리어 된다.

⑤ ACO(Analog Comparator Output) : 아날로그 비교기의 출력

클록과 동기 되기 위하여 1~2클록의 시간지연이 발생하며, ACO출력으로 인터럽트를 발생하거나 타이머/카운터 1의 입력 캡처 트리거 신호로 사용된다.

두 개의 비교 입력에 대한 결과 값이 출력된다.

- High 1 = 정(+) 입력이 부(−) 입력보다 크다.
- Low 0 = 부(−) 입력이 정(+) 입력보다 크다.

[그림 9-8]은 아날로그 입력 전압에 대한 디지털 전압을 출력하는 비교기의 동작을 보여준다. 그림과 같이 아날로그 입력 정(+) 이 부(−)보다 작으면 '0'을 출력하며, 반면에 정(+)이 부(−)보다 크면 '1'을 출력한다. 그림에서 검게 칠해진 부분은 입력 오프셋과 응답 시간에 기인한 불확실성을 보여준다.

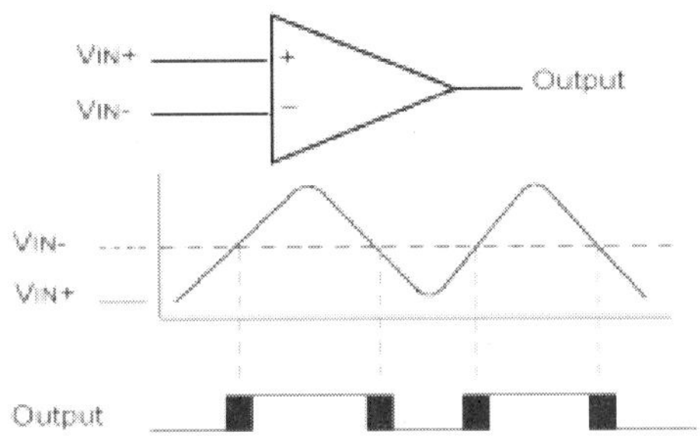

[그림 9-8] 비교기 동작

⑥ ACBG(Analog Comparator Bandgap Select) : 아날로그 비교기의 양극성 입력에 인가되는 전압을 선택

- '1'일 때 : 양극성 입력에는 내부 기준 전압 1.23V가 선택
- '0'일 때 : AIN0단자로 입력된 전압을 선택

⑦ ACD(Analog Comparator Disable) : 아날로그 비교기 동작을 금지시키는 비트. '1'로 설정하면 아날로그 비교기에 공급되는 전원을 차단하여 동작을 정지시키고 소비전력을 감소시킨다(이것은 디폴트로 0으로 되어 있으므로 저소비 전력형의 시스템을 설계할 경우에 아날로그 비교기를 사용하지 않는다면 이 비트를 1로 설정하는 것이 좋다). 이 비트를 스위칭하면 아날로그 비교기 인터럽트가 발생될 수 있으므로 이를 방지하려면 미리 ACIE비트를 '0'으로 해야 한다.

▶ SFIOR(Special Function I/O Register)

Bit	7	6	5	4	3	2	1	0	
	TSM	–	–	–	ACME	PUD	PSR0	PSR321	SFIOR
Read/Write	R/W	R	R	R	R/W	R/W	R/W	R/W	
Initial Value	0	0	0	0	0	0	0	0	

아날로그 비교기의 부(−) 입력신호 설정

- ACME(Analog Comparator Multiplexer Enable) : 아날로그 비교기의 음극성 입력단자로 AN1 또는 AD컨버터의 입력신호(ADC0~ADC7)가 사용될 수 있도록 허용
  '0'이면 음극성 입력에는 AIN1로 입력된 전압이 사용
  '1'이면 ADCSRA레지스터에서 ADEN=0으로 설정하여 AD컨버터의 동작을 정지시키면 ADC0~ADC7의 입력신호가 아날로그 비교기의 음극성 입력으로 사용된다. ADC0~ADC7 중의 하나를 선택하는 것은 ADMUX레지스터의 2~0비트로 설정한다.

〈표 9-7〉 아날로그 비교기의 음극성 입력 선택

ACME	ADEN	ADMUX			아날로그 비교기의 음극성 입력
		2	1	0	
0	X	X	X	X	AIN1
1	1	X	X	X	AIN1
1	0	0	0	0	ADC0
1	0	0	0	1	ADC1
1	0	0	1	0	ADC2
1	0	0	1	1	ADC3
1	0	1	0	0	ADC4
1	0	1	0	1	ADC5
1	0	1	1	0	ADC6
1	0	1	1	1	ADC7

수행 내용 AD변환기 제어 이해하기

재료 · 자료

- C언어 프로그래밍, 타깃보드

기기(장비 · 공구)

- 컴퓨터, USB케이블, 개발시스템, ISP

안전 · 유의사항

- ATmega128 타깃 시스템의 외형을 관리하고 ATmega128 타깃 시스템에 전원을 관리한다.

수행 순서

01

최대전압 +3.3[V]인 가변 저항을 이용하여 가변저항을 돌릴 때 0~1023까지 7-세그먼트에 표시되게 하는 프로그램을 작성하시오. 가변저항의 출력은 PF0(ADC0)에 입력시켜서 A/D 변환을 하게 하시오.

1. 포트 PA0~PA7, PC0~PC3까지 Array FND 부분을 7-세그먼트에 연결해 준다.

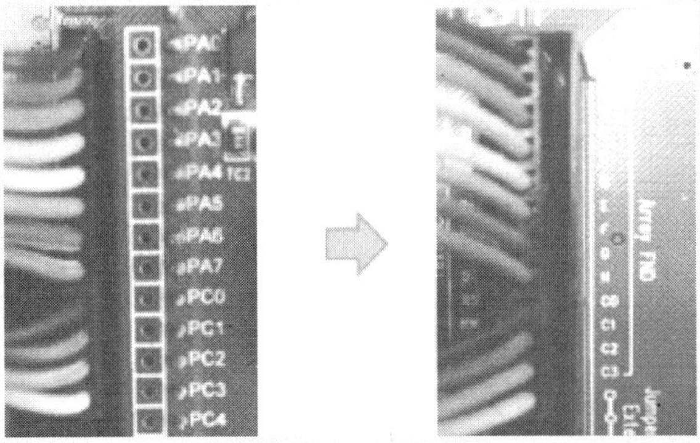

2. 가변저항 VRES의 출력을 PF0(ADC0)에 연결해 준다.

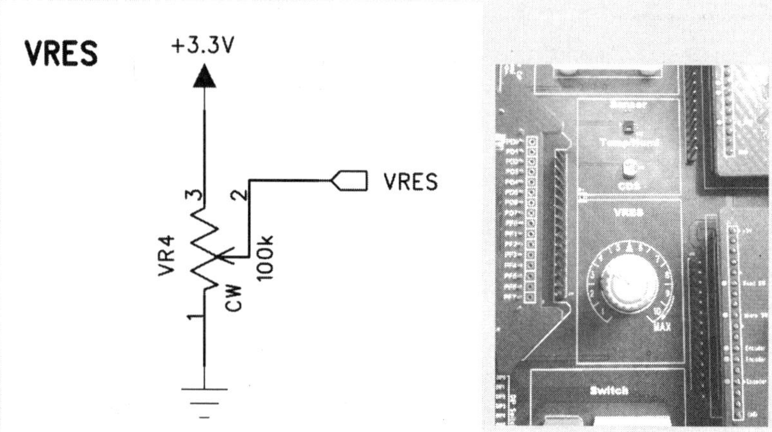

[그림 9-9] 가변저항 VRES 회로

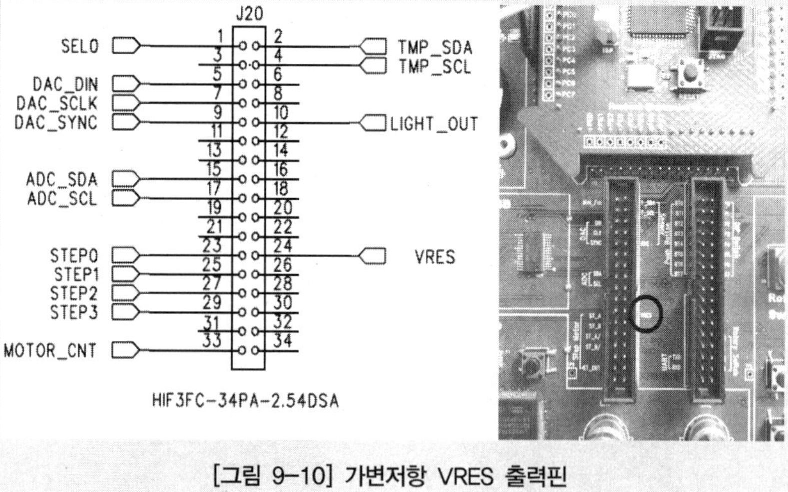

[그림 9-10] 가변저항 VRES 출력핀

〈표 9-3〉 REFS1=0, REFS0=0 으로 외부의 AREF 단자로 입력된 전압을 사용하므로 본 실험에서는 3.3 [V]으로 설계되어 있다. ADLAR=0, A/D 변환 결과 레지스터의 데이터 저장형식 지정비트이다. 〈표 9-2〉 PF0((ADC0)를 A/D 변환기 입력으로 잡았으므로 MUX4=0, MUX3=0, MUX2=0, MUX1=0, MUX0=0이다.

	REFS1	REFS0	ADLAR	MUX4	MUX3	MUX2	MUX1	MUX0
ADCMUX	0	0	0	0	0	0	0	0

ADEN=1 : AD 변환 동작 허용, ADSC=0 : 이것은 프리런닝 모드에서만 '1'로 설정한다. ADFR=0, A/D 변환 시작 지정비트 이를 '1'로 설정하면 첫 번째 변환이 개시된다. ADEN을 '1'로 설정하고 첫 번째 변환을 하려면 25주기의 ADC 클럭 주기가 필요하므로 약간의 딜레이를 준다. ADIF은 변환완료 인터럽트 요청이므로 '0'으로 설정해 놓는다. ADIE는 A/D 변환 완료 인터럽트 발생을 허용하는 비트이므로 '1'로 설정한다. ADPS2=0, ADPS1=1, ADPS0=1으로 하여 AD변환기 클럭의 분주비를 8분주로 한다.

	ADEN	ADSC	ADFR	ADIF	ADIE	ADPS2	ADPS1	ADPS0
ADCSR	1	0	0	0	0	0	1	1

```
#include <mega128a.h>
#include <delay.h>

unsigned char Font[18] = {0x3F, 0x06, 0x5B, 0x4F,
                          0x66, 0x6D, 0x7C, 0x07,
                          0x7F, 0x67, 0x77, 0x7C,
                          0x39, 0x5E, 0x79, 0x71,
                          0x08, 0x80};

void Segment(int) ;  // Segment 함수 선언

unsigned int adc_data= 0;
void Segment ( int N )
{
 int  i ;
 unsigned char N1000, N100, N10, N1 ;
```

```
int Buff ;

  N1000 = N /1000;  // 세그먼트에서 사용하는 천의 자리를 추출
  Buff = N % 1000 ;

  N100 = Buff / 100 ; // 세그먼트에서 사용하는 백의자리 추출
  Buff = Buff % 100;

  N10 = Buff /10 ;      // 세그먼트에서 사용하는 십의 자리 추출
  N1 =  Buff % 10 ;     // 세그먼트에서 사용하는 일의 자리 추출

  for( i = 0 ; i < 30; i++ ) {

      PORTC = 0x0e;           // 왼쪽 첫 번째 세그먼트 ON
      PORTA = Font[N1000];  // 천의 자리 숫자를 출력해 준다.
      delay_ms(1);

      PORTC = 0x0d;           // 왼쪽 두 번째 세그먼트 ON
      PORTA = Font[N100];    // 백의 자리 숫자를 출력해 준다.
      delay_ms(1);

      PORTC = 0x0b;           // 왼쪽 세 번째 세그먼트 ON
      PORTA = Font[N10];     // 십의 자리 숫자를 출력해 준다.
      delay_ms(1);

      PORTC = 0x07;           // 왼쪽 네 번째 세그먼트 ON
      PORTA = Font[N1];      // 일의 자리 숫자를 출력해 준다.
      delay_ms(1);
  }
}

unsigned int read_adc(void)
{
  ADCSRA |= 0x40;                 // ADC 변환 시작
  while( 1 ) {
     if((ADCSRA & 0x10) != 0 ) break;
  }
  return ADCW ;                   // ADC 값 리턴
}
```

```
void main(void)
{
 // 포트 C를 7-세그먼트 Common 단자로 사용하기 위해 출력으로 설정한다.
 DDRA = 0xff;
 DDRC = 0x0f;
 PORTA = 0xff;
 PORTC = 0x0f;

 DDRF = 0x00;     // PF0를 입력핀으로 설정
 ADMUX = 0x00;  // 채널 0 선택
 ADCSRA = 0x83;
 delay_us(10);

  while(1)
  {
    adc_data = read_adc();
    Segment(adc_data);
   }
  }
```

02 위 실험에서 PF0에 입력되는 0~3.3[V]의 가변 저항 입력을 0~1023로 7-세그먼트에 표시하였다. 이것을 0~33으로 7-세그먼트에 표시해 보기로 한다.

1. 포트 PA0~PA7, PC0~PC3까지 Array FND 부분을 7-세그먼트에 연결해 준다.
2. 가변저항 VRES의 출력을 PF0(ADC0)에 연결해 준다.

```
#include <mega128a.h>
#include <delay.h>

unsigned char Font[18] = {0x3F, 0x06, 0x5B, 0x4F,
                          0x66, 0x6D, 0x7C, 0x07,
                          0x7F, 0x67, 0x77, 0x7C,
                          0x39, 0x5E, 0x79, 0x71,
                          0x08, 0x80};
```

```
void Segment(int) ;  // Segment 함수 선언

unsigned int adc_data= 0;

void Segment ( int N )
{
 int  i ;
 unsigned char N1000, N100, N10, N1 ;
 int Buff ;

  N1000 = N /1000;            // 세그먼트에서 사용하는 천의 자리를 추출
  Buff = N % 1000 ;
  N100 = Buff / 100 ;         // 세그먼트에서 사용하는 백의자리 추출
  Buff = Buff % 100;

  N10 = Buff /10 ;            // 세그먼트에서 사용하는 십의 자리 추출
  N1 =  Buff % 10 ;           // 세그먼트에서 사용하는 일의 자리 추출


 for( i = 0 ; i < 30; i++ ) {
      PORTC = 0x0e;           // 왼쪽 첫 번째 세그먼트 ON
      PORTA = Font[N1000];  // 천의 자리 숫자를 출력해 준다.
      delay_ms(1);

      PORTC = 0x0d;           // 왼쪽 두 번째 세그먼트 ON
      PORTA = Font[N100];     // 백의 자리 숫자를 출력해 준다.
      delay_ms(1);

      PORTC = 0x0b;           // 왼쪽 세 번째 세그먼트 ON
      PORTA = Font[N10];      // 십의 자리 숫자를 출력해 준다.
      delay_ms(1);

      PORTC = 0x07;           // 왼쪽 네 번째 세그먼트 ON
      PORTA = Font[N1];       // 일의 자리 숫자를 출력해 준다.
      delay_ms(1);
  }
}

unsigned int read_adc(void)
```

```
{

  ADCSRA |= 0x40;
  while( 1 ) {
     if((ADCSRA & 0x10) != 0 ) break;
  }
  return ADCW ;
}

void main(void)
{
 unsigned int Seg = 0;
 // 포트 C를 7-세그먼트 Common 단자로 사용하기 위해 출력으로 설정
// 한다
 DDRA = 0xff;
 DDRC = 0x0f;
 PORTA = 0xff;
 PORTC = 0x0f;
 DDRF= 0x00; // PF0를 입력핀으로 설정

 ADMUX =0x00;
 ADCSRA = 0x83;
 delay_us(10);

  while(1)
  {
    adc_data = read_adc();
    Seg = (int) (adc_data * 33 /1023);
    Segment(Seg);
   }

 }
```

학습 9. AD변환기 제어 응용

03 AD 변환 종료 인터럽트를 이용하여 가변 저항의 값을 0~1023까지로 변환해 보는 프로그램을 작성해보기로 한다.

1. 포트 PA0~PA7, PC0~PC3까지 Array FND 부분을 7-세그먼트에 연결해 준다.
2. 가변저항 VRES의 출력을 PF0(ADC0)에 연결해 준다.

```
#include <mega128a.h>
#include <delay.h>

unsigned char Font[18] = {0x3F, 0x06, 0x5B, 0x4F,
                          0x66, 0x6D, 0x7C, 0x07,
                          0x7F, 0x67, 0x77, 0x7C,
                          0x39, 0x5E, 0x79, 0x71,
                          0x08, 0x80};

void Segment(int) ;  // Segment 함수 선언

unsigned int adc_data= 0;

void Segment ( int N )
{
 int  i ;
 unsigned char N1000, N100, N10, N1 ;
 int Buff ;

  N1000 = N /1000;              // 세그먼트에서 사용하는 천의 자리를 추출
  Buff = N % 1000 ;
  N100 = Buff / 100 ;           // 세그먼트에서 사용하는 백의자리 추출
  Buff = Buff % 100;

  N10 = Buff /10 ;              // 세그먼트에서 사용하는 십의 자리 추출
  N1 =  Buff % 10 ;             // 세그먼트에서 사용하는 일의 자리 추출

   for( i = 0 ; i < 30; i++ ) {
      PORTC = 0x0e;             // 왼쪽 첫 번째 세그먼트 ON
      PORTA = Font[N1000];      // 천의 자리 숫자를 출력해 준다.
      delay_ms(1);
```

```
        PORTC = 0x0d;               // 왼쪽 두 번째 세그먼트 ON
        PORTA = Font[N100];         // 백의 자리 숫자를 출력해 준다.
        delay_ms(1);

        PORTC = 0x0b;               // 왼쪽 세 번째 세그먼트 ON
        PORTA = Font[N10];          // 십의 자리 숫자를 출력해 준다.
        delay_ms(1);

        PORTC = 0x07;               // 왼쪽 네 번째 세그먼트 ON
        PORTA = Font[N1];           // 일의 자리 숫자를 출력해 준다.
        delay_ms(1);
    }
}

interrupt [ADC_INT] void adc_isr(void)
{

    adc_data = ADCW;                // AD 값을 읽어 온다.
    ADCSRA = ADCSRA | 0x40;         // AD 변환 시작

}


void main(void)
{

 // 포트 C를 7-세그먼트 Common 단자로 사용하기 위해 출력으로 설정한다.
 DDRA = 0xff;
 DDRC = 0x0f;

 PORTA = 0xff;
 PORTC = 0x0f;


 DDRF= 0x00; // PF0를 입력핀으로 설정

 ADMUX =0x00;
 ADCSRA = 0x8b; // AD 변환 종료 인터럽트 인에이블

 delay_us(10);
```

학습 9. AD변환기 제어 응용

```
#asm("sei")

 ADCSRA |= 0x40; // AD 변환 시작

 while(1)
 {

   Segment(adc_data);

  }
 }
```

9-2 AD변환기로 광센서 읽기

학습 목표	9-2. AD변환기로 광센서 읽기를 이해할 수 있다.

필요지식

ATmega128A의 A/D 컨버터 기능을 이용하여 광 센서(CdS)로부터 밝기 정보를 읽어내어 Array FND에 출력하는 프로그램을 다룰 것이다. 이 예제를 통해 ATmega128A의 A/D 컨버터의 동작 원리와 레지스터 설정 방법을 이해해야 하고, 빛에 따른 저항값의 변화를 통해 빛의 세기를 알 수 있는 CdS에 대하여 사용법을 익혀 보도록 하자.

1. 광센서(Cds)의 이해

CdS는 두 전극 사이에 광 도전체인 CdS(황화카드뮴)가 삽입되어 있어 빛의 세기에 따라 내부 저항이 변하는데 밝은 곳에서는 내부 저항이 작아지는 광 가변 저항기다. 저항은 옴의 법칙에 따라 전압에 비례하고 전류에 반비례(R = V/I)한다. 따라서 밝은 곳에서는 저항이 작아져 전류가 증가하고 어두운 곳에서는 전류가 감소한다.

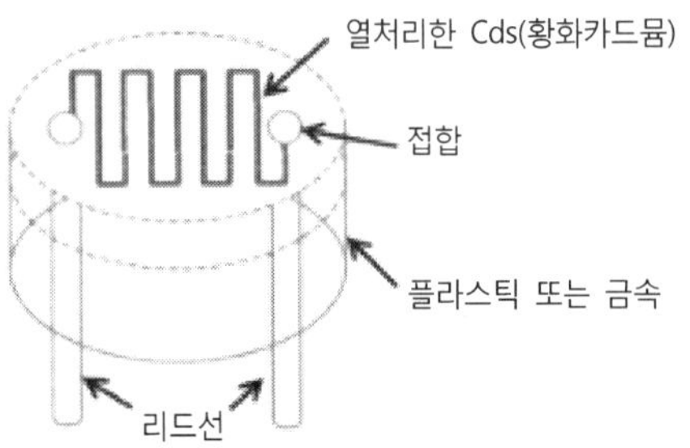

[그림 9-11] Cds의 구조

빛감지 센서(CdS)는 감도가 높고 소형이며 구조가 간단하여 사용하기 편리하나 전기전도도가 광량의 증가에 대해서 포화하는 경향이 있고, 빛의 급격한 변화에 대하여 전도도의 변화가 늦어지는 결점이 있어 비교적 완만한 조도 변화에만 응용될 수 있다. 따라서, 정밀한 조도값을 필요로 하는 응용에 사용되기 보다는 빛을 감지하여 소자들을 작동시키는 광전스위치 등에 널리 사용된다.

수행 내용　AD변환기의 광센서 읽기 제어 이해하기

재료 · 자료

• C언어 프로그래밍, 타깃보드

기기(장비 · 공구)

• 컴퓨터, USB케이블, 개발시스템, ISP

안전 · 유의사항

• ATmega128 타깃 시스템의 외형을 관리하고 ATmega128 타깃 시스템에 전원을 관리한다.

수행 순서

01 Cds 셀의 출력을 A/D 변환기의 3번 입력인 PF3(ADC3)으로 받아 이 값을 7-세그먼트에 (0~1023) 표시하는 프로그램을 작성하시오.

1. 포트 PA0~PA7, PC0~PC3까지 Array FND 부분을 7-세그먼트에 연결해 준다.
2. Cds 셀의 출력핀인 LIGHT OUT 핀을 PF3(ADC3)에 연결해 준다.

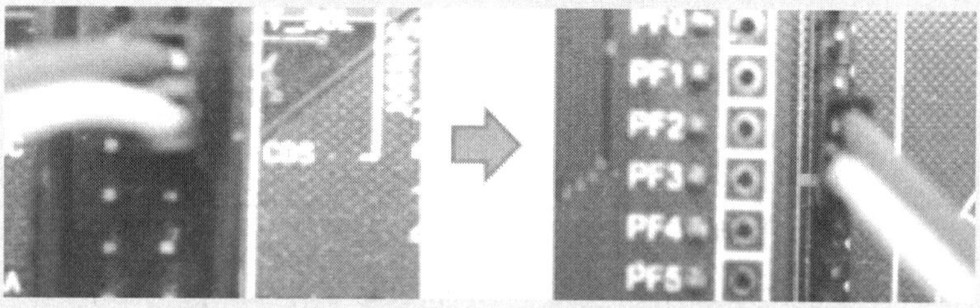

3. 다음 그림은 Sensor 파트의 CdS 회로도를 보인 것이다. LIGHT_OUT 신호가 Sensor 신호선 포트의 CdS에 매핑되며, 빛이 들어오면 세기에 따라 저항값이 변화한다.

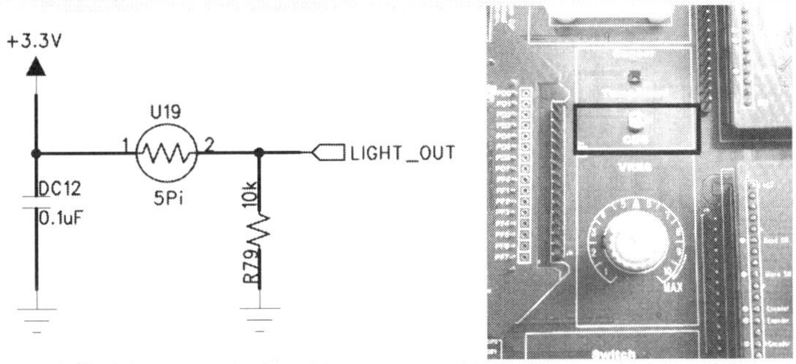

[그림 9-12] Cds 센서 모듈의 회로 부

위 회로도를 보면, 빛의 세기의 변화를 마이크로 프로세서에서는 전압 분배 원리에 의해 LIGHT_OUT에 걸리는 전압을 읽어주면 된다. 이 경우 3.3[V]가 걸려 잇을 때, 읽어 들인 전압 값과 CdS 셀의 저항 사이의 관계를 알아내기 위해 전압 분배 법칙을 적용하면 다음 식과 같다.

$$\mathrm{LIGHT\ OUT} = \frac{10K}{R_{Cds} + 10K} \times 3.3[V]$$

여기서, LIGHT_OUT은 ADC로 읽어 들인 전압 값이며, RCdS는 우리가 알고 싶은 CdS셀의 저항 값이다. 위 식으로부터 CdS셀의 저항값은 다음 식과 같이 유도된다.

$$R_{Cds} = \frac{50K}{\mathrm{LIGHT\ OUT}} \quad 10K$$

이 저항 값과 [그림 9-13]의 저항과 빛의 세기와의 관계를 통해 대략의 빛의 세기를 알아볼 수 있다.

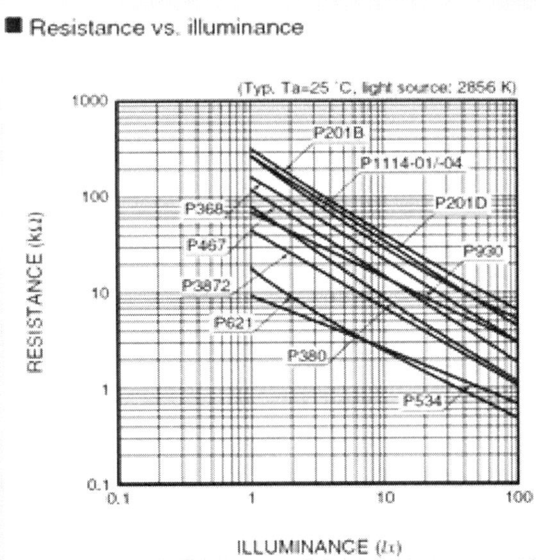

[그림 9-13] Cds의 빛에 따른 저항변화

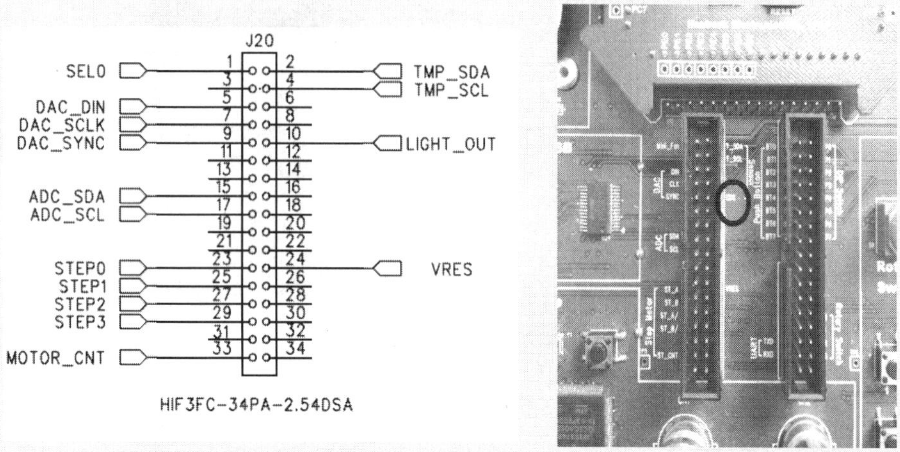

[그림 9-14] Cds 셀의출력 핀(LIGHT_OUT)

```
#include <mega128a.h>
#include <delay.h>

unsigned char Font[18] = {0x3F, 0x06, 0x5B, 0x4F,
                          0x66, 0x6D, 0x7C, 0x07,
                          0x7F, 0x67, 0x77, 0x7C,
                          0x39, 0x5E, 0x79, 0x71,
                          0x08, 0x80};

void Segment(int) ;              // Segment 함수 선언

unsigned int adc_data= 0;
void Segment ( int N )
{
 int  i ;
 unsigned char N1000, N100, N10, N1 ;
 int Buff ;

  N1000 = N /1000;               // 세그먼트에서 사용하는 천의 자리를 추출
  Buff = N % 1000 ;
  N100 = Buff / 100 ;            // 세그먼트에서 사용하는 백의자리 추출
  Buff = Buff % 100;
  N10 = Buff /10 ;               // 세그먼트에서 사용하는 십의 자리 추출
  N1 =  Buff % 10 ;              // 세그먼트에서 사용하는 일의 자리 추출
```

```
    for( i = 0 ; i < 30; i++ ) {

        PORTC = 0x0e;            // 왼쪽 첫 번째 세그먼트 ON
        PORTA = Font[N1000];  // 천의 자리 숫자를 출력해 준다.
        delay_ms(1);

        PORTC = 0x0d;            // 왼쪽 두 번째 세그먼트 ON
        PORTA = Font[N100];   // 백의 자리 숫자를 출력해 준다.
        delay_ms(1);

        PORTC = 0x0b;            // 왼쪽 세 번째 세그먼트 ON
        PORTA = Font[N10];     // 십의 자리 숫자를 출력해 준다.
        delay_ms(1);

        PORTC = 0x07;            // 왼쪽 네 번째 세그먼트 ON
        PORTA = Font[N1];      // 일의 자리 숫자를 출력해 준다.
        delay_ms(1);
    }
}

interrupt [ADC_INT] void adc_isr(void)
{
    adc_data = ADCW;
    ADCSRA = ADCSRA | 0x40;
}

void main(void)
{
  // 포트 C를 7-세그먼트 Common 단자로 사용하기 위해 출력으로 설정한다.
  DDRA = 0xff;
  DDRC = 0x0f;

  PORTA = 0xff;
  PORTC = 0x0f;

  DDRF = 0x00; // PF3를 입력핀으로 설정

  ADMUX = 0x03; // ADC 3에서 입력신호를 받는다.
  ADCSRA = 0x8b;
```

```
delay_us(10);

#asm("sei")

 ADCSRA |= 0x40;

 while(1)
 {
   Segment(adc_data);
  }
 }
```

02 ADC2에서 가변저항 입력을 받아서 출력을 0~33까지로 7-세그먼트 왼쪽 두자리에 표시하시오.

03 ADC2에서 Cds 셀의 입력을 받아서 외부의 빛의 양이 적으면 컬러 LED를 빨간색으로 키고 외부에 빛의 양이 많으면 컬러 LED를 푸른색으로 키는 프로그램을 작성하시오.

```
#include<avr/io.h>
#include<avr/interrupt.h>
#include<util/delay.h>


// Color LED RED-> PB5, Green->PB6, Blue->PB7


volatile  unsigned int adc_data= 0;
```

```
SIGNAL(SIG_ADC)
{

   adc_data = ADCW;      // AD 값을 읽어 온다.
   ADCSRA = ADCSRA | 0x40; // AD 변환 시작

}

int main()
{

 // 포트 C를 7-세그먼트 Common 단자로 사용하기 위해 출력으로 설정한다.
 DDRA = 0xff;
 DDRC = 0x0f;

 PORTA = 0xff;
 PORTC = 0x0f;

 DDRF= 0x00; // PF2를 입력핀으로 설정

 DDRB= 0xe0;

 ADMUX =0x02;
 ADCSRA = 0x8b; // AD 변환 종료 인터럽트 인에이블

 _delay_us(10);

  sei();

  ADCSRA |= 0x40; // AD 변환 시작

  while(1)
  {

        if(adc_data < 250) PORTB = 0x60; // Red
```

```
        else                    PORTB = 0x80;  // Blue
    }
    return 0;
}
```

9-3 Relay 제어

학습 목표	9-3. 릴레이 제어를 이해할 수 있다.

필요지식

릴레이란 전기 전자제품의 구동과 신호 전달 기능을 수행하는 전자부품으로 코일이 감겨진 철심에 전류를 흘리면 철심이 전자석이 되는 원리를 이용한 것으로 거의 모든 가전제품, 통신기기에 적용되는 범용부품이다. 이러한 릴레이는 쉽게 말해서 전자석 스위치이다. 이러한 릴레이의 좋은점은 전기적으로 독립된 회로를 연동시킬 수 있다는 점이다. 5[V]와 같은 저전압계로 구성된 회로의 동작에 의해 AC 100[V]계의 회로를 ON/OFF시키든가, 대전류의 회로를 ON/OFF시킬 수 있다. 그것은 코일 부분과 접점 부분이 완전하게 절연되어 있어서 전기적으로 외부기기와 절연할 수 있기 때문이다. 다음은 릴레이의 동작 원리를 그림으로 나타낸 것이다.

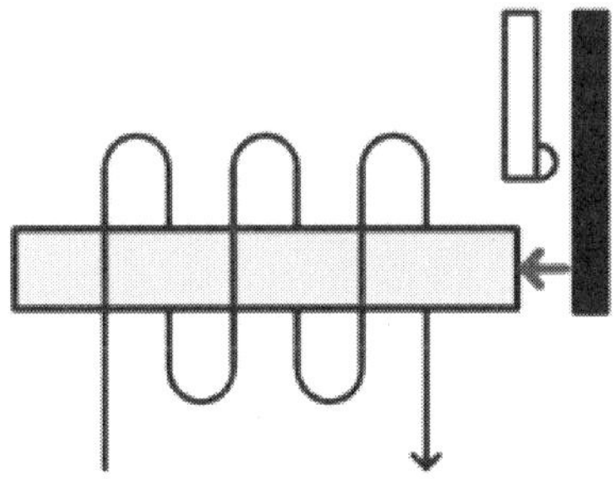

[그림 9-15] 릴레이의 동작원리

[그림 9-20]와 같이 철심에 감긴 코일에 전류를 흘려주면 자력이 발생하여 오른쪽의 철편을 끌어당겨 그 철편에 붙어있는 스위치부의 접점을 열거나 닫아 스위치로 동작하는 것이다.

릴레이의 특징을 정리하면 다음과 같다.

① 주위 온도에 거의 영향을 받지 않는다(−40℃～70℃).

② 각 접점간 절연되어 있으며, 동작 확인이 가능하다.

③ 개폐 용량이 크다.

④ 응답시간 : 3~17[ms], HBE-MCU-Multi-mini의 릴레이의 응답시간은 최대 3[ms] 이다.

⑤ On/Off 시 소음발생

⑥ 순간적으로 접점이 떨어질 때, 아크(Arc)발생으로 산화 우려가 있다.

⑦ On/Off시 접점이 스프링에 의해 진동하여 채터링 현상이 발생할 수 있다.

수행 내용 　　릴레이 제어 이해하기

재료 · 자료

- C언어 프로그래밍, 타깃보드

기기(장비 · 공구)

- 컴퓨터, USB케이블, 개발시스템, ISP

안전 · 유의사항

- ATmega128 타깃 시스템의 외형을 관리하고 ATmega128 타깃 시스템에 전원을 관리한다.

수행 순서

01 릴레이 접점을 5초간 ON 시켰다가(FAN 구동), 다시 5초간 OFF 시키는 (FAN 정지) 동작을 무한히 반복하는 프로그램을 작성하시오.

1. PB0와 릴레이 제어부 SEL0(Mini_Fan)를 연결해 준다.

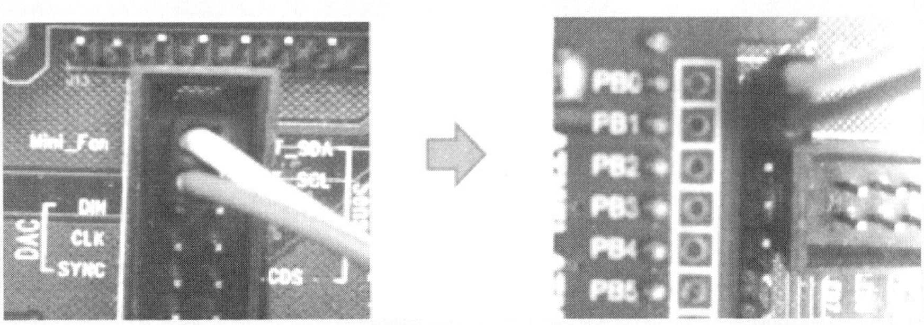

2. Relay 모듈에 사용된 릴레이는 2채널 릴레이로 5[V] 동작 전원으로 구동되며 DC는 최대 1A(30[V] DC)까지 AC는 최대 0.5A(125[V] AC) 제어가 가능하며, 두 개가 장착되어 있다. 다음은 사용된 릴레이의 외형과 구조를 나타낸다.

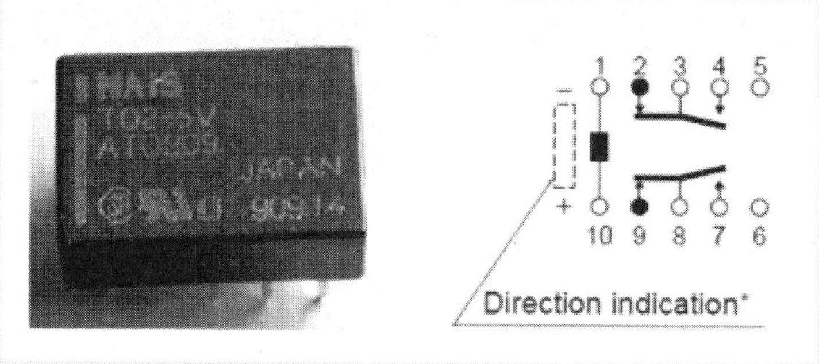

[그림 9-16] 릴레이 모듈에 사용된 릴레이 외형과 구조

[그림 9-16]과 같이 릴레이는 2채널이며 평상시 3번핀과 2번핀이 붙어있다가 전류가 흐르면 3번핀과 4번핀이 붙게되는 구조이다. 마찬가지로 8번핀과 9번핀이 붙어있다가 전류가 흐르면 8번핀과 7번핀이 붙게 된다.

릴레이를 제어하려면 릴레이 내부에 있는 코일에 전류를 흘려주면 된다고 설명하였다. [그림 9-16]에서 1번핀과 10번핀 사이에 전류를 흘려주면 되는데 보통 마이크로 컨트롤러에서는 트랜지스터를 사용하여 전류를 흘려주게 된다. 트랜지스터의 베이스단에 마이크로 컨트롤러의 '0[V]' 또는 '5[V]'의 제어신호로 트랜지스터를 On/Off하여 릴레이의 코일에 전류를 On/Off하게 된다. 다음 [그림 9-17]에 Relay 모듈의 회로도를 나타내었다.

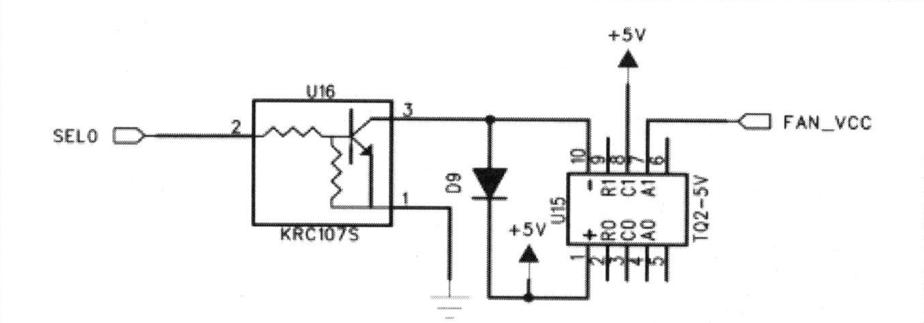

[그림 9-17] 릴레이 모듈에 사용된 릴레이 제어회로 구조

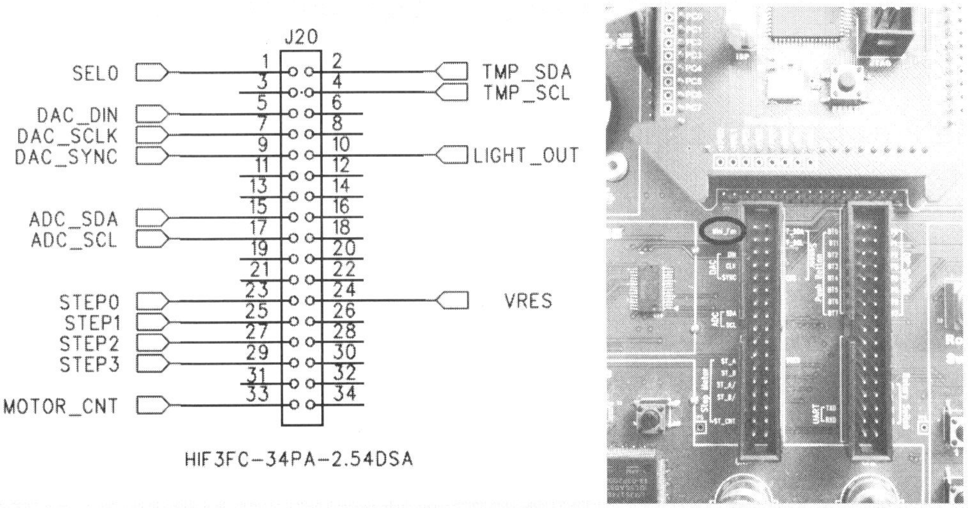

[그림 9-18] 릴레이 제어핀(SEL0)

```
#include <mega128a.h>
#include <delay.h>

void main(void)
{
 DDRB = 0x01 ; // PB0를 출력으로 설정
  while(1)
  {
    PORTB.0 = 1;  // 릴레이 ON ==> FAN 구동
    delay_ms(5000);
    PORTB.0 = 0 ; // 릴레이 OFF ==> FAN 정지
    delay_ms(5000);
   }
 }
```

02 ADC2에서 Cds 셀의 입력을 받아서 외부의 빛의 양이 적으면 컬러 LED를 빨간색으로 키면서 릴레이를 ON 시켜 FAN을 구동시키며, 외부의 빛의 양이 많으면 컬러 LED를 푸른색으로 키면서 릴레이를 OFF 시켜서 FAN 구동을 멈추게 하는 프로그램을 작성하시오.

```
#include<avr/io.h>
#include<avr/interrupt.h>
#include<util/delay.h>


// Color LED RED-> PB5, Green->PB6, Blue->PB7


volatile  unsigned int adc_data= 0;



SIGNAL(SIG_ADC)
{

   adc_data = ADCW;                 // AD 값을 읽어 온다.
   ADCSRA = ADCSRA | 0x40;          // AD 변환 시작

}



void main(void)
{


 // 포트 C를 7-세그먼트 Common 단자로 사용하기 위해 출력으로 설정한다.
 DDRA = 0xff;
 DDRC = 0x0f;

 PORTA = 0xff;
 PORTC = 0x0f;
```

```
DDRF= 0x00;          // PF2를 입력핀으로 설정

DDRB= 0xe1;

ADMUX =0x02;
ADCSRA = 0x8b;      // AD 변환 종료 인터럽트 인에이블

_delay_us(10);


 sei();

 ADCSRA |= 0x40;   // AD 변환 시작

 while(1)
 {

        if(adc_data < 250){
       PORTB = 0x61;   // Red & Relay ON
       _delay_ms(1000);
   }
        else  {
         PORTB = 0x80; // Blue % Relay OFF
        _delay_ms(1000);
  }

 }

}
```

학습활동.9 교수 · 학습 방법

교수 방법

- ADC 및 릴레이 제어 응용에 대한 관련 용어, 구성, 방식 이해 정도를 파악한 후 수업을 진행한다.
- 교수자의 주도로 FND 제어 응용 등의 내용을 PPT 자료로 제시한 후 설명한다.
- 가능하면 사전에 개인별 학습 자료를 준비하여 모든 학생이 참여할 수 있는 문제 해결식 수업, 협력 수업이 가능하도록 한다.
- ADC 및 릴레이 제어 응용 전 과정을 작업의 순서에 따라 단계적으로 실습이 이루어질 수 있도록 지도한다.
- 교재를 통해 수업을 준비하는데 있어서 필요한 모든 정보나 팁, 힌트 등 도움이 될 만한 내용들을 확인할 수 있다.
- 학생들이 만들게 될 각 모델들은 수업시간에 중점적으로 다뤄질 부분과 어휘, 질문, 답을 포함하고 있으며 또한 탐구할만한 추가적인 아이디어들도 포함하고 있다.

학습 방법

- ADC 및 릴레이 제어 응용에 대한 관련 용어를 숙지하고, ADC 및 릴레이 제어 응용의 기초 단계에 대해 이해한다.
- ADC 및 릴레이 제어 응용의 각 단계별 중점 사항을 체계적으로 학습한다.
- ADC 및 릴레이 제어 응용의 수행순서의 전 과정을 실습한다.
- ADC 및 릴레이 제어 응용의 내용을 이해한다.
- ADC 및 릴레이 제어 응용을 이해하고 숙달이 될 때까지 학습한다.

학습활동.9 평가 및 피드백

평가 준거

- 평가자는 피평가자가 수행 준거 및 평가 내용에 제시되어 있는 내용을 성공적으로 수행할 수 있는 지를 평가해야 한다.

• 평가자는 다음 사항을 평가해야 한다.

학습내용	평가항목	성취수준		
		상	중	하
ADC 제어 응용	ADC 제어 응용을 이해할 수 있다.			
ADC로부터 광센서 읽기 제어 응용	ADC로부터 광센서 읽기 제어 응용을 이해할 수 있다.			
릴레이 제어 응용	릴레이 제어 응용을 이해할 수 있다.			

평가 방법

• 작업 포트폴리오

학습내용	평가항목	성취수준		
		상	중	하
ADC 제어 응용	ADC 제어 응용을 이해할 수 있다.			
ADC로부터 광센서 읽기 제어 응용	ADC로부터 광센서 읽기 제어 응용을 이해할 수 있다.			
릴레이 제어 응용	릴레이 제어 응용을 이해할 수 있다.			

• 필기시험

학습내용	평가항목	성취수준		
		상	중	하
ADC 제어 응용	ADC 제어 응용을 이해할 수 있다.			
ADC로부터 광센서 읽기 제어 응용	ADC로부터 광센서 읽기 제어 응용을 이해할 수 있다.			
릴레이 제어 응용	릴레이 제어 응용을 이해할 수 있다.			

• 체크리스트를 통한 관찰

학습내용	평가항목	성취수준		
		상	중	하
ADC 제어 응용	ADC 제어 응용을 이해할 수 있다.			
ADC로부터 광센서 읽기 제어 응용	ADC로부터 광센서 읽기 제어 응용을 이해할 수 있다.			
릴레이 제어 응용	릴레이 제어 응용을 이해할 수 있다.			

피드백

1. 작업 포트폴리오
   - 제출한 보고서를 평가한 후 주요 사항에 대하여 표시하여 돌려준다.
2. 필기 시험
   - 평가 결과 성적이 저조한 학생은 보고서 제출 기회를 부여한다.
3. 체크리스트를 통한 관찰
   - 실습 과정에서 평가한 후 개선해야 할 사항 등을 정리하여 돌려둔다.

학습 1	C언어 개요 및 개발환경 설정
학습 2	ATmega128 특징 및 구성
학습 3	LED 제어 응용
학습 4	FND 제어 응용
학습 5	LCD 제어 응용
학습 6	스위치 제어 응용
학습 7	인터럽트 제어 응용
학습 8	8비트 타이머/카운터 제어 응용
학습 9	AD변환기 제어 응용
학습 10	**USART통신 제어 응용**
학습 11	모터 제어 응용
학습 12	거리 및 초음파 센서 제어 응용
학습 13	Key 매트릭스 제어 응용
학습 14	Dot 매트릭스 제어 응용
학습 15	블루투스 제어 응용

10-1 USART의 개념과 특징

학습 목표	10-1 USART의 개념과 특징을 이해할 수 있다.

필요지식

마이크로프로세서에서의 통신 방법은 직렬 통신, 병렬 통신 등 다양한 통신 방법이 있다. 그 중 ATmega128A은 비동기/동기모드가 가능한 USART((Universal Synchronous and Asynchronous Receive and Transmitter) 직렬 통신과 동기모드인 SPI, TWI 직렬 통신이 있다. 이중 HBE-Multi BASE II에서 실험 가능한 USART를 중점으로 통신모듈에 대해 공부해 보자.

1. 직렬통신의 개요

직렬통신이란 여러 방식의 통신 중에서 [그림 10-1]의 직렬 통신개념과 같이 마이크로프로세서와 마이크로프로세서, 또는 마이크로프로세서와 PC간에 송수신단자를 통하여 데이터를 보내거나 받는 구조를 지닌 통신방식을 말한다.

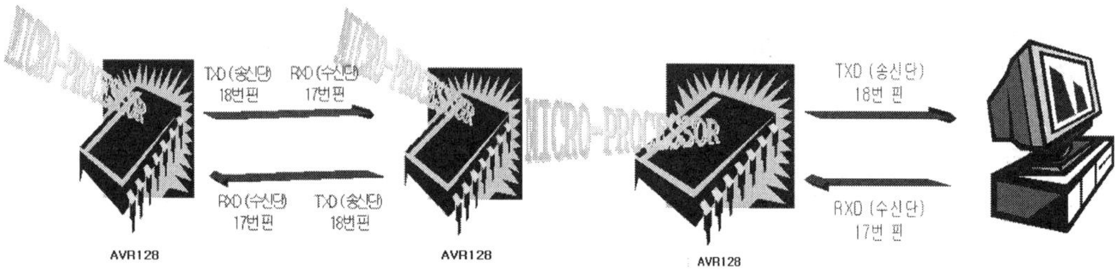

[그림 10-1] 직렬통신 개념

2. USART 직렬통신 포트 구조와 기능

ATmega128A은 동일한 기능을 수행하는 2개의 USART(Universal Synchronous and Asynchronous Receiver and Transmitter) 직렬통신 포트 USART0 및 USART1을 가지고 있고 동기/비동기 전송모드에서 전이중 통신이 가능하고 멀티프로세서 통신모드로 동작하는 것도 가능하며, 높은 정밀도의 보레이트 발생기(baud rate generator)를 내장하고 있다. ATmega128A를 동기식 전송모드로 사용할 경우 마스터(master)로 동작시키면 내부 클럭을 사용하여 전송속도(보레이트)를 결정하고, 슬레이브(slave)로 동작시키면 ATmega128A의 XCKn단자에 입력되는 클럭 신호에 의해 동작된다. 그리고 ATmega128A를 비동기식 전송모드로 사용할 경우에는 항상 내부 클럭을 사용하여 전송속도(보레이트)를 결정한다. ATmega128A의 직렬통신제어에서 전송 데이터를 5~9비트로 설정하고 스톱비트를 1~2비트로 설정할 수 있다. 그리고 전송 중에 패리티 비트를 사용하지 않을 수도 있고 짝수 또는 홀수 패리티(even or odd parity)를 임의로 설정하여 사용할 수도 있다.

또한 수신동작에서 패리티 에러(parity error), 오버런 에러(overrun error) 및 프레임 에러(frame error)를 검출하는 기능도 가지고 있다. ATmega128A의 2개 USART 직렬 통신은 송신완료(TX complete), 송신 데이터 레지스터 준비완료(TX data register empty), 수신완료(RX complete) 등 각각 3가지의 인터럽트를 사용할 수 있으며, 〈표 10-1〉은 3가지 직렬통신 관련 인터럽트를 처리하기 위한 인터럽트 소스와 핀 기능을 나타낸 것이다.

인터럽트 소스	인터럽트벡터	우선순위
USART0, RX	0x0024	18
USART0, UDRE	0x0026	19
USART0, TX	0x0028	20
USART1, RX	0x003C	30
USART1, UDRE	0x003E	31
USART1, TX	0x0040	32

〈표 10-1〉 직렬통신 인터럽트 소스와 핀 기능

<table>
<tr><th>포트 핀</th><th>부가 기능</th><th>제어 레지스터</th><th>인터럽트 레지스터</th></tr>
<tr><td>PE0</td><td>RxD0/PDI</td><td rowspan="4">UDR0/1
UCSR0A/1A
UCSR0B/1B
UCSR0C/1C
UBRR0H/L
UBRR1H/L</td><td rowspan="4">UCSR0A/1A
UCSR0B/1B</td></tr>
<tr><td>PE1</td><td>TxD0/PDO</td></tr>
<tr><td>PD2</td><td>RxD1/INT2</td></tr>
<tr><td>PD3</td><td>TxD1/INT3</td></tr>
</table>

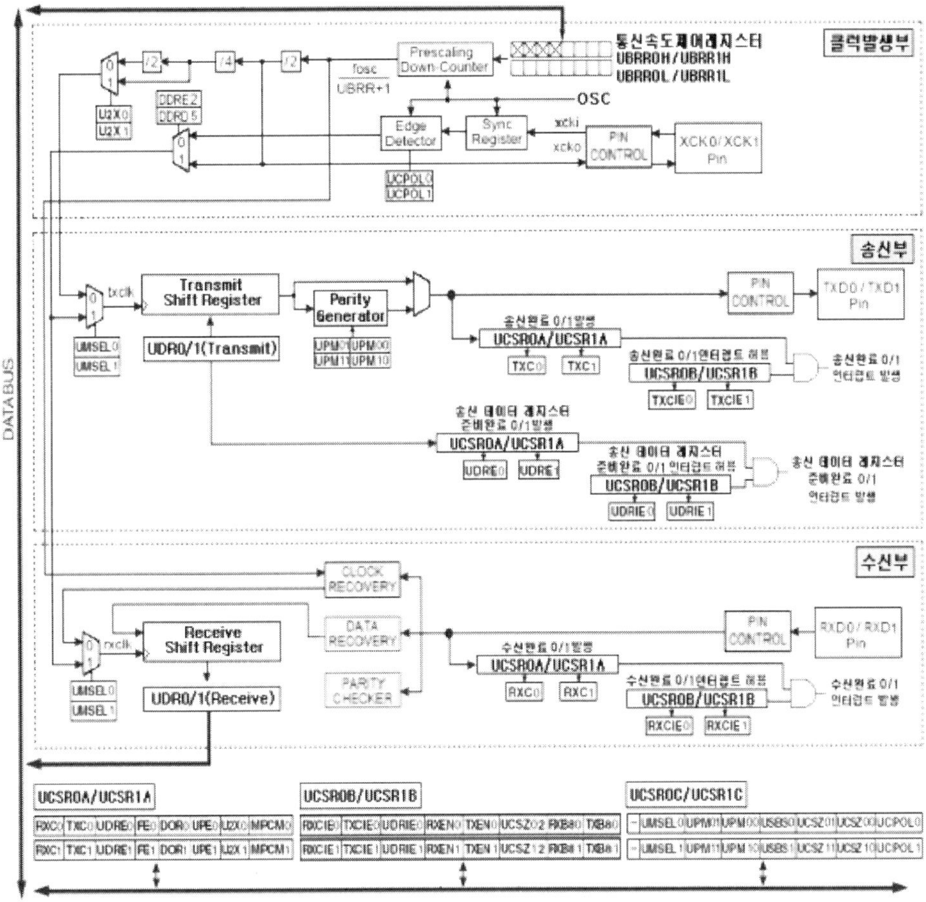

[그림 10-2] USART 직렬포트 구조도

[그림 10-2]와 같이 ATmega128A의 USART0 및 USART1은 각각 크게 클럭 발생부, 송신부, 수신부의 3가지 구성부분으로 이루어진다. 클럭 발생부는 보레이트 발생기와 동기 모드에서 클럭과 동기를 취하는 회로등으로 구성된다. 클럭 발생부는 전송속도(보레이트)발생기와 동기 모드에서 XCKn단자에 입력되는 클럭과 동기를 취하는 회로로 구성되고, 송신부는 송신 버퍼, 송신 시프트 레지스터, 패리티 발생기로 구성되며, 수신부는 수신 버퍼, 수신 시프트 레지스터, 패리티 검사기 등으로 구성된다.

3. USART 직렬통신 관련 제어 레지스터

1) UDR0 및 UDR1(USART0 or 1 I/O Data Register) 레지스터

Bit	7	6	5	4	3	2	1	0	
	RXBn[7:0]								UDRn (Read)
	TXBn[7:0]								UDRn (Write)
Read/Write	R/W	R/W	R/W	R/W	R/W	R/W	R/W	R/W	
Initial Value	0	0	0	0	0	0	0	0	

USART0 또는 USART1 포트의 송수신 데이터 버퍼의 기능 수행(n=0, 1)

각 포트의 송신 및 수신 버퍼는 동일한 번지에 위치하지만 내부적으로는 서로 다른 별개의 레지스터로서 작동한다.

① 송신시 : 데이터를 UDR0/UDR1에 라이트하면 송신 데이터 버퍼 TXB0/TXB1에 저장

② 수신시 : 데이터를 UDR0/UDR1으로 읽으면 수신 데이터 버퍼 RXB0/RXB1에 수신되어 있는 값이 읽혀진다.

2) UCSR0A 및 UCSR1A 레지스터(USART0 or 1 Control and Status Register A)

Bit	7	6	5	4	3	2	1	0	
	RXCn	TXCn	UDREn	FEn	DORn	UPEn	U2Xn	MPCMn	UCSRnA
Read/Write	R	R/W	R	R	R	R	R/W	R/W	
Initial Value	0	0	1	0	0	0	0	0	

USART0 및 USART1 포트의 송수신 동작을 제어하거나 송수신 상태를 저장하는 기능을 수행(n=0, 1)

① MPCMn(USARTn Multi-Processor Communication Mode) : USARTn을 멀티 프로세서 통신 모드로 설정

• 멀티 프로세서 통신 모드에서는 어드레스 정보를 포함하지 않는 모든 수신 데이터는 수신부에 의하여 무시된다. 송신부는 이 비트에 의하여 영향을 받지 않는다.

② U2Xn(Double the USARTn Transmission Speed) : 비동기 모드에서만 유효한 것으로서 클럭의 분주비를 16에서 8로 절반만큼 낮추어 전송속도를 2배 높이는 기능을 수행

③ UPEn(USARTn Parity Error) : UDR0/UDR1의 수신버퍼에 현재 저장되어 있는 데이터를 수신하는 동안에 패리티 에러가 발생하였음을 나타내는 상태 플래그

• 패리티 에러는 UCSR0C/UCSR1C 레지스터에서 UPMn1=1로 하여 패리티 비트를 사용하도록 설정한 경우에만 발생할 수 있다. UCSR0A/UCSR1A 레지스터를 라이트하면 이 비트는 무조건 0으로 클리어 된다.

④ DORn(USARTn Data Overrun Error) : 수신동작에서 오버런 에러가 발생하였음을 나타내는 상태 플래그

• 오버런 에러는 UDR0/UDR1의 수신 버퍼에 현재 읽지 않은 수신 문자가 들어 있는 상태 플래그이다. 오버런 에러는 UDR0/UDR1의 수신 버퍼에 현재 읽지 않은 수신 문자가 들어있는 상태에서 수신 시프트 레지스터에 새로운 데이터가 수신 완료되고 다시 그다음 수신 데이터인 3번째 문자의 스타트 비트가 검출되면 발생한다. UCSR0A/UCSR1A레지스터를 라이트하면 이 비트는 무조건 0으로 클리어된다.

⑤ FEn(USARTn Frame Error) : 수신 버퍼에 현재 저장되어 있는 데이터를 수신하는 동안에 프레임 에러가 발생하였음을 나타내는 상태 플래그

• 프레임 에러는 수신 문자의 첫 번째 스톱 비트가 0으로 검출되면 발생한다. UCSR0A/UCSR1A를 라이트하면 이 비트는 무조건 0으로 클리어된다.

⑥ UDREn(USARTn Data Register Empty) : UDRn의 송신 버퍼가 비어있어서 새로운 송신데이터를 받을 준비가 되어 있으면 1로 세트되는 상태 플래그

• '1'이면 송신데이터 레지스터 준비완료 인터럽트를 요청

⑦ TXCn(USARTn Transmit Complete) : 송신 시프트 레지스터에 있는 송신데이터가 모두 송신되고 UDRn의 송신 버퍼에 아직 새로운 송신 데이터가 라이트되지 않은 상태이면 1로 셋되는 상태 플래그

• '1'이면 송신 완료 인터럽트를 요청하고 인터럽트의 처리가 시작되면 이 비트는 자동으로 0으로 클리어된다.

⑧ RXCn(USARTn Receive Complete) : 수신 버퍼에 읽혀지지 않은 수신문자가 들어있으면 1로 셋되고 CPU가 이를 읽어서 수신 버퍼가 비어있는 상태라면 0으로 클리어되는 상태 플래그

- '1'이면 수신완료 인터럽트를 요청

3) UCSR0B 및 UCSR1B 레지스터(USART0 or 1 Control and Status Register B)

Bit	7	6	5	4	3	2	1	0	
	RXCIEn	TXCIEn	UDRIEn	RXENn	TXENn	UCSZn2	RXB8n	TXB8n	UCSRnB
Read/Write	R/W	R/W	R/W	R/W	R/W	R/W	R	R/W	
Initial Value	0	0	0	0	0	0	0	0	

USART0 및 USART1 포트의 송수신 동작을 제어하거나, 전송 데이터를 9비트로 설정한 경우에 전송 데이터의 9번째 비트값을 저장하는 기능을 수행한다. USART0 및 USART1 포트의 송수신 동작을 제어하거나, 전송 데이터를 9비트로 설정한 경우에 전송 데이터의 9번째 비트값을 저장하는 기능을 수행한다.

① TXB8n(USARTn Transmit Data Bit 8) : 전송 문자가 9비트로 설정된 경우 송신할 문자의 9번째 비트(MSB)를 저장, 이는 반드시 UDRn 레지스터보다 먼저 라이트되어야 한다.

② RXB8n(USARTn Receive Data Bit 8) : 전송 문자가 9비트로 설정된 경우 수신된 문자의 9번째 비트(MSB)를 저장, 이는 반드시 UDRn 레지스터보다 먼저 읽혀야 한다.

③ UCSZn2(USARTn Character Size) : UCSRnC 레지스터의 UCSZn1~0비트와 함께 전송문자의 데이터 비트수를 설정

④ TXENn(USARTn Transmitter Enable) : USARTn포트의 송신부가 동작하도록 허용 TxDn핀이 병렬 I/O포트가 아니라 직렬 데이터 송신 단자로 동작하도록 설정하며, 이 비트를 0으로 설정하더라도 이 송신 시프트 레지스터에 데이터가 남아있을 경우에는 이것이 전송완료될 때까지 유효하지 않다.

⑤ RXENn(USARTn Receiver Enable) : USARTn 포트의 수신부가 동작하도록 허용 RxDn핀 이 병렬 I/O포트가 아니라 직렬 데이터 수신 단자로 동작하도록 설정하며, 에러 플래그 비트 FEn, DORn, UPEn의 동작을 유효하도록 한다.

⑥ UDRIEn(USARTn Data Register Empty Interrupt Enable) : 송신 데이터 레지스터 준비완료 인터럽트를 허용하는 비트- 1로 설정하고 SREG 레지스터의 I 비트가 1이라면 UCSRnA 레지스터의 UDREn 비트가 1로 되는 경우 송신 데이터

레지스터 준비완료 인터럽트가 발생한다.

⑦ TXCIEn(USARTn TX Complete Interrupt Enable) : 송신완료 인터럽트를 허용하는 비트

- 1로 설정하고 SREG 레지스터의 I 비트가 1이라면 UCSRnA 레지스터의 TXCn 비트가 1로 되는 경우 송신 완료 인터럽트가 발생한다.

⑧ RXCIEn(USARTn RX Complete Interrupt Enable) : 수신완료 인터럽트를 허용하는 비트

- 1로 설정하고 SREG레지스터의 I비트가 1이면 UCSRnA 레지스터의 RXCn 비트가 1로 되는 경우 수신 완료 인터럽트가 발생한다.

4) UCSR0C 및 UCSR1C 레지스터(USART0 or 1 Control and Status Register C)

Bit	7	6	5	4	3	2	1	0	
	–	UMSELn	UPMn1	UPMn0	USBSn	UCSZn1	UCSZn0	UCPOLn	UCSRnC
Read/Write	R/W	R/W	R/W	R/W	R/W	R/W	R/W	R/W	
Initial Value	0	0	0	0	0	1	1	0	

USART0 및 USART1 포트의 송수신 동작을 제어하는 기능을 수행

① UCPOLn(USARTn Clock Polarity) : 동기 전송 모드의 슬레이브 동작에서만 유효한 것으로 이를 0으로 설정하면 송신 데이터는 XCKn클럭의 상승 에지에서 새로운 값이 출력되고, 수신 데이터는 XCKn클럭의 하강 에지에서 검출된다. 그러나 이를 1로 설정하면 반대로 송신 데이터는 XCKn클럭의 하강 에지에서 새로운 값이 출력되고, 수신 데이터는 XCKn클럭의 상승 에지에서 검출된다.

② UCSZn1~0(USARTn Character Size) : UCSRnB 레지스터의 UCSZn2비트와 함께 전송 문자의 데이터 비트수를 설정

〈표 10-2〉 USARTn 포트에 대한 전송 데이터 길이의 설정

UCSZn2	UCSZn1	UCSZn0	전송 데이터 길이
0	0	0	5비트
0	0	1	6비트
0	1	0	7비트
0	1	1	8비트
1	0	0	(Reserved)
1	0	1	(Reserved)
1	1	0	(Reserved)
1	1	1	9비트

③ USBSn(USARTn Stop Bit Select) : '0'이면 USARTn포트에서 데이터 포맷을 구성하는 스톱비트를 1개로 설정하고, 1이면 스톱 비트를 2개로 설정

④ UPMn1~0(USARTn Parity Mode) : USARTn포트에서 패리티 모드를 설정

〈표 10-3〉 USARTn포트에 대한 패리티 모드 설정

UPMn1	UPMn0	패리티 모드
0	0	패리티 체크 기능을 사용하지 않음
0	1	(Reserved)
1	0	짝수 패리티 방식을 사용
1	1	홀수 패리티 방식을 사용

⑤ UMSELn(USARTn Mode Select) : 1이면 USARTn 포트를 동기 전송 모드로 설정하고, 0이면 비동기 전송모드로 설정

5) UBRR0H/L 및 UBRR1H/L 레지스터(USART0 or 1 Baud Rate Register)

Bit	15	14	13	12	11	10	9	8	
	-	-	-	-	UBRRn[11:8]				UBRRnH
	UBRRn[7:0]								UBRRnL
	7	6	5	4	3	2	1	0	
Read/Write	R	R	R	R	R/W	R/W	R/W	R/W	
	R/W	R/W	R/W	R/W	R/W	R/W	R/W	R/W	
Initial Value	0	0	0	0	0	0	0	0	
	0	0	0	0	0	0	0	0	

16비트 중에서 12비트만 유효하며 USART0 및 USART1 포트의 송수신 속도인 보레이트를 설정하는 기능을 수행한다. 16비트 레지스터를 라이트 하는 경우에는 항상 상위 바이트인 UBRRnH를 먼저 라이트하고 하위 UBRRnL을 나중에 라이트해야 한다.

(1) 보레이트 결정값

설정된 UBBRn 레지스터에 대하여 보레이트를 계산하는 공식이나 반대로 원하는 보레이트를 설정하기 위한 UBBRn레지스터의 값을 구하는 공식을 동작모드별로 요약하면 〈표 10-4〉과 같다. 동기 슬레이브 모드에서는 XCKn단자로 입력되는 클럭의 주파수가 그대로 보레이트가 된다.

여기서 BAUD의 단위는 bps(Bit per second)이며 UBRRn은 12비트만을 사용하므로 0~4095범위의 값을 가질 수 있다.

〈표 10-4〉 USARTn포트에 대한 보레이트 설정 공식(n=0,1)

동작모드	보레이트를 결정하는 공식	UBRR레지스터값을 결정하는 공식
비동기 일반모드	BAUD = $\frac{f_{osc}}{16(UBRRn+1)}$	UBRR = $\frac{f_{osc}}{16 \times BAUD} - 1$
비동기 2배속모드	BAUD = $\frac{f_{osc}}{8(UBRRn+1)}$	UBRR = $\frac{f_{osc}}{8 \times BAUD} - 1$
동기 마스터모드	BAUD = $\frac{f_{osc}}{2(UBRRn+1)}$	UBRR = $\frac{f_{osc}}{2 \times BAUD} - 1$

이 공식에 따라 ATmega128A에 14.7456MHz의 시스템 클럭을 사용하는 경우 각 보레이트로 값을 계산하면 〈표 10-5〉와 같다.

〈표 10-5〉 보레이트에 따른 UBRRn레지스터의 설정($f_{osc} = 14.7456\text{MHz}$)

Baud Rate(bps)	비동기 일반모드(U2Xn= 0)		비동기 2배속 모드(U2Xn = 1)	
	UBRRn	에러	UBRRn	에러
2400	383	+0.00%	767	+0.00%
4800	191	+0.00%	383	+0.00%
9600	95	+0.00%	191	+0.00%
14,400	63	+0.00%	127	+0.00%
19,600	47	+0.00%	95	+0.00%
28,800	31	+0.00%	63	+0.00%
38,400	23	+0.00%	47	+0.00%
57,600	15	+0.00%	31	+0.00%
76,800	11	+0.00%	23	+0.00%
115,200	7	+0.00%	15	+0.00%
230,400	3	+0.00%	7	+0.00%
250,000	3	−7.80%	6	5.30%
500,000	1	−7.80%	3	−7.80%
1M	0	−7.80%	1	−7.80%

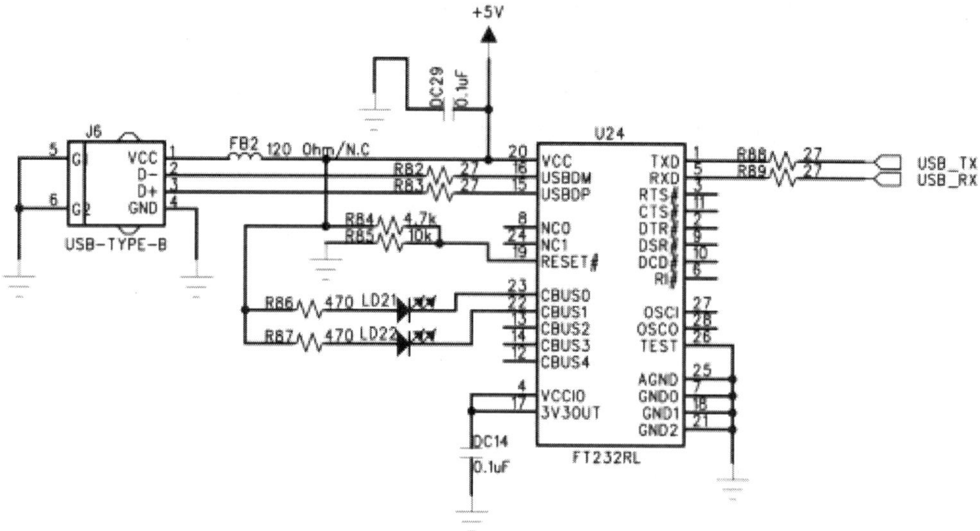

[그림 10-3] USART 회로

수행 내용 USART통신 제어 이해하기

재료 · 자료

- C언어 프로그래밍, 타깃보드

기기(장비 · 공구)

- C언어 프로그래밍, 타깃보드

안전 · 유의사항

- ATmega128 타깃 시스템의 외형을 관리하고 ATmega128 타깃 시스템에 전원을 관리한다.

수행 순서

01 USB 통신 포트를 이용하여 ATmega128A에서 'a', 'B', 'c', 'D'를 반복해서 PC로 전송하는 프로그램을 작성하시오. 통신 프로토콜은 보레이트는 115200, Non Parity, 1 Stop Bit, 8데이터 비트로 설정한다.

수행 Tip

* ATmega128A는 ISP와 USART0는 서로 같은 핀을 공유한다. 따라서 프로그램 다운로드시에는 하이퍼터미널을 연결해제 상태로 해야 한다.

1. 포트 E의 PE0는 ATmega128A의 RXD 핀이다. 이것은 PC쪽 USART 신호선 포트의 TXD에 연결([그림 10-4]의 31번핀에 연결)해야 한다. 또한 포트 E의 PE1은 ATmega128A의 TXD 핀이다. 따라서 PC쪽 USART 신호의 RXD 단자에 연결([그림 10-4]의 33번핀에 연결)해야 한다.

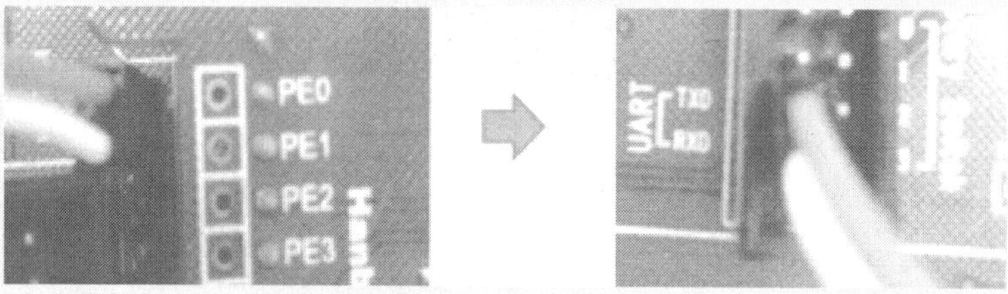

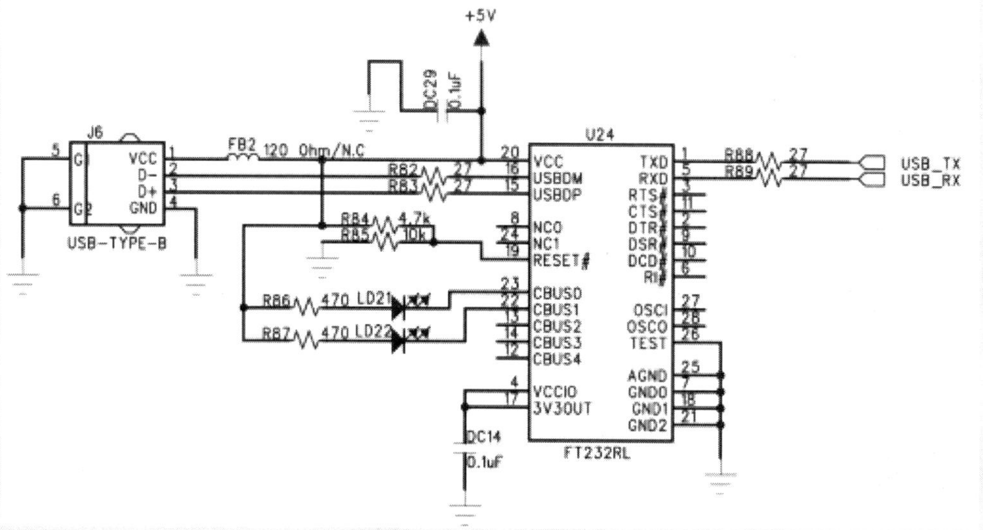

[그림 10-4] USART 회로

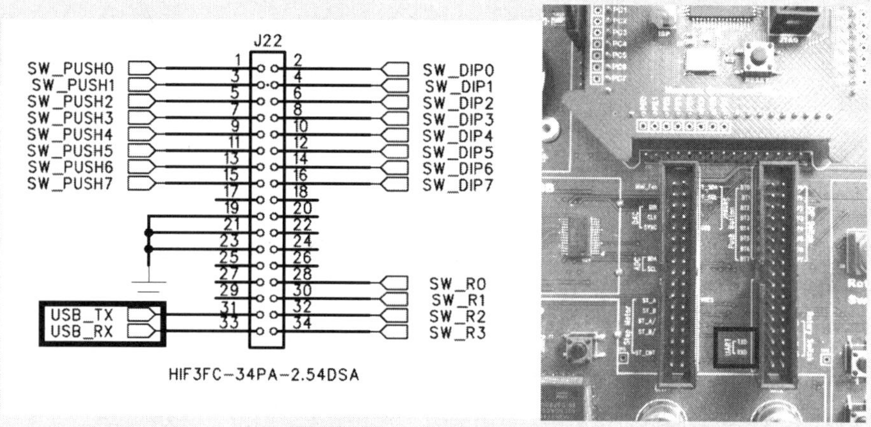

[그림 10-5] TXD, RXD 핀 배치

2. [그림 10-3]의 회로에서 FT232는 USB-to-Serial 변환 칩이다. USART 모듈은 PC 나 다른 임베디드 시스템과의 USART통신을 위하여 RS232와 USB를 통한 가상 UART 두 가지를 제공한다. 이 예제에서는 USB 인터페이스를 사용하기로 한다. [그림 10-3]의 우측 하단의 LED 두개는 UART TX/RX 데이터의 전송을 알리기 위한

것이다.

3. USART을 PC와 연결하면 "USB Serial Port"로 인식하게 된다. 만약, 디바이스를 설치해야 한다는 창이 나타나면, ISP 설치때와 같은 방식으로 설치를 진행한다. 인식이 끝마치게 되면, 제어판 → 시스템 → 하드웨어 탭으로 이동 → 장치관리자 실행을 한 다음, 장치관리자에서 포트 메뉴를 보게 되면, 아래 그림과 같이 USART의 COM포트를 확인할 수 있다.

[그림 10-6] USART로 PC에 문자를 보내기 위한 COM포트 확인

PC 쪽은 제공되는 CD에 들어 있는 하이퍼터미널로 통신실험을 한다(윈도우 7 이상에서는 OS에서 하이퍼터미널을 제공하지 않기 때문에 설치하여야 한다).

↓

① hypertrm을 더블 클릭한다

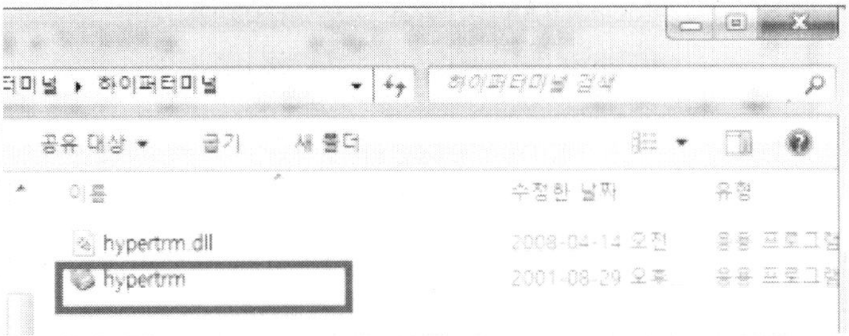

↓

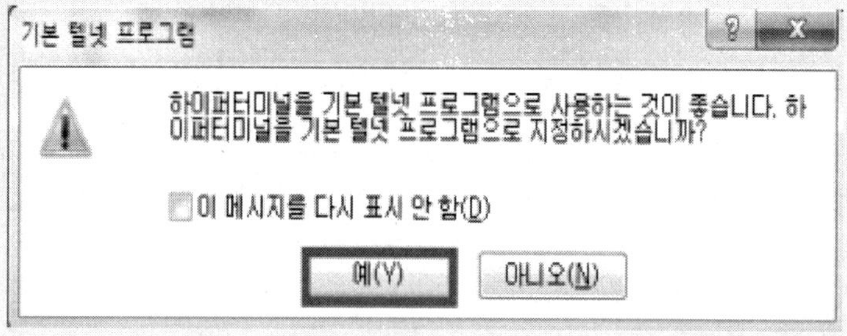

↓

② 지역번호를 입력하고 확인을 해준다.

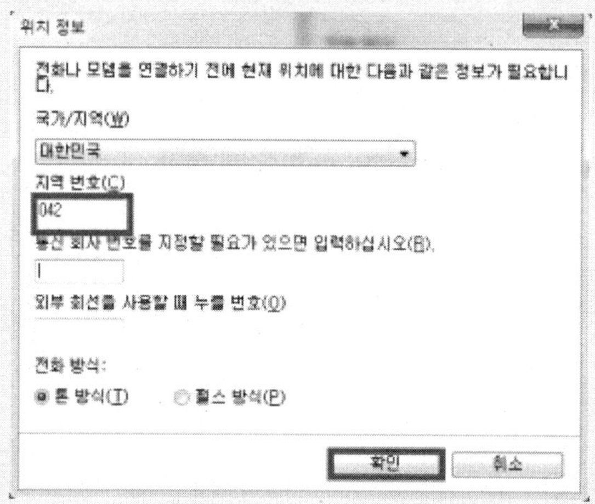

↓

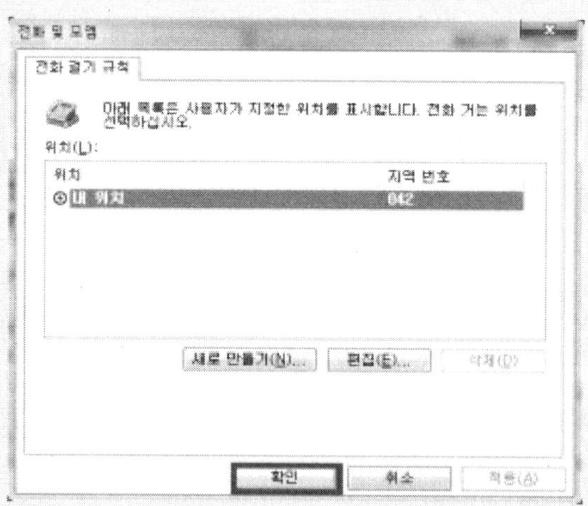

↓

③ 임의의 이름을 입력해 주고 확인을 눌러준다.

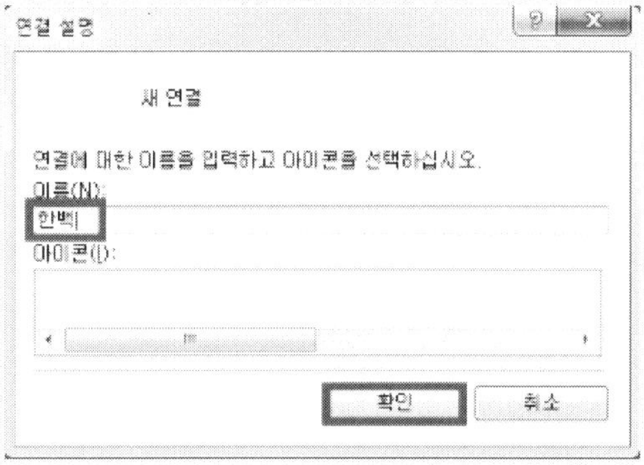

↓

④ [그림 10-5]에 COM5로 설정되어 있으므로 COM5를 선택해 준다.

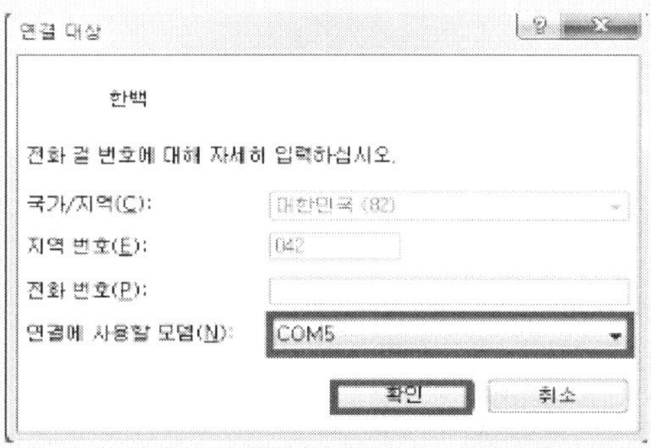

↓

⑤ 보레이트를 115200로 설정하고 확인을 눌러준다.

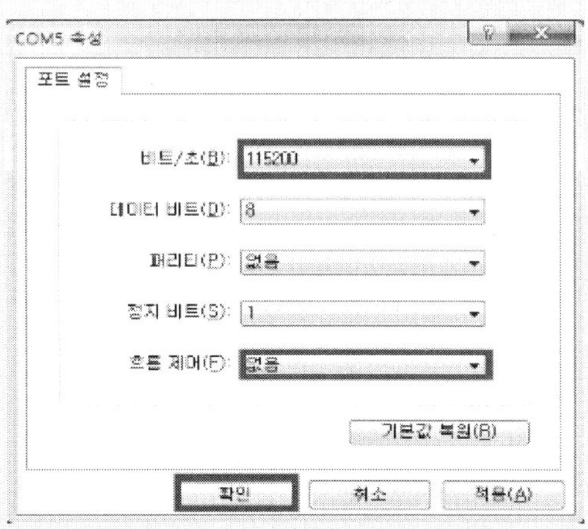

↓

⑥ 이런 과정을 거쳐서 하이퍼터미널을 준비하면 아래와 같이 된다.

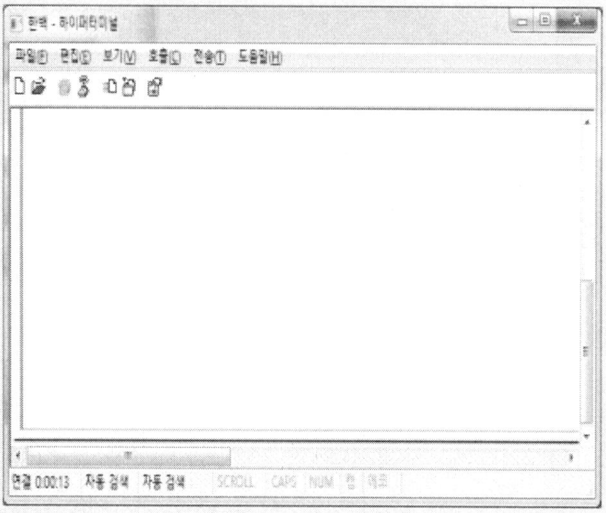

↓

⑦ ATmega128A에 프로그램을 다운로드 하기 전에 하이퍼터미널에서 연결 끊기를 눌러 하이퍼 터미널의 연결을 끊어 준다.

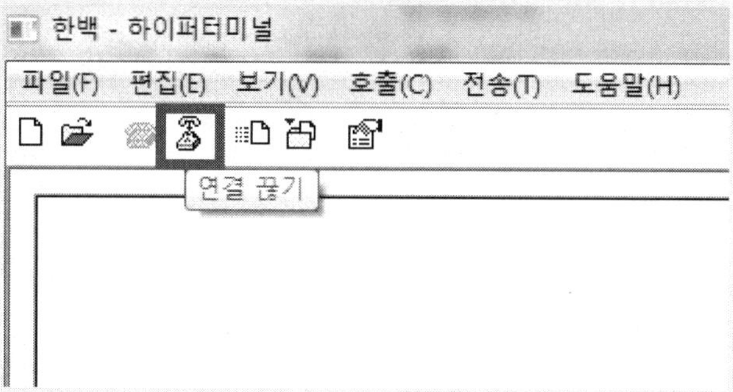

⑧ ATmega128A쪽 프로그램

	RXC0	TXC0	UDRE0	FE0	DOR0	UPE0	U2X0	MPCM0
UCSR0A	0	0	0	0	0	0	0	0

㉠ RXEN0=1, TXEN0=1로 하여 RXD0와 TXD0를 인에이블 한다.

	RXCIE0	TXCIE0	UDRIE0	RXEN0	TXEN0	UCSZ02	RXB80	TXB80
UCSR0B	0	0	0	1	1	0	0	0

㉡ USCR0B 레지스터의 USCZ02 =0, 그리고 USCZ01=1, USCZ00=1로 비동기 방식, No Parity Bit, 1 Stop Bit, 8 데이터 비트로 설정함(표 10-2, 표 10-3).

	-	UMSEL0	UPM01	UPM00	USBS0	USCZ01	USCZ00	UCPOLn
UCSR0C	0	0	0	0	0	1	1	0

㉢ 〈표 10-5〉에서 UBRR0H = 0x00, UBRR0L = 0x07로 보레이트를 115200bps로 설정함

```
#include <mega128a.h>
#include <delay.h>

void Init_USART(void);
void Serial_Send(unsigned char);

void Init_USART(void)
{
  DDRE = 0xfe;
  UCSR0A = 0x00;
  UCSR0B = 0x98; // RXCIEN, TXE, RXE Enable
  UCSR0C = 0x06; // 비동기, Non Parity, 1 Stop Bit
  UBRR0H = 0x00;
  UBRR0L = 0x07; //115200 bps
}
 void Serial_Send(unsigned char t)
 {
    // 전송준비가 될 때까지 대기
  while(1) {
    if( (UCSR0A & 0x20 ) !=0 ) break;
   }
  UDR0 = t ;
  UCSR0A = UCSR0A | 0x20 ;
 }


void main(void)
{
 Init_USART();

 while(1)
```

```
    {
      Serial_Send('a');
      delay_ms(1000);
      Serial_Send('B');
      delay_ms(1000);
      Serial_Send('c');
      delay_ms(1000);
      Serial_Send('D');
      delay_ms(1000);
    }
  }
```

⑨ ATmega128A에 프로그램을 다운로드 한 후 하이퍼터미널에서 호출을 눌러 하이퍼 터미널을 연결해 준다.

↓

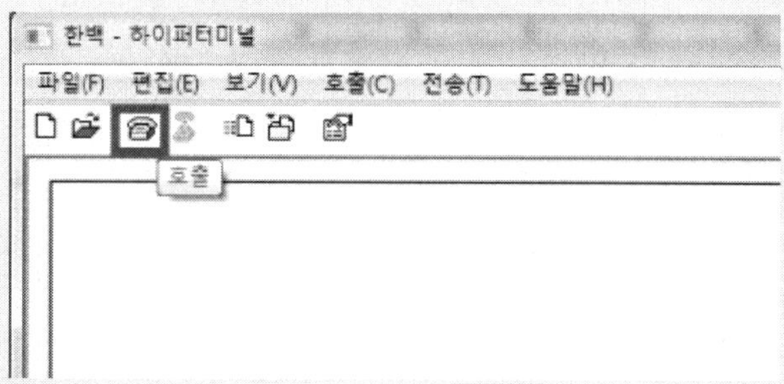

↓

⑩ ATmega128A에서 보내오는 데이터를 하이퍼터미널에서 받고 있는 모습을 나타내고 있다.

02

이번 실험에서는 ATmega128A에서 '0'~'9'까지의 문자를 송신하고 Carriage Return ⏎을 보내고 또 다시 '0'~'9'까지 송신하도록 하는 프로그램을 작성해 보도록 한다. 통신 프로토콜은 위 실험과 같다.

수행 Tip

* ATmega128A는 ISP와 USART0는 서로 같은 핀을 공유한다. 따라서 프로그램 다운로드시에는 하이퍼터미널을 연결해제 상태로 해야 한다.

1. 포트와 RXD, TXD의 연결은 위 실험과 같다.

```
#include <mega128a.h>
#include <delay.h>

void Init_USART(void);
void Serial_Send(unsigned char);
void Init_USART(void)
{
    DDRE = 0xfe;
    UCSR0A = 0x00;
    UCSR0B = 0x18; // TXE, RXE Enable
    UCSR0C = 0x06; // 비동기, Non Parity, 1 Stop Bit
    UBRR0H = 0x00;
    UBRR0L = 0x07; //115200 bps
 }
void Serial_Send(unsigned char t)
 {
    // 전송준비가 될 때까지 대기
     while(1) {
       if( (UCSR0A & 0x20 )!=0 ) break;
     }

   UDR0 = t ;
   UCSR0A = UCSR0A | 0x20 ;
 }

void main(void)
{
```

```
char ch='0';

Init_USART();

while(1)
 {
    Serial_Send(ch);
    ch = ch + 1;
    if(ch >'9') {
        ch= '0';
        Serial_Send(0x0a);   Serial_Send(0x0d);
    }
    delay_ms(1000);
 }
}
```

03

이번 실험에서는 PC 하이퍼터미널에서 보내는 문자를 ATmega128A에서 받아서 1을 더해서 다시 PC로 돌려보내는 프로그램을 작성해 보기로 한다(하이퍼 터미널에서 송신할 때 영문으로 설정되어 있어야 한다).

수행 Tip

* PC의 하이퍼터미널에서 ATmega128A로 송신되는 문자를 확인하기 위하여 하이퍼터미널에서 입력된 문자에다 1을 더한 문자를 표시하도록 설정한다.

1. 포트와 RXD, TXD의 연결은 위 실험과 같다.

① 하이퍼터미널에서 속성창을 선택해서 눌러준다.

↓

② 설정을 선택해서 눌러준다.

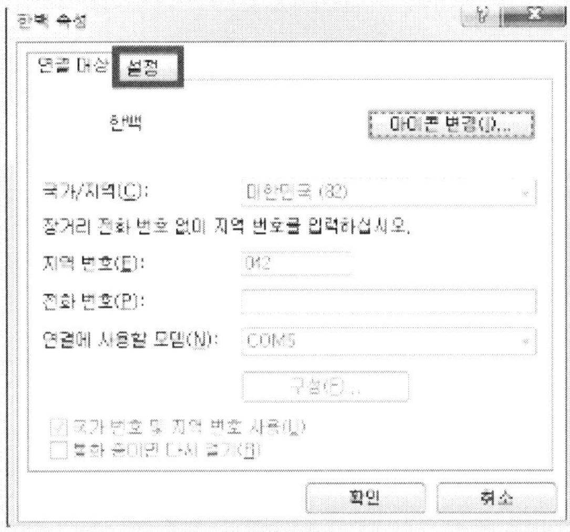

↓

③ ASCII 설정을 선택해서 눌러준다.

↓

④ 입력된 문자를 터미널 창에 표시를 체크해 주고 확인을 눌러준다.

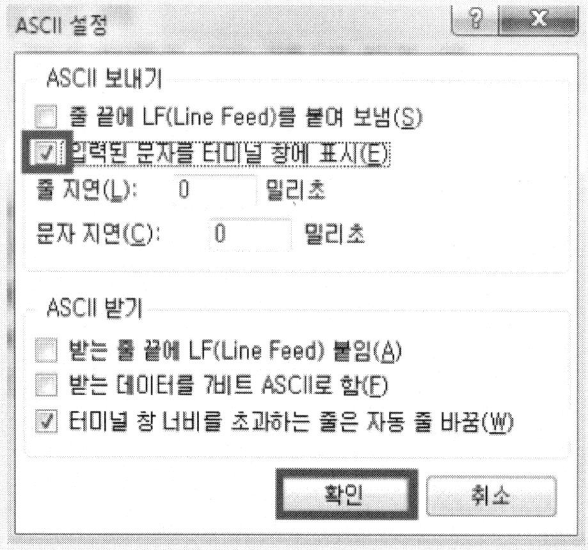

↓

⑤ 아래와 같이 설정창으로 다시 돌아와서 확인을 눌러준다.

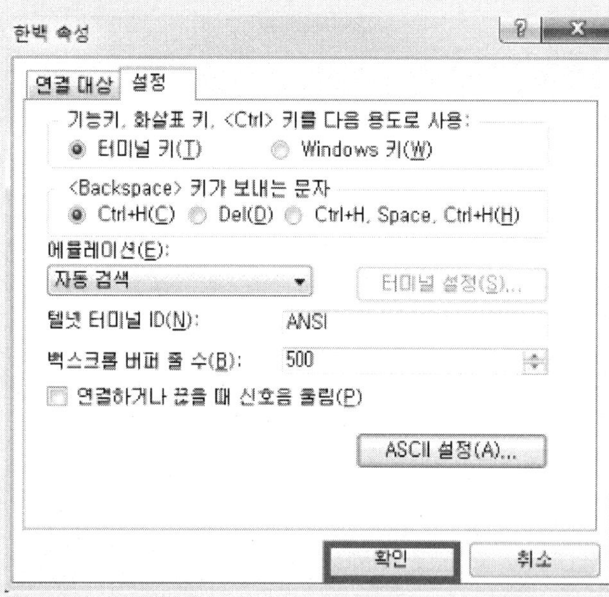

↓

⑥ 아래와 같은 상태에서 통신대기 한다.

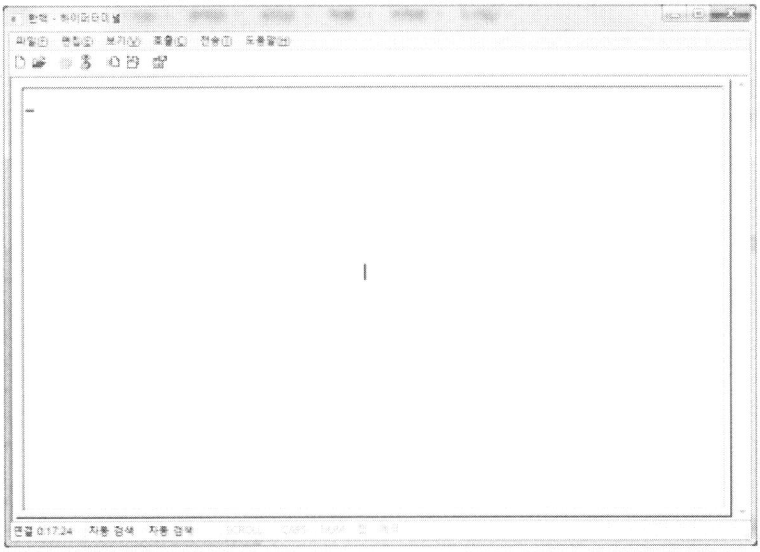

```
#include <mega128a.h>
#include <delay.h>

void Init_USART(void);
void Serial_Send(unsigned char);
unsigned char Serial_Rece(void);

void Init_USART(void)
{
   DDRE = 0xfe;
   UCSR0A = 0x00;
   UCSR0B = 0x18; // TXE, RXE Enable
   UCSR0C = 0x06; // 비동기, Non Parity, 1 Stop Bit
   UBRR0H = 0x00;
   UBRR0L = 0x07; // 115200 bps
}

void Serial_Send(unsigned char t)
{
    // 전송준비가 될 때까지 대기
    while(1) {
      if( (UCSR0A & 0x20 )!=0 ) break;
    }
```

```
  UDR0 = t ;
  UCSR0A = UCSR0A | 0x20 ;
 }

unsigned char Serial_Rece(void)
{
 unsigned char data;

 while(1) { // 데이터를 받을 때 까지 대기 한다.
      if( ( UCSR0A & 0x80) !=0) break;
 }

  data = UDR0;
  UCSR0A |= 0x80 ; // UCSR0A 7번째 비트 세트-> RXC0 클리어
  return data;
}

void main(void)
{
 char ch;
 int i;

 Init_USART();


 for( i = 0; i < 5 ;i ++ ) {
          Serial_Send('=');  // '=' 문자를 5번 보낸다
          delay_ms(1000);
 }

 while(1)
  {
   ch = Serial_Rece();  // PC에서 보내오는 문자를 받는다

  // PC에서 보낸 문자에 1을 더해서 다시 송신한다.
   Serial_Send(ch+1);

  }
 }
```

2. ATmega128A에서 '=' 문자를 1초 간격으로 5번을 PC 하이퍼터미널에 보내고 하이퍼터미널 입력을 기다린다.
3. 하이퍼터미널 화면에 'a'를 쳐주면 'a'가 ATmega128A로 송신되어 1을 더해서 'b'로 되돌아온다(이 때 한글 키가 눌리지 않게 주의한다).

04 **외부에서 들어오는 데이터는 언제 데이터가 들어올지 모른다. 따라서 데이터 수신은 항상 데이터를 기다리는 것보다는 인터럽트를 이용하여 데이터를 수신하는 것이 좋다. 이번 실험에서는 위 실험에서 PC 하이퍼미널에서 보내는 문자를 인터럽트로 받는 것으로 프로그램을 작성해 보도록 한다.**

수행 Tip

* PC의 하이퍼터미널에서 ATmega128A로 송신되는 문자를 확인하기 위하여 하이퍼터미널에서 입력된 문자에다 1을 더한 문자를 표시하도록 설정한다.

1. 포트와 RXD, TXD의 연결은 실험 15-1와 같다.
   수신 인터럽트를 사용하기 위해서는 RXCIE0=1로 해주어야 한다. 또한, RXEN0=1, TXEN0=1로 하여 RXD0와 TXD0를 인에이블 한다.

	RXCIE0	TXCIE0	UDRIE0	RXEN0	TXEN0	UCSZ02	RXB80	TXB80
UCSR0B	1	0	0	1	1	0	0	0

```
#include <mega128a.h>
#include <delay.h>

void Init_USART(void);
void Serial_Send(unsigned char);

unsigned char data ;
unsigned char Rflag ;      // 수신 인터럽트가 발생했는지를 알아보는 변수

void Init_USART(void)
{
  DDRE = 0xfe;
   UCSR0A = 0x00;
   UCSR0B = 0x98;          // RXCIEN, TXE, RXE Enable
   UCSR0C = 0x06;          // 비동기, Non Parity, 1 Stop Bit
   UBRR0H = 0x00;
   UBRR0L = 0x07;          // 115200 bps
 }

void Serial_Send(unsigned char t)
 {
    while(1) {
      if( (UCSR0A & 0x20 )!=0 ) break;
    }

  UDR0 = t ;
  UCSR0A = UCSR0A | 0x20 ;
 }

interrupt [USART0_RXC] void usart0_rx_isr(void)
{
  data = UDR0;
  UCSR0A |= 0x80 ;
  Rflag = 1 ; // 수신 인터럽트 수행시 '1'로 만들어 준다.
}
```

```
void main(void)
{

  int i;

  Rflag = 0;        // 프로그램 초기에 '0'으로 설정해 준다.
  Init_USART();
  #asm("sei");

  for( i = 0; i < 5 ;i ++ ) {
            Serial_Send('=');
            delay_ms(1000);
  }

  while(1)
   {
        if(Rflag==1 ) {  // 수신 인터럽트가 발생했으면 ...
              Serial_Send(data+1);
              Rflag = 0; // 다시 Rflag를 0으로 놓는다.
         }
   }
  }
```

05 Push Button 1번 키를 누르면 PC에 '1'을 보내고 ~ 8번 키를 누르면 PC에 8을 보내는 프로그램을 작성하시오

```
#include<avr/io.h>
#include<avr/interrupt.h>
#include<util/delay.h>



void Init_USART(void);
void Serial_Send(unsigned char);
```

```
void Init_USART(void)
{
  DDRE = 0xfe;
  UCSR0A = 0x00;
  UCSR0B = 0x98; // RXCIEN, TXE, RXE Enable
  UCSR0C = 0x06; // 비동기, Non Parity, 1 Stop Bit
  UBRR0H = 0x00;
  UBRR0L = 0x07; //115200 bps
}
 void Serial_Send(unsigned char t)
 {
    // 전송준비가 될 때까지 대기
  while(1) {
    if( (UCSR0A & 0x20 ) !=0 ) break;
   }
  UDR0 = t ;
  UCSR0A = UCSR0A | 0x20 ;
 }

int main()
{
 unsigned char ps_switch;

 Init_USART();
 DDRD = 0x00;

 while(1)
  {
   ps_switch = PIND ;

  if(ps_switch == 0x01)      Serial_Send('1');         // 스위치 1이 눌림
   else if( ps_switch == 0x02 )  Serial_Send('2');     // 스위치 2가 눌림
   else if( ps_switch == 0x04 )  Serial_Send('3');     // 스위치 3이 눌림
   else if( ps_switch == 0x08 )  Serial_Send('4');     // 스위치 4가 눌림
   else if( ps_switch == 0x10 )  Serial_Send('5');     // 스위치 5가 눌림
   else if( ps_switch == 0x20 )  Serial_Send('6');     // 스위치 6이 눌림
   else if( ps_switch == 0x40 )  Serial_Send('7');     // 스위치 7이 눌림
   else if( ps_switch == 0x80 )  Serial_Send('8');     // 스위치 8이 눌림

   _delay_ms(500);
```

```
    }
    return 0;
}
```

06

PC에서 ATmega128A로 '1'을 보내면 스테핑모터가 시계방향으로 90도 회전하고 '2'를 보내면 반시계 방향으로 90도 회전하는 프로그램을 작성하시오.

```
#include<avr/io.h>
#include<avr/interrupt.h>
#include<util/delay.h>


unsigned char Step[8]
        = {0x09, 0x08, 0x0c, 0x04, 0x06, 0x02, 0x03, 0x01 } ;

unsigned char data ;
unsigned char Rflag ; // 수신 인터럽트가 발생했는지를 알아보는 변수


void MotorCW(void);
void MotorCCW(void);
void Init_USART(void);
void Serial_Send(unsigned char);

void MotorCW(void)
{
  int  i=0, t=0 ;

   // 명령당 3.75도 회전, 90도 회전하려면 총 24개의 명령이 필요
   for ( i = 0 ;i <24 ; i++ ) {
              PORTB = Step[t];
              t = t+ 1 ;
              if(t > 7 ) t = 0;
              _delay_ms(10);
```

```
    }

  }

void MotorCCW(void)
{

  int   i=0, t=7 ;

   // 명령당 3.75도 회전, 90도 회전하려면 총 24개의 명령이 필요
    for ( i = 0 ;i <24 ; i++ ) {
                    PORTB = Step[t];
                    t = t -1 ;
                    if(t < 0 ) t = 7;
                    _delay_ms(10);
    }

  }


void Init_USART(void)
{
   DDRE = 0xfe;
    UCSR0A = 0x00;
    UCSR0B = 0x98; // RXCIEN, TXE, RXE Enable
    UCSR0C = 0x06; // 비동기, Non Parity, 1 Stop Bit
    UBRR0H = 0x00;
    UBRR0L = 0x07; // 115200 bps
  }


void Serial_Send(unsigned char t)
 {
     while(1) {
        if( (UCSR0A & 0x20 )!=0 ) break;
     }

   UDR0 = t ;
   UCSR0A = UCSR0A | 0x20 ;
  }
```

```
SIGNAL(SIG_UART0_RECV)
{
  data = UDR0;
  UCSR0A |= 0x80 ;
  Rflag = 1 ; // 수신 인터럽트 수행시 '1'로 만들어 준다.
}


void main(void)
{
  int i ;

 DDRB = 0x0f ;

 Rflag = 0;       // 프로그램 초기에 '0'으로 설정해 준다.
 Init_USART();
 sei();

  for( i = 0; i < 5 ;i ++ ) {
         Serial_Send('=');
         _delay_ms(1000);
 }

 while(1)
  {

     if(data=='1') {
            MotorCW();
            data = 0;
     }
     else if(data=='2') {
            MotorCCW();
            data = 0;

     }

    }


  }
```

07 PC에서 보내는 문자가 LCD에 출력하도록 프로그램을 작성하시오.

```
#include<avr/io.h>
#include<avr/interrupt.h>
#include<util/delay.h>

#define sbi(PORTX, BITX) PORTX |=(1<<(BITX)
#define cbi(PORTX,BITX) PORTX &= ~(1 <<(BITX)

//  PORTB.0 : LCD RS 신호,  PORTB.1 : LCD RW 신호
//  PORTB.2 : LCD E 신호

#define TLCD_EN { cbi(PORTB,2); sbi(PORTB,2); }
#define DATA   PORTC                 // LCD 데이터 신호

void Port_Init(void);                // 128a 포트 초기화 함수
void E_Pulse(void);                  // Enable Pulse 생성 함수
void Func_Set(void);                 // 5장에서 설명한 Function Set 명령 함수
void TLCD_DATA(unsigned char);       // LCD에 데이터 입력 함수
void Init_LCD(void);                 // LCD 초기화 함수

void Init_USART(void);
void Serial_Send(unsigned char);


volatile unsigned char data ;
volatile unsigned char Rflag ; // 수신 인터럽트가 발생했는지를 알아보는 변수

void Init_USART(void)
{
  DDRE = 0xfe;
   UCSR0A = 0x00;
   UCSR0B = 0x98; // RXCIEN, TXE, RXE Enable
   UCSR0C = 0x06; // 비동기, Non Parity, 1 Stop Bit
   UBRR0H = 0x00;
   UBRR0L = 0x07; //115200 bps
```

```
}

void Serial_Send(unsigned char t)
{
    while(1) {
      if( (UCSR0A & 0x20 )!=0 ) break;
    }

  UDR0 = t ;
  UCSR0A = UCSR0A | 0x20 ;
}

SIGNAL(SIG_UART0_RECV)
{
  data = UDR0;
  UCSR0A |= 0x80 ;
  Rflag = 1 ; // 수신 인터럽트 수행시 '1'로 만들어 준다.
}

void Port_Init(void)
{
  DDRB = 0xff ;                    // 포트 D를 출력으로 설정
  DDRC = 0xff;                     // 포트 C를 출력으로 설정
}
// LCD 에 모든 명령을 전송한후 반드시 Enable Pulse를 주어야 한다.
void E_Pulse(void)
{
  sbi(PORTB,2); //  LCD E = 1;
  _delay_ms(5);
  cbi(PORTB,2); // LCD E = 0;
}

 // LCD에 데이터를 전송하는 함수이다.
void TLCD_DATA(unsigned char data)
{
 DATA = data ;
 TLCD_EN;              // 이 부분에서는  E_Pulse() 함수 대신 사용한다.
```

```
}

void Func_Set(void)
{
    // RW = 0, RS = 0일 때 IR쓰기 명령
  cbi(PORTB,0);
  cbi(PORTB,1);
  TLCD_DATA(0x38);    // 초기화를 위한 Function Set
  E_Pulse();          // Enable Pulse
}

// LCD 초기화 함수이다
void Init_LCD(void)
{
  // LCD E = 0;
  cbi(PORTB,2);
  _delay_ms(15);          // 약 15ms 시간 지연
  Func_Set();
  _delay_ms(10);          // 약 10ms 시간 지연
  Func_Set();
  _delay_us(150);         // 약 150us 시간 지연
  Func_Set();
  TLCD_DATA(0x0f);        // 디스플레이 ON, 커서 ON
  E_Pulse();
  TLCD_DATA(0x06);        // 글자를 오른쪽으로 시프트 시키며 출력
  E_Pulse();
  TLCD_DATA(0x01);        // 화면 클리어
  E_Pulse();
  }

// 1문자 디스플레이
   void lcd_char(char s)
  {
   // LCD RS = 1;
   sbi(PORTB,0);
   TLCD_DATA(s);
   E_Pulse();
  }

// LCD를 초기화 하고 LCD 화면에 '1', '2', '3', '4'를 출력해 주는 프로그램이다.
```

```
int main()
{
 int i ;
 Port_Init();
 Init_LCD();


 Rflag = 0;       // 프로그램 초기에 '0'으로 설정해 준다.
 Init_USART();

 sei();

 for( i = 0; i < 5 ;i ++ ) {
          Serial_Send('=');
          _delay_ms(1000);
}


  while(1) {
    if(data !=0) {
                    lcd_char(data);
                                 data = 0;

    }
  }
    return 0;
  }
```

08 ATmega128A에서 Cds 셀을 읽어 그 값을 PC에 전송하는 프로그램을 작성하시오.

```
#include<avr/io.h>
#include<avr/interrupt.h>
#include<util/delay.h>
```

```
unsigned int adc_data= 0;


void Init_USART(void);
void Serial_Send(unsigned char);

 void SData( int N )
{

 unsigned char N1000, N100, N10, N1 ;
 int Buff ;

  N1000 = N /1000;         // 세그먼트에서 사용하는 천의 자리를 추출
  Buff = N % 1000 ;
  N100 = Buff / 100 ;      // 세그먼트에서 사용하는 백의자리 추출
  Buff = Buff % 100;
  N10 = Buff /10 ;         // 세그먼트에서 사용하는 십의 자리 추출
  N1 =  Buff % 10 ;        // 세그먼트에서 사용하는 일의 자리 추출

  Serial_Send(N1000+0x30);
  Serial_Send(N100+0x30);
  Serial_Send(N10+0x30);
  Serial_Send(N1+0x30);
  Serial_Send(0x0a); Serial_Send(0x0d);

}


 SIGNAL(SIG_ADC)
{
   adc_data = ADCW;                  // AD 값을 읽어 온다.
   ADCSRA = ADCSRA | 0x40;           // AD 변환 시작
}

void Init_USART(void)
{
   DDRE = 0xfe;
   UCSR0A = 0x00;
```

```
    UCSR0B = 0x18; // TXE, RXE Enable
    UCSR0C = 0x06; // 비동기, Non Parity, 1 Stop Bit
    UBRR0H = 0x00;
    UBRR0L = 0x07; // 115200 bps
 }
void Serial_Send(unsigned char t)
 {
    // 전송준비가 될 때까지 대기
     while(1) {
       if( (UCSR0A & 0x20 )!=0 ) break;
     }

   UDR0 = t ;
   UCSR0A = UCSR0A | 0x20 ;
 }

int main()
{

 DDRF= 0x00;    // PF3를 입력핀으로 설정

 ADMUX =0x03; // ADC 3에서 입력신호를 받는다.
 ADCSRA = 0x8b;

 _delay_us(10);

 sei();

 ADCSRA |= 0x40;

 Init_USART();

 while(1)
  {
     SData(adc_data);
     _delay_ms(1000);
  }
  return 0;
 }
```

학습활동.10 교수 · 학습 방법

교수 방법

- USART 제어 응용에 대한 관련 용어, 구성, 방식 이해 정도를 파악한 후 수업을 진행한다.
- 교수자의 주도로 USART제어 응용 등의 내용을 PPT 자료로 제시한 후 설명한다.
- 가능하면 사전에 개인별 학습 자료를 준비하여 모든 학생이 참여할 수 있는 문제 해결식 수업, 협력 수업이 가능하도록 한다.
- USART 제어 응용 전 과정을 작업의 순서에 따라 단계적으로 실습이 이루어질 수 있도록 지도한다.
- 교재를 통해 수업을 준비하는데 있어서 필요한 모든 정보나 팁, 힌트 등 도움이 될 만한 내용들을 확인할 수 있다.
- 학생들이 만들게 될 각 모델들은 수업시간에 중점적으로 다뤄질 부분과 어휘, 질문, 답을 포함하고 있으며 또한 탐구할만한 추가적인 아이디어들도 포함하고 있다.

학습 방법

- USART 제어 응용에 대한 관련 용어를 숙지하고, USART제어 응용의 기초 단계에 대해 이해한다.
- USART 제어 응용의 각 단계별 중점 사항을 체계적으로 학습한다.
- USART 제어 응용의 수행순서의 전 과정을 실습한다.
- USART 제어 응용의 내용을 이해한다.
- USART 제어 응용을 이해하고 숙달이 될 때까지 학습한다.

학습활동.10 평가 및 피드백

평가 준거

- 평가자는 피평가자가 수행 준거 및 평가 내용에 제시되어 있는 내용을 성공적으로 수행할 수 있는 지를 평가해야 한다.
- 평가자는 다음 사항을 평가해야 한다.

학습내용	평가항목	성취수준		
		상	중	하
USART 제어 응용	USART 제어 응용을 이해할 수 있다,			

평가 방법

• 작업 포트폴리오

학습내용	평가항목	성취수준		
		상	중	하
USART 제어 응용	USART 제어 응용을 이해할 수 있다.			

• 필기시험

학습내용	평가항목	성취수준		
		상	중	하
USART 제어 응용	USART 제어 응용을 이해할 수 있다.			

• 체크리스트를 통한 관찰

학습내용	평가항목	성취수준		
		상	중	하
USART 제어 응용	USART 제어 응용을 이해할 수 있다.			

피드백

1. 작업 포트폴리오
   - 제출한 보고서를 평가한 후 주요 사항에 대하여 표시하여 돌려준다.
2. 필기 시험
   - 평가 결과 성적이 저조한 학생은 보고서 제출 기회를 부여한다.
3. 체크리스트를 통한 관찰
   - 실습 과정에서 평가한 후 개선해야 할 사항 등을 정리하여 돌려둔다.

학습 1	C언어 개요 및 개발환경 설정
학습 2	ATmega128 특징 및 구성
학습 3	LED 제어 응용
학습 4	FND 제어 응용
학습 5	LCD 제어 응용
학습 6	스위치 제어 응용
학습 7	인터럽트 제어 응용
학습 8	8비트 타이머/카운터 제어 응용
학습 9	AD변환기 제어 응용
학습 10	USART통신 제어 응용
학습 11	**모터 제어 응용**
학습 12	거리 및 초음파 센서 제어 응용
학습 13	Key 매트릭스 제어 응용
학습 14	Dot 매트릭스 제어 응용
학습 15	블루투스 제어 응용

11-1 DC모터의 제어

학습 목표	11-1 DC모터의 제어을 이해할 수 있다.

필요지식

모터란 전동기라고도 하며 전류가 흐르는 도체가 자기장 속에서 받는 힘을 이용하여 전기에너지를 역학적 에너지로 바꾸는 장치이다. 따라서 본 장에서는 DC 모터와 DC 서보모터(servo motor)를 제어하기 위한 구성 및 회로, 프로그래밍 제어방법의 원리와 응용 실습까지 진행하도록 한다.

1. DC 모터

DC 모터는 고정자로 영구자석을 사용하고, 회전자(전기자)로 코일을 사용하여 구성한 것으로, 전기자에 흐르는 전류의 방향을 전환함으로써 자력의 반발, 흡인력으로 회전력을 생성시키는 모터이다. 모형 자동차, 무선조정용 장난감 등을 비롯하여 여러 방면에서 가장 널리 사용되고 있는 모터이다. 본 절에서는 DC 모터의 특징과 구조, 그리고 DC 모터를 제어하는 방법을 설명할 것이다.

1) DC 모터의 특성

DC 모터는 다음과 같은 특징이 있다.

① 기동 토크가 크다.

② 인가전압에 대하여 회전특성이 직선적으로 비례한다.

③ 입력전류에 대하여 출력 토크가 직선적으로 비례하며, 또한 출력 효율이 양호하다.

④ 가격이 저렴하다.

⑤ 제어회로가 매우 단순하고, 제어가 쉽다.

구조상 브러시(brush)와 정류자(commutator)에 의한 기계식 접점을 가지고 있어, 전기불꽃(spark), 회전 소음, 수명 단축 등의 단점이 있다.

2) DC 모터의 구조

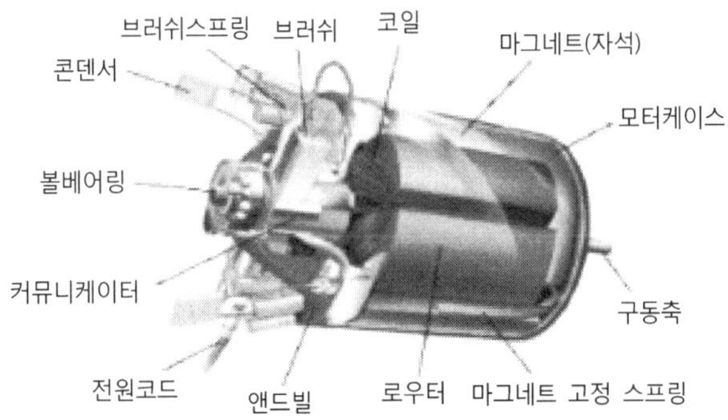

[그림 11-1] DC 모터의 구조

DC모터의 구조는 크게 전기자(armature, 로터), 영구자석(permanent magnet, 계자용 마그넷), 브러시(brush), 베어링 모터 케이스 등으로 이루어져 있다.

① 브러시 : 전기자에 전류를 공급하기 위한 접점

② 정류자(commutator) : 복수의 전기자 권선에 전류를 공급하는 전류 전환장치

③ 전기자 : 회전력을 발생하기 위한전자석이고, 동시에 모터의 회전체를 구성

④ 베어링 : 로터의 회전구조를 형성하는 것으로 볼 베어링이나 오릴리스 메탈이 사용

⑤ 영구자석 : 전기자 권선에 자력을 주는 것으로 전기자에서 발생하는 전자기력과 함께 회전력을 발생시킨다.

⑥ 기타 : 케이스, 앞뒤 커버 등. 이는 모터의 회전 구조를 지지하고 보호한다.

3) DC 모터의 제어

(1) 트랜지스터 구동(이미터 부하)

아래 그림의 회로에 의해 트랜지스터를 On/Off함으로써 모터를 On/Off한다. 그러나, 이 회로는 트랜지스터가 완전히 포화되는 On 상태로는 할 수 없고, Vce가 크기 때문에 전압손실이 커지고 만다. 동작으로서는 자동적으로 부귀환이 동작하기 때문에 동작은 안정적이다. 이 때문에 간단한 속도제어를 하기 위해 OP 앰프를 추가한 회로가 사용된다. 이 경우, 트랜지스터에서의 전력손실이 그대로 열로 되기 때문에 트랜지스터의 열 대책은 충분히 고려할 필요가 있다.

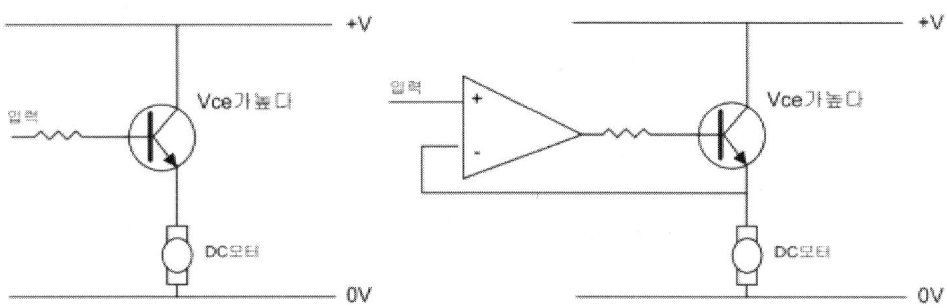

[그림 11-2] DC 모터 토크의 결정

(2) 트랜지스터 구동(컬렉터 부하)

모터를 트랜지스터 컬렉터의 부하로 이용한 것으로, 트랜지스터가 완전히 포화된 On 상태로 구동할 수 있기 때문에 드라이브 능력이 크고 전압손실도 적게 할 수 있다. 따라서 일반적으로는 이 회로가 많이 사용되고 있다.

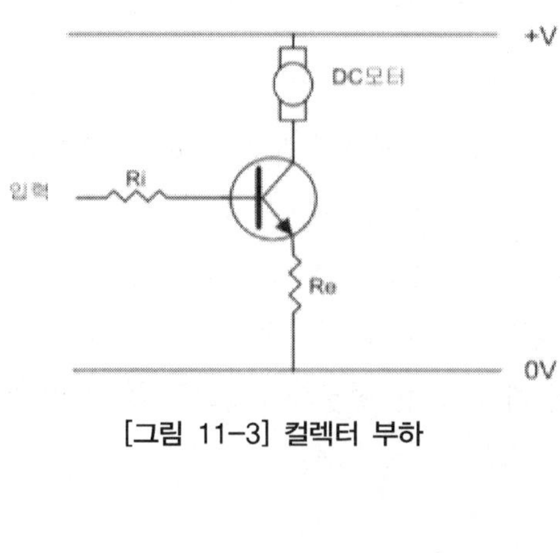

[그림 11-3] 컬렉터 부하

(3) 역기전력의 처리

트랜지스터가 On으로 되어 모터가 회전하고 있는 동안에는 모터의 코일에 에너지가 축적되어 있다. 그리고 트랜지스터가 Off로 되면 그 에너지를 방출하려고 하기 때문에, 모터 코일의 양단에는 플러스, 마이너스가 역방향의 기전력이 발생한다. 이 전압은 매우 크기 때문에 그대로는 트랜지스터가 파괴되어 버리는 경우도 있다.

그래서 이 대책으로, 코일을 쇼트시켜 남아 있는 에너지를 순간적으로 전류로서 흘려 버리는 식으로 해서, 역기전력을 억제하도록 한다. 이 기능을 하는 것이 아래의 그림과 같은 다이오드이며, 역방향의 기전력만 쇼트시키고, 통상적인 전압에 대해서는 고저항으로 되어 전류가 흐르지 않도록 하는 것이다.

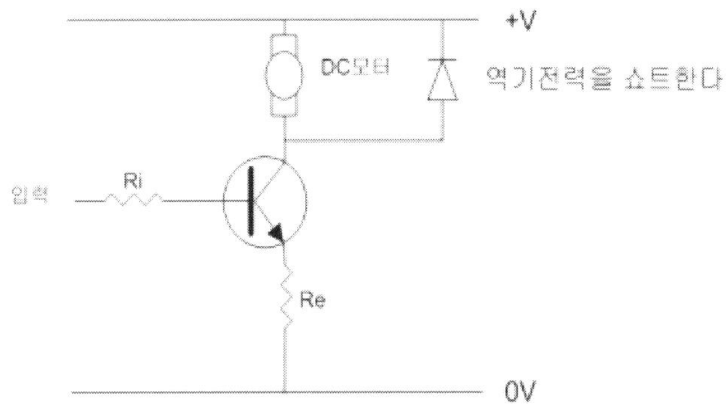

[그림 11-4] 역기전력 처리

(4) 회전 방향을 바꾸는 H 브리지 제어회로

모터의 On/Off 제어는 상기의 회로를 사용해도 문제없이 할 수 있다. 그러나 회전의 방향을 바꾸고 싶을 때는 어떻게 하면 좋은가? 모터에 가하는 전압의 플러스, 마이너스를 반대로 하면 모터는 역회전 하지만, 위의 회로에서는 그것이 곤란하다. 그래서 단일전원으로 모터에 가하는 전압의 방향을 바꿀 수 있는 회로로 고안된 것이 "H 브리지 회로"이다.

기본 구성은 아래 그림과 같이 되어 있으며, H형으로 되어 있으므로 이렇게 부르고 있다. 기본동작은 Q1과 Q4의 트랜지스터만 동시에 On으로 하면 Q1에서 Q4쪽으로 전류가 흐르고, 모터는 정회전한다. 반대로 Q2와 Q3만 On으로 하면 Q2에서 Q3쪽으로 전류가 흐르고, 모터는 역회전하게 된다. 그리고, Q3과 Q4만 동시에 On으로 하면 모터에 브레이크를 거는 동작으로 된다.

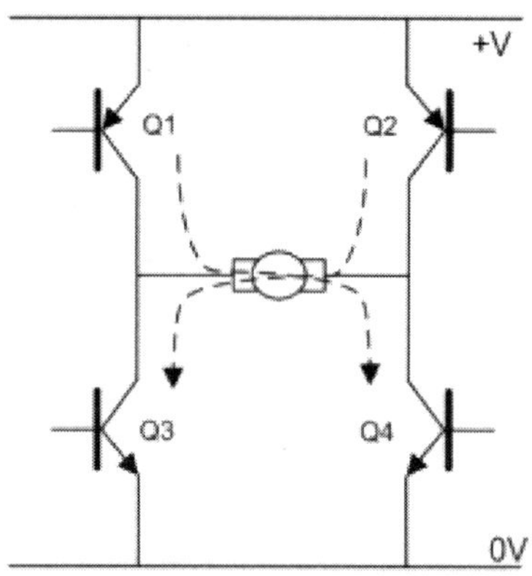

[그림 11-5] H브리지 제어회로

4) DC 모터의 사양과 제어회로

본 장에서 사용하고 있는 DC 모터의 형상과 특성을 보여주고 있다. MCU-Multi II에서 사용하는 모델은 RA-20GM의 03 Type으로 2ch Encoder(각 채널 3Pulse/회전당) 모터이며 DC 12V에서 동작한다. 이 모터의 경우 13:1의 감속기어가 달려 있으므로 따라서 회전당 A상에서 3×13=39, B 상도 A 상과 90도 위상차를 갖고 3×13=39개의 펄스가 엔코더에서 출력된다.

[그림 11-6] DC모터(RA-20GM)

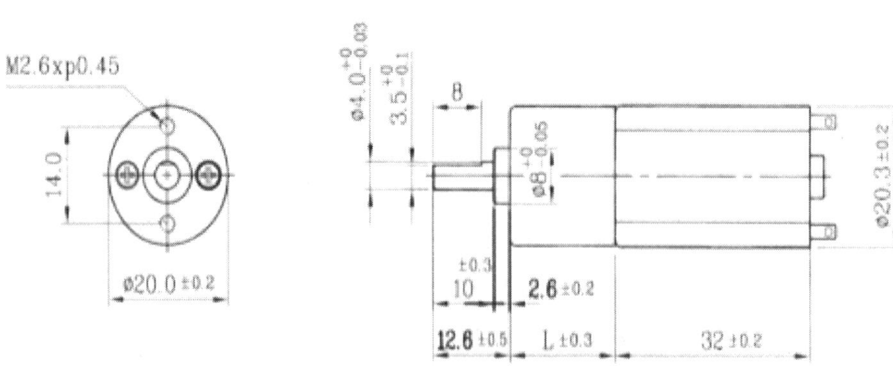

[그림 11-7] DC모터(RA-20GM)의 제품도면

(1) DC 모터 사양

① 제어전압 : DC 12V

② 감속비[reduction ration] : 1/13

③ 정격토크[rated torque](gf-cm) : 22

④ 정격회전수[rated speed](rpm) : 6700

⑤ 정격 전류[rated current](mA) : 200

⑥ 정격 출력[rated output](W) : 1.5

(2) 모터 모듈과 회로도

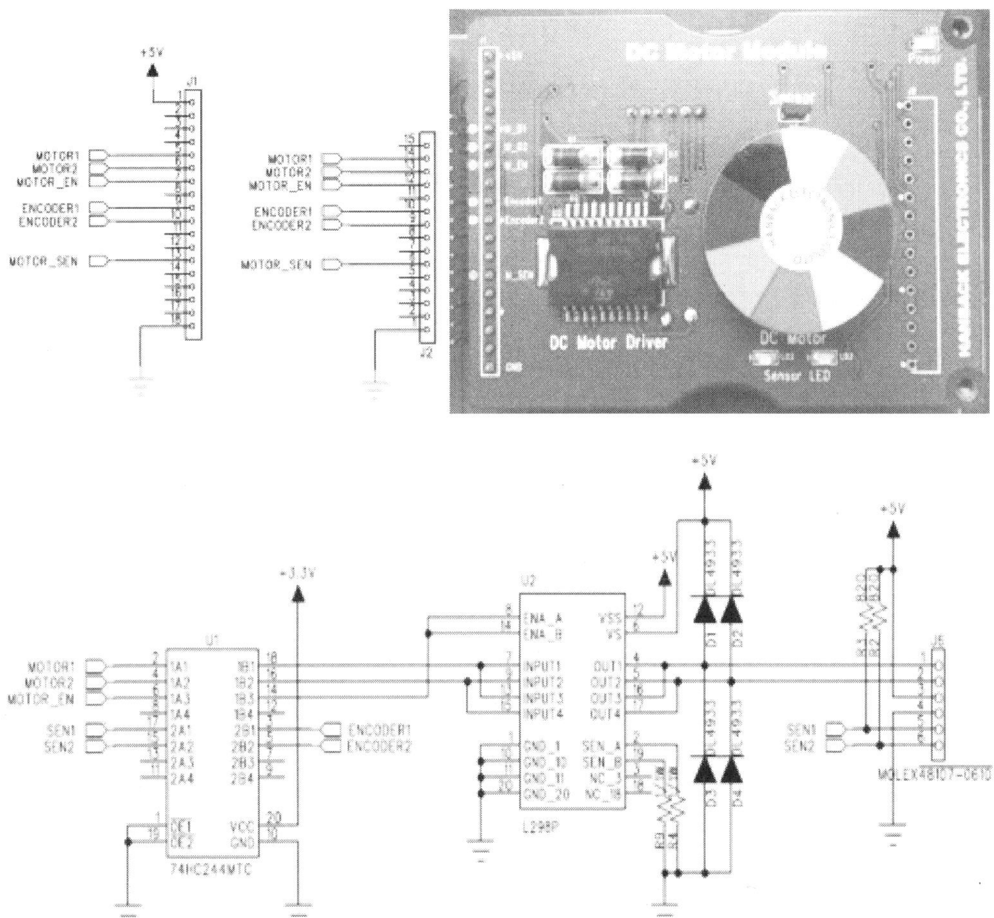

[그림 11-8] DC모터 모듈과 제어회로도

DC Motor 모듈의 DC 모터를 제어를 위해 Motor Driver L298P 칩을 사용하고 있다. L298은 모터의 방향을 결정하는 2개의 Input 핀(Motor1, Motor2)과 모터의 회전 On/Off를 제어하는 Enable핀(Motor_En)을 이용하여 모터를 구동하도록 되어 있다. Motor1과 Motor 2핀(아래 예제에서는 MCU에서 PB5, PB6)을 통해 '10' 또는 '01'의 값을 주어 모터의 정회전 및 역회전을 결정하게 된다.

모터가 회전됨에 따라 출력되는 엔코더 펄스는 A상과 B상이 있다. A상과 B상은 90도의 위상차를 가지며 정회전(시계방향)일 때는 A상이 90도 앞서며 역회전(반시계방향) 일때는 B상이 90도 앞서게 된다.

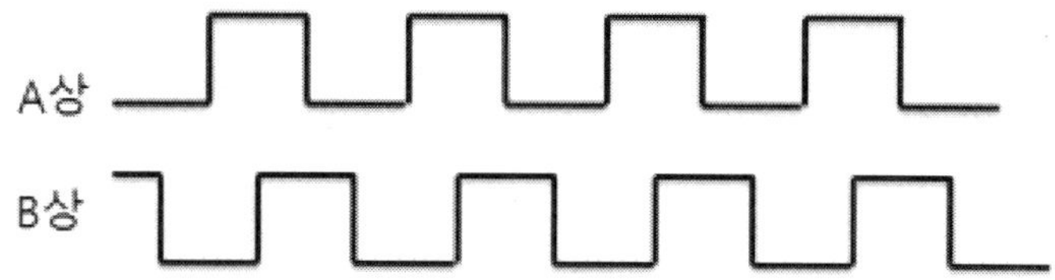

[그림 11-9] 정 회전(시계방향) 엔코더 펄스 출력

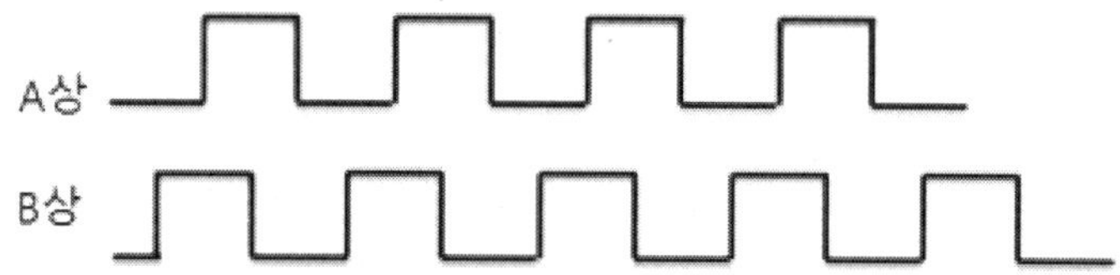

[그림 11-10] 역회전(반 시계방향) 엔코더 펄스 출력

수행 내용 DC모터 제어 응용 이해하기

재료 · 자료

- C언어 프로그래밍, 타깃보드

기기(장비 · 공구)

- 컴퓨터, USB케이블, 개발시스템, ISP

안전 · 유의사항

- ATmega128 타깃 시스템의 외형을 관리하고 ATmega128 타깃 시스템에 전원을 관리한다.

수행 순서

01 이 실험에서는 1초간 정회전(시계방향) → 1초간 정지 → 1초간 역회전(반 시계방향) → 1초간 정지 → … 를 무한히 계속하는 프로그램을 작성하시오.

수행 Tip

* 모터가 제대로 돌지 않으면 MCU 포트와 제대로 연결되었는지 먼저 확인해 보도록 한다.

① 포트 PB6를 M_D1, PB7을 M_D2, PF0를 MOTOR_EN에 연결해 준다.

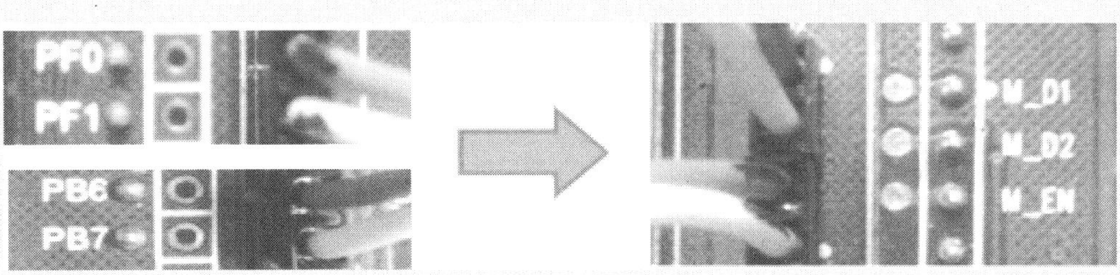

```
#include <mega128a.h>
#include <delay.h>

void main(void)
{
 DDRB = 0xff;
 DDRF = 0x01;

 while(1)
 {
    // 정회전 (시계 방향)
    PORTF = 0x01;          // Motor Enable
    PORTB.6 = 0;           // Motor 1
    PORTB.7 = 1;           // Motor2
    delay_ms(1000);        // 1초간 시간지연

    // 모터 회전 정지
    PORTF = 0x00;          // Motor Disable

 delay_ms(1000);

    // 역회전 (반시계 방향)

    PORTF = 0x01;          // Motor Enable
    PORTB.6= 1;
    PORTB.7 = 0;
    delay_ms(1000);        // 1초간 시간지연

    // 모터 회전 정지
    PORTF = 0x00;
    delay_ms(1000);        // 1초간 시간지연
  }
}
```

02

위 실험에서 엔코더 펄스를 PE6(INT6), PE7(INT7)로 입력 받아 DC 모터를 회전시키도록 한다. 이 때 7-세그먼트 왼쪽 첫 번째 자리에는 회전 방향을 표시하도록 한다(1 → 정회전, 0 → 역회전). 그리고 나머지 세자리에는 4체배된 엔코더 펄스의 값을 표시하도록 한다(정회전이고 역회전이고 엔코더 펄스 값은 누적 증가하게 한다).

① 포트 PB5를 M_D1, PB6을 M_D2, PF0를 MOTOR_EN에 연결해 준다.

② 포트 PE6를 Encoder_2(A상), 포트 PE7을 Encoder_1(B상)에 연결해 준다.

③ 포트 PA0~PA7, PC0~PC3까지 Array FND 부분을 7-세그먼트에 연결해 준다.

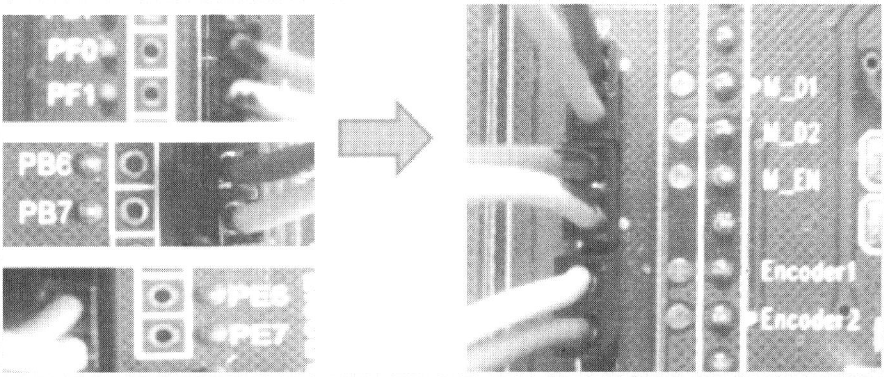

▶ 외부 인터럽트 INT4~7의 트리거 방식 결정(EICRB)

	ISC71	ISC70	ISC61	ISC60	ISC51	ISC50	ISC41	ISC40
EICRB	0	1	0	1	0	0	0	0

〈표 11-1〉 외부 인터럽트 INT4~7의 트리거 방식 결정

(n=4, 5, 6, 7)

ISCn1	ISCn0	인터럽트 트리거 방식
0	0	INTn핀의 L레벨 신호(low level)입력이 인터럽트를 트리거 한다.
0	1	INTn핀에 논리적인 변화가 발생할 경우
1	0	INTn핀의 하강에지(Falling Edge)가 인터럽트를 비동기적으로 트리거 한다.
1	1	INTn핀의 상승에지(Rising Edge)가 인터럽트를 비동기적으로 트리거 한다.

▶ 외부 인터럽트 허용/금지 가능 레지스터(EIMSK)

	INT7	INT6	INT5	INT4	INT3	INT2	INT1	INT0
EIMSK	1	1	0	0	0	0	0	0

▶ 엔코더 펄스 4체배 검출 원리

모터의 엔코더 펄스에서 출력되는 펄스의 에지(edge)를 검출하는 방식으로 A상의 경우 회전당 펄스가 3개 나온다고 하면 에지는 상승에지 3개와 하강에지 3개 총 6개를 검출할 수 있다. 여기에 90도 위상차가 나는 B상의 에지까지 검출한다면 모터에서 출력되는 엔코더 펄스의 최대 4배까지 분해능을 늘릴 수 있는 방법으로 산업현장에서 많이 활용되고 있다.

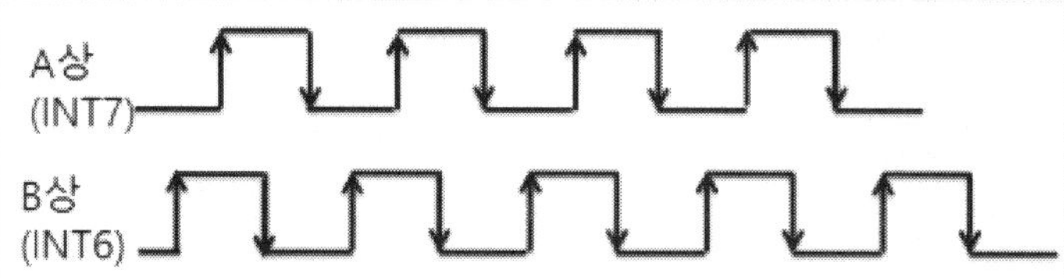

[그림 11-11] 엔코더 펄스 4체배 검출 원리

```
#include <mega128a.h>
#include <delay.h>
unsigned char Font[18] = {0x3F, 0x06, 0x5B, 0x4F,
                          0x66, 0x6D, 0x7C, 0x07,
                          0x7F, 0x67, 0x77, 0x7C,
                          0x39, 0x5E, 0x79, 0x71,
                          0x08, 0x80};

void Segment(char, int);  // Segment 함수 선언
char Dir;
unsigned int Encoder;

// B상 엔코더 입력
interrupt [EXT_INT6] void external_int6(void)
{
    if(PINE.6==1 && PINE.7==0) Dir = 1;         // 정방향 회전
    else if(PINE.6==0 && PINE.7==1) Dir = 1;    // 정방향 회전
    else if(PINE.6==1 && PINE.7==1) Dir = 0;    // 역방향 회전
```

```
    else if(PINE.6==0 && PINE.7==0) Dir = 0;        // 역방향 회전

     Encoder++;
  // Encoder 값이 너무 커지면 7-세그먼트에 표시하기 힘들으로 제한하였다.
    if(Encoder >999) Encoder = 0;
}


 //A상 엔코더 입력
interrupt [EXT_INT7] void external_int7(void)
{
    Encoder++;
 // Encoder 값이 너무 커지면 7-세그먼트에 표시하기 힘들으로 제한하였다.
    if(Encoder > 999) Encoder = 0;
}


void Segment(char D,  int N)
{
 int  i;
 unsigned char N100, N10, N1;
 int Buff;

  N100 = N / 100 ;                   // 세그먼트에서 사용하는 백의자리 추출
  Buff = N % 100;

  N10 = Buff / 10;                   // 세그먼트에서 사용하는 십의 자리 추출
  N1 =  Buff % 10;                   // 세그먼트에서 사용하는 일의 자리 추출

  for( i = 0 ; i < 30; i++ ) {

     PORTC = 0x0e;                   // 왼쪽 첫 번째 세그먼트 ON
     PORTA = Font[D];                // 모터 회전이 정방향이면 '1' 역방향 '0'

     delay_ms(1);

     PORTC = 0x0d;                   // 왼쪽 두 번째 세그먼트 ON
     PORTA = Font[N100];             // 백의 자리 숫자를 출력해 준다.
     delay_ms(1);
```

```
        PORTC = 0x0b;                    // 왼쪽 세 번째 세그먼트 ON
        PORTA = Font[N10];               // 십의 자리 숫자를 출력해 준다.
        delay_ms(1);

        PORTC = 0x07;                    // 왼쪽 네 번째 세그먼트 ON
        PORTA = Font[N1];                // 일의 자리 숫자를 출력해 준다.
        delay_ms(1);
    }
}




void main(void)
{
 unsigned int  i;
 DDRA = 0xFF ; // 7-Segment 연결
 DDRC = 0x0F;  // 7_Segment Common

 DDRF= 0x01;   // Motor Enable

 DDRB.6 = 1;
 DDRB.7 = 1;

 EICRA = 0x00;
 EICRB = 0x50;  // INT 6, 7 상승 , 하강 에지 모두 검출
 EIMSK = 0xC0; // INT 6,7 Enable
 EIFR = 0x00;

 #asm("sei");

  while(1){
     // 정회전 (시계 방향)
   PORTF = 0x01;  // Motor Enable
   PORTB.6 = 0;
   PORTB.7 = 1;

   for( i = 0 ; i < 10 ; i++ )
                Segment(Dir,Encoder);
```

```
    // 정지
    PORTF = 0x00; // Motor Disable
    for( i = 0 ; i < 100 ; i++ )
                Segment(Dir,Encoder);

    // 역회전 (반시계 방향)
    PORTF = 0x01;  // Motor Enable
    PORTB.6 = 1;
    PORTB.7 = 0;
    for( i = 0 ; i < 10; i++ )
          Segment(Dir,Encoder);
          // 정지
    PORTF = 0x00; // Motor Disable
    for( i = 0 ; i < 10 ; i++ )
                Segment(Dir,Encoder);

  }  // End of While

} // End of main
```

03

위 실험에서 정방향으로만 모터를 회전시켜서 발생하는 엔코더 펄스를 이용하여 RPM을 7-세그먼트 왼쪽 2,3,4 칸에 표시 하도록 해보자. 왼쪽 1번째 칸은 모터의 회전 방향을 검출하여 표시 하도록 한다. 정방향이면 '1', 역방향 이면 '0'을 표시한다.

① 포트 PB5를 M_D1, PB6을 M_D2, PF0를 MOTOR_EN에 연결해 준다.

② 포트 PE6를 Encoder_2(A상), 포트 PE7을 Encoder_1(B상)에 연결해 준다.

③ 포트 PA0~PA7, PC0~PC3까지 Array FND 부분을 7-세그먼트에 연결해 준다.

모터와 엔코더의 사양은 [그림 20-11]에서 알 수 있다. 본 실험에서 사용된 모터는 13:1의 감속기가 달려있기 때문에 회전당 A상, B상에서 각 39개의 펄스가 나온다. 따라서 4체배 회로를 활용하면 엔코더 개수는 회전당 156개를 받아 볼 수 있다.

RPM(Revolution/Minute)은 분당 회전수이므로 정확히 1분마다 회전수를 측정해야 한다. 그러기 위해서는 8장에서 공부했던 타이머 인터럽트를 사용하여 정확한 시간마다 회전

수를 측정하도록 한다. 본 실험에서는 10[ms]의 타이머 인터럽트를 사용하여 1분마다 회전 수를 측정하도록 한다. 10[ms] 인터럽트가 발생되는 TCNT0의 값을 계산하기 위해서는 $\frac{0.01}{0.000069444} = 144 \doteqdot 144(0x90)$가 된다.

따라서 TCNT0를 설정할 때 약 144(0x90)개의 클럭 입력이 들어오면 오버플로가 발생하게 설정해 주어야 한다.

TCNT0 = 0xff(카운트 최eo값) +1 - 클록 카운트 값(0x90) = 0x70

```
#include <mega128a.h>
#include <delay.h>

unsigned char Font[18] = {0x3F, 0x06, 0x5B, 0x4F,
                          0x66, 0x6D, 0x7C, 0x07,
                          0x7F, 0x67, 0x77, 0x7C,
                          0x39, 0x5E, 0x79, 0x71,
                          0x08, 0x80};

void Segment(char, int);  // Segment 함수 선언
char Dir;
unsigned int Encoder;
unsigned int t_cnt, RPM;

// 엔코더 B 상 입력
interrupt [EXT_INT6] void external_int6(void)
{
    if(PINE.6==1 && PINE.7==0) Dir = 1;
    else if(PINE.6==0 && PINE.7==1) Dir = 1;
    else if(PINE.6==1 && PINE.7==1) Dir = 0;
    else if(PINE.6==0 && PINE.7==0) Dir =0;
    Encoder++;
}
// 엔코더 A상 입력
interrupt [EXT_INT7] void external_int7(void)
{
    Encoder++;
}
```

```
interrupt [TIM0_OVF] void timer0_ovf_isr(void)
{
  TCNT0 = 0x70;
  t_cnt++;
  if(t_cnt > 10) { // 10[ms] 인터럽트가 10번 발생하면 => 100[ms]가 되면
    t_cnt = 0;
  //  RPM = (Encoder * 600) /156;  // RPM 으로 환산하는 식
       RPM = Encoder * 4; // 600/156을 4로 계산한다.
    Encoder = 0;
  }
 }

void Segment ( char D,  int N )
{
 int  i;
 unsigned char N100, N10, N1;
 int Buff;

  N100 = N / 100;              // 세그먼트에서 사용하는 백의자리 추출
  Buff = N % 100;
  N10 = Buff / 10;             // 세그먼트에서 사용하는 십의 자리 추출
  N1 =  Buff % 10;             // 세그먼트에서 사용하는 일의 자리 추출

  for( i = 0 ; i < 30 ; i++ ) {

      PORTC = 0x0e;            // 왼쪽 첫 번째 세그먼트 ON
      PORTA = Font[D];         // 모터 회전이 정방향이면 '1' 역방향 '0'
      delay_ms(1);

      PORTC = 0x0d;            // 왼쪽 두 번째 세그먼트 ON
      PORTA = Font[N100];      // 백의 자리 숫자를 출력해 준다.
      delay_ms(1);

      PORTC = 0x0b;            // 왼쪽 세 번째 세그먼트 ON
      PORTA = Font[N10];       // 십의 자리 숫자를 출력해 준다.
      delay_ms(1);

      PORTC = 0x07;            // 왼쪽 네 번째 세그먼트 ON
      PORTA = Font[N1];        // 일의 자리 숫자를 출력해 준다.
      delay_ms(1);
```

```
    }
}

void main(void)
{
    DDRA = 0xFF; // 7-Segmnet 연결
    DDRC = 0x0F; // 7_Segment Common
    DDRF = 0x01; // Motor Enable
    DDRB.6 = 1;
    DDRB.7 = 1;

    EICRA = 0x00;
    EICRB = 0x50; // INT6, INT 7 상승 하강 에지 모두 검출
    EIMSK = 0xC0; // INT6, INT 7 Enable
    EIFR = 0x00;


    TCCR0 = 0x07; // Timer 0
    TIMSK = 0x01; // Timer 0 interrupt Enable


    TCNT0 = 0x70; // 10[ms] 인터럽트
    TIFR = 0x00;
    #asm("sei");
     // 정회전 (시계 방향)
    PORTF = 0x01;  // Motor Enable
    PORTB.6 = 0;
    PORTB.7 = 1;

    while(1){
      Segment(Dir,RPM);  // 방향과 RPM을 표시해 준다.
    }
 }
```

11-2 DC 모터 속도제어

학 습 목 표	1. DC 모터 속도제어를 이해할 수 없다.

필요지식

1) DC 모터의 가변속 제어법

DC 모터의 속도를 연속적으로 바꾸려는 경우에는 기본적으로는 DC 모터에 가하는 전압을 바꾸면 속도는 변화한다. 단순히 모터의 코일에 흐르는 전류와 속도가 정비례하기 때문에, [그림 11-12]와 같이 하여 모터의 구동전압을 변화시키면 속도를 가변으로 할 수 있는 것이다.

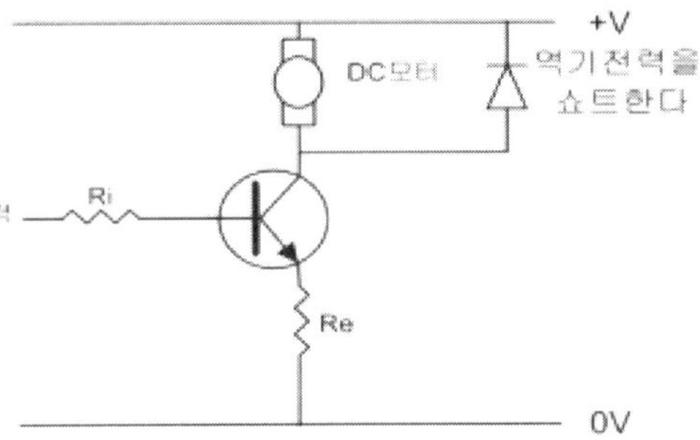

[그림 11-12] H브리지 제어회로

이 구동전압을 변화시키는 방법으로 아날로그 방식과 펄스폭 변조방식의 두 가지 방법이 있다. 다음은 각 방식과 특징에 대해 설명한다.

1) 아날로그 방식의 가변속 제어

직접 구동전압을 변화시키는 것으로, 기본회로는 [그림 11-13]과 같다.

즉, 트랜지스터로 전압 dropper를 구성하고, 컬렉터 이미터간의 드롭 전압을 바꿈으로써 모터에 가해지는 구동전압을 가변으로 한다. 이 기본원리에 의해, 드롭퍼 전압이 그대로 열로 되어 손실 되며, 특히 저속으로 할 때, 전력 사용 효율이 나빠지고 만다. 이 손실로 인해 발생하는 열대책을 위해, 큰 방열판을 필요로 하기 때문에 전체가 대형으로 되고 만다.

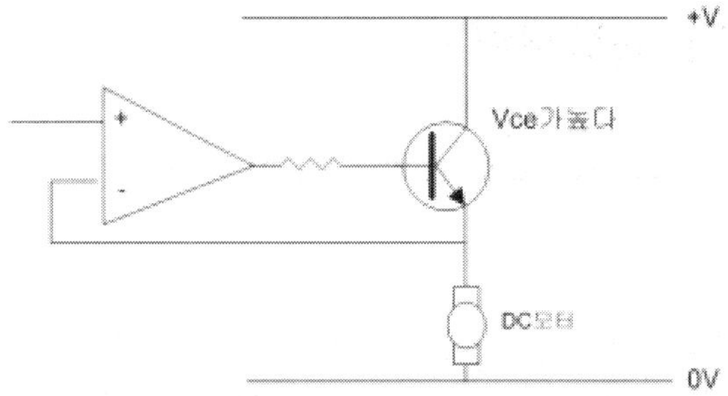

[그림 11-13] 아날로그 방식의 가변속 제어

그러나 소형 모터이고, 게다가 속도의 가변폭이 작아도 좋은 경우에는 손실을 작게 할 수 있다는 점과, 제어회로가 간단하기 때문에 흔히 사용되고 있다.

2) 펄스폭 변조

PWM 방식는 구동전압을 바꾸고 있는 것과 같은 효과를 내고 있지만, 그 방법이 펄스폭에 따르고 있으므로 펄스폭 변조(PWM : Pulse Width Modulation)라 부르고 있다. 구체적으로는 모터 구동전원을 일정 주기로 On/Off 하는 펄스 형상으로 하고, 그 펄스의 duty비(On 시간과 Off 시간의 비)를 바꿈으로써 실현하고 있다. 이것은 DC 모터가 빠른 주파수의 변화에는 기계 반응을 하지 않는다는 것을 이용하고 있다. 기본회로는 [그림 11-14]와 같이 트랜지스터를 일정시간 간격으로 On/Off하면 구동전원이 On/Off 된다.

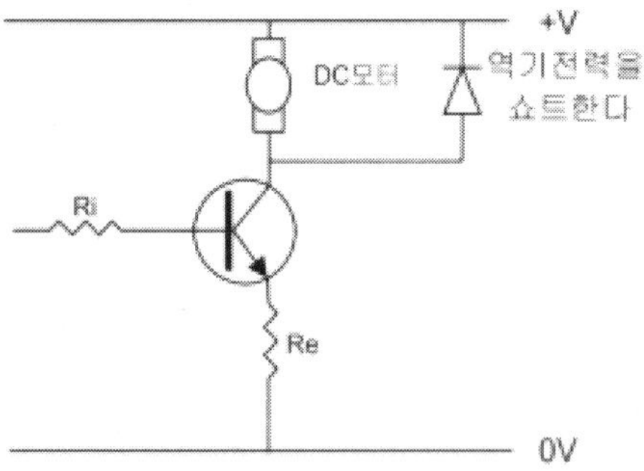

[그림 11-14] 펄스폭 변조

펄스 형상의 전압으로 DC 모터를 구동했을 때의 실제 모터에 가해지는 전압 파형은 [그림 11-15]와 같이 되고, 평균전력, 전압을 생각하면 외관상, 구동전압이 변화하고 있다.

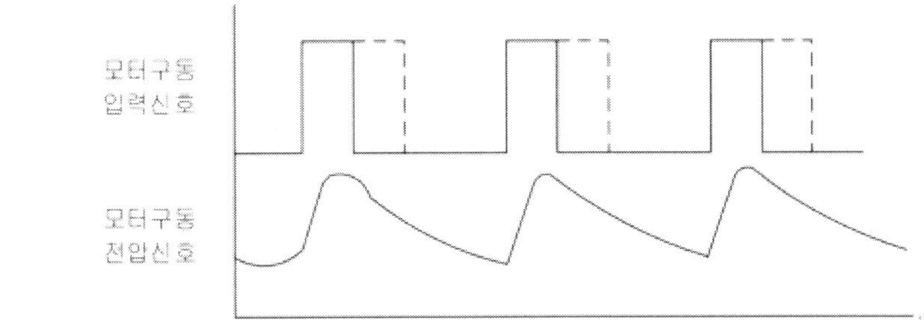

[그림 11-15] 실제모터에 가해지는 전압

여기서 중요한 기능을 담당하고 있는 것이 위의 회로도에 있는 다이오드이며, 일반적인 전원용 다이오드를 사용하지만, 그 동작 기능에 의해 flywheel diode라 부르고 있다. 즉, 트랜지스터가 Off로 되어 있는 동안, 모터의 코일에 축적된 에너지를 전류로 흘리는 작용을 한다(회생전류라 부른다). 이 상태를 그림으로 나타내면 [그림 11-16]과 같이 되며, 이 플라이휠 효과에 의해, 모터에 흐르는 전류는 트랜지스터가 Off로 되어 있는 동안에도 쉬지 않고 흐르고 있는 것처럼 보이게 되며, 평균전류도 On시의 전류와 이 회생전류의 합으로 된다.

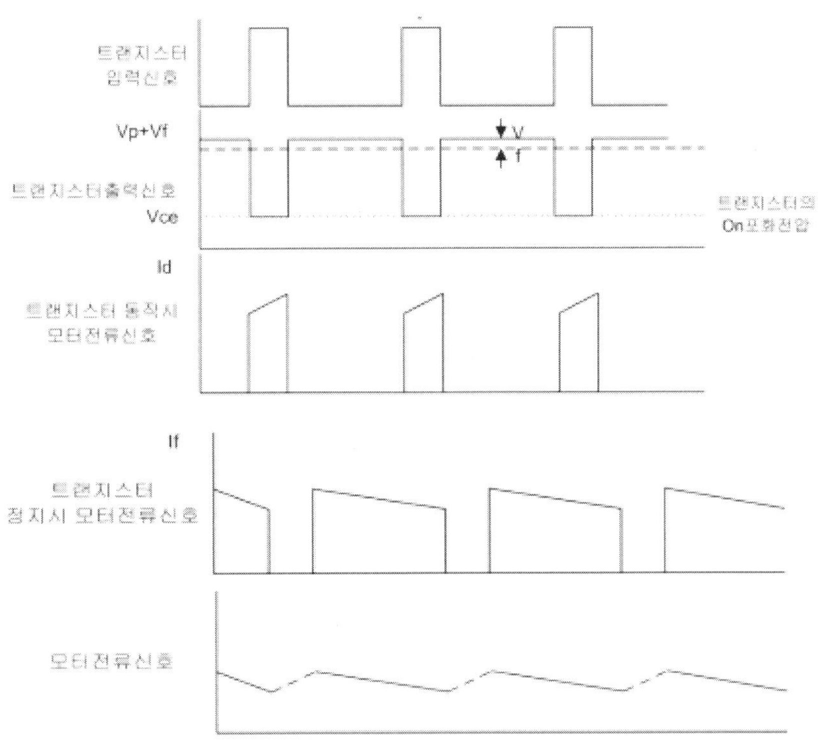

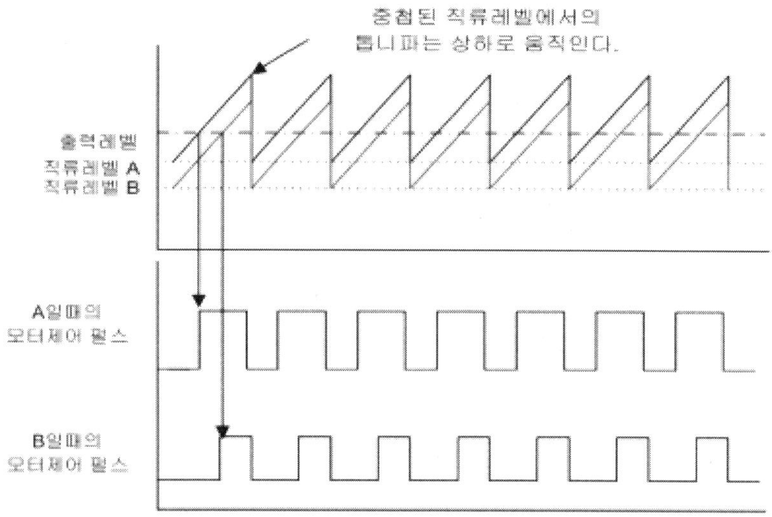

[그림 11-16] 입출력 전류와 회생전류신호

1) DC 모터의 사양과 제어회로

이 장에서 사용하고 있는 DC 모터의 형상과 특성을 보여주고 있다. MCU-Multi II에서 사용하는 모델은 RA-20GM의 03 Type으로 2ch Encoder(각 채널 3Pulse / 회전당) 모터이며 DC 12V에서 동작한다. 이 모터의 경우 13:1의 감속기어가 달려 있으므로 따라서 회전당 A상에서 3×13=39, B 상도 A 상과 90도 위상차를 갖고 3×13=39개의 펄스가 엔코더에서 출력된다.

[그림 11-17] DC모터(RA-20GM)

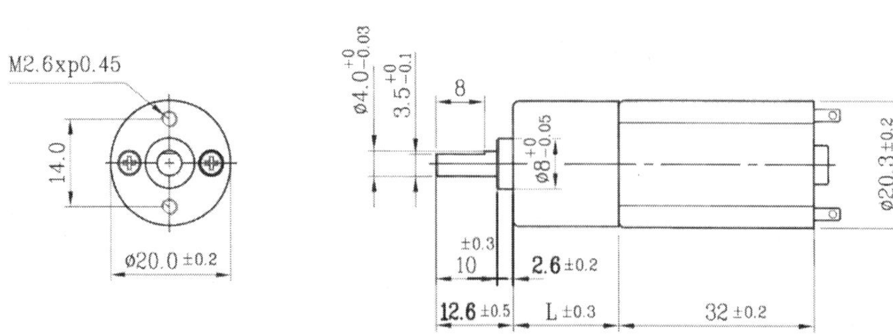

[그림 11-18] DC모터(RA-20GM)의 제품도면

(1) DC 모터 사양

① 제어전압 : DC 12V

② 감속비[reduction ration] : 1/13

③ 정격토크[rated torque](gf-cm) : 22

④ 정격회전수[rated speed](rpm) : 6700

⑤ 정격 전류[rated current](mA) : 200

⑥ 정격 출력[rated output](W) : 1.5

(2) 모터 모듈과 회로도

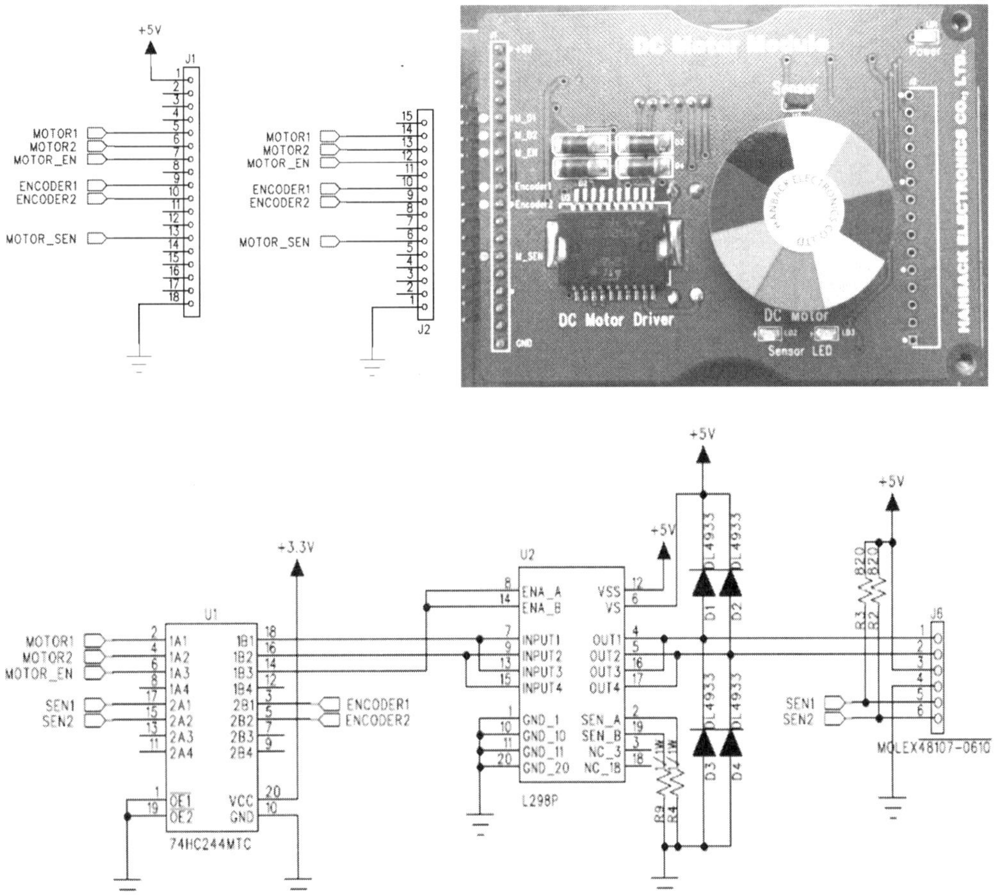

[그림 11-19] DC모터 모듈과 제어회로도

DC Motor 모듈의 DC 모터를 제어를 위해 Motor Driver L298P 칩을 사용하고 있다. L298은 모터의 방향을 결정하는 2개의 Input 핀(Motor1, Motor2)과 모터의 회전 On/Off를 제어하는 Enable핀(Motor_En)을 이용하여 모터를 구동하도록 되어 있다.

Motor1과 Motor 2핀(아래 예제에서는 MCU에서 PB5, PB6)을 통해 '10' 또는 '01'의 값을 주어 모터의 정회전 및 역회전을 결정하게 된다.

모터가 회전됨에 따라 출력되는 엔코더 펄스는 A상과 B상이 있다. A상과 B상은 90도의 위상차를 가지며 정회전(시계방향)일 때는 A상이 90도 앞서며 역회전(반시계방향)일 때는 B상이 90도 앞서게 된다.

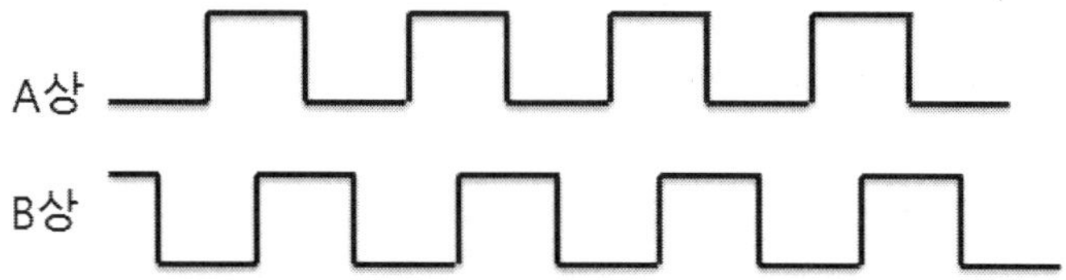

[그림 11-20] 정회전(시계방향) 엔코더 펄스 출력

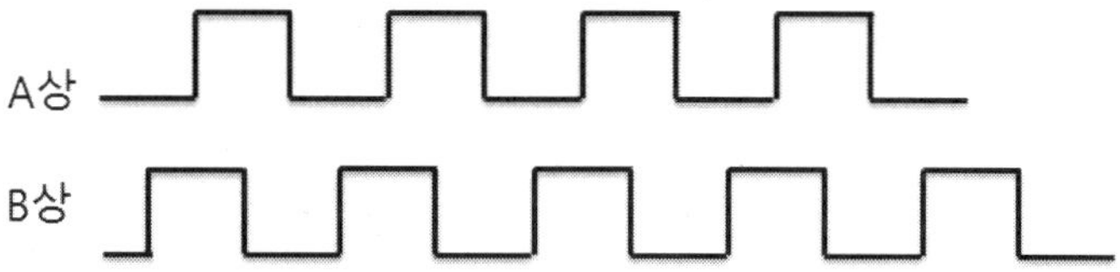

[그림 11-21] 역회전(반 시계방향) 엔코더 펄스 출력

수행 내용 DC모터 속도 제어 이해하기

재료 · 자료

- C언어 프로그래밍, 타깃보드

기기(장비 · 공구)

- 컴퓨터, USB케이블, 개발시스템, ISP

안전 · 유의사항

- ATmega128 타깃 시스템의 외형을 관리하고 ATmega128 타깃 시스템에 전원을 관리한다.

수행 순서

01 속도 지령을 모터에 주고 모터의 엔코더 Feedback 받아 모터를 제어해 보도록 하자.

속도 지령은 시간당 엔코더 필스로 지령하고 제어 입력은 PWM파형을 이용하여 제어한다. 또한 제어 알고리즘은 PI(비례 적분)제어 알고리즘을 사용하기로 한다. 7-Segment에는 속도지령과 모터의 속도차를 표시하도록 한다(Sampling Time은 100ms로 한다).

① 포트 PB5를 M_D1, PB6을 M_D2, PF0를 MOTOR_EN에 연결해 준다.

② 포트 PE6를 Encoder_2(A상), 포트 PE7을 Encoder_1(B상)에 연결해 준다.

③ 포트 PA0~PA7, PC0~PC3까지 Array FND 부분을 7-세그먼트에 연결해 준다.

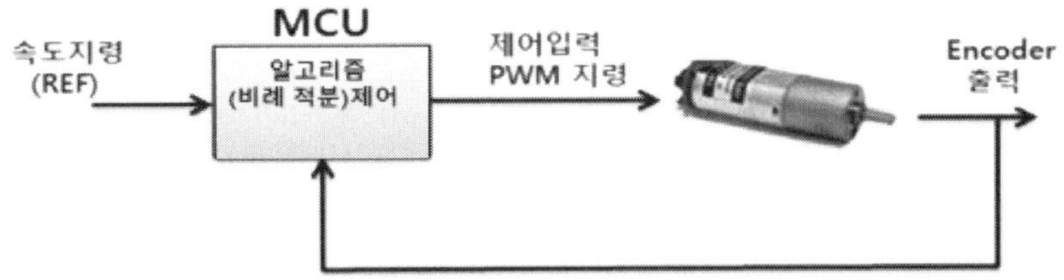

```
#include <mega128a.h>
#include <delay.h>

unsigned char Font[18] = {0x3F, 0x06, 0x5B, 0x4F,
                          0x66, 0x6D, 0x7C, 0x07,
                          0x7F, 0x67, 0x77, 0x7C,
                          0x39, 0x5E, 0x79, 0x71,
                          0x08, 0x80};

void Segment(int);  // Segment 함수 선언
char Dir;
unsigned int Encoder;
unsigned int t_cnt;
int Err, IErr;
int M_input, PGain = 6;
int Disp;

// 엔코더 A 상 입력
interrupt [EXT_INT6] void external_int6(void)
{
     if(PINE.6==1 && PINE.7==0) Dir = 1;
     else if(PINE.6==0 && PINE.7==1) Dir = 1;
     else if(PINE.6==1 && PINE.7==1) Dir = 0;
     else if(PINE.6==0 && PINE.7==0) Dir = 0;
     Encoder++;
}



// 엔코더 B상 입력
interrupt [EXT_INT7] void external_int7(void)
{
     Encoder++;
}

interrupt [TIM0_OVF] void timer0_ovf_isr(void)
{
  TCNT0 = 0x70;
  t_cnt++;
```

```
    if(t_cnt > 10) { // 10[ms] 인터럽트가 10번 발생하면 => 100[ms]가 되면
      t_cnt = 0;
      Err = 20- Encoder; // 속도지령 - Encoder
      IErr = IErr + Err;  // Ref.- 출력
      M_input = M_input + (Err * PGain) + ( IErr / 1000);
      if(M_input >= 255 ) M_input = 255;
      OCR2 =  M_input;
      Disp = Err;

       Encoder = 0;
    }
  }


void Segment ( int N )
{
  int  i, Buff;
  unsigned char N100, N10, N1;
  int booho = 1;

    if( N < 0 ) {
                N = N * -1; // 들어오는 값이 0보다 적으면 -1을 곱함
                booho = -1;
    }

    N100 = N / 100 ;              // 세그먼트에서 사용하는 백의자리 추출
    Buff = N % 100;
    N10 = Buff / 10;              // 세그먼트에서 사용하는 십의 자리 추출
    N1 =  Buff % 10;              // 세그먼트에서 사용하는 일의 자리 추출

    for( i = 0 ; i < 30; i++ ) {

        PORTC = 0x0e;           // 왼쪽 첫 번째 세그먼트 ON
        if (booho < 0 ) PORTA = 0x40; // '-'를 출력해라.
        else  PORTA = Font[1];  // +일 경우 '1'을 표시하라.
        delay_ms(1);

        PORTC = 0x0d;           // 왼쪽 두 번째 세그먼트 ON
        PORTA = Font[N100];     // 백의 자리 숫자를 출력해 준다.
        delay_ms(1);
```

학습 11. 모터 제어 응용

```
        PORTC = 0x0b;              // 왼쪽 세 번째 세그먼트 ON
        PORTA = Font[N10];         // 십의 자리 숫자를 출력해 준다.
        delay_ms(1);

        PORTC = 0x07;              // 왼쪽 네 번째 세그먼트 ON
        PORTA = Font[N1];          // 일의 자리 숫자를 출력해 준다.
        delay_ms(1);
    }
}

void main(void)
{

    DDRA = 0xFF;  // 7-Segment 연결
    DDRC = 0x0F;  // 7_Segment Common
    DDRF = 0x01;  // Motor Enable
    DDRB.6 = 1;
    DDRB.7 = 1;
    ASSR = 0; // 내부 클럭을 사용한다.

    TCCR2 = 0x65;
    TCNT2 = 0x00;
    OCR2 = 0;

    EICRA = 0x00;
    EICRB = 0x50; // INT6, INT 7 상승 하강 에지 모두 검출
    EIMSK = 0xC0; // INT6, INT 7 Enable
    EIFR = 0x00;


    TCCR0 = 0x07; // Timer 0
    TIMSK = 0x01; // Timer 0 interrupt Enable

    TCNT0 = 0x70; // 10[ms] 인터럽트
    TIFR = 0x00;
    #asm("sei");

    // 정회전 (시계 방향)
    PORTF = 0x01;  // Motor Enable
```

```
  PORTB.6 = 0;

 while(1){
   Segment(Disp);  // 방향과 RPM을 표시해 준다
 }
}
```

02 실험 20-4를 수정하여 비례 · 미분 · 적분 제어 알고리즘을 탑재하여 DC모터의 속도를 제어해 보시오.

```
#include<avr/io.h>
#include<avr/interrupt.h>
#include<util/delay.h>

#define sbi(PORTX, BITX) PORTX |=(1<<(BITX)
#define cbi(PORTX,BITX) PORTX &= ~(1 <<(BITX)

unsigned char Font[18] = {0x3F, 0x06, 0x5B, 0x4F,
                          0x66, 0x6D, 0x7C, 0x07,
                          0x7F, 0x67, 0x77, 0x7C,
                          0x39, 0x5E, 0x79, 0x71,
                          0x08, 0x80};

void Segment(int);  // Segment 함수 선언
volatile char Dir;
volatile unsigned int Encoder;
volatile unsigned int t_cnt;
volatile int Err, IErr;
volatile int M_input, PGain = 6;
volatile int Disp;

// 엔코더 A 상 입력
SIGNAL(SIG_INTERRUPT6)
```

```
{
        if((PINE & 0xc0)==0x40 ) Dir =1 ;    // 정방향 회전
      else if((PINE & 0xc0) == 0x80) Dir = 1; // 정방향 회전
      else if((PINE & 0xc0) == 0xC0) Dir = 0; // 역방향 회전
      else if((PINE & 0xc0) == 0x00) Dir = 0; // 역방향 회전
     Encoder++;
}

// 엔코더 B상 입력
SIGNAL(SIG_INTERRUPT7)
{
     Encoder++;
}

SIGNAL(SIG_OVERFLOW0)
{
  TCNT0 = 0x70;
  t_cnt++;
  if(t_cnt > 10) { // 10[ms] 인터럽트가 10번 발생하면 => 100[ms]가 되면
    t_cnt = 0;
    Err = 50- Encoder; // 속도지령 - Encoder
    IErr = IErr + Err;  // Ref - 출력
    M_input = M_input + (Err * PGain);
    if(M_input >= 255 ) M_input = 255;
    OCR2 =  M_input;
    Disp = Err;

     Encoder = 0;
  }
 }

void Segment ( int N )
{
 int  i, Buff;
 unsigned char N100, N10, N1;
 int booho = 1;

  if( N < 0 ) {
             N = N * -1; // 들어오는 값이 0보다 적으면 -1을 곱함
             booho = -1;
```

```
    }

    N100 = N / 100 ;                    // 세그먼트에서 사용하는 백의자리 추출
    Buff = N % 100;
    N10 = Buff / 10;                    // 세그먼트에서 사용하는 십의 자리 추출
    N1 =  Buff % 10;                    // 세그먼트에서 사용하는 일의 자리 추출

    for( i = 0 ; i < 30; i++ ) {
        PORTC = 0x0e;                   // 왼쪽 첫 번째 세그먼트 ON
        if (booho < 0 ) PORTA = 0x40;   // '-'를 출력해라.
        else  PORTA = Font[1];          // +일 경우 '1'을 표시하라.
        _delay_ms(1);

        PORTC = 0x0d;                   // 왼쪽 두 번째 세그먼트 ON
        PORTA = Font[N100];             // 백의 자리 숫자를 출력해 준다.
        _delay_ms(1);

        PORTC = 0x0b;                   // 왼쪽 세 번째 세그먼트 ON
        PORTA = Font[N10];              // 십의 자리 숫자를 출력해 준다.
        _delay_ms(1);

        PORTC = 0x07;                   // 왼쪽 네 번째 세그먼트 ON
        PORTA = Font[N1];               // 일의 자리 숫자를 출력해 준다.
        _delay_ms(1);
    }
}

int main()
{
    DDRA = 0xFF;  // 7-Segment 연결
    DDRC = 0x0F;  // 7_Segment Common
    DDRF = 0x01;  // Motor Enable
    sbi(DDRB,6);
    sbi(DDRB,7);
    ASSR = 0; // 내부 클럭을 사용한다.

    TCCR2 = 0x65;
    TCNT2 = 0x00;
    OCR2 = 0;
```

```
    EICRA = 0x00;
    EICRB = 0x50; // INT6, INT 7 상승 하강 에지 모두 검출
    EIMSK = 0xC0; // INT6, INT 7 Enable
    EIFR = 0x00;


    TCCR0 = 0x07; // Timer 0
    TIMSK = 0x01; // Timer 0 interrupt Enable

    TCNT0 = 0x70; // 10[ms] 인터럽트
    TIFR = 0x00;
    sei();

    // 정회전 (시계 방향)
    PORTF = 0x01;   // Motor Enable
    cbi(PORTB,6);   // PORTB.6 = 0;
    sbi(PORTB,7);   // PORTB.7 = 1;

    while(1){
      Segment(Disp);  // 방향과 RPM을 표시해 준다
    }
    return 0;
}
```

11-3 서보모터 제어

학습 목표	11-3 서보모터 제어를 이해할 수 있다.

필요지식

1. 서보모터의 개요

서보기구라는 용어는 1934년에 H.L.Hazen 교수에 의해 처음 쓰여졌으나, Servo의 어원은 라틴어의 Servue(영어의 Slave : 노예)라고 한다. 노예의 역할이 주인의 명령을 충실히 따르고 육체노동을 하는 것이므로 그러한 역할을 해내는 장치를 그렇게 이름 붙인 것이다. 서보기구가 그 본래의 목적인 위치제어에 최초로 응용한 것은 어뢰라고 한다. 어뢰는 1866년에 화이트 헤드에 의해 발명되었는데, 처음부터 자동조종을 전제로 하여 탄생한 병기이다. 당초 어뢰는 봄베(Bombe)에 저장한 압축공기를 동력원으로 하여 프로펠러에 의해 추진되고, 공기압 자이로를 센서로 하여 공기압 제어장치로 방향타를 움직여서 침로를 제어하고 심도기(수압을 검지)를 센서로 하여 공기압 제어장치로 방향타를 움직여서 심도를 제어한 것이다. 이를 이용하여 어뢰의 자동조종에 이어 배의 자동조종이 실현되었다. 수상함의 경우는 침로만 제어하면 되는데, 센서로는 자이로 캠퍼스가 쓰이고 있다. 항공기는 1차 대전 후에 발달하였는데 그 자동조종도 당연히 실현된 것이다. 이처럼 운동체 또는 교통기관의 자동조종이 서보기구의 주요 응용분야가 되고 있는 것이다.

전후 이들의 연구성과가 재빨리 발표되자 이 방법이 서보에만 한정되지 않고, 프로세스제어를 포함한 일반 제어계의 해석, 설계에 큰 역할을 해내어 피드백 제어이론이 체계화된 것이다. 컴퓨터의 발달로 그 신뢰성이 향상하면서 제어에 응용하는 소위 컴퓨터제어의 시대를 맞이하게 되는데 컴퓨터를 도입함으로써 제어의 질이 비약적으로 향상했다는 것이 말할 필요도 없다.

그 당시의 제어는 연산이라고 해도 고작 간단한 제어 정도였으나, 컴퓨터에 의해 복잡한 연산과 복잡한 이론판단이 가능해지고 더욱 큰 기억용량에 의해 측정된 데이터의 이용이 가능해졌다. 그때까지의 자동화가 사람의 손발의 역할을 기계로 대행시킨 것에 불과한데 반해 컴퓨터에 의해 인간두뇌의 역할을 대행시키는 것이 가능해졌으며, 그 당시 생긴 오토메이션이란 신조어가 이 자동화의 변모에 대응하여 사용된 것이다. 1973년에 석유 가격의 급격한 폭등에 따른 소위 오일쇼크가 원인이 되어 성능상으로는 뛰어나지만 작동을 위한 기름의 관리, 기름의 누출, 폐유의 처리 등 사용상의 난점을 가진 유압서보가 공업적 이용에 있어 점차 멀어지게 되고 전기서보의 전성기를 맞이하게 되었다. 여기에는 서보전동기의 성능향상, 트랜지스터, 사이리스터 등 반도체 기술의 진보가 크게 공헌하였다. 당초의 전기서보는 저관성 서보 전동기나 저속 대토크 서보 전동기의 직류서보 전동기를 이용한 DC 서보가 사용되었다. 그러나 직류서보 전동기에는 전류를 바꾸기 위한 정류자의 브러시와 커뮤니케이터의 마찰 부분이 있어 브러시 분진과 브러시·커뮤니케이터 손상의 보상이 필요하다. 동기전동기, 유도전동기의 교류서보 전동기에는 정류자가 없기 때문에 보상이 없어도 된다. 교류서보 전동기를 구동시키려면 교류 주파수를 변화시켜 전동기 속도를 변화시킬 필요가 있는데 직류를 가변주파수의 교류로 변화시키는 성능이 좋은 인버터 회로를 트랜지스터나 다이리스터 등반도체 소자로 실현할 수 있게 되었다. 또 마이크로일렉트로닉스의 연산기술이 교류서보 컨트롤러에 이용되게 되었기 때문에 교류서보 전동기를 이용한 AC서보의 성능이 향상되었으며, 비용면에서도 DC 서보에 필적할 만큼 되고, 무보수의 유리함으로 AC서보가 로봇제어 및 산업현장에 많이 쓰이게 되었다.

2. 서보모터의 종류

서보모터에는 DC(직류) 서보모터와 AC(교류) 서보모터가 있다. AC 서보모터는 다시 구조에 따라 동기기와 유도기로 분류된다. 직류 전류에서 구동하는 DC 서보모터의 역사는 길고, 1980년대까지는 서보모터라고 하면 DC 서보모터를 가리켰다. 하지만 마이크로 프로세서등의 발달에 의해 1984년부터 교류 전류로 구동하는 AC 서보모터가 등장했고 오늘날에는 여러가지 장점이 있어 AC 서보모터로의 세대 교체가 이루어지고 있다. 여기서, 동기기형 AC 서보모터를 SM형(Synchronous Type AC Servo Motor) 혹은 브러시리스 DC 서보모터(Brushless DC Servo Motor) 혹은 영구자석형 AC 서보모터(Permanent Magnet Type AC Servo Motor)라고도 한다. 유도기형 AC 서보모터는 IM형 서보모터(induction type AC Servo Motor)라고도 한다. 서술한 모터 외에도 서보시스템화가 가능한 FA용 모터로 스테핑모터(stepping motor) 혹은 펄스모터(pulse motor)가 있다.

AC 서보모터는 동기형과 유도형으로 구분되는데, 동기형은 영구자석식 동기모터를 사용하고, 정전시 발전제동이 용이하며, 대용량의 모터는 제작할 수 없다는 특성을 지니고 있다. 유도형은 범용모터와 유사한 구조를 가진 유도형 모터를 사용하는데, 모터의 발열은 동기식보다 많지만, 대용량의 모터까지도 제작할 수 있다는 장점이 있다.

〈표 11-2〉 DC, AC 서보모터 비교

DC 서보모터	AC 서보모터
브러시 모터(brushed motor)	브러시리스 모터(brushless motor)
제어구조가 간단하고 쉽다	제어구조가 복잡하고 어렵다
단상으로 제어한다	3상을 제어한다
회전 전기자형	회전 자계형
회전자가 권선으로 방열 나쁘다	고정자가 권성으로 방열이 쉽다
브러시의 유지 보수가 필요하다	브러시의 유지 보수가 필요없다
기계적 구조로 최대 속도가 낮다	전기적 구조로 최대 속도가 높다
정격 용량을 크게 하기 어렵다	정격 용량을 크게 하기 어렵다

〈표 11-3〉 서보모터 종류에 따른 장단점

종 류	장 점	단 점
DC 서보모터	• 기동토크가 크다. • 크기에 비해 큰 토크 발생. • 효율이 높다. • 제어기 용이하다. • 속도제어 범위가 넓다. • 비교적 가격이 저렴하다.	• 브러쉬 마찰로 기계적 손실이 큼 • 브러쉬의 보수가 필요 • 접촉부의 신뢰성이 떨어진다. • 정류속도에 한계가 있다. • 사용환경에 제한이 있다. • 방열이 나쁘다.
동기기형 AC 서보모터	• 브러쉬가 없어 보수가 용이 • 내환경성이 우수 • 정류속도에 한계가 없다. • 신뢰성이 우수하다. • 고속, 고 토크의 사용이 가능 • 방열이 좋다.	• 시스템이 복잡하고,고가이다. • 전기적 시정수가 크다. • 회전 검출기가 필요 • 영구자석을 고정자로 사용하므로 대용량의 모터 제작이 어렵다.
유도기형 AC 서보모터	• 브러쉬가 없어 보수가 용이 • 내환경성이 우수 • 자석을 사용하지 않는다. • 방열이 좋다. • 회전검출기가 불필요	• 시스템이 복잡하고 고가이다. • 전기적 시정수가 크다.

학습 11. 모터 제어 응용

3. 서보모터의 제어원리

1) DC 서보모터의 제어원리

DC 서보모터는 전기자 전류에 대하여 발생토크의 관계가 직선성으로 우수하고, OA에서부터 FA분야까지 광범위하게 사용되고 있으며, AC 서보모터는 주로 계측기, 항공기 관계에 사용되었으나 현재는 거의 사용되지 않는 실정이다. 서보모터는 또한 자동화시스템에서 Actuator로 사용되는 중요한 요소이다. 이러한 서보모터는 경량, 소형, 설치의 용이성, 고효율성, 정확한 제어성, 유지, 보수가 용이한 특징을 가진다. RC 서보모터는 모터에 맞는 제어 신호, 즉 PWM을 보내면 특정 각도를 유지하게 된다. 그러나 서보모터는 DC, 스테핑모터와는 다르게 각도에 보통 180°의 제한이 있다.

〈표 11-4〉 서보모터 HES-311의 특성표

품 명	속 도	동작전압[V]	TORQUE Kg · cm	중량[g]
HES-311	0.2초/60도	4～6	2.5	42

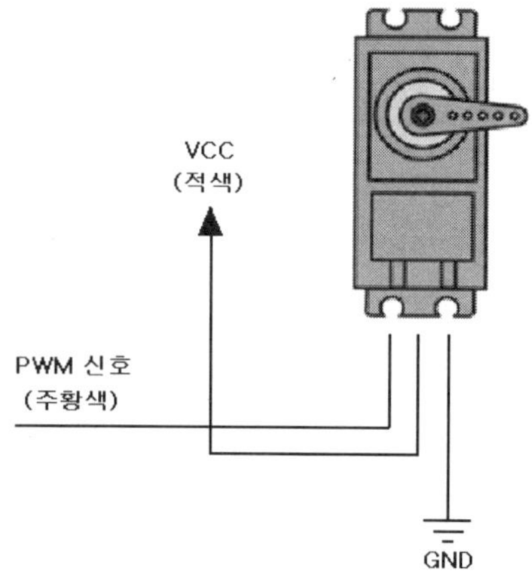

GND	VCC	PWM신호입력선
갈색	적색	주황색

[그림 11-22] HS-311의 특성,외형 및 핀배치도

[그림 11-22]에서 알 수 있듯이 RC 서보모터(HES-311)의 외부에 3개 선이 있으며 각각 VCC(빨간색), 홍(갈색), 펄스입력선(주황색)선이다. 보통 전원은 4～6[V]사이에서 동작한다. 서보모터 동작은 펄스 입력선으로 일정주기의 펄스신호를 주면 모터가

0~180도 사이에서 움직인다. 따라서, 이러한 RC 서보모터(HES-311)의 동작 제어방법은 [그림 20-23]과 같이 PWM 펄스신호를 입력하여야 한다. 서보모터 PWM의 일반적인 주기는 20[ms]이며 High 부분의 펄스 폭이 0.7[ms]일 때 좌측으로 90°, 1.5[ms]일 때 0°, 2.3[ms]일 때 우측으로 90°를 움직이게 된다. 그리고 RC 서보모터(HES-311)을 제어하기 위해서 주의할 점은 서보모터가 현재의 위치를 계속해서 유지하기 위해서는 해당 위치 펄스신호를 반복해서 보내주어야 한다. 만약 위치 펄스신호를 계속 받지 못한 상태에서는 이 시간이 지나면 서보모터가 정지하게 된다.

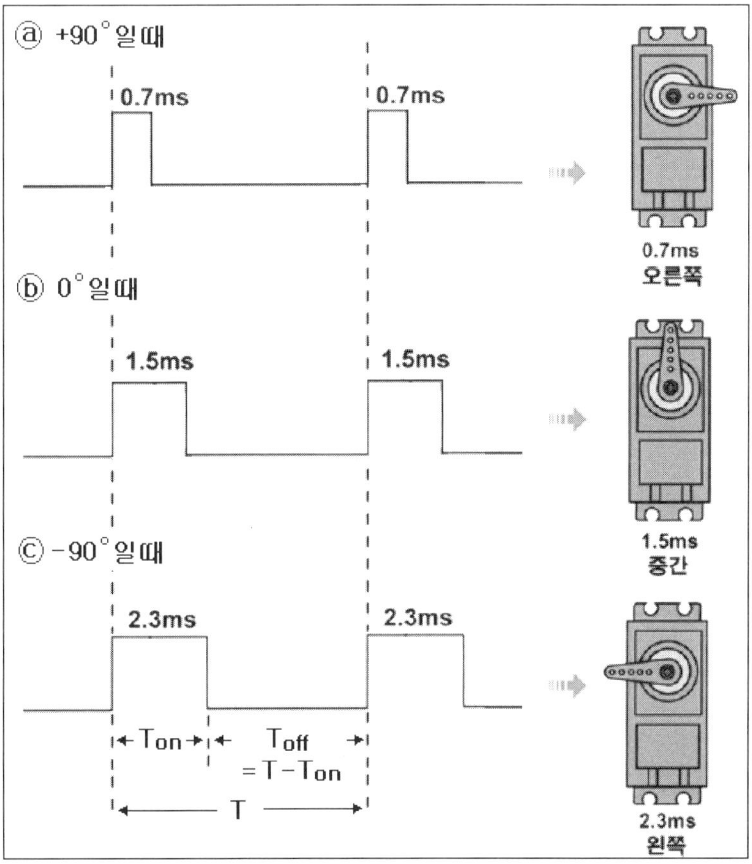

[그림 11-23] 발생된 펄스에 의한 서보모터 동작도

학습 11. 모터 제어 응용

서보모터 제어 회로부는 다음과 같이 설계되어 있다.

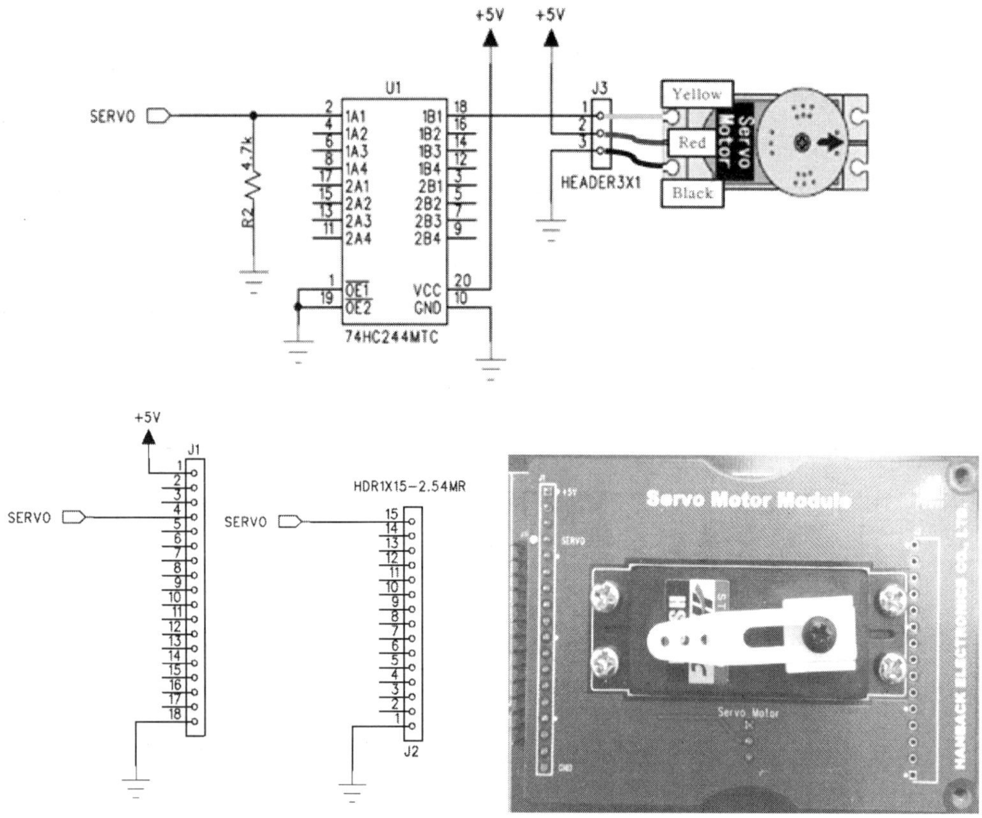

[그림 11-24] 서보모터 모듈과 제어부 회로

수행 내용　서브모터의 제어 이해하기

재료 · 자료

- C언어 프로그래밍, 타깃보드

기기(장비 · 공구)

- 컴퓨터, USB케이블, 개발시스템, ISP

안전 · 유의사항

- ATmega128 타깃 시스템의 외형을 관리하고 ATmega128 타깃 시스템에 전원을 관리한다.

수행 순서

01 이 실험에서는 서보모터의 영점(0° 위치)에 모터가 정지하도록 하는 프로그램을 작성해 보기로 한다.

① 포트 PB7을 SERVO Motor 모듈의 SERVO 제어 입력에 연결해 준다.

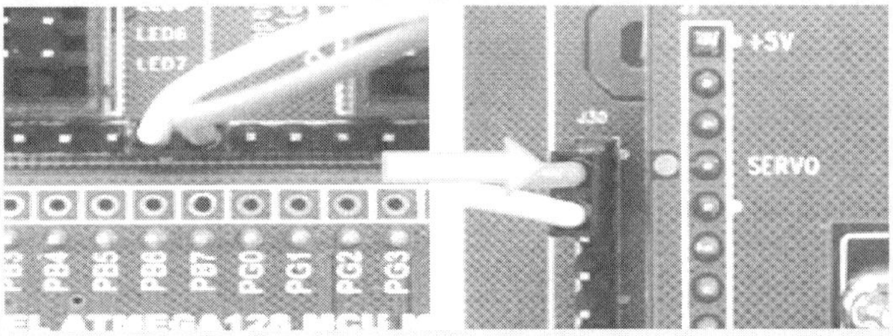


```
#include <mega128a.h>
#include <delay.h>

void main(void)
```

```
{

  DDRB.7 = 1;

  while(1)
  {   // PWM 주기를 20[ms]로 한다.
     PORTB.7= 1;
     delay_us(1500); // ON Time이 1.5[ms]
     PORTB.7 = 0;
     delay_us(18500);  // OFF Time이 18.5[ms]
  }
}
```

02 이 실험에서는 서보모터를 위치제어 하여 +90° → 0° → -90°→ 를 왕복하는 프로그램을 구현해 보도록 한다.

① 포트 PB7을 SERVO Motor 모듈의 SERVO 제어 입력에 연결해 준다.

```
#include <mega128a.h>
#include <delay.h>

void main(void)
{
unsigned int i;
 DDRB.7 = 1;

 while(1)
 {
   for(i = 0; i <50 ; i++ ){ // +90도 동작
        PORTB.7 = 1;
        delay_us(700);      // 0.7[ms]
        PORTB.7 = 0;
```

```
            delay_us(19300);  // 19.3[ms]
        }
        for(i = 0; i <50 ; i++ ) {// 0도 동작
            PORTB.7 = 1;
            delay_us(1500);       // 1.5[ms]
            PORTB.7 = 0;
            delay_us(18500);      // 18.5[ms]
        }
        for(i = 0; i <50 ; i++ ){ // -90도 동작
            PORTB.7 = 1;
            delay_us(2300);      // 2.3[ms]
            PORTB.7 = 0;
            delay_us(17700);     // 17.7[ms]
        }
    }
}
```

03 타이머/카운터 0을 0.1 [ms] 주기 인터럽트가 발생하도록 하고 이를 이용하여 서보모터를 위치제어 하여 +90° → 0° →-90°→를 왕복하는 프로그램을 구현해 보도록 한다(타이머/카운터 동작모드는 Normal 모드로 설정한다).

① 포트 PB7을 SERVO Motor 모듈의 SERVO 제어 입력에 연결해 준다.

타이머/카운터 0이 약 0.1[ms] 마다 오버플로가 발생하기 위해서는 먼저 타이머/카운터 0의 소스 클록을 몇 분주로 할 것인지 TCCR0 레지스터를 설정하고, 이에 맞춰서 카운트 TCNT0의 초기 값을 설정해야 한다. 〈표 8-1〉과 〈표 8-4〉을 참조하여 CLK/1 분주로 설정하면

	FOC0	WGM00	COM01	COM00	WGM01	CS02	CS01	CS00
TCCR0	0	0	0	0	0	0	1	0

타이머/카운터 0의 입력 소스 클럭의 주파수는 $f_i = \frac{14.7456[\mathrm{Mhz}]}{8} = 1.8432[\mathrm{Mhz}]$ 이다.

그럼 타이머 카운터의 입력 클럭의 주기는 $T_i = \frac{1}{f_i} = 0.0000005425[\text{sec}]$ 이다. 그럼 0.1 [msec]에 인터럽트가 발생되려면 $TCNT0 = \frac{0.0001}{0.0000005425} = 184.33 \fallingdotseq$ 184(0xB8)가 된다. 즉, 입력 소스클럭이 184개 발생해야 0.1 [ms] 가 된다는 의미이다. 따라서 TCNT0를 설정할 때 184(0xB8)개의 클럭 입력이 들어오면 오버플로가 발생하게 설정해 주어야 한다.

따라서 TCNT0 = 0xff(카운트 최댓값) + 1 - 클록 카운트 값(0xB8) =0x48

따라서 TCNT0의 카운트 값은 0x48로 설정한다. TCNT0 = 0x48로 설정하면 256(0x100)−72(0x48) = 184(0xB8) 즉, 184번 클록을 카운트 한 다음에 인터럽트가 발생하게 된다. 따라서 72의 Hex 값인 0x48을 TCNT0에 설정해 준다.

```
#include <mega128a.h>
#include <delay.h>

int t_cnt = 0;
int AngleCount = 0;
void Servo(int);

void Servo(int Angle)
{
 if (Angle == -90 )
          AngleCount = 23; // PWM ON Time 2.3[ms]
 else if (Angle == 0)
         AngleCount = 15;  // PWM ON Time 1.5[ms]
 else if(Angle == 90)
         AngleCount = 7;   // PWM ON Time 0.7[ms]
}

 // 0.1 [msec] 타이머/카운터 인터럽트 함수
 interrupt [TIM0_OVF] void timer0_ovf_isr(void)
 {
  TCNT0 = 0x48;  // 타이머/카운터 초기값을 Re-Load
  t_cnt++;

  if(t_cnt <= AngleCount)
              PORTB.7 = 1;  // PWM ON Time
```

```
  else
            PORTB.7 = 0;  // PWM OFF Time
  if(t_cnt >= 200)
            t_cnt = 0; // 20[ms] 주기 PWM
  }

void main(void)
{
 DDRB.7 = 1;
 ASSR = 0;          // 내부 클럭을 사용한다.
 TCCR0 = 0x02;  // 8 분주
 TIMSK = 0x01;  // 타이머/카운터 0 인터럽트 사용

 AngleCount = 15; // 초기 서보 위치를 0도로 설정한다.


 TCNT0 = 0x48; // 0.1 [msec] 타이머/인터럽트 값 설정
 TIFR = 0;

 #asm("sei")

  while(1)
  {
     // delay 1초를 주는 이유는 서보가 움직일 충분한 시간을 주기 위함이다.
    Servo(0);
    delay_ms(1000);

    Servo(90);
    delay_ms(1000);

    Servo(-90);
    delay_ms(1000);

   }
  }
```

학습 11. 모터 제어 응용

04

푸쉬버튼 스위치를 실험 20-2와 연동하여 '1'번 스위치를 누르면 0도 '2'번 스위치를 누르면 -90도 '3'번 스위치를 누르면 +90도로 서보 모터가 움직이도록 하는 프로그램을 작성하시오.

```
#include<avr/io.h>
#include<avr/interrupt.h>
#include<util/delay.h>

#define sbi(PORTX, BITX) PORTX |=(1<<(BITX)
#define cbi(PORTX,BITX) PORTX &= ~(1 <<(BITX)


volatile int t_cnt = 0;
volatile int AngleCount = 0;
void Servo(int);

void Servo(int Angle)
{
 if (Angle == -90 )
          AngleCount = 23; // PWM ON Time 2.3[ms]
 else if (Angle == 0)
         AngleCount = 15;  // PWM ON Time 1.5[ms]
 else if(Angle == 90)
         AngleCount = 7;   // PWM ON Time 0.7[ms]
}

 // 0.1 [msec] 타이머/카운터 인터럽트 함수
 SIGNAL(SIG_OVERFLOW0)
 {
  TCNT0 = 0x48;  // 타이머/카운터 초기값을 Re-Load
  t_cnt++;

  if(t_cnt <= AngleCount)
              sbi(PORTB,7); // PORTB.7 = 1;  // PWM ON Time
  else
              cbi(PORTB,7); // PORTB.7 = 0;  // PWM OFF Time
  if(t_cnt >= 200)
```

```
            t_cnt = 0; // 20[ms] 주기 PWM
    }

int main(void)
{

  unsigned char   ps_switch ;

  DDRD = 0x00;
  sbi(DDRB,7);
  ASSR = 0;         // 내부 클럭을 사용한다.
  TCCR0 = 0x02;  // 8 분주
  TIMSK = 0x01;  // 타이머/카운터 0 인터럽트 사용

  AngleCount = 15; // 초기 서보 위치를 0도로 설정한다.


  TCNT0 = 0x48; // 0.1 [msec] 타이머/인터럽트 값 설정
  TIFR = 0;
   sei();
   while(1)
   {
      ps_switch = PIND ;
           if(ps_switch == 0x01) Servo(0); // 스위치 1이 눌림
      else if( ps_switch == 0x02 )    Servo(90); // 스위치 2가 눌림
      else if( ps_switch == 0x04 )  Servo(-90);;  // 스위치 3이 눌림



    }
    return 0;
  }
```

11-4 스테핑모터 제어

학 습 목 표	11-4 스테핑모터의 제어를 이해할 수 있다.

필요지식

1. 스테핑모터 제어의 개요

스테핑모터는 1902년에 영국에서 처음 개발되어 1960년대 일본에서 NC 공작 기계에 도입되면서 그 전성기를 맞았으며 스테핑모터, 펄스모터 등으로 불려 지기도 하는 모터이다. 이것을 또 다른 말로 보진 전동기 또는 계동 전동기라고도 한다. 스테핑모터는 AC 서보, DC 서보모터에 비하여 값이 싸고 정확한 각도제어에 유리하여 각종 OA, FA 장비에 널리 사용되고 있다. 일반적으로 기계적인 이동량을 정밀하게 제어하는 곳에 스테핑모터가 많이 사용되고 있으며, 특히 펄스에 의해 디지털적으로 제어하는 것이 가능하므로 마이크로컨트롤러에서 사용하기에 적합한 모터이다. 스테핑모터가 DC 모터나 AC 모터와 크게 다른 점은 샤프트(축)의 위치를 검출하기 위한 별도의 피드백 신호없이 정해진 각도를 회전하고, 상당히 높은 정확도로 정지할 수 있는 것이다. 다른 모터에 비해 정지시 매우 큰 유지 토크가 있기 때문에 전자 브레이크등의 위치 유지 기구를 필요로 하지 않으며 회전 속도도 펄스 속도에 비례하므로 간편하게 제어할 수 있다.

이 장에서는 스테핑모터의 동작 원리를 이해하고, 스테핑모터를 제어하는 프로그램을 실습해 볼 것이다.

DC모터나 AC모터 등을 사용하려면 폐루프 제어(closed loop control)를 해야 한다. 폐루프 제어란, 엔코더 등을 모터 회전축에 부착하여 속도와 위치 정보를 알아내서 속도나 위치 제어 알고리즘을 구현하는 것을 말한다. 반면 스테핑모터를 회전시키는데는 속도나 위치정보 등이 없이 개루프 제어(open loop control)로 동작이 가능하다. 개루프 제어는 지령 값만을 주고 실제 값은 지령 값을 따라가고 있다고 생각하는 것으로 시스템을 간단하게 구현할 수 있다.

1) 스테핑모터의 구조

아래 그림과 같이 회전자(rotor)둘레에 50개의 치(teeth)가 있고, 고정자(stator)의 내경에 48개의 치가 있는 모터를 예로 들어보자.

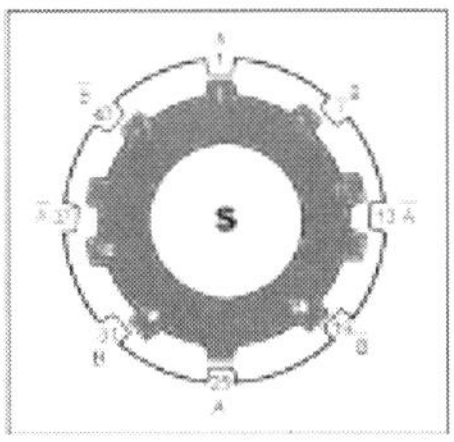

[그림 11-25] 스테핑모터의 구조

그림에서 보는 바와 같이 고정자의 치피치(tooth-pitch)는 7.5°이고 회전자의 치피치는 7.2°이다. 따라서 회전자의 치 r과 고정자의 치 s는 최소 0.3°의 각도차를 가지고 있게 된다. 이제 A상을 여자시키면 회전자의 r1번과 고정자의 s1번, 그리고 r26번과 s25번치가 일치(alignment)하게 된다. 이제 A상을 off하고 B상을 여자시키면 r7번과 s7번치, 그리고 r32번과 s31번치가 일치하도록 회전을 하게 된다(이는 고정자의 실질 상수가 8개이므로 A상을 여자시켰을 때 일치한 회전자의 치로부터 다음 B상에 가장 가까운 회전자의 치는 A상을 여자시켰을 때 일치한 치로부터 7번째치가 되기 때문이다). A상을 여자시켰을 때 r7과 s7의 각도차는 (7.5°−7.2°)×6 = 1.8°. 따라서 기본 회전 스텝각은 1.8°가 된다. 회전방향을 반대로 하고자 하면 상기의 여자순서를 반대로 하면 된다. 실질적인 고정자와 회전자의 구조는 아래 그림과 같다.

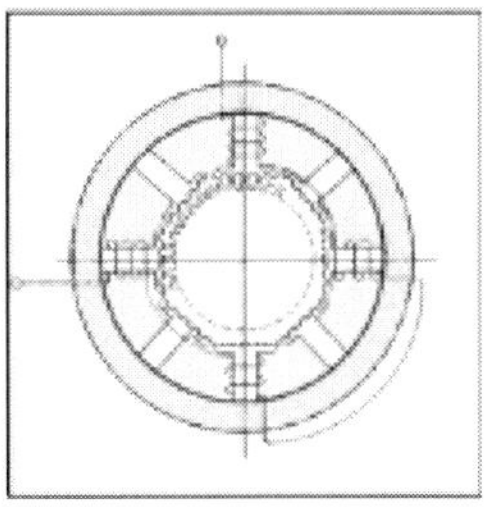

[그림 11-26] 고정자와 회전자의 구조

2) 스테핑모터의 구동방법

스테핑모터의 제어 회로는 펄스를 인가하여 각상의 여자 신호를 발생시키는 여자 신호 발생부와 그 신호를 받아서 권선에 여자 전류를 흘려주기 위한 구동 회로부로 구성된다. 마이크로컨트롤러에서는 방향 신호와 펄스열을 발생시킨다. 여자 신호를 소프트웨어로 만들면 여자 신호 발생부가 생략될 수 있다. 마이크로컨트롤러 입장에서 보면 스테핑모터를 펄스를 줄 때마다 한 스텝씩 주어진 방향에 따라 회전하므로 완전히 디지털적으로 이해할 수 있는 것이다.

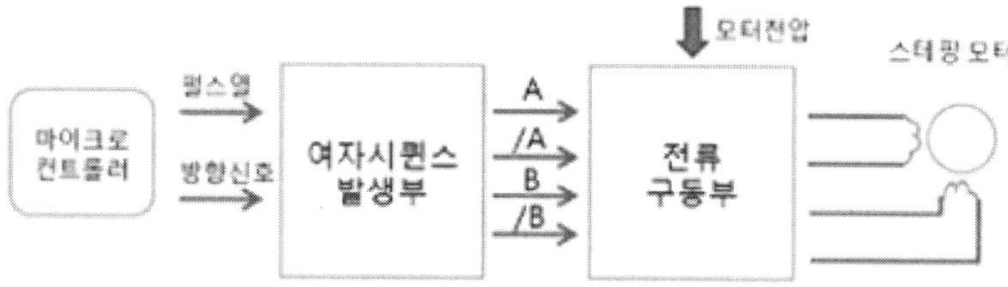

[그림 11-27] 스테핑모터의 제어회로 구성

(1) 1상 여자방식

스테핑모터를 구동하기 위한 최소한의 구동 방법이다. STEP_A에 연결된 트랜지스터가 전기 스위치와 같은 역할을 하며 여기에 전압을 가하면 모터용 전원에서 화살표 방향으로 전류가 흘러 나온다. 이런 방법으로 STEP_A → STEP_B → STEP_/A → STEP_/B → STEP_A →의 순서로 전압을 가해 주면 스테핑모터가 정 회전하며, 역순으로 전압을 가해주면 모터가 역회전하게 된다. 이런 방식을 1상 여자방식이라 한다.

1상 여자 방식의 특징은 다음과 같다.

- 1개의 코일만을 차례로 여자하는 방식
- 소비 전력이 낮고 1스텝당 각 정밀도가 높음
- 감쇠 진동이 크고 탈조하기 쉬움

구분	1	2	3	4	5	6	7	8	9
A	1	0	0	0	1	0	0	0	1
B	0	1	0	0	0	1	0	0	0
/A	0	0	1	0	0	0	1	0	0
/B	0	0	0	1	0	0	0	1	0

1주기

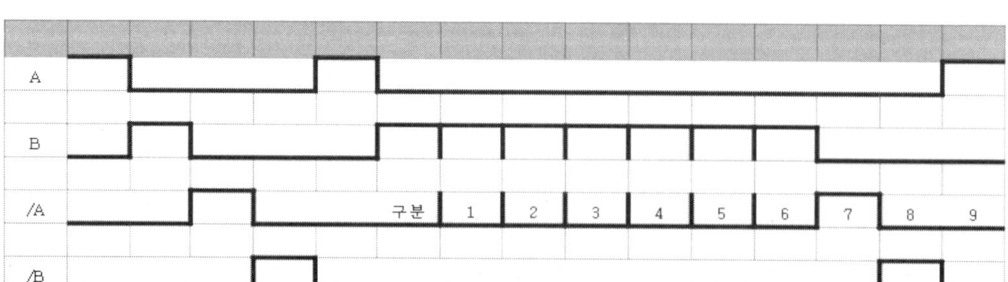

[그림 11-28] 1상 여자방식 동작 타이밍

(2) 2상 여자방식

항상 2상이 여자되므로 기동 토크가 주어져 난조가 일어나기 어렵고 항상 2개의 상에서 전류가 흐르게 하도록 해야 한다. 상 전환시에도 반드시 1상은 여자되어 있으므로 동작시에 제동 효과가 있다. 모터의 온도 상승이 있고 1상 여자에 비해 배의 전원 용량이 필요하다. 정회전시 STEP_A,STEP_B → STEP_B,STEP_/A → STEP_/A,STEP_/B → STEP_/B,STEP_A...의 순의로 전압을 가하며 역회전시에는 역순으로 전압을 인가해 주면 된다.

2상 여자방식의 특징은 다음과 같다.

- 2개의 코일을 동시에 여자하는 방식
- 1상 여자구동에 비해 2배의 전류가 필요하지만 토크가 크고 감쇠진동이 적음
- 주파수(damping)특성이 양호하여 가장 널리 이용되는 방법

구분	1	2	3	4	5	6	7	8	9
A	1	0	0	1	1	0	0	1	1
B	1	1	0	0	1	1	0	0	1
/A	0	1	1	0	0	1	1	0	0
/B	0	0	1	1	0	0	1	1	0

1주기

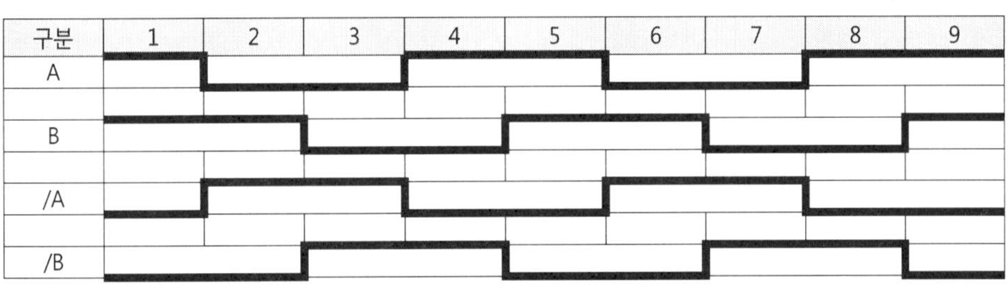

[그림 11-29] 2상 여자방식 동작 타이밍

(3) 2상 여자방식

항상 2상이 여자되므로 기동 토크가 주어져 난조가 일어나기 어렵고 항상 2개의 상에서 전류가 흐르게 하도록 해야 한다. 상 전환시에도 반드시 1상은 여자되어 있으므로 동작시에 제동 효과가 있다. 모터의 온도 상승이 있고 1상 여자에 비해 배의 전원 용량이 필요하다. 정회전시 STEP_A,STEP_B → STEP_B,STEP_/A → STEP_/A,STEP_/B → STEP_/B,STEP_A...의 순의로 전압을 가하며 역회전시에는 역순으로 전압을 인가해 주면 된다.

2상 여자방식의 특징은 다음과 같다.

- 2개의 코일을 동시에 여자하는 방식
- 1상 여자구동에 비해 2배의 전류가 필요하지만 토크가 크고 감쇠진동이 적음
- 주파수(damping)특성이 양호하여 가장 널리 이용되는 방법

구분	1	2	3	4	5	6	7	8	9
A	1	0	0	1	1	0	0	1	1
B	1	1	0	0	1	1	0	0	1
/A	0	1	1	0	0	1	1	0	0
/B	0	0	1	1	0	0	1	1	0

1주기

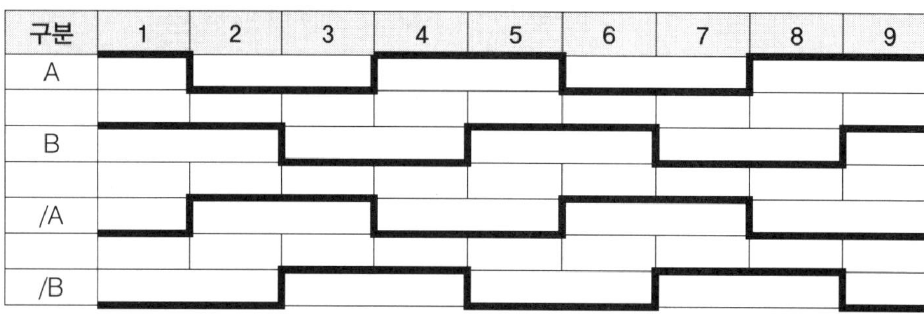

[그림 11-30] 2상 여자방식 동작 타이밍

수행 내용　　스테핑모터 제어 이해하기

재료 · 자료

- C언어 프로그래밍, 타깃보드

기기(장비 · 공구)

- 컴퓨터, USB케이블, 개발시스템, ISP

안전 · 유의사항

- ATmega128 타깃 시스템의 외형을 관리하고 ATmega128 타깃 시스템에 전원을 관리한다.

수행 순서

01 스테핑모터를 1상 여자방식을 사용하여 반 시계방향으로 무한히 회전하도록 하는 프로그램을 작성하시오.

수행 Tip

* 이 실험에서 사용하고 있는 스테핑모터는 1상, 2상 여자 방식일 때 펄스당 7.5도, 1-2상 여자방식일 때 펄스당 3.75도 회전한다.

① 포트 B의 PB0~PB3은 4핀 케이블로 스테핑모터의 ST_A, ST_B, ST_A/, ST_B/ 핀에 연결해 준다.

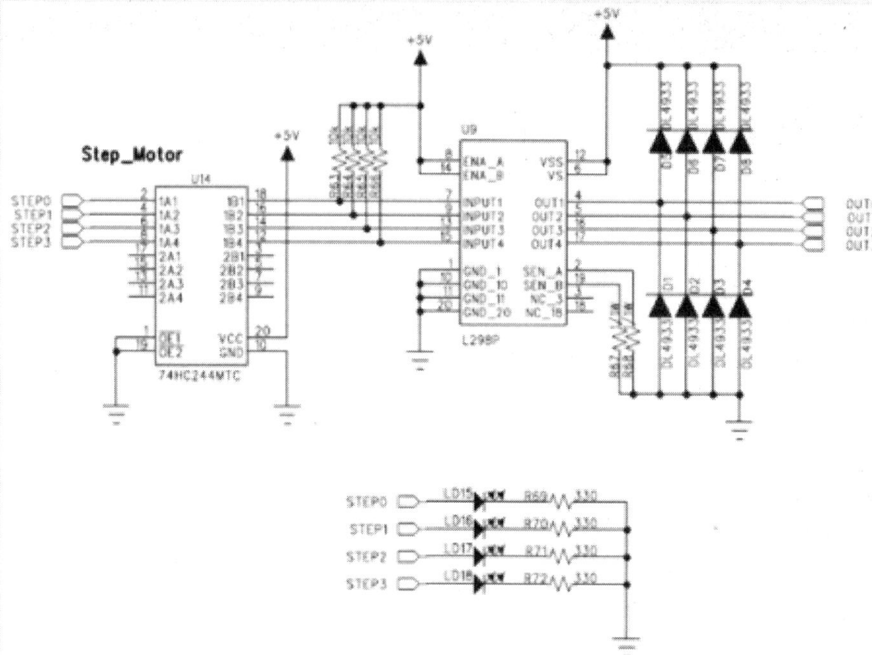

[그림 11-31] 스테핑모터 구동 부 회로

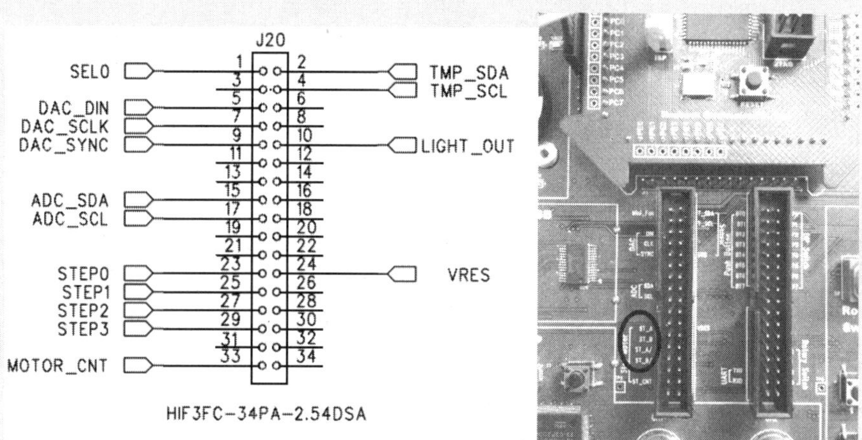

[그림 11-32] 스테핑모터 ST_A, ST_B, ST_/A, ST_/B 출력핀

프로그램을 시작하기 전에 먼저 스테핑모터의 구동 방식에 대해서 상기해 보자. 예를 들어 1상 여자방식을 사용한다고 가정하면, 다음과 같은 신호들을 한주기로 스테핑모터에 입력해주어야 한다.

〈표 11-5〉 1상 여자방식 제어신호(반 시계방향)

신호	1	2	3	4	5	6	7	8	9
PB0(A)	1	0	0	0	1	0	0	0	1
PB1(B)	0	1	0	0	0	1	0	0	0
PB2(/A)	0	0	1	0	0	0	1	0	0
PB3(/B)	0	0	0	1	0	0	0	1	0
	0x01	0x02	0x04	0x08	0x01	0x02	0x04	0x08	0x01

즉, 차례대로, 0x1, 0x2, 0x4, 0x8을 한주기로 하여 계속 보내주면 된다. 만약 시계방향으로 돌리고 싶다면, 0x8, 0x4, 0x2, 0x1 순서로 데이터를 보내면 되는 것이다.

```
#include <mega128a.h>
#include <delay.h>

void main(void)
{
 DDRB = 0x0f ;

 while(1)
  {
  PORTB = 0x01;
  delay_ms(10);

  PORTB = 0x02 ;
  delay_ms(10);

  PORTB = 0x04 ;
  delay_ms(10);

  PORTB = 0x08 ;
  delay_ms(10);

   }
  }
```

학습 11. 모터 제어 응용

02 스테핑모터를 2상 여자방식을 이용하여 시계방향으로 1바퀴 돌고 5초 정지시키는 것을 무한히 반복하는 프로그램을 작성하시오.

1. 포트 B의 PB0~PB3은 4핀 케이블로 스테핑모터의 ST_A, ST_B, ST_A/, ST_B/ 핀에 연결한다.
   이 실험에서는 2상 여자방식의 제어를 사용하므로 스테핑모터는 펄스당 7.5도가 회전한다. 따라서 시계방향일 경우는 PORTB에 0x03 → 0x09 → 0x0C → 0x06 → … 이러한 명령이 총 360/7.5 = 48, 즉 48개의 펄스가 입력되어야 한다. 그런데 한 주기가 4개의 명령으로 이루어 지므로 (0x03 → 0x09 → 0x0C → 0x06) 12 주기의 명령이 PORTB로 입력되어야 스테핑모터는 1회전하게 된다.

〈표 11-6〉 2상 여자방식 제어신호(반 시계방향)

신호	1	2	3	4	5	6	7	8	9
PB0(A)	1	0	0	1	1	0	0	1	1
PB1(B)	1	1	0	0	1	1	0	0	1
PB2(/A)	0	1	1	0	0	1	1	0	0
PB3(/B)	0	0	1	1	0	0	1	1	0
	0x03	0x06	0x0C	0x09	0x03	0x06	0x0C	0x09	0x03

```
#include <mega128a.h>
#include <delay.h>

void main(void)
{
 int  i ;
 DDRB = 0x0f ;

 while(1)
  {
       for ( i = 0 ;i <12 ; i++ ) {
                    PORTB = 0x03;
                    delay_ms(10);

                    PORTB = 0x09 ;
```

```
                    delay_ms(10);

                    PORTB = 0x0C ;
                    delay_ms(10);

                    PORTB = 0x06 ;
                    delay_ms(10);
          }
          delay_ms(5000);
   }
  }
```

03 스테핑모터를 1-2상 여자방식을 이용하여 시계방향으로 90도 회전하고 1초간 정지시키는 것을 무한히 반복하는 프로그램을 작성하시오.

수행 Tip

* 이 실험에서 사용하고 있는 스테핑모터는 1상, 2상 여자방식일 때 펄스당 7.5도, 1-2상 여자방식일 때 펄스당 3.75도 회전한다.

① 포트 B의 PB0~PB3은 4핀 케이블로 스테핑모터의 ST_A, ST_B, ST_A/, ST_B/ 핀에 연결해 준다.

② 스테핑모터가 펄스당 3.75도 회전하므로 90도 회전하려면 24개의 명령이 PORTB로 입력되어야 한다

③ 이 실험에서는 스테핑모터 구동 방식으로 1-2상 여자방식을 사용하려고 하므로 다음과 같이 된다.

〈표 11-7〉 1-2상 여자방식 제어신호(반 시계방향)

신호	1	2	3	4	5	6	7	8	9
PB0(A)	1	1	0	0	0	0	0	1	1
PB1(B)	0	1	1	1	0	0	0	0	0
PB2(/A)	0	0	0	1	1	1	0	0	0
PB3(/B)	0	0	0	0	0	1	1	1	0
	0x01	0x03	0x02	0x06	0x04	0x0c	0x08	0x09	0x01

여기서도 마찬가지로 차례대로, 0x01, 0x03, 0x02, 0x06, 0x04, 0x0C, 0x08, 0x09, 0x01을 한주기로 반복해서 보내면 되는 것이다. 시계 방향으로 회전하려면 위의 순서를 역순으로 바꾸어 보낸다. 그리고 이러한 데이터를 보내는 시간 간격은 일정하게 유지를 해야 한다.

```
#include <mega128a.h>
#include <delay.h>
unsigned char Step[8]
        = {0x09, 0x08, 0x0c, 0x04, 0x06, 0x02, 0x03, 0x01 } ;

void main(void)
{
 int  i=0, t=0 ;
 DDRB = 0x0f ;

 while(1)
  {     // 명령당 3.75도 회전, 90도 회전하려면 총 24개의 명령이 필요
        for ( i = 0 ;i <24 ; i++ ) {
                        PORTB = Step[t];
                        t = t+ 1 ;
                        if(t > 7 ) t = 0;
                        delay_ms(10);
          }
       delay_ms(1000);
   }
  }
```

04 스테핑모터에 부착한 원판의 모습에서 이 원판을 바퀴라고 가정해 보면 이 바퀴가 시계 방향으로 1[m] 전진하고 3초간 정지했다가 다시 1[m] 전진하고 3초간 정지 하는 것을 무한히 반복하는 프로그램을 작성하시오. 단, 바퀴의 지름은 2.5[cm]이다.

```
#include<avr/io.h>
#include<avr/interrupt.h>
#include<util/delay.h>



// 지름이 2.5cm이면 원주는 7.85 cm
//1m 전진하려면 바퀴가 12.74바퀴 회전해야 한다.
//12 바퀴와 0.74 바퀴는 266도 이다
unsigned char Step[8]
        = {0x09, 0x08, 0x0c, 0x04, 0x06, 0x02, 0x03, 0x01 } ;

int main()
{
 int  i=0, j = 0, t=0 ;
 DDRB = 0x0f ;

 while(1)
 {    // 명령당 3.75도 회전, 360도 회전하려면 총 96개의 명령이 필요
      // 0.74 바퀴 즉 266.4도를 회전하려면 71개의 명령이 필요

     for(j=0; j< 12; j++ ) {
      for ( i = 0 ;i <96 ; i++ ) {
                    PORTB = Step[t];
                    t = t+ 1 ;
                    if(t > 7 ) t = 0;
                    _delay_ms(10);
       }
      }

      for ( i = 0 ;i <71 ; i++ ) {
```

```
                    PORTB = Step[t];
                    t = t+ 1 ;
                    if(t > 7 ) t = 0;
                    _delay_ms(10);
            }



        _delay_ms(3000);
    }
    return 0;
}
```

학습활동.11 교수 · 학습 방법

교수 방법

- 모터 제어 응용에 대한 관련 용어, 구성, 방식 이해 정도를 파악한 후 수업을 진행한다.
- 교수자의 주도로 모터 제어 응용 등의 내용을 PPT 자료로 제시한 후 설명한다.
- 가능하면 사전에 개인별 학습 자료를 준비하여 모든 학생이 참여할 수 있는 문제 해결식 수업, 협력 수업이 가능하도록 한다.
- 모터 제어 응용 전 과정을 작업의 순서에 따라 단계적으로 실습이 이루어질 수 있도록 지도한다.
- 교재를 통해 수업을 준비하는데 있어서 필요한 모든 정보나 팁, 힌트 등 도움이 될 만한 내용들을 확인할 수 있다.
- 학생들이 만들게 될 각 모델들은 수업시간에 중점적으로 다뤄질 부분과 어휘, 질문, 답을 포함하고 있으며 또한 탐구할만한 추가적인 아이디어들도 포함하고 있다.

학습 방법

- 모터 제어 응용에 대한 관련 용어를 숙지하고, FND 제어 응용의 기초 단계에 대해 이해한다.
- 모터 제어 응용의 각 단계별 중점 사항을 체계적으로 학습한다.
- 모터 제어 응용의 수행순서의 전 과정을 실습한다.
- 모터 제어 응용의 내용을 이해한다.
- 모터 제어 응용을 이해하고 숙달이 될 때까지 학습한다.

학습활동.11 평가 및 피드백

평가 준거

- 평가자는 피평가자가 수행 준거 및 평가 내용에 제시되어 있는 내용을 성공적으로 수행할 수 있는 지를 평가해야 한다.
- 평가자는 다음 사항을 평가해야 한다.

학습내용	평가항목	성취수준		
		상	중	하
DC모터 제어	DC모터 제어를 이해할 수 있다.			
DC모터 속도 제어	DC모터 속도 제어를 이해할 수 있다.			
서보모터 제어	서보모터 제어를 이해할 수 있다.			
스테핑모터 제어	스테핑모터 제어를 이해할 수 있다.			

학습 11. 모터 제어 응용

평가 방법

- 작업 포트폴리오

학습내용	평가항목	성취수준		
		상	중	하
DC모터 제어	DC모터 제어를 이해할 수 있다.			
DC모터 속도제어	DC모터 속도 제어를 이해할 수 있다.			
서보모터 제어	서보모터 제어를 이해할 수 있다.			
스테핑모터 제어	스테핑모터 제어를 이해할 수 있다.			

- 필기시험

학습내용	평가항목	성취수준		
		상	중	하
DC모터 제어	DC모터 제어를 이해할 수 있다.			
DC모터 속도제어	DC모터 속도 제어를 이해할 수 있다.			
서보모터 제어	서보모터 제어를 이해할 수 있다.			
스테핑모터 제어	스테핑모터 제어를 이해할 수 있다.			

- 체크리스트를 통한 관찰

학습내용	평가항목	성취수준		
		상	중	하
DC모터 제어	DC모터 제어를 이해할 수 있다.			
DC모터 속도제어	DC모터 속도 제어를 이해할 수 있다.			
서보모터 제어	서보모터 제어를 이해할 수 있다.			
스테핑모터 제어	스테핑모터 제어를 이해할 수 있다.			

피드백

1. 작업 포트폴리오
   - 제출한 보고서를 평가한 후 주요 사항에 대하여 표시하여 돌려준다.
2. 필기 시험
   - 평가 결과 성적이 저조한 학생은 보고서 제출 기회를 부여한다.
3. 체크리스트를 통한 관찰
   - 실습 과정에서 평가한 후 개선해야 할 사항 등을 정리하여 돌려둔다.

학습 1	C언어 개요 및 개발환경 설정
학습 2	ATmega128 특징 및 구성
학습 3	LED 제어 응용
학습 4	FND 제어 응용
학습 5	LCD 제어 응용
학습 6	스위치 제어 응용
학습 7	인터럽트 제어 응용
학습 8	8비트 타이머/카운터 제어 응용
학습 9	AD변환기 제어 응용
학습 10	USART통신 제어 응용
학습 11	모터 제어 응용
학습 12	**거리 및 초음파 센서 제어 응용**
학습 13	Key 매트릭스 제어 응용
학습 14	Dot 매트릭스 제어 응용
학습 15	블루투스 제어 응용

12-1 거리 센서의 제어

학습 목표	12-1 거리 센서의 제어를 이해할 수 있다.

필요지식

인간에게 있어 길이를 재거나 거리를 측정하는 것은 역사적으로나 인간의 문화에 있어 매우 중요한 요소이다. 이러한 거리를 측정하는 센서들을 변위 센서라고도 한다. 거리를 측정하는데는 많이 이용되는 것이 광, 레이저, 초음파 등이 일반적으로 이용된다. 이 교재에서는 광과 초음파를 이용한 거리 센서를 다루도록 한다.

1. PSD 센서의 개요

우선 광 센서는 대표적으로 크게 PSD(Position Sensitive Detector)와 선형 CCD(Charge

Coupled Device)를 나눌 수 있는데 이 중에서 우리는 PSD를 살펴보도록 한다. PSD는 감광 반도체 소자로 빛이 소자의 특정 지점에 조사되면 전하가 생기게 되고, 생성된 전하는 소자의 양단으로 확산하게 된다. 양쪽 끝에 전극 봉을 두고 확산된 전하량을 비교하여 소자의 중심으로부터 빛이 조사된 상대 위치를 알 수 있게 된다. 기본적으로 아날로그 소자로 소자 도핑의 균일성에 따라 정밀도가 달라 균일한 도핑의 경우도 조사 위치 대 전하량과의 상관 관계가 비선형적인 문제가 있어 측정 전 구간에 대하여 동일한 측정 정밀도를 보장하기 어렵다.

PSD로부터 거리 값을 구하기 위한 신호처리기는 먼저 센서의 양단에 축적된 전하를 전압으로 바꾸고 신호를 증폭하는 일차 증폭단과 증폭된 센서 양단의 전압으로부터 거리 값을 계산하는 단계로 구성된다. 거리 값을 계산하는 단계는 두가지 방법으로 구현 가능한데 아날로그 회로로 구현하는 방법과 A/D 변환기를 통한 신호를 디지털 프로세서를 이용하여 계산하는 방법이 있다. 센서에 영상화된 레이저 빔의 위치와 양단 전하량과의 관계는 심한 비선형적이므로 디지털 프로세서를 이용하는 방법이 바람직하다.

요즘의 PSD는 이러한 신호처리부가 내장되어 사용하기 매우 편리하다. 대상체에 조사된 레이저 빔이 센서에 맺히는 위치를 가지고 두 개의 닮은 삼각형 방식을 이용해 거리를 산출하는 방식으로 수 [cm]나 수[m] 떨어진 지점에서 높은 정밀도를 요하는 응용분야에 적합하다. 올바른 측정 결과를 얻기 위해서는 측정 분야에 따라 적절한 방식의 센서를 선택하여 사용되어야 한다.

광 삼각 방식의 거리측정 원리 광 삼각 방식의 레이저 거리 측정 센서는 레이저 빔을 대상체의 측정 지점에 위치시키고 그 지점의 레이저 빔을 광센서에 영상화 한 후 광 센서 상에 맺힌 레이저 빔의 위치 정보로부터 삼각 측정 방식으로 대상체의 거리 값을 구하는데 다음의 그림은 이 방식의 기본 원리를 나타낸다.

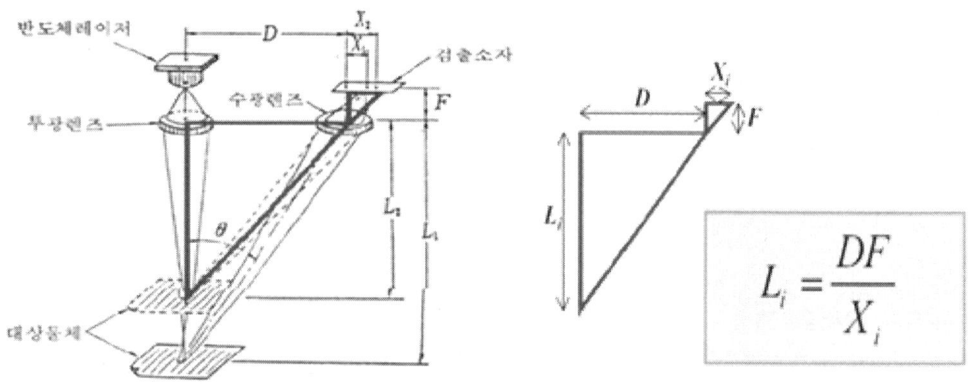

[그림 12-1] 광 삼각 측정 방식의 원리

그림에서 거리 L은 레이저 빔 발생 광학계에 의하여 만들어지는 수 십 [μm] 직경의 정밀한 점형의 레이저 빔으로 측정 대상체에 조사된다. 대상체에 조사된 레이저 빔은 산란하게 되며 산란된 레이저 빔은 일 차원의 광 센서에 영상화되어 전기적 신호로 변환된다. 기준 좌표축에 대한 측정 대상체의 거리를 나타내는 식에서 L=물체와의 거리, X=빔의 결상 위치, D=렌즈의 배율, F=렌즈의 초점거리가 된다.

2. PSD 센서의 동작원리

1) PSD(GP2Y0A21YK)

사용된 PSD는 SHARP사의 제품으로 광센서를 이용한 거리 측정 센서이다. 구동원리는 IR 발광부와 수광부로 나뉘어져 있으며, 발광부에서 쏜 적외선이 물체에 반사될 때 이를 수광부 렌즈를 통해 집속하여 각도를 측정하고 이 각도를 삼각측정법을 이용하여 거리를 산정하게 된다. 사용된 PSD의 측정거리는 최소 10[cm]에서 80[cm]까지 측정 가능하다.

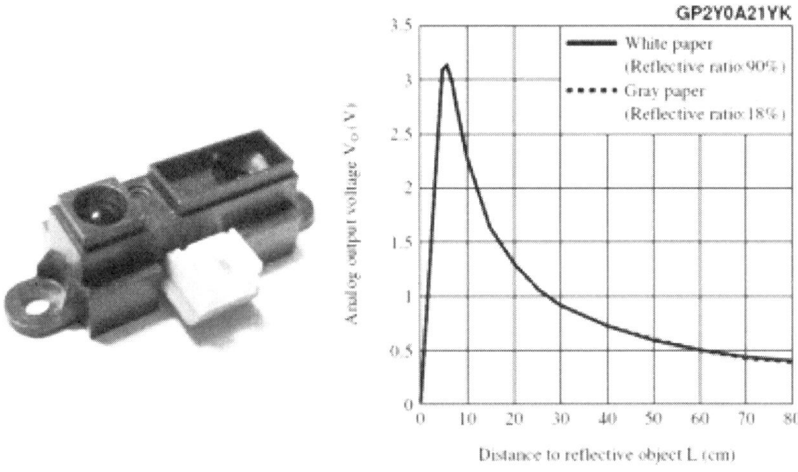

[그림 12-2] Sharp사의 거리 측정센서 GP2Y0A21YK

다음 그림과 같이 센서 내부에 측정 IC가 내장되어 있어 기본 출력은 측정거리에 비례하여 전압형태로 출력된다.

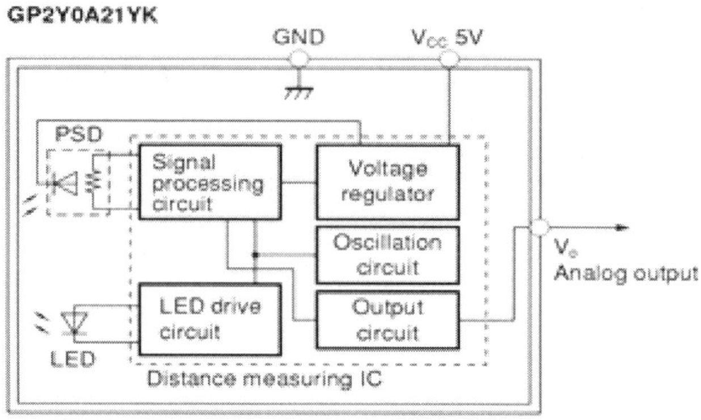

[그림 12-3] PSD(GP2Y0A21YK) 구조

GP2Y0A21YK는 삼각 측량의 원리를 응용한 광학식 센서이다. 다음의 그림과 같이, LED의 출력광은 발광 렌즈를 통하여 반사물(타깃)에 투광된다. 반사물에 빛을 조사하면 반사광의 일부가 수광 렌즈에 입사하고 수광소자(PSD) 상에 조사된다. LED 앞쪽에 있는 발광 렌즈는 LED의 출력광이 평행으로 되도록 설계되어 있다. 수광부 렌즈는 반사광을 수광소자 상의 한 점에 집광시키도록 설계되어 있다. 발광 렌즈, 수광 렌즈 모두가 양면 비구면의 볼록 렌즈이다.

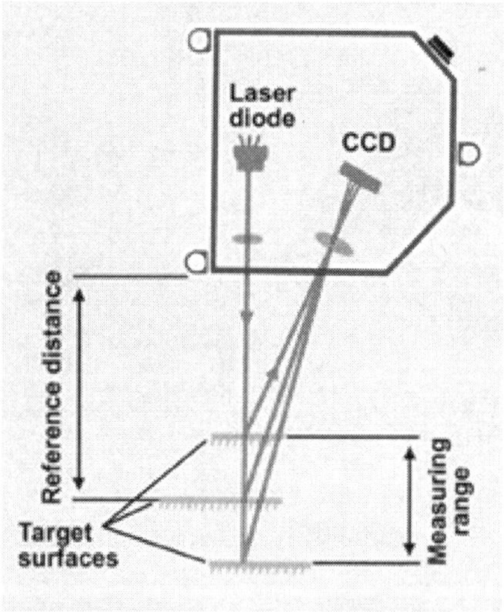

[그림 12-4] 거리측정센서(GP2Y0A21YK)의 거리측정 원리

GP2Y0A21YK는 전원(VCC), GND, 출력(Vout)의 3개 단자를 갖고 있다. VCC 단자에 +5[V]를 공급하면 센서에서 반사물 까지의 거리에 대응하는 전압이 출력된다. 거리 측정 센서 GP2Y0A21YK 내부의 회로 구성을 [그림 12-4]에 나타낸다. 신호처리 회로는 전용 IC화되어 있다. LED는 구동 회로부에서의 신호에 의해 펄스 발광하고

있다. 이 LED의 펄스 발광 타이밍에 동기하는 PSD의 출력전류 증가분만 인출하기 위해 교류 증폭기에서 외란광 성분을 제거, 신호전류만 증폭한다.

외란광을 제거하고 인출된 PSD의 신호전류 I1을 I2로 나누어 I1/I2을 구한다. 이 값이 반사물까지의 거리에 대응한다. 전원전압이 변동하면 내부의 신호처리 회로는 영향을 받는다. 그래서 정전압 회로를 내장하고 있다. 〈표 12-1〉에 GP2Y0A21YK의 전기적 특성을 나타낸다.

〈표 12-1〉 PSD 구성

항 목	기 호	특 성 값
동작전원전압	V_{cc}	4.5～5.5[V]
소비전류	I_{cc}	$30mA_{typ}$
거리 측정 범위	ℓ	10～80[Cm]
거리 측정 주기	T	$38.3ms_{typ}$
동작온도	T_{opr}	-10～+60[°C]
출력단자전압($\ell = 80cm$)	V_{out}	$0.4[V] \pm 0.15[V]$
출력전압차(ℓ이 10cm에서 80cm로 변화했을 경우)	ΔV_{out}	$1.9[V] \pm 0.25[V]$

2) PSD 센서의 거리 측정 원리

PSD(Position Sensitive Detector)는 빛에 반응하는 반도체로서, 포토 다이오드와 비슷한 구조로 되어 있다. 외부에서 집속광을 받게 되면, PSD센서의 출력전류는 수광점의 위치와 함수 관계를 유지한다. PSD 단독으로는 거리 센서를 구성할 수 없으므로 PSD의 최대특성인 위치감지 특성과 삼각측량법을 이용해서 거리센서를 구성할 수 있다. [그림 12-5]는 PSD 센서의 거리 측정원리를 나타내는 그림이다. 포토 TR(Transistor)에서 출발한 적외선은 렌즈를 통해 집속된 다음 목표물에 도달한다. 목표물에 반사한 적외선은 수신렌즈를 통해 집속된 다음 PSD 센서의 한 점에 이르게 되고, 수광점의 위치를 PSD 센서로 알 수 있게 된다.

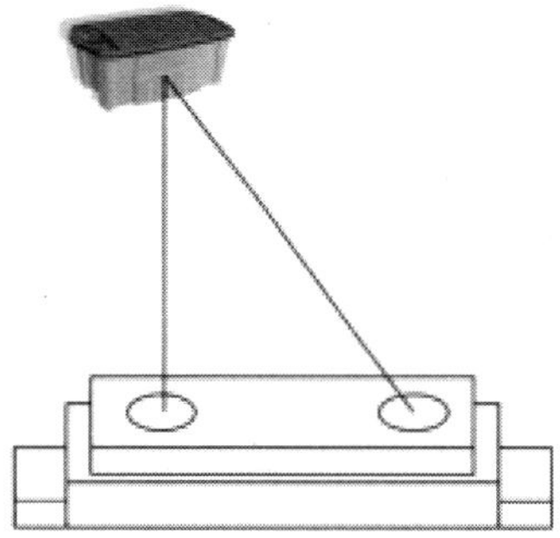

(a) 거리측정

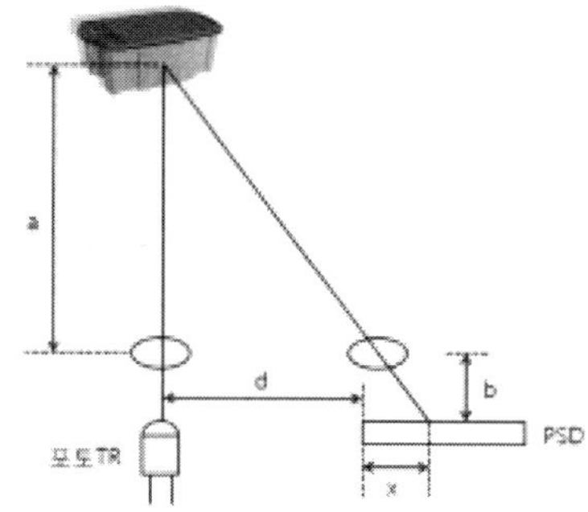

(b) PSD 센서 내부

[그림 12-5] PSD 센서의 거리 측정 원리

[그림 12-5](b)는 PSD 센서 내부를 보여주며 거리 측정 원리를 설명해 주고 있다. 그림에서 보이는 변수 b는 수광렌즈와 PSD까지의 거리, d는 송광렌즈와 수광렌즈 사이의 거리, x는 PSD 평면상 수광점의 위치, a는 물체와의 거리를 나타낸다. a를 나타내기 위한 식은 아래와 같다.

$$\frac{b}{a} = \frac{x}{d} \Rightarrow a = \frac{bd}{x}$$

3) PSD 센서의 거리에 따른 출력전압

PSD 센서의 거리 대비 센서 출력 전압은 역함수 형태로 나타난다. 반사율이 각각 90%인 흰색 종이와 18%인 회색 종이를 대상으로 실험을 해 보면, 반사율의 큰 차이에도 불구하고 센서의 출력 전압에는 큰 차이가 없는 것을 [그림 12-4]를 통해 확인할 수 있다. 광량 방식의 거리 측정일 경우에는 이러한 물체의 반사율에 많은 영향을 받는 반면 삼각 측량 방식의 PSD 센서는 비교적 적은 영향을 받는 것을 볼 수 있다.

[그림 12-6]의 특성 곡선과 〈표 12-1〉의 전기적 특성을 살펴보면, GP2Y0A21YK0F와 물체의 거리가 80[cm]인 경우, 출력전압은 0.4[V]가 되며, 10[cm]인 경우에는 출력전압이 2.3[V]가 됨을 알 수 있다.

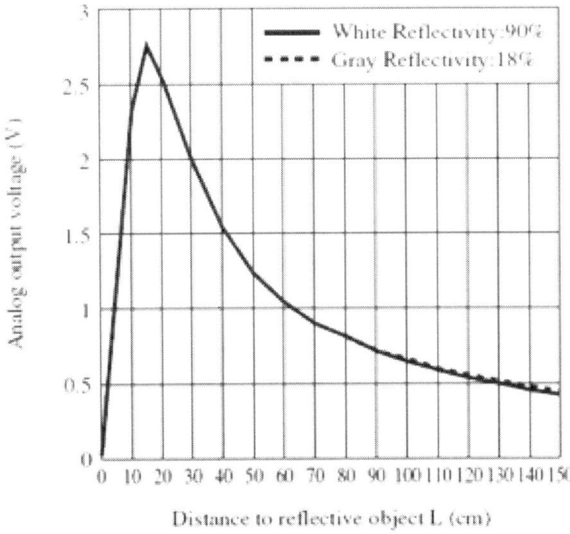

[그림 19-6] 거리에 따른 출력전압 그래프

GP2Y0A21YK0F에서 출력되는 출력 전압을 ADC를 이용하여 측정하면 위의 특성 곡선에 따라 우리는 물체와 떨어진 거리를 알아낼 수 있게 된다. 그 특성곡선에 나타난 거리를 역수로 하면 거리와 출력전압의 관계가 다음의 그림과 같이 직선적으로 된다(거리의 산출이 용이해진다).

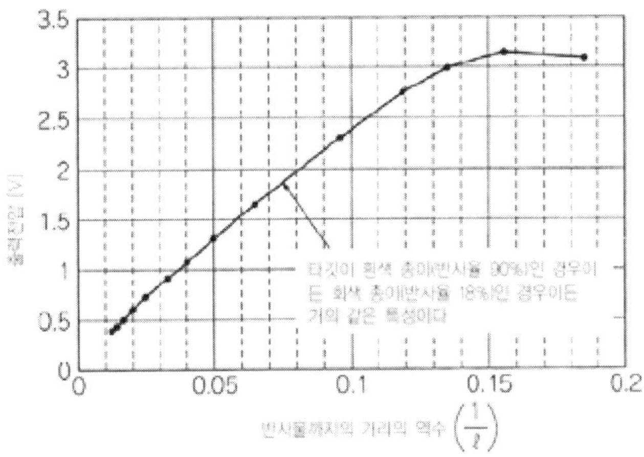

[그림 12-7] 거리측정센서(GP2Y0A21TK0F) 특성 곡선

다음은 PSD 모듈의 회로도이다.

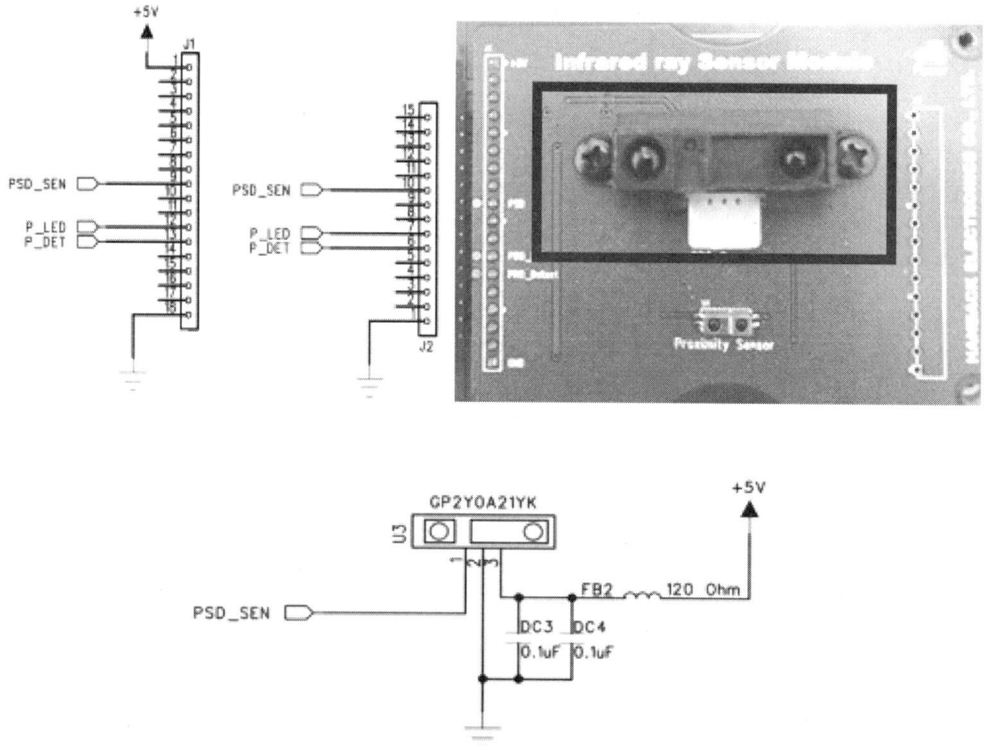

[그림 12-8] Infrared ray Sensor 모듈과 PSD 회로도

수행 내용 　거리센서 제어 이해하기

재료 · 자료

- C언어 프로그래밍, 타깃보드

기기(장비 · 공구)

- 컴퓨터, USB케이블, 개발시스템, ISP

안전 · 유의사항

- ATmega128 타깃 시스템의 외형을 관리하고 ATmega128 타깃 시스템에 전원을 관리한다.

수행 순서

01 PSD 센서 모듈을 사용하여 실험 13-3의 소스프로그램으로 실험을 해 보도록 한다. 즉, 물체의 거리에 따라 PSD센서 모듈의 출력 전압이 변화되는 것을 ADC를 통해 관찰해 보도록 한다.

① 포트 PA0~PA7, PC0~PC3를 7-세그먼트 Array FND에 연결해준다.

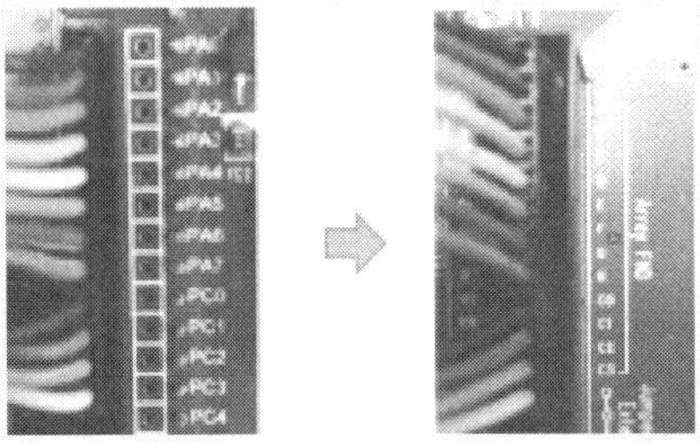

② PSD 출력을 PF0(ADC0)에 연결해 준다.

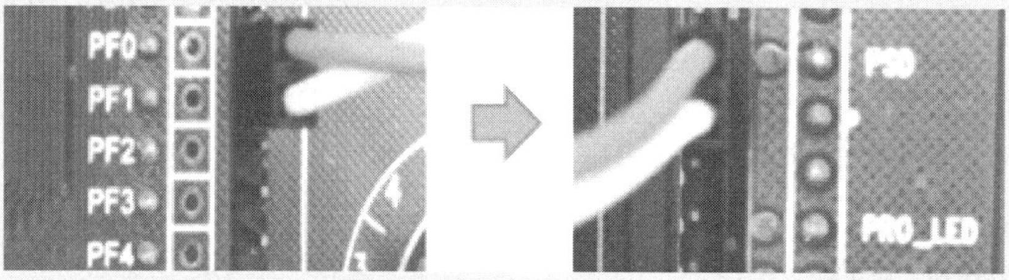


```
#include <mega128a.h>
#include <delay.h>

unsigned char Font[18] = {0x3F, 0x06, 0x5B, 0x4F,
                          0x66, 0x6D, 0x7C, 0x07,
                          0x7F, 0x67, 0x77, 0x7C,
                          0x39, 0x5E, 0x79, 0x71,
                          0x08, 0x80};

unsigned int adc_data= 0;

void Segment ( int N )
{
 int  i;
 unsigned char N1000, N100, N10, N1;
 int Buff;

  N1000 = N / 1000;          // 세그먼트에서 사용하는 천의 자리를 추출
  Buff = N % 1000;
  N100 = Buff / 100;         // 세그먼트에서 사용하는 백의자리 추출
  Buff = Buff % 100;

  N10 = Buff / 10;           // 세그먼트에서 사용하는 십의 자리 추출
  N1 =  Buff % 10;           // 세그먼트에서 사용하는 일의 자리 추출

  for( i = 0 ; i < 30 ; i++ ) {
      PORTC = 0x0e;          // 왼쪽 첫 번째 세그먼트 ON
      PORTA = Font[N1000];   // 천의 자리 숫자를 출력해 준다.
      delay_ms(1);
```

```
        PORTC = 0x0d;                  // 왼쪽 두 번째 세그먼트 ON
        PORTA = Font[N100];            // 백의 자리 숫자를 출력해 준다.
        delay_ms(1);

        PORTC = 0x0b;                  // 왼쪽 세 번째 세그먼트 ON
        PORTA = Font[N10];             // 십의 자리 숫자를 출력해 준다.
        delay_ms(1);

        PORTC = 0x07;                  // 왼쪽 네 번째 세그먼트 ON
        PORTA = Font[N1];              // 일의 자리 숫자를 출력해 준다.
        delay_ms(1);
    }
}


interrupt [ADC_INT] void adc_isr(void)
{
        adc_data = ADCW;               // AD 값을 읽어 온다.
    ADCSRA = ADCSRA | 0x40;    // AD 변환 시작
 }


void main(void)
{

  // 포트 C를 7-세그먼트 Common 단자로 사용하기 위해 출력으로 설정한다.
  DDRA = 0xff;
  DDRC = 0x0f;

  PORTA = 0xff;
  PORTC = 0x0f;

  DDRF= 0x00; // PF0를 입력핀으로 설정

  ADMUX =0x00;
  ADCSRA = 0x8b; // AD 변환 종료 인터럽트 인에이블
  delay_us(10);
  #asm("sei")
```

```
ADCSRA |= 0x40; // AD 변환 시작

while(1)
{

   Segment(adc_data);

 }
}
```

02

PSD센서 모듈의 출력 전압이 변화되는 것을 ADC를 통해 읽어 내고 이를 통하여 센서 앞에 위치한 물체까지의 거리를 측정해서 7-세그먼트에 출력하는 프로그램을 작성해 보도록 한다.

① 7-세그먼트와 PSD 센서모듈의 연결은 위 실험과 같다.

② 다음은 실험적으로 찾아낸 PSD 센서 출력값과 거리값의 환산표이다.

〈표 12-2〉 센서 출력값과 거리값의 환산표

ADC 변환값	거리값(cm)
745	10
512	15
397	20
331	25
283	30
255	35
224	40
200	45
188	50
171	55
164	60
151	65
116	70
110	75

```
#include <mega128a.h>
#include <delay.h>

unsigned char Font[18] = {0x3F, 0X06, 0X5B, 0X4F,
                          0X66, 0X6D, 0X7C, 0X07,
                          0X7F, 0X67, 0X77, 0X7C,
                          0X39, 0X5E, 0X79, 0X71,
                          0X08, 0X80};

unsigned int adc_data= 0;

void Segment ( int N )
{
 int  i;
 unsigned char N1000, N100, N10, N1;
 int Buff;

  N1000 = N / 1000;          // 세그먼트에서 사용하는 천의 자리를 추출
  Buff = N % 1000;

  N100 = Buff / 100;         // 세그먼트에서 사용하는 백의자리 추출
  Buff = Buff % 100;

  N10 = Buff / 10;           // 세그먼트에서 사용하는 십의 자리 추출
  N1 =  Buff % 10;           // 세그먼트에서 사용하는 일의 자리 추출

  for( i = 0 ; i < 30 ; i++ ) {
      PORTC = 0x0e;          // 왼쪽 첫 번째 세그먼트 ON
      PORTA = Font[N1000];   // 천의 자리 숫자를 출력해 준다.
      delay_ms(1);

      PORTC = 0x0d;          // 왼쪽 두 번째 세그먼트 ON
      PORTA = Font[N100];    // 백의 자리 숫자를 출력해 준다.
      delay_ms(1);

      PORTC = 0x0b;          // 왼쪽 세 번째 세그먼트 ON
      PORTA = Font[N10];     // 십의 자리 숫자를 출력해 준다.
      delay_ms(1);
```

```
        PORTC = 0x07;                   // 왼쪽 네 번째 세그먼트 ON
        PORTA = Font[N1];               // 일의 자리 숫자를 출력해 준다.
        delay_ms(1);
    }
}

interrupt [ADC_INT] void adc_isr(void)
{
    adc_data = ADCW;                    // AD 값을 읽어 온다.
    ADCSRA = ADCSRA | 0x40;             // AD 변환 시작
}

void main(void)
{
  char Dist = 0;
  // 포트 C를 7-세그먼트 Common 단자로 사용하기 위해 출력으로 설정한다.
  DDRA = 0xff;
  DDRC = 0x0f;

  PORTA = 0xff;
  PORTC = 0x0f;

  DDRF= 0x00; // PF0를 입력핀으로 설정

  ADMUX =0x00;
  ADCSRA = 0x8b; // AD 변환 종료 인터럽트 인에이블

  delay_us(10);

  #asm("sei")

   ADCSRA |= 0x40; // AD 변환 시작
   while(1)
   {
     if( 745 < adc_data)
                     Dist = 10; // 10 Cm
     else if(745 > adc_data && 512 < adc_data )
                     Dist = 15; // 15 Cm
     else if(512 > adc_data && 397 < adc_data )
                     Dist = 20; // 20 Cm
```

```
        else if(397 > adc_data && 331 < adc_data )
                        Dist = 25; // 25 Cm
        else if(331 > adc_data && 283 < adc_data )
                        Dist = 30; // 30 Cm
        else if(283 > adc_data && 255 < adc_data )
                        Dist = 35; // 35 Cm
        else if(255 > adc_data && 224 < adc_data )
                        Dist = 40; // 40 Cm
        else if(224 > adc_data && 200 < adc_data )
                        Dist = 45; // 45 Cm
        else if(200 > adc_data && 188 < adc_data )
                        Dist = 50; // 50 Cm
        else if(188 > adc_data && 171 < adc_data )
                        Dist = 55; // 55 Cm
        else if(171 > adc_data && 164 < adc_data )
                        Dist = 60; // 60 Cm
        else if(164 > adc_data && 151 < adc_data )
                        Dist = 65; // 65 Cm
        else if(151 > adc_data && 116 < adc_data )
                        Dist = 70; // 70 Cm
        else if(116 > adc_data && 110 < adc_data )
                        Dist = 75; // 75 Cm
        else if( 110 > adc_data )
                        Dist = 80; // 80 Cm
        Segment(Dist);
    }
}
```

03

PSD 센서모듈과 스테핑모터를 이용하여 30cm 이내에서 물체가 감지되면 스테핑모터가 정지하고 그렇지 않으면 스테핑모터가 시계방향으로 회전하는 프로그램을 작성하시오.

```
#include<avr/io.h>
#include<avr/interrupt.h>
#include<util/delay.h>

unsigned char Font[18] = {0x3F, 0x06, 0x5B, 0x4F,
                          0x66, 0x6D, 0x7C, 0x07,
                          0x7F, 0x67, 0x77, 0x7C,
                          0x39, 0x5E, 0x79, 0x71,
                          0x08, 0x80};


unsigned char Step[8]
      = {0x09, 0x08, 0x0c, 0x04, 0x06, 0x02, 0x03, 0x01 } ;


volatile unsigned int adc_data= 0;

void Segment ( int N )
{
 int  i;
 unsigned char N1000, N100, N10, N1;
 int Buff;

  N1000 = N / 1000;      // 세그먼트에서 사용하는 천의 자리를 추출
  Buff = N % 1000;
  N100 = Buff / 100;     // 세그먼트에서 사용하는 백의자리 추출
  Buff = Buff % 100;

  N10 = Buff / 10;       // 세그먼트에서 사용하는 십의 자리 추출
  N1 =  Buff % 10;       // 세그먼트에서 사용하는 일의 자리 추출

  for( i = 0 ; i < 30 ; i++ ) {
      PORTC = 0x0e;      // 왼쪽 첫 번째 세그먼트 ON
      PORTA = Font[N1000]; // 천의 자리 숫자를 출력해 준다.
```

```
        _delay_ms(1);

        PORTC = 0x0d;              // 왼쪽 두 번째 세그먼트 ON
        PORTA = Font[N100];        // 백의 자리 숫자를 출력해 준다.
        _delay_ms(1);

        PORTC = 0x0b;              // 왼쪽 세 번째 세그먼트 ON
        PORTA = Font[N10];         // 십의 자리 숫자를 출력해 준다.
        _delay_ms(1);

        PORTC = 0x07;              // 왼쪽 네 번째 세그먼트 ON
        PORTA = Font[N1];          // 일의 자리 숫자를 출력해 준다.
        _delay_ms(1);
    }
}

SIGNAL(SIG_ADC)
{
        adc_data = ADCW;           // AD 값을 읽어 온다.
        ADCSRA = ADCSRA | 0x40; // AD 변환 시작
}

int main()
{
char Dist = 0;
int t = 0;

 // 포트 C를 7-세그먼트 Common 단자로 사용하기 위해 출력으로 설정한다.
 DDRA = 0xff;
 DDRC = 0x0f;

 PORTA = 0xff;
 PORTC = 0x0f;

 DDRF= 0x00; // PF0를 입력핀으로 설정

 ADMUX =0x00;
 ADCSRA = 0x8b; // AD 변환 종료 인터럽트 인에이블
 _delay_us(10);
```

```
 DDRB = 0x0f; // Step 모터


sei();
 ADCSRA |= 0x40; // AD 변환 시작

 while(1)
 {
   if( 745 < adc_data)
                    Dist = 10; // 10 Cm
   else if(745 > adc_data && 512 < adc_data )
                    Dist = 15; // 15 Cm
   else if(512 > adc_data && 397 < adc_data )
                    Dist = 20; // 20 Cm
   else if(397 > adc_data && 331 < adc_data )
                    Dist = 25; // 25 Cm
   else if(331 > adc_data && 283 < adc_data )
                    Dist = 30; // 30 Cm
   else if(283 > adc_data && 255 < adc_data )
                    Dist = 35; // 35 Cm
   else if(255 > adc_data && 224 < adc_data )
                    Dist = 40; // 40 Cm
   else if(224 > adc_data && 200 < adc_data )
                    Dist = 45; // 45 Cm
   else if(200 > adc_data && 188 < adc_data )
                    Dist = 50; // 50 Cm
   else if(188 > adc_data && 171 < adc_data )
                    Dist = 55; // 55 Cm
   else if(171 > adc_data && 164 < adc_data )
                    Dist = 60; // 60 Cm
   else if(164 > adc_data && 151 < adc_data )
                    Dist = 65; // 65 Cm
   else if(151 > adc_data && 116 < adc_data )
                    Dist = 70; // 70 Cm
   else if(116 > adc_data && 110 < adc_data )
                    Dist = 75; // 75 Cm
   else if( 110 > adc_data )
                    Dist = 80; // 80 Cm
  // Segment(Dist);
  if(Dist > 30 ) {
```

```
                    PORTB = Step[t];
                    t = t+1 ;
                    if(t > 7) t = 0;
                    _delay_ms(10);
     }


    }
    return 0;
}
```

12-2 초음파 센서의 제어

학습 목표	12-1. 초음파 센서의 제어를 이해할 수 있다.

필요지식

1. 초음파 센서의 개요

초음파란 주파수가 높은 음파를 말하며, 음파는 공기중이나 수중 또는 고체 속을 전달하는 기계적 진동을 말한다. 음파 중에서 주파수 20[Hz]~20[kHz]범위의 음파는 사람이 들을 수 있으므로 가청음이라 하고, 초음파는 일반적으로 이보다 높으므로 사람이 들을 수 없는 주파수의 음파를 가리킨다.

0[Hz] 초저주파	16[Hz] 가청주파	20[KHz] 초음파

[그림 12-9] 초음파의 영역

2. 초음파 센서의 특징

초음파센서란 유전체를 사용하여 압전효과를 통해 초음파를 발생시켜서 물체의 유무나 거리를 측정하는 센서를 말한다. 압전효과를 강하게 하기 위해서 강유전체를 보통 사용하며 일반적으로 세라믹스를 사용한다. 세라믹을 얇게 만든 후 양쪽에 도전성 물질을 입히고 전기를 가하면 세라믹이 변형되는데 주파수를 높이면 진동하게 된다. 보통 20[KHz] 이상 2[MHz] 정도의 주파수를 인가하게 되면 귀에 들리지 않는 초음파를 생성한다. 초음파를 이용하여 거리계를 만드는 경우 발진부와 수신부 2가지로 나누게 되며 발진부는 초음파를 방사시키고 수신부는 초음파를 수신하게 되는데, 송신부의 발진 시간과 수신부의 수신된 시간차를 이용하여 거리를 측정한다.

3. 초음파 센서의 종류

1) 초음파 방출 및 수신 방식에 따른 분류

초음파 센서의 종류 중에는 대향형 초음파 센서와 반사형 초음파 센서가 있다. 대향형 초음파 센서는 [그림 12-10]과 같이 송파기와 수파기를 마주 보게 하고, 송파기로부터 방출된 초음파가 물체에 의해 차단될 때 수파기 측의 신호 변화를 검출하는 방식이다. 반사형 초음파 센서는 [그림 12-11]과 같이 한 쌍의 송파기와 수파기를 동일 유니트로 구성한 것이다. 송파기에서 방출된 초음파는 공기보다 고밀도의 물체, 즉 대부분의 물체에서 반사되기 때문에 이 반사파를 수파기로 검출한다. 또, 이 반사기는 단순히 물체의 유무를 검출할 뿐만 아니라 물체까지의 거리 측정이 가능하다.

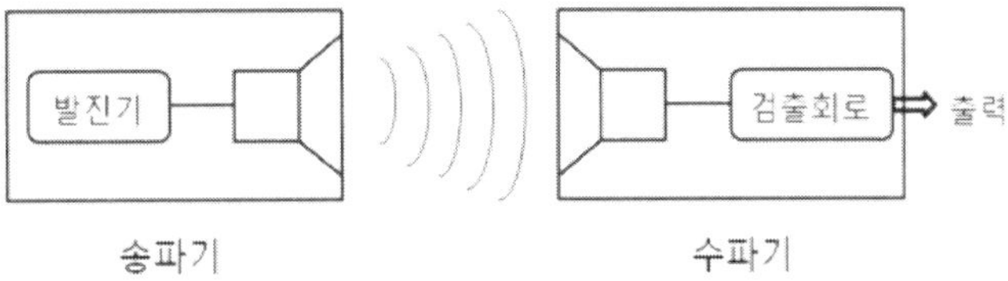

[그림 12-10] 대향형 초음파 센서

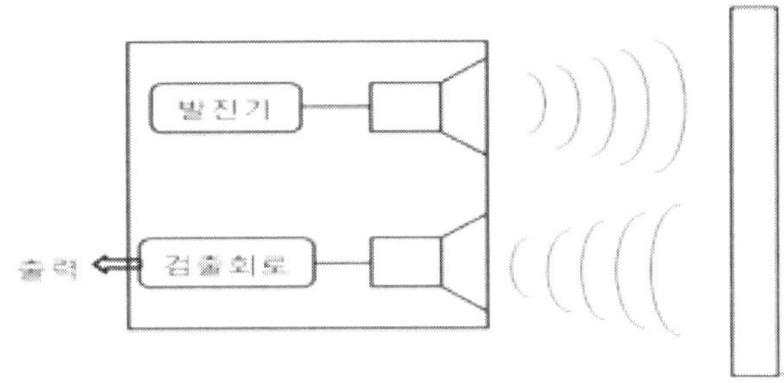

[그림 12-11] 반사형 초음파 센서

2) 동작 원리에 따른 초음파 센서 분류

로봇에 널리 이용되는 초음파 센서는 크게 ① 압전소자, ② 정전효과 방식의 두 가지 종류가 있다.

(1) 압전소자를 이용한 초음파 센서

특정한 결정구조를 갖는 물질에서 압전효과(piezoelectricity)를 볼 수 있다. 이것은 물질의 양단에 교류전압을 인가할 경우 분극효과에 의해 물질의 팽창 축소를 반복하는 현상으로 이것을 이용하여 초음파를 발생할 수 있다. 역으로 압전물질에 초음파를 인가할 경우 교류전압을 얻을 수 있으므로 압전물질을 이용하여 송수신용 초음파 센서를 제작할 수 있다. 종래의 초음파 센서의 응용사례는 주로 레벨계, 유량계 등이 있다.

(2) 정전효과를 이용한 초음파 센서

Polaroid사의 제품이 대표적으로서 고전압 바이어스를 인가한 상태의 두 금속판 양쪽에 +/−200[V]의 고전압 펄스를 인가할 경우 정전인력에 의해 당기는 힘이 작용하며 이것은 공중에서 음파를 발생한다. 압전소자에 비해 고전압을 요하나 주파수 응답성 및 방향성이 우수한 이점을 갖는다. Polaroid사에 의해 설립된 Senscomp에 의해 제공되며 연구용 목적으로 로봇에 널리 사용된다. 그러나 큰 부피, 고가의 단점에 의해 일반용 로봇에는 적용이 곤란하다.

4. 초음파 센서의 거리 측정 원리

초음파 센서는 초음파를 발생시킨 후, 이와 동시에 숫자 세기를 시작하고 초음파가 돌아온 것이 감지되면 세는 것을 멈춘다. 이때 세어진 값을 읽어 초음파가 되돌아오는데 걸린 시간을 계산하여 거리를 측정하는 것이다. 숫자를 세는 데 걸리는 시간이 1[μsec]이고 n번 세었다면 초음파가 되돌아 왔을 때 걸린 시간은 $t = n[\mu\text{sec}]$가 된다. 소리의 속도는 340[m/s](기온 15℃)이므로 거리는 속도 X 시간으로 구할 수 있다. 초음파는 벽과 센서 사이의 왕복 거리이므로 벽까지의 거리 S는 $S = Vs \times t = 340 \times t/2$ [m]가 된다. 이때 마지막에 시간을 2로 나눈 것은 측정한 시간이 초음파가 왕복하는 시간이기 때문이다. 만약, 숫자 세기에 사용한 카운트 변수가 16비트라면 클럭이 1[MHz]이므로 최대로 카운트가 가능한 시간은 65.535[ms]가 되고, 최대 측정 거리는 $340 \times (65.535 \times 0.001)/2 = 11.14095$[m]가 된다.

다음의 그림은 초음파 센서를 이용하여 물체의 거리를 측정하는 원리를 보인 것이다.

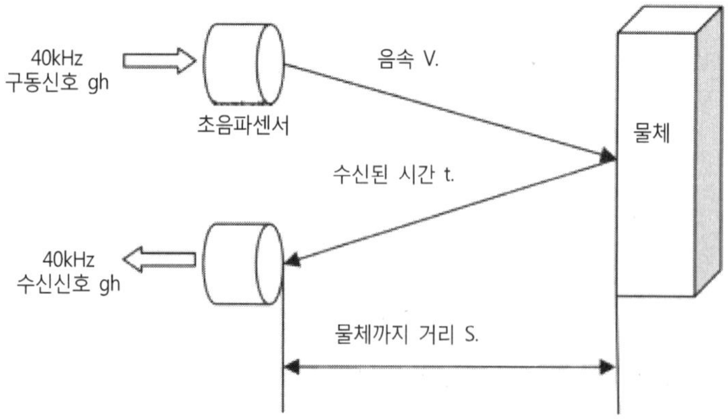

[그림 12-12] 초음파 센서를 이용한 거리 측정 원리

5. 초음파 센서의 사양과 제어회로

1) 초음파 센서(MA40S4R)

본 장에서 사용된 초음파센서는 무라타사의 MA40 시리즈 중 구경이 작은 오픈형태의 MA40S4R/S로 송신부와 수신부가 각각 독립된 형태의 초음파센서이다. 송신부는 MA40S4S, 수신부는 MA40S4R이다. 진동주파수는 40[KHz]로 발진하게 되며, 송신압은 120[dB]이고 수신감도는 −63[dB]의 스펙을 가진다. 검지거리는 센서 사양만으로는 0.2[m]~4[m]라고 하지만 직접파(수신부와 송신부를 일대일로 위치하였을 경우)일 때 주변환경을 무시하고 하는 경우이고, 반사방식을 이용하였을 때는 이보다 더 낮은 검지거리를 가지게 된다. 출력은 아날로그 형태의 펄스를 타이머를 이용하여 거리를 산출하게 된다. 센서 모듈 MCU의 PD0(INT0)으로 채널이 선정된다.

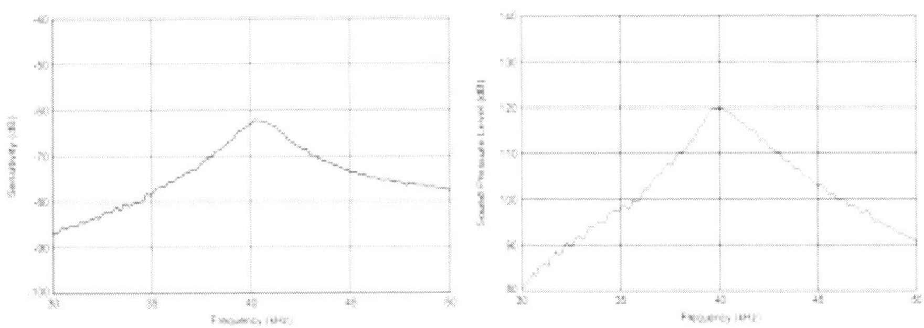

MA40S4S의 음압　　　　MA40S4R의 주파수특성

[그림 12-13] 초음파 센서의 주파수 특성

2) 초음파 센서 모듈과 회로도

다음은 초음파 센서모듈을 나타내고 있다.

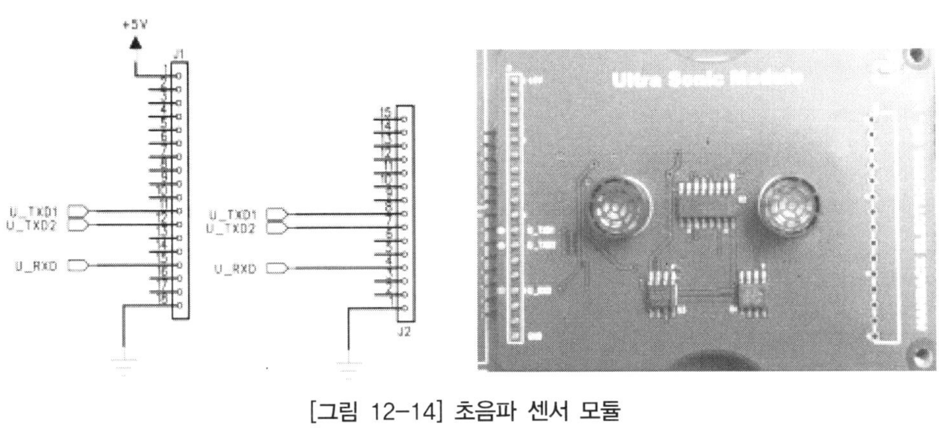

[그림 12-14] 초음파 센서 모듈

다음은 Ultra Sonic 모듈의 회로도이다. 초음파 센서의 회로구성은 송신부와 수신부로 나뉘어지게 된다.

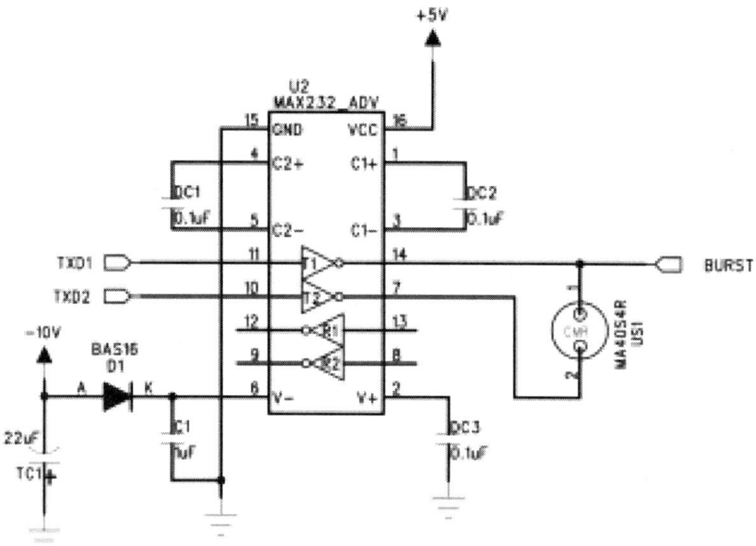

[그림 12-15] 초음파 송신부 회로

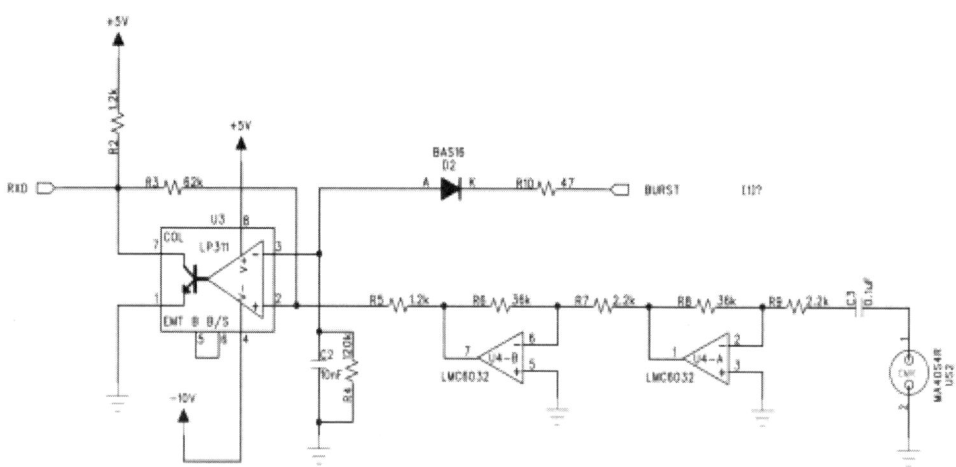

[그림 12-16] 초음파 수신부 회로

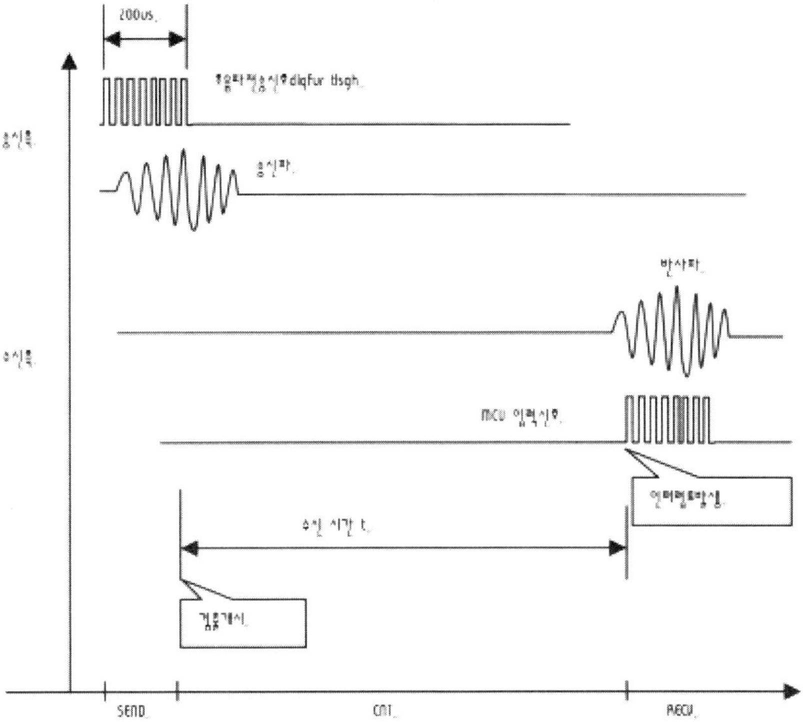

[그림 12-17] 초음파 센서의 송수신 타이밍

위의 그림에서 초음파 전송 신호는 MCU(ATMega128)에서 만들어 송신 초음파 센서에 입력되는 구형파 신호이다. 이번 실험에서는 이 구형파 신호를 MCU의 PE3와 PE4핀에서 출력되게 하며, 초음파 센서의 출력을 극대화 하기 위해 서로 상을 반대로 만들어 주면 된다. 초음파 전송신호는 총 8개의 구형파를 출력하게 되는데, 출력 직후부터 수신 초음파 검출을 위한 타이머 카운트를 개시한다. 초음파 전송신호가 송신 초음파센서에 입력되면 즉시 송신파가 출력된다. 물체에 부딛쳐 되돌아 온 반사파는 수신용 초음파 센서에 입력되고, 증폭기와 전압비교기를 거쳐 구형파 형태로 MCU로 입력된다(PD0). 이 때, MCU에는 인터럽트가 발생하고, 그때까지의 시간(수신 시간)을 이용하여 물체까지의 거리를 계산하게 된다. 위의 그림에서 "SEND" 구간은 초음파를 발사하기 위해 구형파를 만들어내는 동안의 상태 구간이다. 그리고, "CNT" 구간은 초음파가 발사되고 나서 반사파가 되돌아와 인터럽트가 발생할 때까지의 상태 구간이다. 또한, "RECV" 구간은 인터럽트가 발생하여 수신파에 의한 거리 계산을 완료한 후의 상태구간이다.

수행 내용 　　조음파 센서 제어 이해하기

재료 · 자료

- C언어 프로그래밍, 타깃보드

기기(장비 · 공구)

- 컴퓨터, USB케이블, 개발시스템, ISP

안전 · 유의사항

- ATmega128 타깃 시스템의 외형을 관리하고 ATmega128 타깃 시스템에 전원을 관리한다.

수행 순서

01

초음파 센서를 이용하여 거리를 측정하는 프로그램을 작성해 보도록 한다. 초음파를 이용한 거리 측정은 타이머 0과 외부 인터럽트를 사용하여 거리를 측정하여 시리얼통신을 통하여 측정된 거리 값을 PC로 전송하도록 한다.

① 포트 PE3을 U_TXD1, PE4를 U_TXD2에 연결해 준다.

② 포트 PD0를 U_RXD에 연결해 준다.

③ 시리얼 통신을 위해 포트 PE0에 TXD, PE1에 RXD를 연결해 준다.

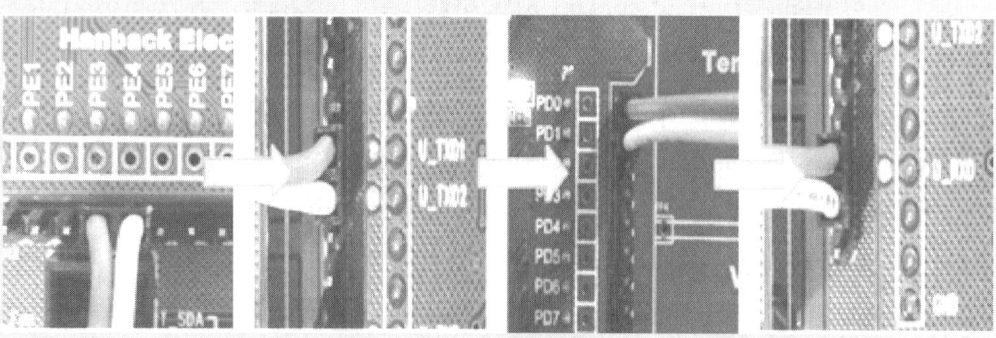

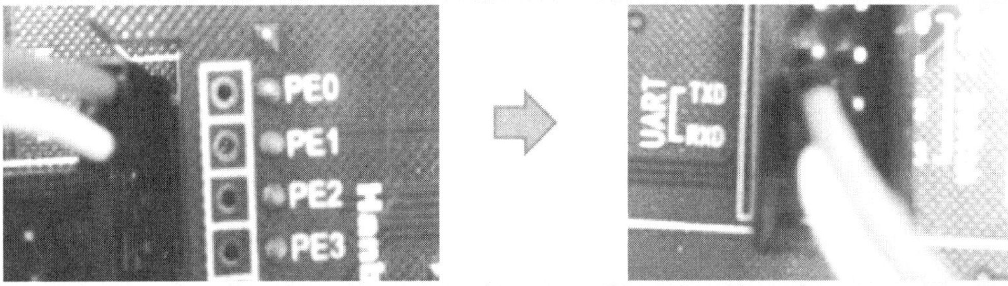

타이머/카운터 0이 약 10.85[us]마다 오버플로가 발생하기 위해서는 먼저 타이머/카운터 0의 소스 클록을 몇 분주로 할 것인지 TCCR0 레지스터를 설정하고, 이에 맞춰서 카운트 TCNT0의 초기 값을 설정해야 한다. 〈표 12-2〉와 8장의 타이머/카운터 0을 참조하여 CLK/8 분주로 설정하면

〈표 12-3〉 CS02~00비트에 의한 클록의 분주비 선택

CS02	CS01	CS00	클록 소스의 기능
0	0	0	클록 입력을 차단(타이머/카운터 0의 기능이 정지)
0	0	1	clk_{T0S} / 1
0	1	0	clk_{T0S} / 8
0	1	1	clk_{T0S} / 32
1	0	0	clk_{T0S} / 64
1	0	1	clk_{T0S} / 128
1	1	0	clk_{T0S} / 256
1	1	1	clk_{T0S} / 1024

타이머/카운터 0의 입력 소스 클럭의 주파수는 $f_i = \frac{14.7456[\text{Mhz}]}{8} = 1.8432[\text{Mhz}]$ 이다.

그럼 타이머 카운터의 입력 클럭의 주기는 $T_i = \frac{1}{f_i} = 0.0000005425[\text{sec}]$이다.

10.85[us]마다 인터럽트가 발생되려면 TCNT0에 몇 개의 펄스가 입력되어야 하는가?

$\frac{0.00001085}{0.0000005425} = 20(00\text{x}14)$가 된다.

즉, 입력 소스 클럭이 20개 발생해야 10.85 [us]가 된다는 의미이다.

따라서 TCNT0를 설정할 때 약 20(0x14)개의 클럭 입력이 들어오면 오버플로가 발생하게 설정해 주어야 한다.

TCNT0=0xff(카운트 최댓값)+1−클록 카운트 값(0x14)=0xEC

따라서 TCNT0의 카운트 값은 0xEC로 설정한다. TCNT0=0XEC(236)로 설정하면 256(0x100)−236(0xEC) = 20(0x14), 즉 20번 클록을 카운트 한 다음에 인터럽트가 발생하게 된다.

• TIMSK(Timer/Counter Interrupt Mask Register)

Bit	7	6	5	4	3	2	1	0	
	OCIE2	TOIE2	TICIE1	OCIE1A	OCIE1B	TOIE1	OCIE0	TOIE0	TIMSK
Read/Write	R/W	R/W	R/W	R/W	R/W	R/W	R/W	R/W	
Initial Value	0	0	0	0	0	0	0	0	

타이머/카운터 0에 관한 인터럽트를 개별적으로 허용하는 기능을 수행

TOIE0	타이머/카운터 0의 오버플로 인터럽트 발생 허용 비트(1=Enable, 0=Disable)
OCIE0	타이머/카운터 0의 출력 비교 인터럽트 발생 허용 비트(1=Enable, 0=Disable)

• 외부 인터럽트 INT0~3의 트리거 방식 결정 레지스터(EICRA)

Bit	7	6	5	4	3	2	1	0	
	ISC31	ISC30	ISC21	ISC20	ISC11	ISC10	ISC01	ISC00	EICRA
Read/Write	R/W	R/W	R/W	R/W	R/W	R/W	R/W	R/W	
Initial Value	0	0	0	0	0	0	0	0	

〈표 12-4〉 외부 인터럽트 INT0~3의 트리거 방식 결정

(n=0, 1, 2, 3)

ISCn1	ISCn0	인터럽트 트리거 방식
0	0	INTn핀의 L레벨 신호(low level)입력이 인터럽트를 트리거 한다.
0	1	(Reserved)
1	0	INTn핀의 하강에지(Falling Edge)가 인터럽트를 비동기적으로 트리거한다.
1	1	INTn핀의 상승에지(Rising Edge)가 인터럽트를 비동기적으로 트리거한다.

• 외부 인터럽트 허용/금지 가능 레지스터(EIMSK)

INT7~0을 개별적으로 허용하는데 사용된다. 1로 설정하면 인터럽트 허용 0으로 설정하면 인터럽트 금지가 된다.

Bit	7	6	5	4	3	2	1	0	
	INT7	INT6	INT5	INT4	INT3	INT2	INT1	IINT0	EIMSK
Read/Write	R/W	R/W	R/W	R/W	R/W	R/W	R/W	R/W	
Initial Value	0	0	0	0	0	0	0	0	

타이머/카운터 0와 외부인터럽트 0에 대한 각 레지스터 설정은 다음과 같다.

	FOC0	WGM00	COM01	COM00	WGM01	CS02	CS01	CS00
TCCR0	0	0	0	0	0	0	1	0

	OCIE2	TOIE2	TICIE1	OCIE1A	OCIE1B	TOIE1	OCIE0	TOIE0
TIMSK	0	0	0	0	0	0	0	1

	ISC31	ISC30	ISC21	ISC20	ISC11	ISC10	ISC01	ISC00
EICRA	0	0	0	0	0	0	1	1

	INT7	INT6	INT5	INT4	INT3	INT2	INT1	INT0
EIMSK	0	0	0	0	0	0	0	1

```
#include <mega128a.h>
#include <delay.h>


unsigned int count;
unsigned int U_ReceData ;
char Send_flag = 0;

void To_PC(unsigned int);
void Serial_Send(unsigned char);

 void Serial_Send(unsigned char t)
 {
```

```
    // 전송준비가 될 때까지 대기
   while(1) {
     if( (UCSR0A & 0x20 ) !=0 ) break;
    }

   UDR0 = t;
   UCSR0A = UCSR0A | 0x20;
  }


// 데이터를 아스키 코드로 바꾸어서 PC로 전송해 주는 함수이다.
void To_PC ( unsigned int N )
{
 unsigned int  Buff;
 unsigned char N10000, N1000, N100, N10, N1;

   N10000 = N / 10000;
   Buff = N % 10000;

   N1000 = Buff / 1000;
   Buff = Buff % 1000;

   N100 = Buff / 100;          // 세그먼트에서 사용하는 백의자리 추출

   Buff = Buff % 100;
   N10 = Buff / 10;            // 세그먼트에서 사용하는 십의 자리 추출
   N1 =  Buff % 10;            // 세그먼트에서 사용하는 일의 자리 추출

   Serial_Send(N10000+0x30); //  만의 자리
   Serial_Send(N1000+0x30);  //  천의 자리
   Serial_Send(N100+0x30);   //  백의 자리
   Serial_Send(N10+0x30);    // 십의 자리
   Serial_Send(N1+0x30);     // 일의 자리

// Enter 키와 같은 기능 Carrige Return의 아스키 코드이다.
   Serial_Send(0x0d);
   Serial_Send(0x0a);
}
// 10.85 [us] 타이머/카운터 인터럽트 함수
 interrupt [TIM0_OVF] void timer0_ovf_isr(void)
```

```
{
 TCNT0 = 0xEC;  // 타이머/카운터 초기값을 Re-Load
   count ++;
}

void ultraSend(void)
{
 int  i;
      count = 0;
 for( i = 0 ; i < 8 ; i++ ) {

          PORTE = 0x08;
          delay_us(11);
          PORTE = 0x10;
          delay_us(11);
 }

   Send_flag = 1;
}


 interrupt [EXT_INT0] void external_int0(void)
 {
            if(Send_flag==1) {
               U_ReceData = count;
               Send_flag=0;
            }
  }

void main(void)
{
  DDRD = 0x00;


// 시리얼 포트 초기화
  DDRE = 0xfe;
  UCSR0A = 0x00;
  UCSR0B = 0x18; // TXE, RXE Enable
  UCSR0C = 0x06; // 비동기, Non Parity, 1 Stop Bit
  UBRR0H = 0x00;
```

학습 12. 거리 및 초음파 센서 제어 응용

```
UBRR0L = 0x07; // 115200 bps

TCCR0 = 0x02;
TCNT0 = 0xEC; // 10.85us


TIMSK = 0x01;
TIFR = 0;
Send_flag = 0;
EICRA = 0x03;
EIMSK = 0x01;

#asm("sei")



while(1) {
    ultraSend();
    delay_ms(1000); // 1초의 딜레이를 갖는다.
    To_PC(U_ReceData);

 }
}
```

02 초음파 센서를 이용하여 실제 물체와의 거리를 환산한 값을 LCD에 출력해 보도록 하자.

학습활동.12 교수 · 학습 방법

교수 방법

- 거리 및 초음파 센서 제어 응용에 대한 관련 용어, 구성, 방식 이해 정도를 파악한 후 수업을 진행한다.
- 교수자의 주도로 FND 제어 응용 등의 내용을 PPT 자료로 제시한 후 설명한다.
- 가능하면 사전에 개인별 학습 자료를 준비하여 모든 학생이 참여할 수 있는 문제 해결식 수업, 협력 수업이 가능하도록 한다.
- 거리 및 초음파 센서 제어 응용 전 과정을 작업의 순서에 따라 단계적으로 실습이 이루어질 수 있도록 지도한다.
- 교재를 통해 수업을 준비하는데 있어서 필요한 모든 정보나 팁, 힌트 등 도움이 될 만한 내용들을 확인할 수 있다.
- 학생들이 만들게 될 각 모델들은 수업시간에 중점적으로 다뤄질 부분과 어휘, 질문, 답을 포함하고 있으며 또한 탐구할만한 추가적인 아이디어들도 포함하고 있다.

학습 방법

- 거리 및 초음파 센서 제어 응용에 대한 관련 용어를 숙지하고, 거리 및 초음파 센서 제어 응용의 기초 단계에 대해 이해한다.
- 거리 및 초음파 센서 제어 응용의 각 단계별 중점 사항을 체계적으로 학습한다.
- 거리 및 초음파 센서 제어 응용의 수행순서의 전 과정을 실습한다.
- 거리 및 초음파 센서 제어 응용의 내용을 이해한다.
- 거리 및 초음파 센서 제어 응용을 이해하고 숙달이 될 때까지 학습한다.

학습활동.12 평가 및 피드백

평가 준거

- 평가자는 피평가자가 수행 준거 및 평가 내용에 제시되어 있는 내용을 성공적으로 수행할 수 있는 지를 평가해야 한다.
- 평가자는 다음 사항을 평가해야 한다.

학습내용	평가항목	성취수준		
		상	중	하
거리 센서 제어	거리 센서 제어를 이해할 수 있다.			
초음파 센서 제어	초음파 센서 제어를 이해할 수 있다.			

평가 방법

• 작업 포트폴리오

학습내용	평가항목	성취수준		
		상	중	하
거리 센서 제어	거리 센서 제어를 이해할 수 있다.			
초음파 센서 제어	초음파 센서 제어를 이해할 수 있다.			

• 필기시험

학습내용	평가항목	성취수준		
		상	중	하
거리 센서 제어	거리 센서 제어를 이해할 수 있다.			
초음파 센서 제어	초음파 센서 제어를 이해할 수 있다.			

• 체크리스트를 통한 관찰

학습내용	평가항목	성취수준		
		상	중	하
거리 센서 제어	거리 센서 제어를 이해할 수 있다.			
초음파 센서 제어	초음파 센서 제어를 이해할 수 있다.			

피드백

1. 작업 포트폴리오
   - 제출한 보고서를 평가한 후 주요 사항에 대하여 표시하여 돌려준다.
2. 필기 시험
   - 평가 결과 성적이 저조한 학생은 보고서 제출 기회를 부여한다.
3. 체크리스트를 통한 관찰
   - 실습 과정에서 평가한 후 개선해야 할 사항 등을 정리하여 돌려둔다.

학습 1	C언어 개요 및 개발환경 설정
학습 2	ATmega128 특징 및 구성
학습 3	LED 제어 응용
학습 4	FND 제어 응용
학습 5	LCD 제어 응용
학습 6	스위치 제어 응용
학습 7	인터럽트 제어 응용
학습 8	8비트 타이머/카운터 제어 응용
학습 9	AD변환기 제어 응용
학습 10	USART통신 제어 응용
학습 11	모터 제어 응용
학습 12	거리 및 초음파 센서 제어 응용
학습 13	**Key 매트릭스 제어 응용**
학습 14	Dot 매트릭스 제어 응용
학습 15	블루투스 제어 응용

13-1 Key 매트릭스 구조와 특징

학습 목표	13-1 Key 매트릭스 구조아 특징을 이해할 수 있다.

필요지식

먼저 1개를 입력 받는 방법을 그대로 사용하는 것에 관하여 고려해 보자. 스위치 1개를 입력 받는 회로는 [그림 13-1]과 같다.

[그림 13-1]의 회로를 이용하는 경우, Atmega128A의 포트가 53개(A~F 8개 및 G 5개) 있으므로 그 중 16개의 포트에 하나씩 연결해 주면 그만이다. 그런데, 스위치 개수가 53개 이상으로 늘어나면 어떻게 할 것인가(예를 들어 컴퓨터 키보드는 100개가 넘는다)? 이러한 상황은 3장에서 Array FND를 이용했던 것과 유사한 상황이 발생하게 된다.

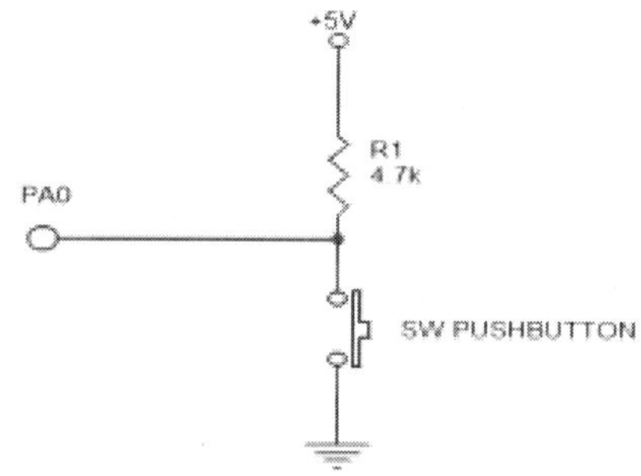

[그림 13-1] 스위치 1개 입력 회로

이 문제를 해결해 줄 수 있는 방식이 바로 키 매트릭스라고 불리는 것이다. 이 방식은 스위치를 행(row)과 열(column)을 갖는 행렬(matrix) 형태로 배열하고, 한 개의 행(혹은 열)마다 스캔하면서 그때마다 열(혹은 행)값을 읽어 들이면 되는 것이다. 예를 들어 행이 2이고 열이 2인 경우, 2×2 = 4개의 스위치 값을 입력 받을 수 있다. 2×2 키 매트릭스 회로는 실용적이지는 못하지만 가장 간단한 키 매트릭스 형태이므로 이것을 먼저 설명한 후, 장비의 Keypad 모듈을 설명하기로 한다. [그림 13-1]에서, 스위치를 하나 더 붙여 아래 [그림 13-2]와 같은 회로를 고려해 보자. [그림 13-2]에서, SW1이 눌려도 마이크로프로세서에 정보가 입력되고, SW2가 눌려도 마이크로프로세서에 정보가 입력된다. 다만, 마이크로프로세서는 스위치의 정보가 입력되었다는 것은 알 수 있어도 어느 스위치가 눌렸는지는 알 수 없다. 그래서 [그림 13-2]를 마이크로프로세서가 신호를 보내서(출력) 그 순간 어느 스위치가 눌렸는지를 알 수 있도록 회로를 다음 [그림 13-3]과 같이 약간 변경한다.

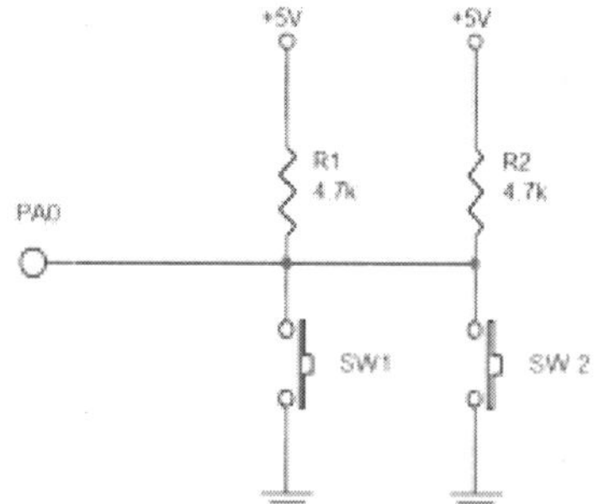

[그림 13-2] 스위치 2개 입력 개념도

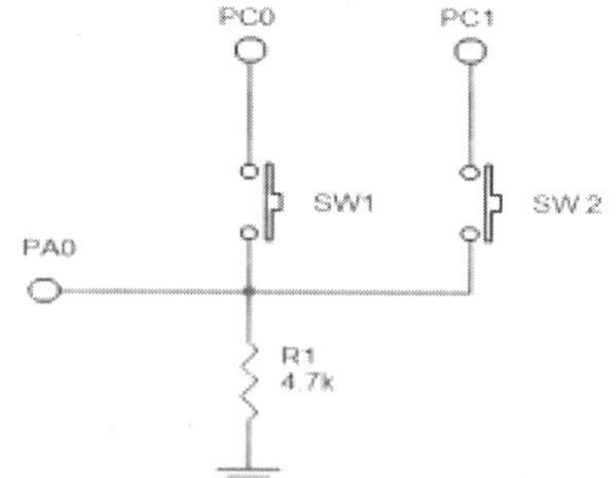

[그림 13-3] 스위치 2개 입력 회로

[그림 13-3]에서 PA0는 마이크로프로세서의 입력 포트이고, PC0와 PC1은 마이크로프로세서의 출력 포트이다. 스위치가 둘 다 안 눌렸을 때, PA0는 4.7K 저항과

GND(기준전압 0[V])로 연결되어 Low('0')를 받아들인다. 또한 PC0와 PC1을 둘 다 Low('0')로 출력시키면, 스위치를 아무리 눌러도 항상 Low('0')만 받아들인다. 그런데, 마이크로프로세서가 PC0는 High('1')를 출력시키고 PC1은 Low('0')를 출력시킨 상태에서 PA0를 읽어 들인다면 어떻게 될까? SW1이 눌리는 상황에서 PA0는 High('1')라는 정보를 입력받게 되어 어느 스위치가 눌렸는지를 알 수 있게 되는 것이다. 이제 좀 더 복잡하게 다음 [그림 13-4]와 같은 2x2 key matrix를 고려해 보자.

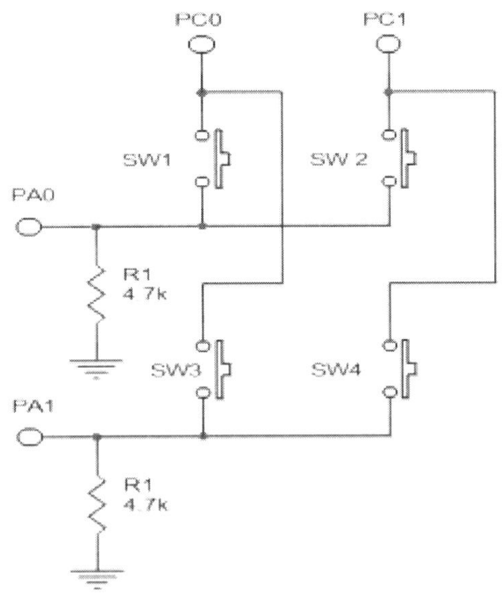

[그림 13-4] 2x2 Key matrix

[그림 13-4]에서 PC0에만 High('1')를 출력시킨 상태에서, PA0와 PA1을 읽어 들였을 때, SW1 스위치와 SW3 스위치의 누름 상태를 알 수 있으며, PC1에만 High('1')를 출력시킨 상태에서, PA0와 PA1을 읽어 들이면, SW2 스위치와 SW4 스위치의 누름 상태를 알 수 있다.

이제까지는 이용해야 하는 포트 비트의 개수가 스위치의 개수보다 많거나 같았다. 그러나 3x3 Key matrix부터는 상황이 달라진다. 즉, 3x3 = 9개의 스위치를 입력받을 때 matrix 방식을 사용하지 않고 그냥 [그림 13-1]과 같은 단순한 회로를 이용하는 경우, A포트의 8개 비트 외에도 다른 포트를 더 사용해서 9개의 포트 비트를 사용해야 한다. 그러나 [그림 13-4]와 같은 형태의 matrix 방식을 이용하면 6개의 포트 비트만 이용하면 된다.

본 교재에서 사용한 Keypad 모듈은 3x4 = 12개의 스위치를 사용하였다. 이것은 우리가 흔히 볼 수 있는 핸드폰의 자판형태이다. 필요한 포트의 비트수는 출력포트 3열과 입력포트 4행의 총 7개 포트 비트만 있으면 된다. 아래 그림에 Keypad 모듈을 나타내고 있다.

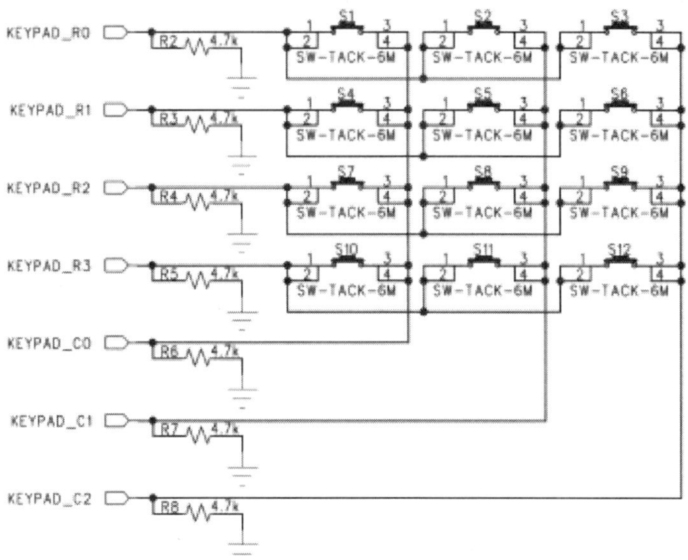

[그림 13-5] Keypad 모듈 회로도

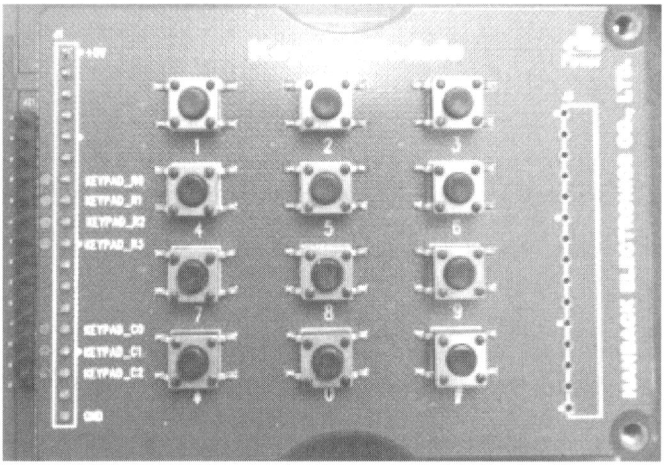

[그림 13-6] Keypad 모듈과 컨넥터

수행 내용 Key 매트릭스 제어 이해하기

재료 · 자료

- C언어 프로그래밍, 타깃보드

기기(장비 · 공구)

- 컴퓨터, USB케이블, 개발시스템, ISP

안전 · 유의사항

- ATmega128 타깃 시스템의 외형을 관리하고 ATmega128 타깃 시스템에 전원을 관리한다.

수행 순서

01

이 실험에서는 Keypad에서 첫 줄 S1, S4, S7, S10 키보드만 인식하는 프로그램을 작성해 보기로 한다. 눌린 키의 값을 7-세그먼트에 표시하도록 한다.

① 포트 PA0~PA7, PC0~PC3를 7-세그먼트 Array FND에 연결해준다.

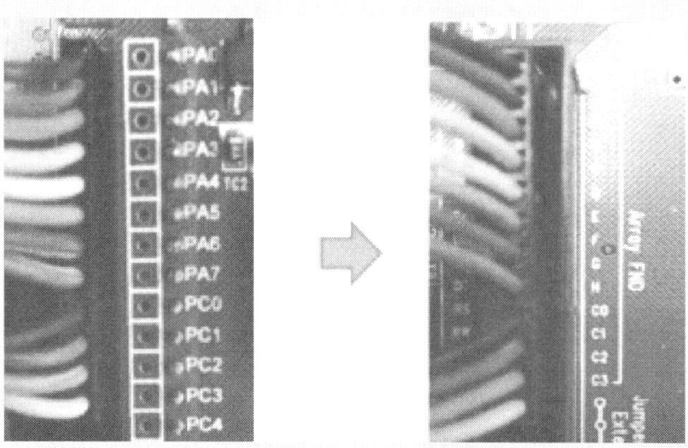

② 포트 PB0~PB2를 KEYPAD C0~C2까지에 연결해주고, PD0~PD3를 KEYPAD R0 ~R3까지로 연결해 준다.

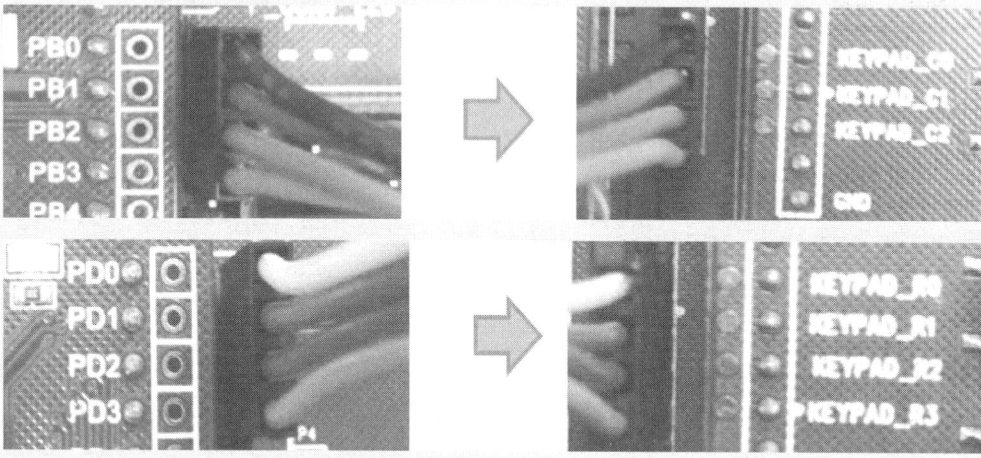

키패드 인식 원리는 [그림 13-5]에서 알 수 있듯이 첫줄 (S1, S4, S7, S10)을 인식하려면 먼저 KEYPAD_C0=1, KEYPAD_C1=0, KEYPAD_C2=0을 연결된 포트 PB0=1, PB1=0, PB2=0을 출력해 준다. 따라서 이때 눌리는 키에 따라서 만약 'S1'이 눌리면 KEYPAD_R0가 '1'이 되고 'S4'가 눌리면 KEYPAD_R1이 '1'이 되고, 'S7'이 눌리면 KEYPAD_R2가 '1'이 되고, 'S10'이 눌리면 KEYPAD_R3가 '1'이 된다. 이 원리는 〈표 13-1〉과 같다.

〈표 13-1〉 키보드 첫줄의 입출력 테이블

출력포트 (출력값)			인식할 수 있는 키 OK : 눌림, X : 눌리지 않음				입력포트(입력값)			
C0	C1	C2	S1	S4	S7	S10(*)	R0	R1	R2	R3
1	0	0	OK	X	X	X	1	0	0	0
			X	OK	X	X	0	1	0	0
			X	X	OK	X	0	0	1	0
			X	X	X	OK	0	0	0	1

```
#include 〈mega128a.h〉
#include 〈delay.h〉

unsigned char Font[18] = {0x3F, 0x06, 0x5B, 0x4F,
```

```
                        0x66, 0x6D, 0x7C, 0x07,
                        0x7F, 0x67, 0x77, 0x7C,
                        0x39, 0x5E, 0x79, 0x71,
                        0x08, 0x80};



void Segment(int);  // Segment 함수 선언
void Segment ( int N )
{
 int  i;
 unsigned char N1000, N100, N10, N1;
 int Buff;

  N1000 = N / 1000;         // 세그먼트에서 사용하는 천의 자리를 추출
  Buff = N % 1000;

  N100 = Buff / 100;        // 세그먼트에서 사용하는 백의자리 추출
  Buff = Buff % 100;

  N10 = Buff / 10;          // 세그먼트에서 사용하는 십의 자리 추출
  N1 =  Buff % 10;          // 세그먼트에서 사용하는 일의 자리 추출

  for( i = 0 ; i < 30 ; i++ ) {

      PORTC = 0x0e;         // 왼쪽 첫 번째 세그먼트 ON
      PORTA = Font[N1000];// 천의 자리 숫자를 출력해 준다.
      delay_ms(1);

      PORTC = 0x0d;         // 왼쪽 두 번째 세그먼트 ON
      PORTA = Font[N100];  // 백의 자리 숫자를 출력해 준다.
      delay_ms(1);

      PORTC = 0x0b;         // 왼쪽 세 번째 세그먼트 ON
      PORTA = Font[N10];   // 십의 자리 숫자를 출력해 준다.
      delay_ms(1);

      PORTC = 0x07;         // 왼쪽 네 번째 세그먼트 ON
      PORTA = Font[N1];    // 일의 자리 숫자를 출력해 준다.
      delay_ms(1);
```

```
    }
}

void main(void)
{
    unsigned char key=0, key_value=0;

  // 포트 C를 7-세그먼트 Common 단자로 사용하기 위해 출력으로 설정한다.
  DDRA = 0xff;
  DDRC = 0x0f;
  DDRB = 0xff;
  DDRD = 0x00;

  PORTA = 0xff;
  PORTC = 0x0f;


  while(1)
   {
     PORTB.0 = 1;  // KEYPAD_C0 출력
     PORTB.1=  0;  // KEYPAD C1 출력
     PORTB.2 = 0;  // KEYPAD C2 출력
     key = PIND &0x0f;

     if( key==0x01 ) key_value = 1;         // S1이 눌렸으면..
     else if(key==0x02) key_value = 4;     // S4가 눌렸으면..
     else if(key==0x04) key_value = 7;     // S7이 눌렸으면..
     else if(key==0x08) key_value = 10;  // S10(*)이 눌렸으면..

     Segment(key_value);
   }
 }
```

02 이 실험에서는 Keypad에서 키보드 전체를 인식하는 프로그램을 작성해 보기로 한다.

7-세그먼트와 Keypad 연결은 위 실험과 같다.

〈표 13-2〉 키보드 전체의 입출력 테이블

출력포트(출력값)			인식할 수 있는 키 OK : 눌림, X : 눌리지 않음				입력포트(입력값)			
C0 (PB0)	C1 (PB1)	C2 (PB2)	S1	S4	S7	S10(*)	R0 (PD0)	R1 (PD1)	R2 (PD2)	R3 (PD3)
1	0	0	OK	X	X	X	1	0	0	0
			X	OK	X	X	0	1	0	0
			X	X	OK	X	0	0	1	0
			X	X	X	OK	0	0	0	1

출력포트(출력값)			인식할 수 있는 키 OK : 눌림, X : 눌리지 않음				입력포트(입력값)			
C0 (PB0)	C1 (PB1)	C2 (PB2)	S2	S5	S8	S11(0)	R0 (PD0)	R1 (PD1)	R2 (PD2)	R3 (PD3)
0	1	0	OK	X	X	X	1	0	0	0
			X	OK	X	X	0	1	0	0
			X	X	OK	X	0	0	1	0
			X	X	X	OK	0	0	0	1

출력포트(출력값)			인식할 수 있는 키 OK : 눌림, X : 눌리지 않음				입력포트(입력값)			
C0 (PB0)	C1 (PB1)	C2 (PB2)	S3	S6	S9	S12(#)	R0 (PD0)	R1 (PD1)	R2 (PD2)	R3 (PD3)
0	0	1	OK	X	X	X	1	0	0	0
			X	OK	X	X	0	1	0	0
			X	X	OK	X	0	0	1	0
			X	X	X	OK	0	0	0	1

```
#include <mega128a.h>
#include <delay.h>

unsigned char Font[18] = {0x3F, 0x06, 0x5B, 0x4F,
                          0x66, 0x6D, 0x7C, 0x07,
                          0x7F, 0x67, 0x77, 0x7C,
                          0x39, 0x5E, 0x79, 0x71,
                          0x08, 0x80};

void Segment(int);  // Segment 함수 선언
void Segment ( int N )
{
 int  i;
 unsigned char N1000, N100, N10, N1;
 int Buff;

  N1000 = N / 1000;        // 세그먼트에서 사용하는 천의 자리를 추출
  Buff = N % 1000;

   N100 = Buff / 100 ;     // 세그먼트에서 사용하는 백의자리 추출
  Buff = Buff % 100;

  N10 = Buff / 10;         // 세그먼트에서 사용하는 십의 자리 추출
  N1 =  Buff % 10;         // 세그먼트에서 사용하는 일의 자리 추출

  for( i = 0 ; i < 30 ; i++ ) {

      PORTC = 0x0e;        // 왼쪽 첫 번째 세그먼트 ON
      PORTA = Font[N1000];// 천의 자리 숫자를 출력해 준다.
      delay_ms(1);

      PORTC = 0x0d;        // 왼쪽 두 번째 세그먼트 ON
      PORTA = Font[N100]; // 백의 자리 숫자를 출력해 준다.
      delay_ms(1);

      PORTC = 0x0b;        // 왼쪽 세 번째 세그먼트 ON
      PORTA = Font[N10];  // 십의 자리 숫자를 출력해 준다.
      delay_ms(1);
```

```
        PORTC = 0x07;              // 왼쪽 네 번째 세그먼트 ON
        PORTA = Font[N1];          // 일의 자리 숫자를 출력해 준다.
        delay_ms(1);
    }
}

void main(void)
{
    unsigned char key=0, key_value=0;
    char i, KEYPAD_CX = 0x01;
 // 포트 C를 7-세그먼트 Common 단자로 사용하기 위해 출력으로 설정한다.
 DDRA = 0xff;
 DDRC = 0x0f;
 DDRB = 0xff;
 DDRD = 0x00;

 PORTA = 0xff;
 PORTC = 0x0f;

while(1)
  {
     KEYPAD_CX =0x01;
     for( i = 0 ; i < 3 ; i++ ) {
        PORTB = KEYPAD_CX;
        delay_us(500);
        key = PIND &0x0f;

        if( key==0x01 ) {key_value=1 + i; break;}        // S1,S2,S3이 눌렸으면..
        else if (key==0x02) {key_value=4+i; break;}      // S4,S5,S6가 눌렸으면..
        else if(key==0x04) {key_value=7+i; break;}       // S7,S8,S9이 눌렸으면..
        else if(key==0x08) {key_value=10+i; break;}      // S10,S11,S12이 눌렸으면..

       KEYPAD_CX = KEYPAD_CX << 1;
     } // end of for
    Segment(key_value);
  }  // end of while
 }   // end of main
```

03 이 실험에서는 50[msec] 인터럽트 함수 내에서 키보드 전체를 인식하는 프로그램을 작성해 보기로 한다.

수행 Tip

* 7-세그먼트와 Keypad 연결은 위 실험과 같다.

① 〈표 13-2〉에서 WGM13=0, WGM12=0, WGM11=0, WGM10=0 동작모드를 Normal 모드로 설정한다.

② 〈표 13-4〉에서 CS12=1, CS11=0, CS10=1 로 하여 CK/1024로 설정한다.

	COM1A1	COM1A0	COM1B1	COM1B0	COM1C1	COM1C0	WGM11	WGM10
TCCR1A	0	0	0	0	0	0	0	0

③ 타이머/카운터1이 50 [ms]마다 오버플로 인터럽트가 발생하기 위해서는 먼저 타이머/카운터1의 소스 클록을 몇 분주로 할 것인지 TCCR1B 레지스터를 설정하고, 이에 맞춰 카운트 TCNT1H와 TCNT1L의 초기 값 설정해야 한다. [표 10-4]을 참조하여 CK/1024 분주로 설정하면

	ICNC1	ICES1	-	WGM13	WGM12	CS12	CS11	CS10
TCCR1B	0	0	0	0	0	1	0	1

$$CK/1024 = \frac{14.7456\text{MHz}}{1024} = 14.4\text{KHz} = 1\text{클럭발생주파수} = \frac{1}{1\text{클럭발생주기}}$$

1 클록 발생 주기 x 클록 카운트 값=인터럽트 발생 주기]이므로,

클록 카운트 값=(인터럽트 발생 주기) × (1 클록 발생 주파수)

=50[ms] ×14.4[KHz]=720(0×2D0)

16비트 카운트 초기 값=0xffff(카운트 최댓값)+1 - 클록 카운트 값(0x2D0)

=0xFD30

상위 1바이트 TCNT1H = 0xFD, 하위 1바이트는 TCNT1L = 0x30와 같이 나눠 준다.

인터럽트 발생주기=1클록 발생주기(1/14.4[KHz])×클록 카운트 값(720)=0.05초가 되어 50[ms]마다 인터럽트 발생이 가능하게 된다.

```
#include <mega128a.h>
#include <delay.h>

unsigned char Font[18] = {0x3F, 0x06, 0x5B, 0x4F,
                          0x66, 0x6D, 0x7C, 0x07,
                          0x7F, 0x67, 0x77, 0x7C,
                          0x39, 0x5E, 0x79, 0x71,
                          0x08, 0x80};

unsigned char key_value = 0;
void Segment(int);  // Segment 함수 선언
void Segment ( int N )
{
 int  i;
 unsigned char N1000, N100, N10, N1;
 int Buff;

  N1000 = N / 1000;           // 세그먼트에서 사용하는 천의 자리를 추출
  Buff = N % 1000;

  N100 = Buff / 100;          // 세그먼트에서 사용하는 백의자리 추출
  Buff = Buff % 100;

  N10 = Buff / 10;            // 세그먼트에서 사용하는 십의 자리 추출
  N1 =  Buff % 10;            // 세그먼트에서 사용하는 일의 자리 추출

  for( i = 0 ; i < 30 ; i++ ) {

      PORTC = 0x0e;           // 왼쪽 첫 번째 세그먼트 ON
      PORTA = Font[N1000];    // 천의 자리 숫자를 출력해 준다.
      delay_ms(1);

      PORTC = 0x0d;           // 왼쪽 두 번째 세그먼트 ON
      PORTA = Font[N100];     // 백의 자리 숫자를 출력해 준다.
```

```
        delay_ms(1);

        PORTC = 0x0b;               // 왼쪽 세 번째 세그먼트 ON
        PORTA = Font[N10];          // 십의 자리 숫자를 출력해 준다.
        delay_ms(1);

        PORTC = 0x07;               // 왼쪽 네 번째 세그먼트 ON
        PORTA = Font[N1];           // 일의 자리 숫자를 출력해 준다.
        delay_ms(1);
    }
}

// 50 [msec] 타이머/카운터 인터럽트 함수
 interrupt [TIM1_OVF] void timer1_ovf_isr(void)
 {
  unsigned char key=0;
  char i, KEYPAD_CX = 0x01;

  TCNT1H = 0xfd;  // 타이머/카운터 초기값을 Re-Load
  TCNT1L = 0x30;  // 타이머/카운터 초기값을 Re-Load

  KEYPAD_CX =1;
  for( i = 0 ; i < 3 ; i++ ) {
        PORTB = KEYPAD_CX;
        delay_us(500);
        key = PIND &0x0f;

   if(key==0x01) {key_value = 1 +i; break;}    // S1,S2,S3이 눌렸으면..
   else if(key==0x02) {key_value = 4+i;break;} // S4,S5,S6가 눌렸으면..
   else if(key==0x04) {key_value = 7+i;break;} // S7,S8,S9이 눌렸으면..
   else if(key==0x08) {key_value=10+i; break;} // S10(*),S11,S12(#)이 눌렸으면..

  KEYPAD_CX = KEYPAD_CX << 1;

   }

}

void main(void)
{
```

```
// 포트 C를 7-세그먼트 Common 단자로 사용하기 위해 출력으로 설정한다.
DDRA = 0xff;
DDRC = 0x0f;
DDRB = 0xff;
DDRD = 0x00;

PORTA = 0xff;
PORTC = 0x0f;

ASSR = 0;

TIMSK = 0x04;  // 타이머/카운터 1 인터럽트 사용
TCCR1A = 0;
TCCR1B = 0x05;  // CLK/1024
TCNT1H = 0xfd;
TCNT1L = 0x30;
TIFR = 0;

#asm("sei")
 while(1)
 {

   Segment(key_value);
  }
 }
```

04 위 실험을 수정해서 스위치가 눌릴 때 인식하도록 하는 프로그램을 작성하시오.

```
#include<avr/io.h>
#include<avr/interrupt.h>
```

```
#include<util/delay.h>

unsigned char Font[18] = {0x3F, 0x06, 0x5B, 0x4F,
                          0x66, 0x6D, 0x7C, 0x07,
                          0x7F, 0x67, 0x77, 0x7C,
                          0x39, 0x5E, 0x79, 0x71,
                          0x08, 0x80};

void Segment(int);  // Segment 함수 선언
void Segment ( int N )
{
 int  i;
 unsigned char N1000, N100, N10, N1;
 int Buff;

  N1000 = N / 1000;           // 세그먼트에서 사용하는 천의 자리를 추출
  Buff = N % 1000;

   N100 = Buff / 100 ;        // 세그먼트에서 사용하는 백의자리 추출
  Buff = Buff % 100;

  N10 = Buff / 10;            // 세그먼트에서 사용하는 십의 자리 추출
  N1 =  Buff % 10;            // 세그먼트에서 사용하는 일의 자리 추출

  for( i = 0 ; i < 30 ; i++ ) {

      PORTC = 0x0e;           // 왼쪽 첫 번째 세그먼트 ON
      PORTA = Font[N1000];    // 천의 자리 숫자를 출력해 준다.
      _delay_ms(1);

      PORTC = 0x0d;           // 왼쪽 두 번째 세그먼트 ON
      PORTA = Font[N100];     // 백의 자리 숫자를 출력해 준다.
      _delay_ms(1);

      PORTC = 0x0b;           // 왼쪽 세 번째 세그먼트 ON
      PORTA = Font[N10];      // 십의 자리 숫자를 출력해 준다.
      _delay_ms(1);

      PORTC = 0x07;           // 왼쪽 네 번째 세그먼트 ON
      PORTA = Font[N1];       // 일의 자리 숫자를 출력해 준다.
```

```
        _delay_ms(1);
    }
}

int main()
{
    unsigned char key=0, key_value=0;
    char i, KEYPAD_CX = 0x01;
  // 포트 C를 7-세그먼트 Common 단자로 사용하기 위해 출력으로 설정한다.
  DDRA = 0xff;
  DDRC = 0x0f;
  DDRB = 0xff;
  DDRD = 0x00;

  PORTA = 0xff;
  PORTC = 0x0f;

 while(1)
   {
     KEYPAD_CX =0x01;
     for( i = 0 ; i < 3 ; i++ ) {
        PORTB = KEYPAD_CX;
        _delay_us(500);
        key = PIND &0x0f;

     if( key==0x01 ) {key_value=1 + i; break;}        // S1,S2,S3이 눌렸으면..
     else if (key==0x02) {key_value=4+i; break;}      // S4,S5,S6가 눌렸으면..
  else if(key==0x04) {key_value=7+i; break;}          // S7,S8,S9 ....
  else if(key==0x08) {key_value=10+i; break;}         // S10,S11,S12...

        KEYPAD_CX = KEYPAD_CX << 1;
     } // end of for
    Segment(key_value);
   }  // end of while
  }   // end of main
```

05 위 실험을 수정해서 스위치를 눌렀다 뗄 때 인식하도록 하는 프로그램을 작성하시오.

```
#include<avr/io.h>
#include<avr/interrupt.h>
#include<util/delay.h>

unsigned char Font[18] = {0x3F, 0x06, 0x5B, 0x4F,
                          0x66, 0x6D, 0x7C, 0x07,
                          0x7F, 0x67, 0x77, 0x7C,
                          0x39, 0x5E, 0x79, 0x71,
                          0x08, 0x80};

void Segment(int);  // Segment 함수 선언
void Segment ( int N )
{
 int  i;
 unsigned char N1000, N100, N10, N1;
 int Buff;

  N1000 = N / 1000;      // 세그먼트에서 사용하는 천의 자리를 추출
  Buff = N % 1000;

   N100 = Buff / 100 ;   // 세그먼트에서 사용하는 백의자리 추출
  Buff = Buff % 100;

  N10 = Buff / 10;       // 세그먼트에서 사용하는 십의 자리 추출
  N1 =  Buff % 10;       // 세그먼트에서 사용하는 일의 자리 추출

  for( i = 0 ; i < 30 ; i++ ) {

      PORTC = 0x0e;      // 왼쪽 첫 번째 세그먼트 ON
      PORTA = Font[N1000]; // 천의 자리 숫자를 출력해 준다.
      _delay_ms(1);

      PORTC = 0x0d;      // 왼쪽 두 번째 세그먼트 ON
```

```
        PORTA = Font[N100];  // 백의 자리 숫자를 출력해 준다.
        _delay_ms(1);

        PORTC = 0x0b;         // 왼쪽 세 번째 세그먼트 ON
        PORTA = Font[N10];    // 십의 자리 숫자를 출력해 준다.
        _delay_ms(1);

        PORTC = 0x07;         // 왼쪽 네 번째 세그먼트 ON
        PORTA = Font[N1];     // 일의 자리 숫자를 출력해 준다.
        _delay_ms(1);
    }
}

int main()
{
    unsigned char key=0, key_value=0 ,key_value1=0;
    char i, KEYPAD_CX = 0x01;
  // 포트 C를 7-세그먼트 Common 단자로 사용하기 위해 출력으로 설정한다.
  DDRA = 0xff;
  DDRC = 0x0f;
  DDRB = 0xff;
  DDRD = 0x00;

  PORTA = 0xff;
  PORTC = 0x0f;

while(1)
  {
     KEYPAD_CX =0x01;
     for( i = 0 ; i < 3 ; i++ ) {
         PORTB = KEYPAD_CX;
         _delay_us(500);
         key = PIND &0x0f;

     if( key==0x01 ) {key_value=1 + i; break;}    // S1,S2,S3이 눌렸으면..
     else if (key==0x02) {key_value=4+i; break;} // S4,S5,S6가 눌렸으면..
  else if(key==0x04) {key_value=7+i; break;}      // S7,S8,S9 ....
  else if(key==0x08) {key_value=10+i; break;}     // S10,S11,S12...

       KEYPAD_CX = KEYPAD_CX << 1;
```

```
        } // end of for
            if(key==0x00) key_value1 = key_value ;
        Segment(key_value1);
    } // end of while
}   // end of main
```

학습활동.13 교수 · 학습 방법

교수 방법

- Key 매트릭스 제어 응용에 대한 관련 용어, 구성, 방식 이해 정도를 파악한 후 수업을 진행한다.
- 교수자의 주도로 Key 매트릭스 제어 응용 등의 내용을 PPT 자료로 제시한 후 설명한다.
- 가능하면 사전에 개인별 학습 자료를 준비하여 모든 학생이 참여할 수 있는 문제 해결식 수업, 협력 수업이 가능하도록 한다.
- Key 매트릭스 제어 응용 전 과정을 작업의 순서에 따라 단계적으로 실습이 이루어질 수 있도록 지도한다.
- 교재를 통해 수업을 준비하는데 있어서 필요한 모든 정보나 팁, 힌트 등 도움이 될 만한 내용들을 확인할 수 있다.
- 학생들이 만들게 될 각 모델들은 수업시간에 중점적으로 다뤄질 부분과 어휘, 질문, 답을 포함하고 있으며 또한 탐구할만한 추가적인 아이디어들도 포함하고 있다.

학습 방법

- Key 매트릭스 제어 응용에 대한 관련 용어를 숙지하고, FND 제어 응용의 기초 단계에 대해 이해한다.
- Key 매트릭스 제어 응용의 각 단계별 중점 사항을 체계적으로 학습한다.
- Key 매트릭스 제어 응용의 수행순서의 전 과정을 실습한다.
- Key 매트릭스 제어 응용의 내용을 이해한다.
- Key 매트릭스 제어 응용을 이해하고 숙달이 될 때까지 학습한다.

학습활동.13 평가 및 피드백

평가 준거

- 평가자는 피평가자가 수행 준거 및 평가 내용에 제시되어 있는 내용을 성공적으로 수행할 수 있는 지를 평가해야 한다.

• 평가자는 다음 사항을 평가해야 한다.

학습내용	평가항목	성취수준		
		상	중	하
Key 매트릭스 제어	Key 매트릭스 제어를 이해할 수 있다.			

평가 방법

• 작업 포트폴리오

학습내용	평가항목	성취수준		
		상	중	하
Key 매트릭스 제어	Key 매트릭스 제어를 이해할 수 있다.			

• 필기시험

학습내용	평가항목	성취수준		
		상	중	하
Key 매트릭스 제어	Key 매트릭스 제어를 이해할 수 있다.			

• 체크리스트를 통한 관찰

학습내용	평가항목	성취수준		
		상	중	하
Key 매트릭스 제어	Key 매트릭스 제어를 이해할 수 있다.			

피드백

1. 작업 포트폴리오
   - 제출한 보고서를 평가한 후 주요 사항에 대하여 표시하여 돌려준다.
2. 필기 시험
   - 평가 결과 성적이 저조한 학생은 보고서 제출 기회를 부여한다.
3. 체크리스트를 통한 관찰
   - 실습 과정에서 평가한 후 개선해야 할 사항 등을 정리하여 돌려둔다.

학습 1	C언어 개요 및 개발환경 설정
학습 2	ATmega128 특징 및 구성
학습 3	LED 제어 응용
학습 4	FND 제어 응용
학습 5	LCD 제어 응용
학습 6	스위치 제어 응용
학습 7	인터럽트 제어 응용
학습 8	8비트 타이머/카운터 제어 응용
학습 9	AD변환기 제어 응용
학습 10	USART통신 제어 응용
학습 11	모터 제어 응용
학습 12	거리 및 초음파 센서 제어 응용
학습 13	Key 매트릭스 제어 응용
학습 14	**Dot 매트릭스 제어 응용**
학습 15	블루투스 제어 응용

14-1 Dot 매트릭스 구조 및 특징

학습 목표	14-1. Dot 매트릭스 구조 및 특징을 이해할 수 있다.

필요지식

1. Dot 매트릭스 제어

Dot 매트릭스 LED란 LED를 행렬 형태로 배치하여 원하는 이미지나 영상을 표현할 수 있도록 한 것을 말한다. LED 배열을 형태에 따라 5*7, 8*8, 16*16 등으로 이루어지며 이외에도 LED의 컬러 수에 따라 단색 및 다색으로 분류된다.

1) Dot 매트릭스

(1) Dot 매트릭스 모듈의 구조

Dot 매트릭스 LED의 구조와 동작 방식에 대해 좀 더 알아보자. [그림 14-1]은 LED로 구성된 다양한 크기와 형태의 Dot 매트릭스 LED를 보여주고 있다.

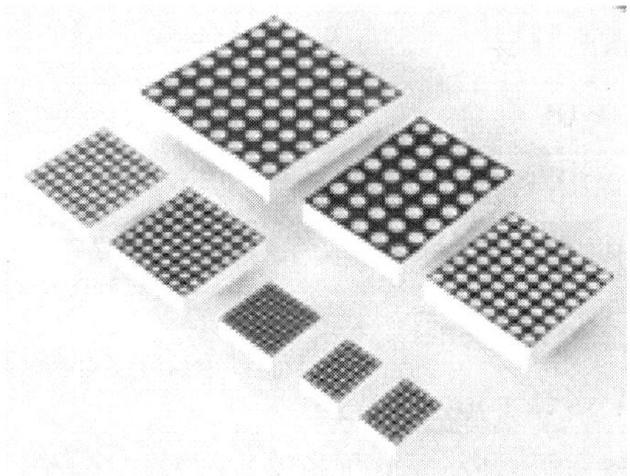

[그림 14-1] Dot 매트릭스 LED

Dot 매트릭스 LED의 형태에서 5*7형은 주로 글씨를 표시하기 위한 용도로 주로 사용되며 8*8, 16*16형은 주로 이미지를 표시하기 위해 주로 사용된다. Dot 매트릭스 LED를 동작하기 위한 구동 회로는 크게 스태틱 구동 방식과 다이나믹 구동 방식으로 나눌 수 있다.

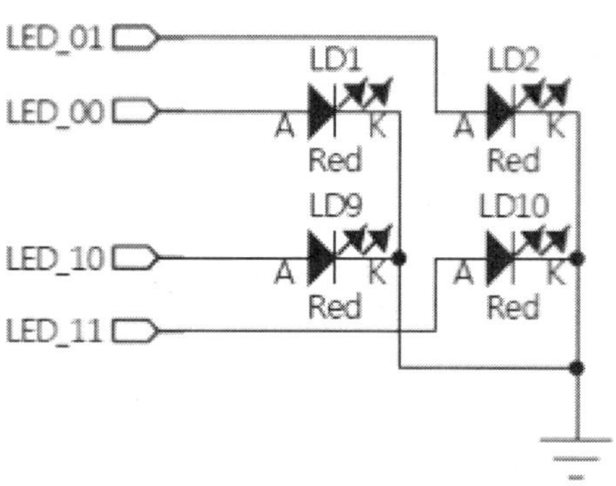

[그림 14-2] 스태틱 구동 회로

[그림 14-2]는 2*2형의 스태틱 구동회로 방식의 회로이다. 그림과 같이 각각의 LED의 입력을 독립적으로 제어하는 방식이다. [그림 14-3]은 다이나믹 구동회로 방식의 회로이다. 이 방식은 데이터 열과 스캔 열을 지정하여 1행씩 LED를 켜고 끄는 방식으로 제어하게 되는데 이는 우리가 일반적으로 사용하는 모니터와 비슷한 방식이라 생각하면 될 것이다. 다이나믹 구동회로의 경우 한 번에 전체를 켜지 않고 한 줄씩

LED를 켤 수 있으므로 전체가 켜진 것처럼 표시하기 위해서는 별도의 추가 동작이 필요하게 된다. 이를 스캔이라고 하는데 한 줄씩 켜지는 LED의 동작을 초당 수 백 회 이상 반복하여 켜고 끔을 반복할 경우 사람의 눈에는 모든 LED가 동시에 제어되는 것과 같은 현상을 얻을 수 있게 된다. 이는 사람의 눈의 특징인 잔상 효과를 통해 얻게 되는 현상이다.

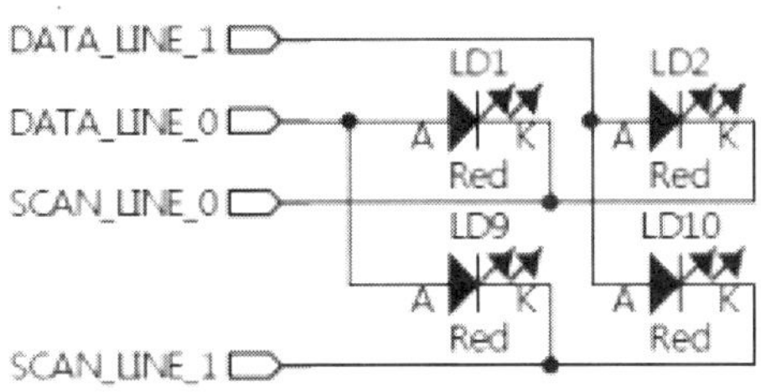

[그림 14-3] 다이나믹 구동 회로

이 두 구동방식은 거의 동일하게 보이나 Dot 매트릭스 LED의 수를 증가하면 그 구동방식은 크게 차이가 난다는 것을 알 수 있다. 예를 들어 8*8형 Dot 매트릭스의 경우 스태틱 구동방식의 회로를 이용하여 설계할 경우 제어 신호가 전체 LED가 각자 제어되므로 64개의 제어 신호가 필요하게 된다. 그러나 다이나믹 방식의 Dot 매트릭스 구동방식의 회로의 경우 행과 열의 숫자만큼의 제어 신호가 필요하므로 16개의 제어 신호를 이용하여 Dot 매트릭스 LED를 제어 할 수 있다. 일반적으로 Dot 매트릭스 LED의 구동 방식은 스태틱 보다 다이나믹 방식을 주로 사용하여 LED를 구동하게 된다.

(2) 3 Color Dot 매트릭스 LED의 구동회로

다이나믹 방식의 LED에서는 데이터 열과 스캔 행의 제어를 통해 Dot 매트릭스 LED를 제어하게 되는데 이때, 제어를 위해 마이크로 컨트롤러를 사용할 경우 마이크로컨트롤러의 출력 신호를 Dot 매트릭스 LED의 제어 신호에 직접 연결 할 경우 전류의 부족으로 LED의 밝기가 동작에 따라 변하게 되는 현상이 발생할 수 있다. 이를 방지하기 위해 별도의 드라이버 IC를 이용하여 구동회로를 구성하게 된다.

[그림 14-4]는 3색 LED를 이용하여 8행 8열 Dot 매트릭스 구현한 회로이다. LED의 제어 방식은 다이나믹 방식을 이용하였으며 LED의 안정적인 전류 공급을 위해 LD1071 드라이버 IC, 74HC244MTC 버퍼 IC를 사용하였다.

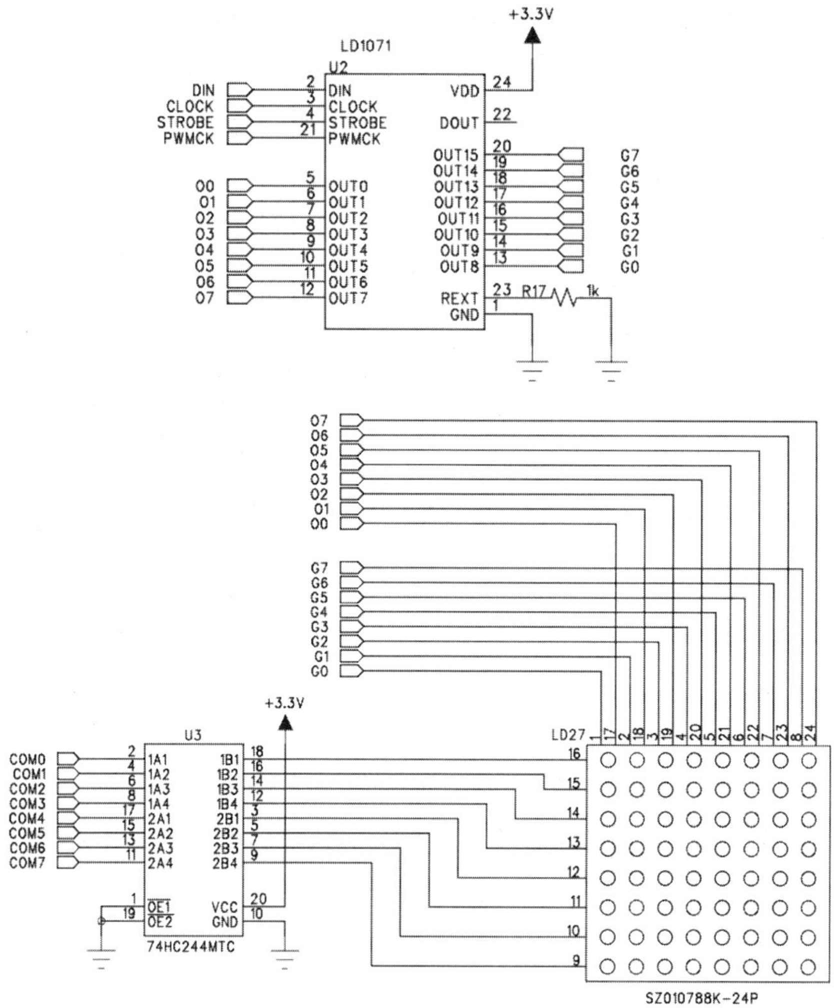

[그림 14-4] 3 Color Dot 매트릭스 구동 회로

위의 그림과 같이 LD1071 IC를 이용하여 3 Color Dot 매트릭스의 색상 및 점멸을 제어하게 된다. LD1071은 16채널 LED 드라이버 IC로 OUT0~ OUT7의 핀에서 나온 출력으로 3 Color LED의 RED 값을 조절하게 되고 OUT8~OUT15까지의 핀에서 나온 출력으로 3 Color LED의 GREEN 값을 조절하게 된다. 따라서 3 Color LED는 RED와 GREEN의 신호를 이용하여 RED, GREEN, ORANGE 총 3가지 색상을 표현할 수 있다.

(3) LED 구동 IC LD1071

LD1071은 14비트 PWM을 내장하고 있는 16채널 LED 드라이버로 3 Color Dot 매트릭스 구동 IC로 널리 사용되고 있다. LD1071의 핀은 다음과 같다. DIN, CLOCK, STROBE, PWMCK핀을 제어해서 OUT0~15핀의 출력을 제어하게 된다. 이 출력이 3 Color Dot 매트릭스의 핀에 입력되어서 색상을 조절하게 되는 것이다.

〈표 14-1〉 LD1071의 핀 기능

PIN NO.	PIN NAME	DESCRIPTION
1	GND	GND
2	DIN	직렬 데이터 입력
3	CLOCK	DIN으로 직렬 데이터를 받기 위한 쉬프트 입력 클럭 상승에지에서 구동)
4	STROBE	데이터 스트로브 신호로 이 핀은 pull-down되어 있다.
5~12 13~20	OUTn	전류 출력 n=0~15
21	PWMCK	PWM 클럭 시그널. 이 핀은 pull-up으로 되어 있다.
22	DOUT	직렬 데이터 출력
23	REXT	출력핀의 전류를 조절하기 위해 GND와 사이에 저항을 연결하도록 하는 핀이다.
24	VDD	전원 핀(3.3V/5V)

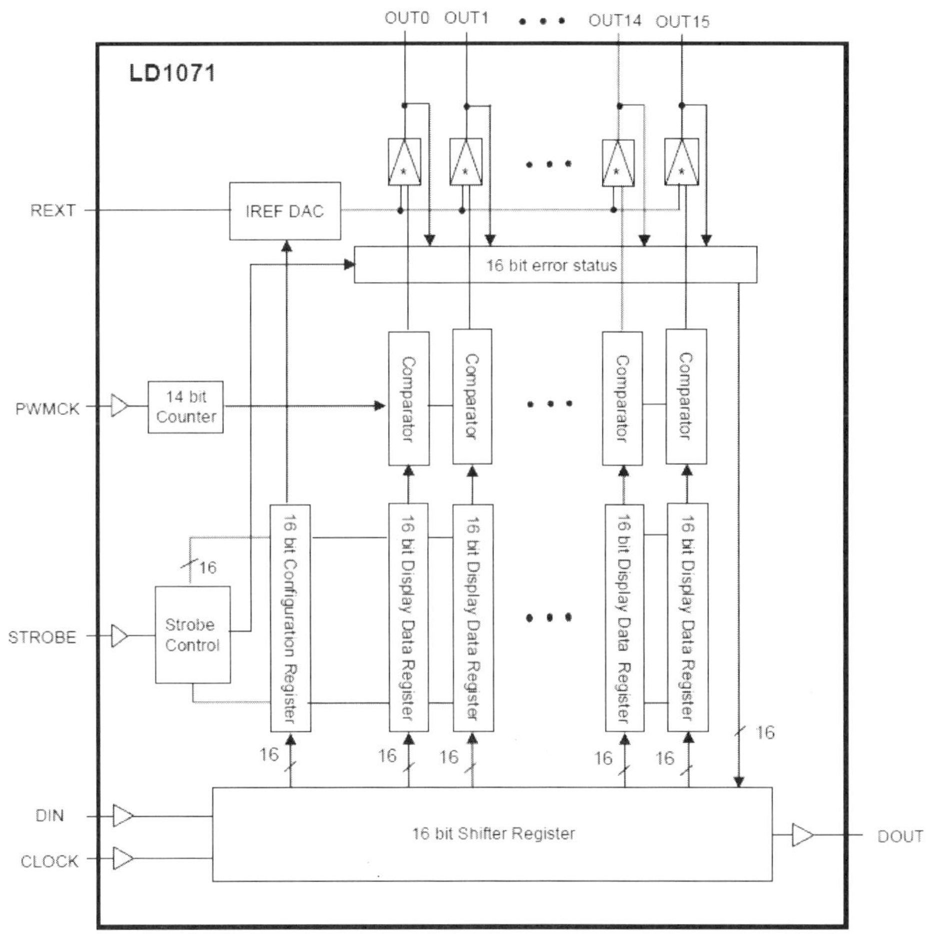

[그림 14-5] LD1071 블록도

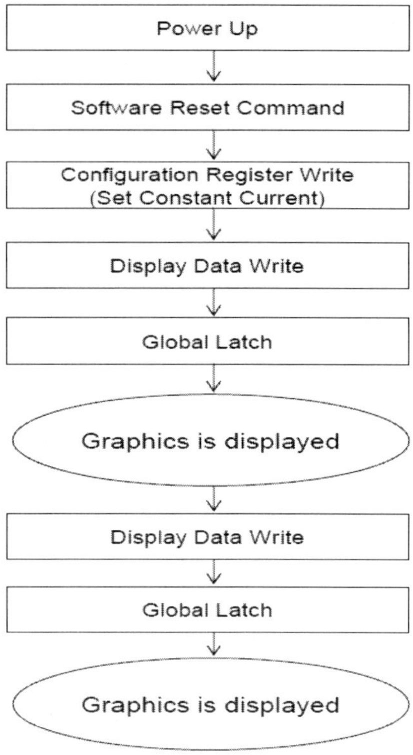

[그림 14-6] LD1071 제어 순서도

[그림 14-5]에 LD1071의 블록도를 [그림 14-6]에 제어하기 위한 순서도를 나타내고 있다. 다음은 LD1071의 명령어 코드를 나타내고 있다.

명령어 이름	명령어 코드	동 작
Software Reset Command	0001h	이 명령은 전원이 입력된 후에 바로 넣어준다. 이 명령은 Configuration Register, internal shift register, Display Register를 모두 '0'으로 클리어 해 준다.
Configuration Register Write Command	0034h	이 명령은 Configuration Register의 내용을 Update 하는데 사용한다.
Configuration Register Read Command	0038h	이 명령은 Configuration Register의 내용을 읽어내는데 사용한다.
Error Status Read Command	003Ch	이 명령은 LED 에러 상태(open/short)를 체크하는데 사용한다.
Display Data Write Command	0084h	이 명령은 이미지를 LED에 디스플레이할 때 사용된다.
Global Latch Command	–	이 명령은 PWM이 출력전류를 만들기 위해서 내부 디스플레이 레지스터의 출력을 Display Data Write Command에 의해 래치시키는데 사용된다. 이 Global Latch Command는 마지막 디스플레이 데이터가 보내준 후에 전송되어야 한다. Global Latch Command의 경우 명령 값이 없으나 이 명령은 실행 과정에서 반드시 필요한 명령이다.

Software Reset Command (0001h)

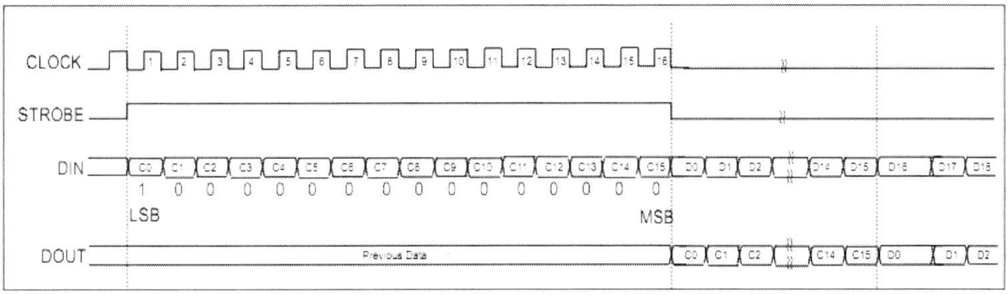

Configuration Register Write Command (0034h)

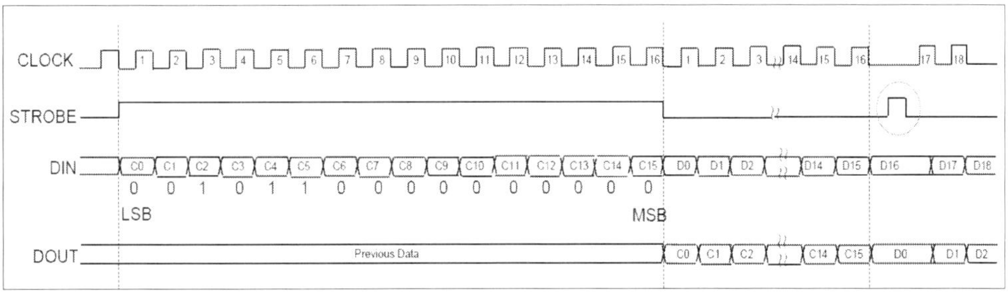

Display Data Write Command (0084h)

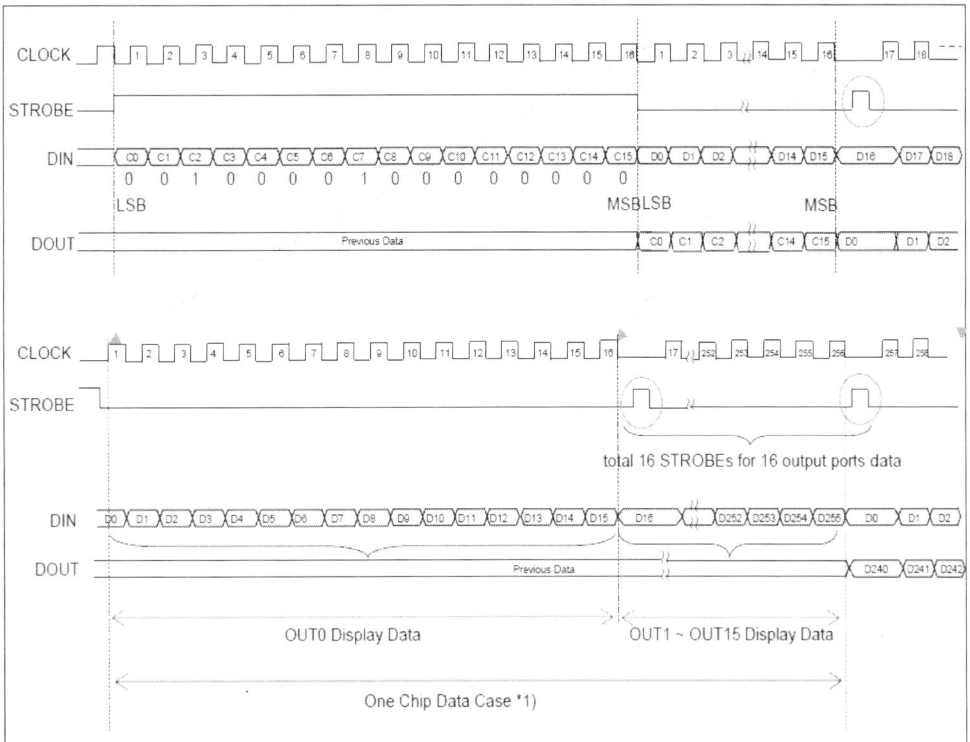

[Note *1] For the cascaded multi-chip configuration case, refer to "Display Data Write" timing diagram, please.

Global Latch Command

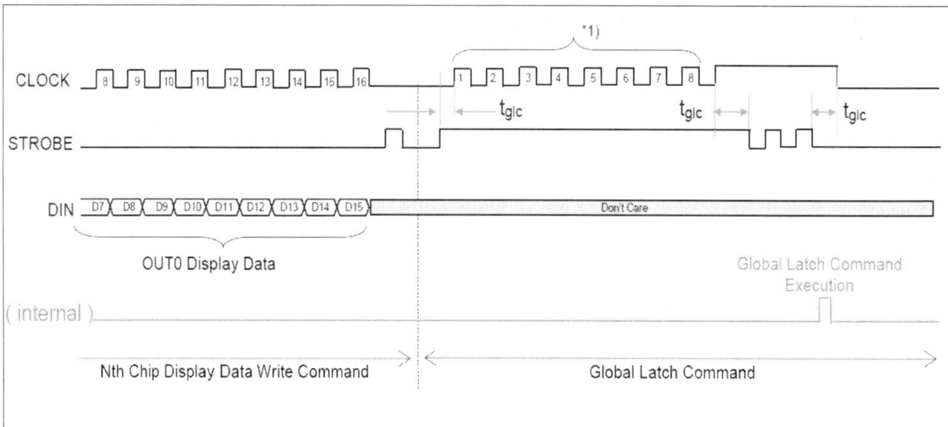

[Note *1] The number of CLOCKs in Global Latch Command can be extended from 8 to16.

CONFIGURTION REGISTER (CR[15:0])

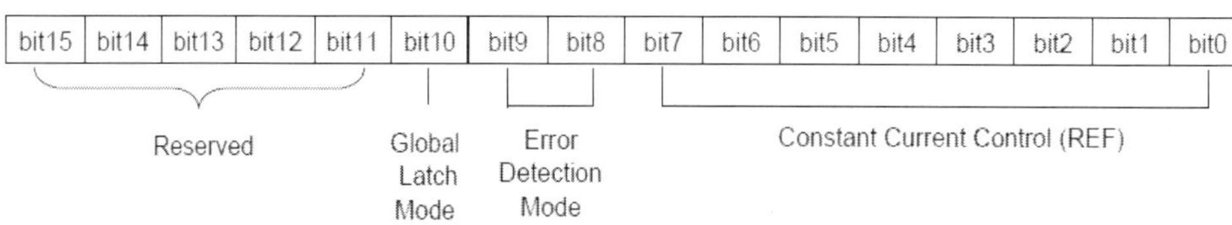

Constant Current Control **(CR[7:0] Default 00h)**

bit7	bit6	bit5	bit4	bit3	bit2	bit1	bit0	Current Value
0	0	0	0	0	0	0	0	IOUT/256
0	0	0	0	0	0	0	1	IOUT*2/256
-	-	-	-	-	-	-	-	-
0	1	1	1	1	1	1	1	IOUT*128/256
-	-	-	-	-	-	-	-	-
1	1	1	1	1	1	1	0	IOUT*255/256
1	1	1	1	1	1	1	1	IOUT

순서도를 따라가면서 프로그램을 해보면 다음과 같다.

① 전원 입력한다(전원 투입 후 최소한 0.1[ms] 이상의 시간지연을 주어야 한다).

② LD1071 IC를 초기화하기 위해 Software Reset Command를 전송해 준다. 위의 타이밍도에 나타나 있는 것과 같이 DIN으로 Software Reset Command(0x0001을 전송해 준다. 이때 LSB부터 전송을 하게 된다.

T1071을 프로그램하기 위한 기본 함수는 다음과 같이 구성된다.

- Software Reset Command (0x0001)을 전송해 주는 함수

```
void LD1071_Reset(void)
{
    LD1071_Tx_CMD(0x0001); // Software Reset Command를 전송해 준다.
    delay_ms(100);
}
```

- 명령(Command)을 전송해 주는 함수

```
// 각종 Command를 LT1071에 입력하기 위한 함수이다.
void LD1071_Tx_CMD(unsigned int cmd)
{
    unsigned int i = 0;

    LD1071_STB = 1;  // Strobe 신호를 'high'=> PORTB.5 = 1;

    // 16비트 데이터인 cmd를 D0부터 1비트씩 직렬로 전송한다.
    for( i = 0 ; i< 16 ; i++ )
    {
        if(cmd & 0x0001) LD1071_DIN = 1;  // PORTB.3 = 1;
        else LD1071_DIN = 0;              // PORTB.3 = 0

        LD1071_CLK = 0;                   // PORTB.4 = 0;
        LD1071_CLK = 1;                   // PORTB.4 = 1;

   cmd = cmd >> 1;                        // LSB부터 송신

    }
    LD1071_CLK = 0;                       // PORTB.4 = 0;
    LD1071_STB = 0; // Strobe 신호를 'low' ==> PORTB.5 = 0;
}
```

• configuation register로 데이터를 전송해 주는 함수

```
void LD1071_Tx_Data(unsigned int data)
{
    unsigned int i;

    LD1071_STB = 0;                          // PORTB.5 = 0;
    for( i =0 ; i < 16; i++ ) {
        if( data & 0x0001) LD1071_DIN = 1;   // PORTB.3 = 1;
        else LD1071_DIN = 0;                 // PORTB.3 = 0;

        LD1071_CLK = 0;                      // PORTB.3 = 0;
        LD1071_CLK = 1;                      // PORTB.3 = 1;

        data = data >> 1;                    // LSB부터 송신
    }

    LD1071_CLK = 0;                          // PORTB.3 = 1;

    LD1071_STB = 1;                          // PORTB.5 = 1;
    LD1071_STB = 0;                          // PORTB.5 = 0;
}
```

• 디스플레이로 데이터를 전송해 주는 함수

아래 함수 LD1071_Tx_Display(unsigned int data)에서 입력변수 data의 구성을 보면 다음과 같다.

D15	D14	D13	D12	D11	D10	D9	D8	D7	D6	D5	D4	D3	D2	D1	D0
G7	G6	G5	G4	G3	G2	G1	G0	R7	R6	R5	R4	R3	R2	R1	R0

data는 2바이트(16비트)로 이루어진 변수로 D0~D15까지 위와 같이 구성되어 있다. 〈표 22-1〉, 〈표 22-3〉에 해당 위치에 있는 LED를 색상별로 제어하는 방식에 대하여 나타내고 있다.

〈표 14-2〉 LED 위치별 GREEN 색상 제어 주소

	COM0=1	COM1=1	COM2=1	COM3=1	COM4=1	COM5=1	COM6=1	COM7=1
G0=1	(0, 0)	(1, 0)	(2, 0)	(3, 0)	(4, 0)	(5, 0)	(6, 0)	(7, 0)
G1=1	(0, 1)	(1, 1)	(2, 1)	(3, 1)	(4, 1)	(5, 1)	(6, 1)	(7, 1)
G2=1	(0, 2)	(1, 2)	(2, 2)	(3, 2)	(4, 2)	(5, 2)	(6, 2)	(7, 2)
G3=1	(0, 3)	(1, 3)	(2, 3)	(3, 3)	(4, 3)	(5, 3)	(6, 3)	(7, 3)
G4=1	(0, 4)	(1, 4)	(2, 4)	(3, 4)	(4, 4)	(5, 4)	(6, 4)	(7, 4)
G5=1	(0, 5)	(1, 5)	(2, 5)	(3, 5)	(4, 5)	(5, 5)	(6, 5)	(7, 5)
G6=1	(0, 6)	(1, 6)	(2, 6)	(3, 6)	(4, 6)	(5, 6)	(6, 6)	(7, 6)
G7=1	(0, 7)	(1, 7)	(2, 7)	(3, 7)	(4, 7)	(5, 7)	(6, 7)	(7, 7)

〈표 14-3〉 LED 위치별 RED 색상 제어 주소

	COM0=1	COM1=1	COM2=1	COM3=1	COM4=1	COM5=1	COM6=1	COM7=1
R0=1	(0, 0)	(1, 0)	(2, 0)	(3, 0)	(4, 0)	(5, 0)	(6, 0)	(7, 0)
R1=1	(0, 1)	(1, 1)	(2, 1)	(3, 1)	(4, 1)	(5, 1)	(6, 1)	(7, 1)
R2=1	(0, 2)	(1, 2)	(2, 2)	(3, 2)	(4, 2)	(5, 2)	(6, 2)	(7, 2)
R3=1	(0, 3)	(1, 3)	(2, 3)	(3, 3)	(4, 3)	(5, 3)	(6, 3)	(7, 3)
R4=1	(0, 4)	(1, 4)	(2, 4)	(3, 4)	(4, 4)	(5, 4)	(6, 4)	(7, 4)
R5=1	(0, 5)	(1, 5)	(2, 5)	(3, 5)	(4, 5)	(5, 5)	(6, 5)	(7, 5)
R6=1	(0, 6)	(1, 6)	(2, 6)	(3, 6)	(4, 6)	(5, 6)	(6, 6)	(7, 6)
R7=1	(0, 7)	(1, 7)	(2, 7)	(3, 7)	(4, 7)	(5, 7)	(6, 7)	(7, 7)

```
// 입력변수 data의 D0~D7까지는 RED 색 데이터 이고 D8~D15까지는
// GREEN색 데이터 이다.
void LD1071_Tx_Display( unsigned int data)
{
    unsigned int i , mask = 0x0001;

    LD1071_Tx_CMD( 0x0084);
    for(i = 0 ; i <16 ; i++ )
    {
        if(data & mask ) LD1071_Tx_Data(0xFFFF);
        else LD1071_Tx_Data(0x0000);
        mask = mask << 1 ;
    }
  LD1071_Global_Latch();
}
```

• Global Latch Command 함수

```
void LD1071_Global_Latch(void)
{
  unsigned int i = 0;

  LD1071_STB = 1;
  LD1071_DIN = 0;

  for( i = 0 ; i < 9 ; i++ ) {
     LD1071_CLK = 0;
     LD1071_CLK = 1;
  }
    LD1071_STB = 0;
    LD1071_STB = 1;
    LD1071_STB = 0;
    LD1071_STB = 1;
    LD1071_STB = 0;
    LD1071_CLK = 0;
}
```

수행 내용　　Dot 매트릭스 제어 이해하기

재료 · 자료

- C언어 프로그래밍, 타깃보드

기기(장비 · 공구)

- 컴퓨터, USB케이블, 개발시스템, ISP

안전 · 유의사항

- ATmega128 타깃 시스템의 외형을 관리하고 ATmega128 타깃 시스템에 전원을 관리한다.

수행 순서

01 '0'번째 줄 (0,0)~(7,0)을 Green 색으로, '1'번째 줄 (0,1)~(7,1)을 RED로, '2'번째 줄 (0,2)~(7,2)를 ORANGE 색으로 켜는 프로그램을 작성하시오.

① 포트 PB3~PB6를 DIN, CLOCK, STROBE, PWM 핀에 연결해 준다.

② 포트 PD0~PD7까지를 COM0~COM7까지로 연결해 준다.

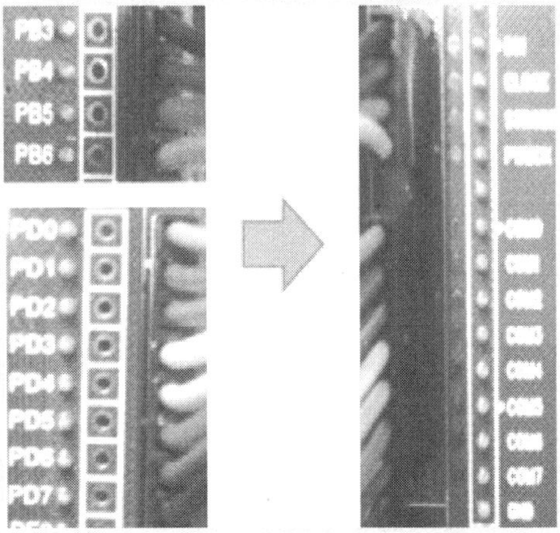

void LD1071_Tx_Display(unsigned int data) 함수의 입력변수인 data에는 다음과 같은 데이터가 들어간다.

① 가로 '0'번째 줄을 GREEN으로 만들어주는 데이터는 다음과 같다.(0x0100)

GREEN 영역								RED 영역							
D15	D14	D13	D12	D11	D10	D9	D8	D7	D6	D5	D4	D3	D2	D1	D0
0	0	0	0	0	0	0	1	0	0	0	0	0	0	0	0

② 가로 '1'번째 줄을 RED로 만들어주는 데이터는 다음과 같다.(0x0002)

GREEN 영역								RED 영역							
D15	D14	D13	D12	D11	D10	D9	D8	D7	D6	D5	D4	D3	D2	D1	D0
0	0	0	0	0	0	0	0	0	0	0	0	0	0	1	0

③ 가로 '2'번째 줄을 ORANGE로 만들어주는 데이터는 다음과 같다.(0x0404)

GREEN 영역								RED 영역							
D15	D14	D13	D12	D11	D10	D9	D8	D7	D6	D5	D4	D3	D2	D1	D0
0	0	0	0	0	1	0	0	0	0	0	0	0	1	0	0

위의 3가지 데이터 0x0100, 0x0002, 0x0404를 OR연산해주면 0x0506이 된다.

① 가로 0, 1, 2번째 줄을 OR 연산 해준 데이터는 다음과 같다(0x0506).

GREEN 영역								RED 영역							
D15	D14	D13	D12	D11	D10	D9	D8	D7	D6	D5	D4	D3	D2	D1	D0
0	0	0	0	0	1	0	1	0	0	0	0	0	1	1	0

또한 가로줄 전체가 켜져야 하므로 PORTD=0xff로 설정해 준다.

LD1071은 명령과 함께 반드시 PWM 파형이 입력되어야만 한다. 따라서 본 실험에서는 타이머 1을 이용하여 PWM 펄스를 만들어 주었다. 타이머 1을 PWM으로 구동하기 위해 〈표 14-2〉의 14번 모드인 Fast PWM를 사용하였고 클럭은 CS12=0, CS11=0, CS10=1, 〈표 14-4〉의 $\frac{clk}{1}$ 을 사용하여 시스템 클럭을 그대로 사용하였다. 이에 따른 각 레지스터의 설정은 다음과 같다.

	COM1A1	COM1A0	COM1B1	COM1B0	COM1C1	COM1C0	WGM11	WGM10
TCCR1A	0	0	1	0	0	0	1	0

	ICNC1	ICES1	-	WGM13	WGM12	CS12	CS11	CS10
TCCR1B	0	0	0	1	1	0	0	1

```
#include <mega128a.h>
#include <delay.h>
#define LD1071_DIN PORTB.3
#define LD1071_CLK PORTB.4
#define LD1071_STB PORTB.5
#define LD1071_PWM PORTB.6

void Init_Port(void);
void LD1071_Reset(void);
void LD1071_Tx_CMD(unsigned int);
void LD1071_Tx_Data(unsigned int);
void LD1071_Tx_Display(unsigned int);
void LD1071_Global_Latch(void);

void LD1071_Reset(void)
{
    LD1071_Tx_CMD(0x0001); // Software Reset Command를 전송해 준다.
    delay_ms(100);
}

void LD1071_Tx_CMD(unsigned int cmd)
{
    unsigned int i = 0;

    LD1071_STB = 1;  // Strobe 신호를 'high'=> PORTB.5 = 1;

    // 16비트 데이터인 cmd를 D0부터 1비트씩 직렬로 전송한다.
    for( i = 0 ; i< 16 ; i++ )
    {
```

```
        if(cmd & 0x0001) LD1071_DIN = 1; // PORTB.3 = 1;
        else LD1071_DIN = 0;                      // PORTB.3 = 0;

        LD1071_CLK = 0;                           // PORTB.4 = 0;
        LD1071_CLK = 1;                           // PORTB.4 = 1;

        cmd = cmd >> 1;                           // LSB부터 송신
    }

    LD1071_CLK = 0;                               // PORTB.4 = 0
    LD1071_STB = 0; // Strobe 신호를 'low' ==> PORTB.5 = 0;
}


void LD1071_Tx_Data(unsigned int data)
{
    unsigned int i;

    LD1071_STB = 0;                               // PORTB.5 = 0;

  for( i =0 ; i < 16; i++ ) {
        if( data & 0x0001) LD1071_DIN = 1;        // PORTB.3 = 1;
        else LD1071_DIN = 0;                      // PORTB.3 = 0;

        LD1071_CLK = 0;                           // PORTB.3 = 0;
        LD1071_CLK = 1;                           // PORTB.3 = 1;

        data = data >> 1;                         // LSB부터 송신
    }

    LD1071_CLK = 0;                               // PORTB.3 = 1;

    LD1071_STB = 1;                               // PORTB.5 = 1;
    LD1071_STB = 0;                               // PORTB.5 = 0;
}


void LD1071_Global_Latch(void)
{
  unsigned int i = 0;
```

```
  LD1071_STB = 1;
  LD1071_DIN = 0;

  for( i = 0 ; i < 9 ; i++ ) {
     LD1071_CLK = 0;
     LD1071_CLK = 1;
  }

    LD1071_STB = 0;
    LD1071_STB = 1;
    LD1071_STB = 0;
    LD1071_STB = 1;
    LD1071_STB = 0;
    LD1071_CLK = 0;
 }

void LD1071_Tx_Display( unsigned int data)
{
    unsigned int i , mask = 0x0001;

    LD1071_Tx_CMD( 0x0084);
    for(i = 0 ; i <16 ; i++)
    {
        if(data & mask ) LD1071_Tx_Data(0xFFFF);
        else LD1071_Tx_Data(0x0000);
        mask = mask << 1;
    }
    LD1071_Global_Latch();
}

void Init_Port(void)
{
    DDRB = 0xFF;
    DDRD = 0xFF;

    PORTD = 0x00;
    PORTB = 0x00;

    LD1071_DIN = 0;
```

```
    LD1071_CLK = 0;
    LD1071_STB = 0;
    LD1071_PWM = 0;

}

void main(void)
{
     Init_Port();

    TCCR1A = 0x22;
    TCCR1B = 0x19;
    ICR1L = 7;        // 카운터 Top 값을 설정해 준다.
    OCR1BL = 3;   // OCR1의 출력 Compare match 값

    LD1071_Reset();

    LD1071_Tx_CMD(0x0034); // Configuration Register Update Command
    LD1071_Tx_Data(0x04FF); // Configuration Register


    while(1) {

        LD1071_Tx_Display(0x0506);
        PORTD = 0xff;

    }
}
```

02 Dot 매트릭스 좌표 (0,0) LED를 GREEN으로, 좌표 (2,0) LED를 RED로, 좌표 (2,4)의 LED를 ORANGE로 켜주는 프로그램을 작성하시오.

수행 Tip

* 이 프로그램은 위 실험과 사용하는 함수가 모두 같고 main() 만 수정해 준다.

① 포트 PB3~PB6를 DIN, CLOCK, STROBE, PWM 핀에 연결해 준다.

② 포트 PD0~PD7까지를 COM0~COM7까지로 연결해 준다.

〈표 14-2〉, 〈표 14-3〉을 표를 참조 하여 LED위치와 색상을 지정할 수 있다. 예를들어 좌표 (0,0)을 GREEN으로 켜주기 위해서는 G0 비트를 '1'로 해주고 COM0를 '1'로 해주어야 한다. 따라서 LD1071_Tx_Display(0x0100); PORTD = 0x01; 과 같은 명령이 나가야 한다. 또한 좌표 (2,0)을 RED로 켜주기 위해서는 R0 비트가 '1', COM2가 '1'이 되어야 하므로 LD1071_Tx_Display(0x0001); PORTD = 0x04; 의 명령이 나가야 한다. 만약 좌표 (2,4)의 LED를 ORANGE색으로 키고자 한다면 GREEN과 RED 명령을 동시에 내보내면 된다. 즉, G4 비트를 '1'로 R4비트를 '1'로 COM2를 '1'로 해주어야 하므로 LD1071_Tx_Display(0x1010); PORTD = 0x04;의 명령이 나가야 한다.

```
#include <mega128a.h>
#include <delay.h>

#define LD1071_DIN PORTB.3
#define LD1071_CLK PORTB.4
#define LD1071_STB PORTB.5
#define LD1071_PWM PORTB.6

void Init_Port(void);
void LD1071_Reset(void);
void LD1071_Tx_CMD(unsigned int);
void LD1071_Tx_Data(unsigned int);
void LD1071_Tx_Display( unsigned int);
void LD1071_Global_Latch(void);
```

```
void LD1071_Reset(void)
{
    LD1071_Tx_CMD(0x0001); // Software Reset Command를 전송해 준다.
    delay_ms(100);
}

void LD1071_Tx_CMD(unsigned int cmd)
{
    unsigned int i = 0;

    LD1071_STB = 1;  // Strobe 신호를 'high'=> PORTB.5 = 1;

    // 16비트 데이터인 cmd를 D0부터 1비트씩 직렬로 전송한다.
    for( i = 0 ; i< 16 ; i++ )
    {
        if(cmd & 0x0001) LD1071_DIN = 1;  // PORTB.3 = 1;
        else LD1071_DIN = 0;              // PORTB.3 = 0;

        LD1071_CLK = 0;                   // PORTB.4 = 0;
        LD1071_CLK = 1;                   // PORTB.4 = 1;

        cmd = cmd >> 1;                   // LSB부터 송신
    }

    LD1071_CLK = 0;                       // PORTB.4 = 0;
    LD1071_STB = 0; // Strobe 신호를 'low' ==> PORTB.5 = 0;
}

void LD1071_Tx_Data(unsigned int data)
{
    unsigned int i;

    LD1071_STB = 0;                       // PORTB.5 = 0;

  for( i =0 ; i < 16; i++ ) {
        if( data & 0x0001) LD1071_DIN = 1; // PORTB.3 = 1;
        else LD1071_DIN = 0;               // PORTB.3 = 0;

        LD1071_CLK = 0;                    // PORTB.3 = 0;
        LD1071_CLK = 1;                    // PORTB.3 = 1;
```

```
        data = data >> 1;                    // LSB부터 송신
    }

    LD1071_CLK = 0;                          // PORTB.3 = 1;

    LD1071_STB = 1;                          // PORTB.5 = 1;
    LD1071_STB = 0;                          // PORTB.5 = 0;
}


void LD1071_Global_Latch(void)
{
  unsigned int i = 0;

  LD1071_STB = 1;
  LD1071_DIN = 0;

  for( i = 0 ; i < 9 ; i++ ) {
     LD1071_CLK = 0;
     LD1071_CLK = 1;
  }


    LD1071_STB = 0;
    LD1071_STB = 1;
    LD1071_STB = 0;
    LD1071_STB = 1;
    LD1071_STB = 0;
    LD1071_CLK = 0;
 }

void LD1071_Tx_Display(unsigned int data)
{
    unsigned int i , mask = 0x0001;

    LD1071_Tx_CMD( 0x0084);
    for(i = 0 ; i <16 ; i++ )
    {
        if(data & mask ) LD1071_Tx_Data(0xFFFF);
```

```
        else LD1071_Tx_Data(0x0000);
        mask = mask << 1;
    }
    LD1071_Global_Latch();
}

void Init_Port(void)
{
    DDRB = 0xFF;
    DDRD = 0xFF;

    PORTD = 0x00;
    PORTB = 0x00;

    LD1071_DIN = 0;
    LD1071_CLK = 0;
    LD1071_STB = 0;
    LD1071_PWM = 0;

}

void main(void)
{
     Init_Port();

    TCCR1A = 0x22;
    TCCR1B = 0x19;
    ICR1L = 7;       // 카운터 Top 값을 설정해 준다.
    OCR1BL = 3;   // OCR1의 출력 Compare match 값

    LD1071_Reset();

    LD1071_Tx_CMD(0x0034); // Configuration Register Update Command
    LD1071_Tx_Data(0x04FF); // Configuration Register

while(1) {

       LD1071_Tx_Display(0x0100);  // Dot 매트릭스 좌표 (0,0)을 GREEN
       PORTD = 0x01;
```

```
        LD1071_Tx_Display(0x0001);  // Dot 매트릭스 좌표 (2,0)을 RED
        PORTD = 0x04;

        LD1071_Tx_Display(0x1010); // Dot 매트릭스 좌표 (2,4)를 ORANGE
        PORTD = 0x04;

    }

}
```

03 세로 '0'번째 줄 (0,0)~(0,7)을 Green 색으로, 세로 '1'번째 줄 (1,1)~(1,7)을 RED로, 세로 '2' 번째 줄 (2,0) ~(2,7)를 GREEN 색으로, 세로 '3'번째 줄 (3,0)~(3,7)은 RED로 켜는 프로그램을 작성하시오.

① 포트 PB3~PB6를 DIN, CLOCK, STROBE, PWM 핀에 연결해 준다.

② 포트 PD0~PD7까지를 COM0~COM7까지로 연결해 준다.

③ Dot Matrix 세로줄의 LED를 켜기 위해서는 데이터 배열을 사용하여 Dynamic 방식으로 구동을 한다.

```
#include <mega128a.h>
#include <delay.h>

#define LD1071_DIN PORTB.3
#define LD1071_CLK PORTB.4
#define LD1071_STB PORTB.5
#define LD1071_PWM PORTB.6


void Init_Port(void);
void LD1071_Reset(void);
void LD1071_Tx_CMD(unsigned int );
void LD1071_Tx_Data(unsigned int );
void LD1071_Tx_Display(unsigned int);
```

```
void LD1071_Global_Latch(void);

void LD1071_Reset(void)
{
    LD1071_Tx_CMD(0x0001); // Software Reset Command를 전송해 준다.
    delay_ms(100);
}

void LD1071_Tx_CMD(unsigned int cmd)
{
    unsigned int i = 0;

    LD1071_STB = 1;  // Strobe 신호를 'high'=> PORTB.5 = 1;

    // 16비트 데이터인 cmd를 D0부터 1비트씩 직렬로 전송한다.
    for( i = 0 ; i< 16 ; i++ )
    {
        if(cmd & 0x0001) LD1071_DIN = 1; // PORTB.3 = 1;
        else LD1071_DIN = 0;              // PORTB.3 = 0;

        LD1071_CLK = 0;                   // PORTB.4 = 0;
        LD1071_CLK = 1;                   // PORTB.4 = 1;

        cmd = cmd >> 1;                   // LSB부터 송신
    }

    LD1071_CLK = 0;                       // PORTB.4 = 0
    LD1071_STB = 0; // Strobe 신호를 'low' ==> PORTB.5 = 0;
}

void LD1071_Tx_Data(unsigned int data)
{
    unsigned int i;

    LD1071_STB = 0;                               // PORTB.5 = 0;
    for( i =0 ; i < 16; i++ ) {
        if( data & 0x0001) LD1071_DIN = 1;        // PORTB.3 = 1;
        else LD1071_DIN = 0;                      // PORTB.3 = 0;

        LD1071_CLK = 0;                           // PORTB.3 = 0;
```

```
        LD1071_CLK = 1;                    // PORTB.3 = 1;

        data = data >> 1;                  // LSB부터 송신
    }

    LD1071_CLK = 0;                        // PORTB.3 = 1;

    LD1071_STB = 1;                        // PORTB.5 = 1;
    LD1071_STB = 0;                        // PORTB.5 = 0;
}


void LD1071_Global_Latch(void)
{
  unsigned int i = 0;

  LD1071_STB = 1;
  LD1071_DIN = 0;

  for( i = 0 ; i < 9 ; i++ ) {
     LD1071_CLK = 0;
     LD1071_CLK = 1;
  }

    LD1071_STB = 0;
    LD1071_STB = 1;
    LD1071_STB = 0;
    LD1071_STB = 1;
    LD1071_STB = 0;
    LD1071_CLK = 0;
}


void LD1071_Tx_Display(unsigned int data)
{
    unsigned int i, mask = 0x0001;

    LD1071_Tx_CMD( 0x0084);
    for(i = 0 ; i <16 ; i++ )
    {
```

```
        if(data & mask) LD1071_Tx_Data(0xFFFF);
        else LD1071_Tx_Data(0x0000);
        mask = mask << 1;
    }
    LD1071_Global_Latch();
}

void Init_Port(void)
{
    DDRB = 0xFF;
    DDRD = 0xFF;

    PORTD = 0x00;
    PORTB = 0x00;

    LD1071_DIN = 0;
    LD1071_CLK = 0;
    LD1071_STB = 0;
    LD1071_PWM = 0;

}


void main(void)
{

    Init_Port();

    TCCR1A = 0x22;
    TCCR1B = 0x19;
    ICR1L = 7;
    OCR1BL = 3;

    LD1071_Reset();

    LD1071_Tx_CMD(0x0034); // Configuration Register Update Command
    LD1071_Tx_Data(0x04FF); // Configuration Register


    while(1) {
```

```
            LD1071_Tx_Display(0xff00); // 세로 '0'번째 줄이 GREEN
            PORTD = 0x01;

            LD1071_Tx_Display(0x00ff); // 세로 '1'번째 줄이 RED
            PORTD = 0x02;

            LD1071_Tx_Display(0xff00); // 세로 '2'번째 줄이 GREEN
            PORTD = 0x04;

            LD1071_Tx_Display(0x00ff); // 세로 '3'번째 줄이 RED
            PORTD = 0x08;
        }
    }
```

04 Dot 매트릭스 각 LED를 제어하여 아래 그림과 같이 나타나도록 하시오.

G (0,0)	G (1,0)	G (2,0)	G (3,0)	R (4,0)	R (5,0)	G (6,0)	G (7,0)
G (0,1)	G (1,1)	G (2,1)	G (3,1)	R (4,1)	R (5,1)	G (6,1)	G (7,1)
R (0,2)	R (1,2)	R (2,2)	R (3,2)	G (4,2)	G (5,2)	G (6,2)	G (7,2)
R (0,3)	R (1,3)	R (2,3)	R (3,3)	G (4,3)	G (5,3)	G (6,3)	G (7,3)
G (0,4)	G (1,4)	G (2,4)	G (3,4)	R (4,4)	R (5,4)	R (6,4)	R (7,4)
G (0,5)	G (1,5)	G (2,5)	G (3,5)	R (4,5)	R (5,5)	R (6,5)	R (7,5)
G (0,6)	G (1,6)	R (2,6)	R (3,6)	G (4,6)	G (5,6)	G (6,6)	G (7,6)
G (0,7)	G (1,7)	R (2,7)	R (3,7)	G (4,7)	G (5,7)	G (6,7)	G (7,7)

① 포트 PB3~PB6를 DIN, CLOCK, STROBE, PWM 핀에 연결해 준다

② 포트 PD0~PD7까지를 COM0~COM7까지로 연결해 준다.

- 세로 '0'번째 줄인 (0,0)~(0,7)까지의 LED 데이터는 다음과 같다(0xF30C).

GREEN 영역								RED 영역							
D15	D14	D13	D12	D11	D10	D9	D8	D7	D6	D5	D4	D3	D2	D1	D0
1	1	1	1	0	0	1	1	0	0	0	0	1	1	0	0

- 세로 '1'번째 줄인 (1,0)~(1,7)까지의 LED 데이터는 다음과 같다(0xF30C).

GREEN 영역								RED 영역							
D15	D14	D13	D12	D11	D10	D9	D8	D7	D6	D5	D4	D3	D2	D1	D0
1	1	1	1	0	0	1	1	0	0	0	0	1	1	0	0

- 세로 '2'번째 줄인 (2,0)~(2,7)까지의 LED 데이터는 다음과 같다(0x33CC).

GREEN 영역								RED 영역							
D15	D14	D13	D12	D11	D10	D9	D8	D7	D6	D5	D4	D3	D2	D1	D0
0	0	1	1	0	0	1	1	1	1	0	0	1	1	0	0

- 세로 '3'번째 줄인 (3,0)~(3,7)까지의 LED 데이터는 다음과 같다(0x33CC).

GREEN 영역								RED 영역							
D15	D14	D13	D12	D11	D10	D9	D8	D7	D6	D5	D4	D3	D2	D1	D0
0	0	1	1	0	0	1	1	1	1	0	0	1	1	0	0

- 세로 '4'번째 줄인 (4,0)~(4,7)까지의 LED 데이터는 다음과 같다(0xCC33).

GREEN 영역								RED 영역							
D15	D14	D13	D12	D11	D10	D9	D8	D7	D6	D5	D4	D3	D2	D1	D0
1	1	0	0	1	1	0	0	0	0	1	1	0	0	1	1

- 세로 '5'번째 줄인 (5,0)~(5,7)까지의 LED 데이터는 다음과 같다(0xCC33).

GREEN 영역								RED 영역							
D15	D14	D13	D12	D11	D10	D9	D8	D7	D6	D5	D4	D3	D2	D1	D0
1	1	0	0	1	1	0	0	0	0	1	1	0	0	1	1

• 세로 '6'번째 줄인 (6,0)~(6,7)까지의 LED 데이터는 다음과 같다(0xCF30).

GREEN 영역								RED 영역							
D15	D14	D13	D12	D11	D10	D9	D8	D7	D6	D5	D4	D3	D2	D1	D0
1	1	0	0	1	1	1	1	0	0	1	1	0	0	0	0

• 세로 '7'번째 줄인 (7,0)~(7,7) 까지의 LED 데이터는 다음과 같다(0xCF30).

GREEN 영역								RED 영역							
D15	D14	D13	D12	D11	D10	D9	D8	D7	D6	D5	D4	D3	D2	D1	D0
1	1	0	0	1	1	1	1	0	0	1	1	0	0	0	0

```
#include <mega128a.h>
#include <delay.h>

#define LD1071_DIN PORTB.3
#define LD1071_CLK PORTB.4
#define LD1071_STB PORTB.5
#define LD1071_PWM PORTB.6

void Init_Port(void);
void LD1071_Reset(void);
void LD1071_Tx_CMD(unsigned int);
void LD1071_Tx_Data(unsigned int);
void LD1071_Tx_Display(unsigned int);
void LD1071_Global_Latch(void);

void LD1071_Reset(void)
{
    LD1071_Tx_CMD(0x0001); // Software Reset Command를 전송해 준다.
    delay_ms(100);
}

void LD1071_Tx_CMD(unsigned int cmd)
{
    unsigned int i = 0;
```

```
    LD1071_STB = 1;  // Strobe 신호를 'high'=> PORTB.5 =1;


    // 16비트 데이터인 cmd를 D0부터 1비트씩 직렬로 전송한다.
    for( i = 0 ; i< 16 ; i++ )
    {
        if(cmd & 0x0001) LD1071_DIN = 1; // PORTB.3 = 1;
        else LD1071_DIN = 0;              // PORTB.3 = 0;

        LD1071_CLK = 0;                   // PORTB.4 = 0;
        LD1071_CLK = 1;                   // PORTB.4 = 1;

        cmd = cmd >> 1;                   // LSB부터 송신
    }

    LD1071_CLK = 0;                       // PORTB.4 = 0
    LD1071_STB = 0; // Strobe 신호를 'low' ==> PORTB.5 = 0;
}

void LD1071_Tx_Data(unsigned int data)
{
    unsigned int i;

    LD1071_STB = 0;                        // PORTB.5 = 0;
    for( i =0 ; i < 16; i++ ) {
        if(data & 0x0001) LD1071_DIN = 1;  // PORTB.3 = 1;
        else LD1071_DIN = 0;               // PORTB.3 = 0;

        LD1071_CLK = 0;                    // PORTB.3 = 0;
        LD1071_CLK = 1;                    // PORTB.3 = 1;

        data = data >> 1;                  // LSB부터 송신
    }

    LD1071_CLK = 0;                        // PORTB.3 = 1;
    LD1071_STB = 1;                        // PORTB.5 = 1;
    LD1071_STB = 0;                        // PORTB.5 = 0;
}
```

```
void LD1071_Global_Latch(void)
{
  unsigned int i = 0;

  LD1071_STB = 1;
  LD1071_DIN = 0;

  for(i = 0 ; i < 9 ; i++) {
     LD1071_CLK = 0;
     LD1071_CLK = 1;
  }

    LD1071_STB = 0;
    LD1071_STB = 1;
    LD1071_STB = 0;
    LD1071_STB = 1;
    LD1071_STB = 0;
    LD1071_CLK = 0;
 }

void LD1071_Tx_Display(unsigned int data)
{
    unsigned int i, mask = 0x0001;

    LD1071_Tx_CMD(0x0084);
    for(i = 0 ; i <16 ; i++)
    {
        if(data & mask) LD1071_Tx_Data(0xFFFF);
        else LD1071_Tx_Data(0x0000);
        mask = mask << 1;
    }
    LD1071_Global_Latch();
}



void Init_Port(void)
{
    DDRB = 0xFF;
```

```
    DDRD = 0xFF;

    PORTD = 0x00;
    PORTB = 0x00;

    LD1071_DIN = 0;
    LD1071_CLK = 0;
    LD1071_STB = 0;
    LD1071_PWM = 0;

}

void main(void)
{
    Init_Port();

    TCCR1A = 0x22;
    TCCR1B = 0x19;
    ICR1L = 7;
    OCR1BL = 3;

    LD1071_Reset();

    LD1071_Tx_CMD(0x0034); // Configuration Register Update Command
    LD1071_Tx_Data(0x04FF); // Configuration Register

    while(1) {
            LD1071_Tx_Display(0xF30C);
            PORTD = 0x01;  // COM0

            LD1071_Tx_Display(0xF30C);
            PORTD = 0x02;  // COM1

            LD1071_Tx_Display(0x33CC);
            PORTD = 0x04;   // COM2

            LD1071_Tx_Display(0x33CC);
            PORTD = 0x08;  // COM3

            LD1071_Tx_Display(0xCC33);
```

```
            PORTD = 0x10;  // COM4

            LD1071_Tx_Display(0xCC33);
            PORTD = 0x20; // COM5

            LD1071_Tx_Display(0xCF30);
            PORTD = 0x40; // COM6

            LD1071_Tx_Display(0xCF30);
            PORTD = 0x80; // COM7

        }
}
```

학습활동.14 교수 · 학습 방법

교수 방법

- Dot 매트릭스 제어 응용에 대한 관련 용어, 구성, 방식 이해 정도를 파악한 후 수업을 진행한다.
- 교수자의 주도로 Dot 매트릭스 제어 응용 등의 내용을 PPT 자료로 제시한 후 설명한다.
- 가능하면 사전에 개인별 학습 자료를 준비하여 모든 학생이 참여할 수 있는 문제 해결식 수업, 협력 수업이 가능하도록 한다.
- Dot 매트릭스 제어 응용 전 과정을 작업의 순서에 따라 단계적으로 실습이 이루어질 수 있도록 지도한다.
- 교재를 통해 수업을 준비하는데 있어서 필요한 모든 정보나 팁, 힌트 등 도움이 될 만한 내용들을 확인할 수 있다.
- 학생들이 만들게 될 각 모델들은 수업시간에 중점적으로 다뤄질 부분과 어휘, 질문, 답을 포함하고 있으며 또한 탐구할만한 추가적인 아이디어들도 포함하고 있다.

학습 방법

- Dot 매트릭스 제어 응용에 대한 관련 용어를 숙지하고, Dot 매트릭스 제어 응용의 기초 단계에 대해 이해한다.
- Dot 매트릭스 제어 응용의 각 단계별 중점 사항을 체계적으로 학습한다.
- Dot 매트릭스 제어 응용의 수행순서의 전 과정을 실습한다.
- Dot 매트릭스 제어 응용의 내용을 이해한다.
- Dot 매트릭스 제어 응용을 이해하고 숙달이 될 때까지 학습한다.

학습활동.14 평가 및 피드백

평가 준거

- 평가자는 피평가자가 수행 준거 및 평가 내용에 제시되어 있는 내용을 성공적으로 수행할 수 있는 지를 평가해야 한다.
- 평가자는 다음 사항을 평가해야 한다.

학습내용	평가항목	성취수준		
		상	중	하
Dot 매트릭스 제어	Dot 매트릭스 제어를 이해할 수있다.			

평가 방법

• 작업 포트폴리오

학습내용	평가항목	성취수준		
		상	중	하
Dot 매트릭스 제어	Dot 매트릭스 제어를 이해할 수있다.			

• 필기시험

학습내용	평가항목	성취수준		
		상	중	하
Dot 매트릭스 제어	Dot 매트릭스 제어를 이해할 수있다.			

• 체크리스트를 통한 관찰

학습내용	평가항목	성취수준		
		상	중	하
Dot 매트릭스 제어	Dot 매트릭스 제어를 이해할 수있다.			

피드백

1. 작업 포트폴리오
   - 제출한 보고서를 평가한 후 주요 사항에 대하여 표시하여 돌려준다.
2. 필기 시험
   - 평가 결과 성적이 저조한 학생은 보고서 제출 기회를 부여한다.
3. 체크리스트를 통한 관찰
   - 실습 과정에서 평가한 후 개선해야 할 사항 등을 정리하여 돌려둔다.

학습 1	C언어 개요 및 개발환경 설정
학습 2	ATmega128 특징 및 구성
학습 3	LED 제어 응용
학습 4	FND 제어 응용
학습 5	LCD 제어 응용
학습 6	스위치 제어 응용
학습 7	인터럽트 제어 응용
학습 8	8비트 타이머/카운터 제어 응용
학습 9	AD변환기 제어 응용
학습 10	USART통신 제어 응용
학습 11	모터 제어 응용
학습 12	거리 및 초음파 센서 제어 응용
학습 13	Key 매트릭스 제어 응용
학습 14	Dot 매트릭스 제어 응용
학습 15	**블루투스 제어 응용**

15-1 블루투스 구조 및 특징

학습 목표	블루투스 구조 및 특징을 이해할 수 있다.

필요지식

1. 블루투스 통신제어

1) 블루투스의 개요

블루투스는 크기가 작고, 저렴한 가격, 적은 전력소모로 휴대폰, 휴대용PC등과 같은 휴대장치들, 네트워크 액세스 포인트들, 기타 주변장치들 간 작은 구역(10[m]~100[m]) 내의 무선 연결을 위한 하나의 기술적인 규격 사양이다. 블루투스는 영어로 푸른 이빨이라는 뜻이다. 그 이름은 10세기 스칸디나비아 국가인 덴마크와 노르웨이를 통일한 바이킹으로 유명한 헤럴드 블루투스(Harald Bluetooth ~985)의 이름에서 유래되었다. 헤럴드가 스칸디나비아를 통일한 것처럼 블루투스 기술이 서로 다른 통신장치들 간에 선이 없고 단일화된 연결장치를 이룰 것이라는 뜻을 지니고 있다. 또 헤럴드 블루투스가 여행가로도 유명한 것처럼 호환성을 지닌 블루투스 기술이 전세계 어디를 여행하든, 단일 장비로 통신이 가능 하도록 모든 통신 환경을 일원화시켜 주기를 바라는 뜻도 포함되어 있다.

20세기 말 사람들은 소비전력이 적고 가격이 싼 무선 통신방법을 연구하기 시작했고 마침내 지금은 블루투스가 확고한 부동한 세계적 규격으로 자리잡고 있다. 블루투스 장치는 10미터 반경 내에서 통신을 원활히 할 수 있다. 그리고 특수한 경우 사방이 트인 공간에서는 100[m]까지 도달할 수도 있다. 하지만 블루투스의 전송속도로는 CD 수준의 고품질 음악이나 비디오 전송에도 적합하다고 볼 수 없고, 고화질 정지화상 등에 응용하기에도 아직 부족하다는 단점을 가지고 있다. 그러나, 이러한 단점에도 불구하고 사용자의 현재 욕구를 즉시 낮은 가격에 만족시킬 수 있다는 장점이 있어 현대에서는 스마트폰을 비롯한 첨단기기에서 많이 사용되고 있다.

2) 블루투스 통신

본 장에서는 블루투스 모듈과 스마트폰간의 통신을 하기 위해서 블루투스 모듈 FB155BC를 사용하였다. 현재 실험장치에 장착되어 있는 FB155BC모듈은 칩 안테나가 내장되어 있어 별도의 안테나가 필요 없는 제품으로 기존의 RS232케이블 방식을 완전히 무선방식으로 대체 할 수 있는 장치이다. 다음은 FB155BC의 외관과 핀 배치를 나타내고 있다.

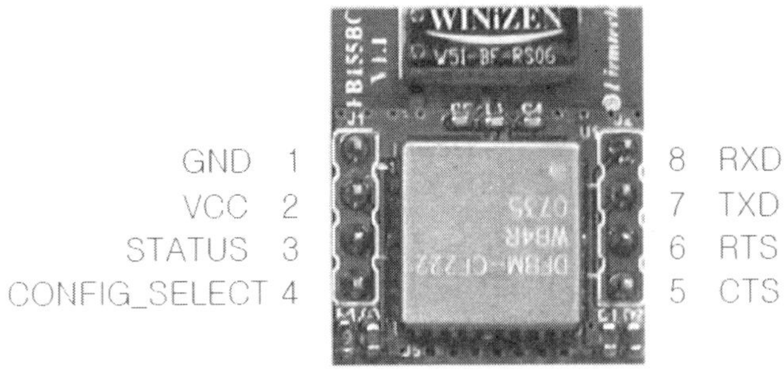

[그림 15-1] 블루투스 모듈 FB155BC 핀 배치

〈표 15-1〉 블루투스 모듈 FB155BC 핀 기능

No	Pin Name	I/O	Pin Description
1	Ground	–	Ground
2	VCC	–	3.3VDC
3	Status	Output	모니터링 Status 포트
4	Reset	Input	Reset
5	CTS	Input	UART Clear To Send(TTL)
6	RTS	Output	UART Ready To Send(TTL)
7	TXD	Output	Transfer Data
8	RXD	Input	Received Data

① Reset : 블루투스 모듈 FB155BC를 공장출시 초기값으로 Reset 하기 위해서는 4번핀에 Low(TTL Level)를 2초 이상 인가하면 초기화가 된다.

② Status 포트 : FB155BC의 상태를 모니터링 하기 위해서 사용된다.

- 통신연결이 되어 있을 때 : Low(TTL 레벨) 상태를 유지
- 접속을 시도하거나 끊어졌을 때 : Low, High(TTL 레벨)를 반복

③ 흐름제어를 사용하지 않을 시에는 연결하지 않는다.

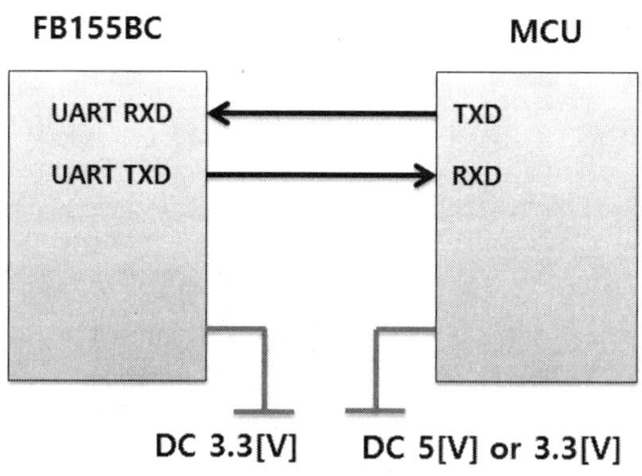

[그림 15-2] 블루투스 모듈과 MCU 연결방법

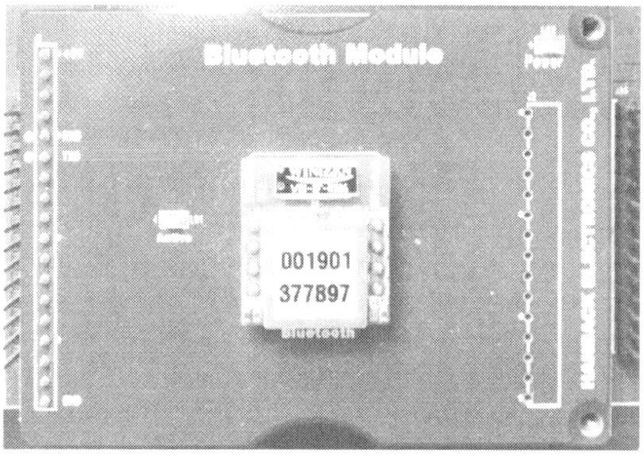

[그림 15-3] 블루투스 모듈

※ 이 실험에 사용되고 있는 블루투스 모듈 FB155BC는 회사에서 출고될 때 다음과 같이 설정하였다

1] UART CONFIG

통신 보레이트	: 115200 bps
데이터 비트	: 8 비트
패리티 비트	: Non
스톱 비트	: 1 비트

2] 슬레이브 모드로 접속대기 상태 설정 :
슬레이브 모드란 Remote BD Address에 저장되어 있는 장치가 없을 경우 PIN Code 동일한 MASTER의 접속 요구가 있을 때 접속이 가능한 상태로 설정

수행 내용　　블루투스 제어 이해하기

재료 · 자료

- C언어 프로그래밍, 타깃보드

기기(장비 · 공구)

- 컴퓨터, USB케이블, 개발시스템, ISP

안전 · 유의사항

- ATmega128 타깃 시스템의 외형을 관리하고 ATmega128 타깃 시스템에 전원을 관리한다.

수행 순서

01 이 실험에서는 MCU에는 연결되어 있지 않은 전원만 투입한 블루투스 모듈과 스마트 폰과의 페어링을 시도해 보도록 한다.

수행 Tip

* 모터가 제대로 돌지 않으면 MCU 포트와 제대로 연결되었는지 먼저 확인해 보도록 한다.

1. 먼저 스마트 폰에서 블루투스 모듈과 통신을 하기 위해서는 마켓에서 블루투스 어플을 다운받아 설치하여야 한다. 다음과 같이 마켓에서 "BlueTerm"을 검색하여 설치한다. 설치가 완료되면 "열기"를 눌러서 어플을 실행하도록 한다.

①

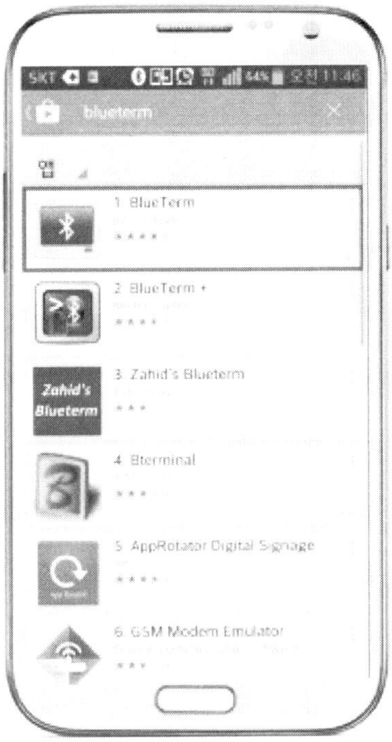
blueterm
앱
1. BlueTerm
2. BlueTerm +
3. Zahid's Blueterm
4. Bterminal
5. AppRotator Digital Signage
6. GSM Modem Emulator

②

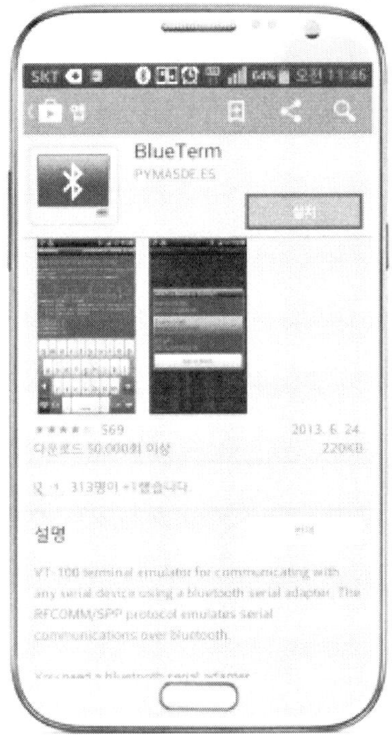
BlueTerm
PYMASDE.ES
569
2013. 6. 24.
다운로드 50,000회 이상
220KB
설명
VT-100 terminal emulator for communicating with any serial device using a bluetooth serial adapter. The RFCOMM/SPP protocol emulates serial communications over bluetooth.

③

BlueTerm
추가로 설치한 항목
Bluetooth Terminal
Bluetooth spp tools pro
원격 제어용 TeamViewer

④

Help us with our new project
Babuino is an arduino board with integrated bluetooth aimed to intercommunicate electronic devices with the smartphone
Is an Open Source and Open Hardware, take a look for we think you'll like
We need your help to launch a successful crowdfunding campaign. Thanks for your support, and please spread the word
Do not show again
View campaign
Close

⑤

2. MCU Multi II 장비에 블루투스 모듈을 장착하고 전원을 넣는다. 전원을 넣게 되면 Active LED가 깜빡이게 된다. 이 상태가 바로 접속대기 상태이다.

[그림 15-4] 블루투스 모듈 Active LED

3. MCU Multi II 장비에 블루투스 모듈을 장착하고 전원을 넣는다. 전원을 넣게 되면 Active LED가 깜빡이게 된다. 이 상태가 바로 접속대기 상태이다.
4. 이 상태에서 ⑥번 과 같이 스마트폰의 블루투스 설정을 연결가능하게 하고 페어링을 시도 한다. ⑦번 그림에서 Connect device를 터치한다.

⑥

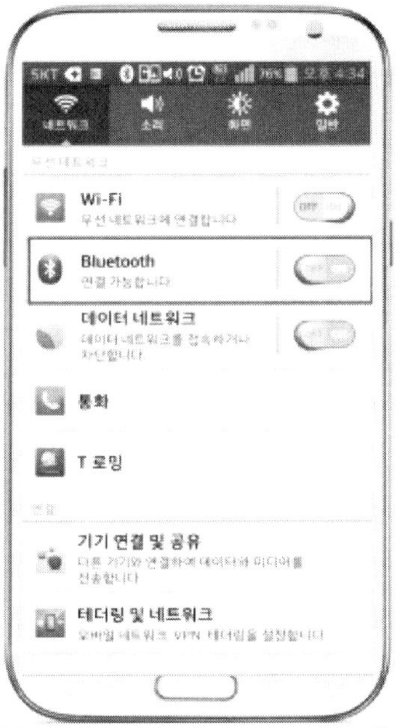

⑦

5. ⑧번과 같은 화면이 나오면 취소버튼을 눌러서 화면 ⑨번으로 이동하여 "PIN에 문자나 기호가 포함됩니다"를 체크 해주고 ⑩에서 "BTWIN"을 입력해주고 확인을 눌러주면 ⑪번과 같은 화면이 나오게 된다.

⑧

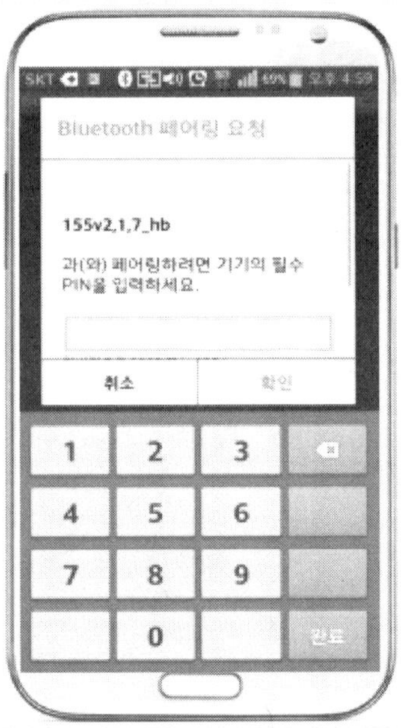

⑨

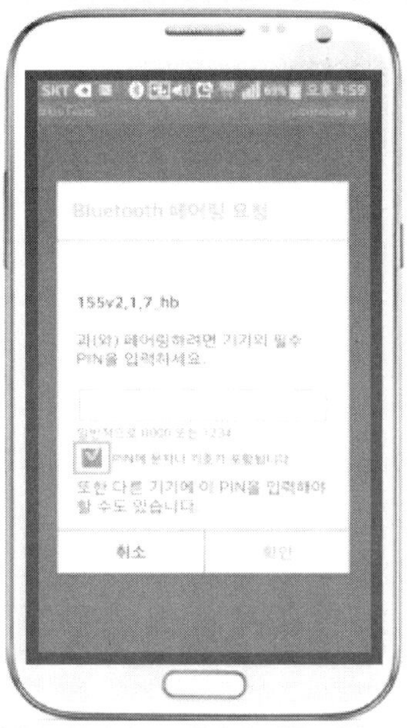

⑩

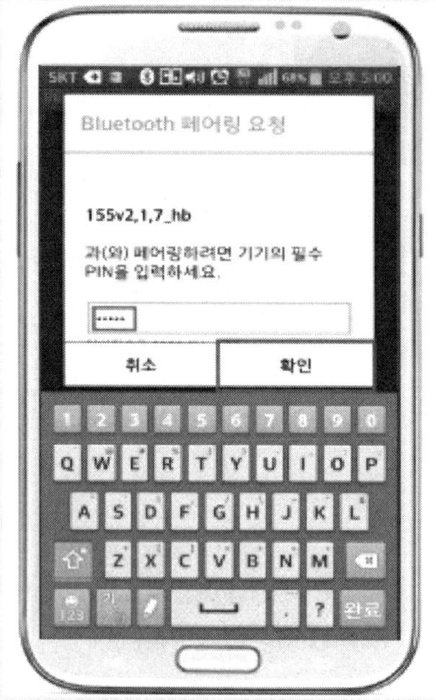

⑪

6. 스마트 폰에서 문자를 직접 송신하고자 할 때 송신하는 문자가 화면에 나타나게 하기 위해서는 메뉴화면을 조작하여 ⑫번 화면이 나오도록 하고 여기서 "Preferences"를 선택하여 ⑬번 화면을 나타나게 한다. 그리고 여기서 "Local echo"를 체크해 주고 ⑭번 화면에서 문자 "12"를 치면 그 문자가 블루투스를 통해 송신되게 된다.

⑫

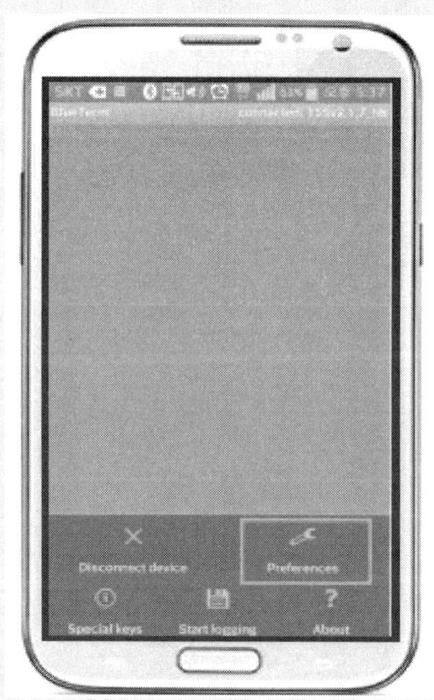

⑬

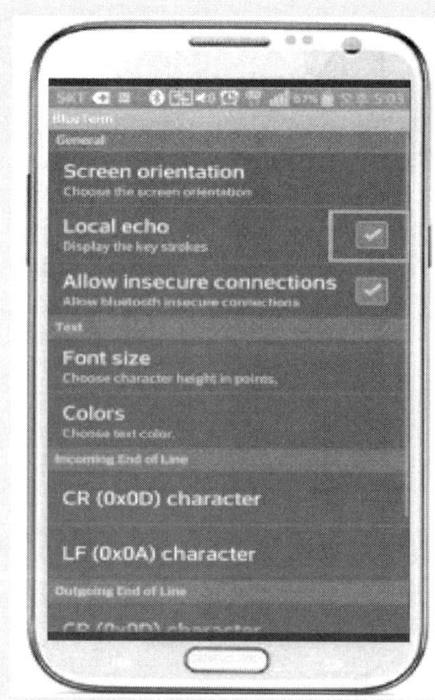

⑭

02

PC와 스마트폰과의 블루투스 통신

위 실험에서 페이링을 마친뒤 MCU 모듈을 거치지 않고 PC(TXD, RXD)에 블루투스모듈을 직접 연결하여 스마트폰과 블루투스 통신을 하도록 해보자. PC 쪽은 "하이퍼터미널"을 사용하고 스마트폰쪽은 "Blueterm" 앱을 사용하도록 한다.

1. PC 쪽과는 USB 케이블을 연결하고 USB 케이블에서 나오는 신호 UART(TXD, RXD)를 MCU를 거치지 않고 블루투스 모듈과 연결해준다.

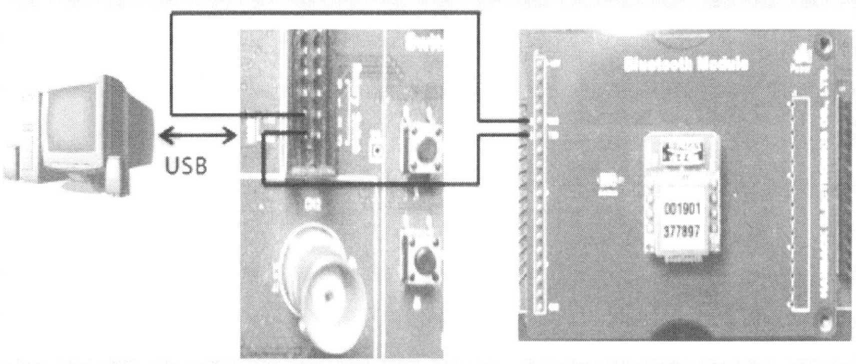

[그림 15-5] PC UART포트에 블루투스 모듈을 설치하는 방법

2. [그림 15-5]와 같이 PC와 블루투스모듈을 연결하고 PC와 USB케이블로 연결하면 "USB Serial Port"로 인식하게 된다. 만약, USB 디바이스를 설치해야 한다는 창이 나타나면, ISP 설치때와 같은 방식으로 설치를 진행한다. 인식이 끝마치게 되면, 제어판 → 시스템 → 하드웨어 탭으로 이동 → 장치관리자 실행을 한 다음, 장치관리자에서 포트 메뉴를 보게 되면, 아래 그림과 같이 USART의 COM포트를 확인할 수 있다.

[그림 15-6] PC의 장치관리자 USB 드라이버 설정

3. PC 쪽은 제공되는 CD에 들어 있는 하이퍼터미널로 통신실험을 한다(윈도우 7 이상에서는 OS에서 하이퍼터미널을 제공하지 않기 때문에 설치하여야 한다).

▼

4. hypertrm을 더블 클릭한다.

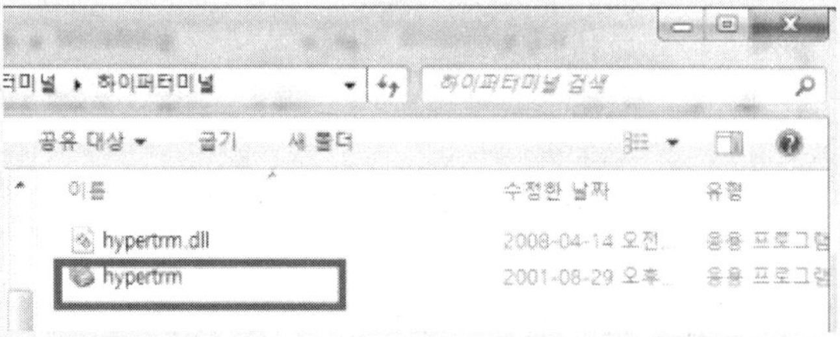

▼

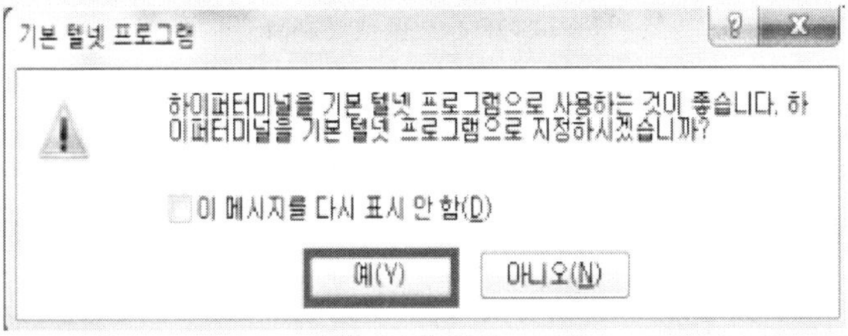

5. 지역번호를 입력하고 확인을 해준다.

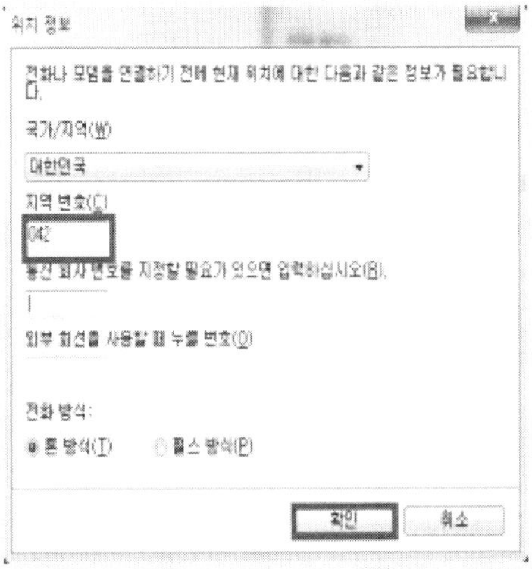

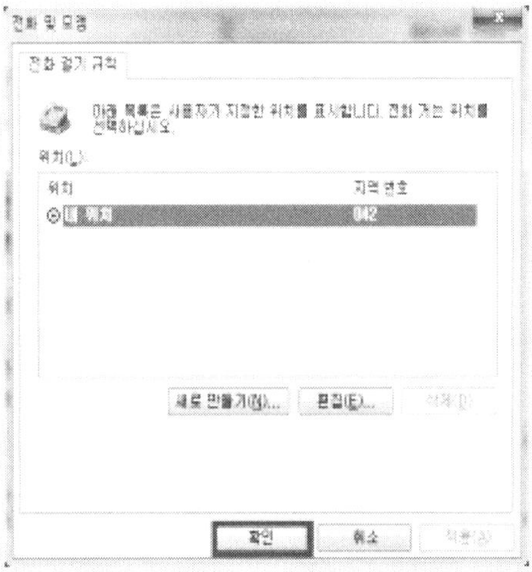

6. 임의의 이름을 입력해 주고 확인을 눌러준다.

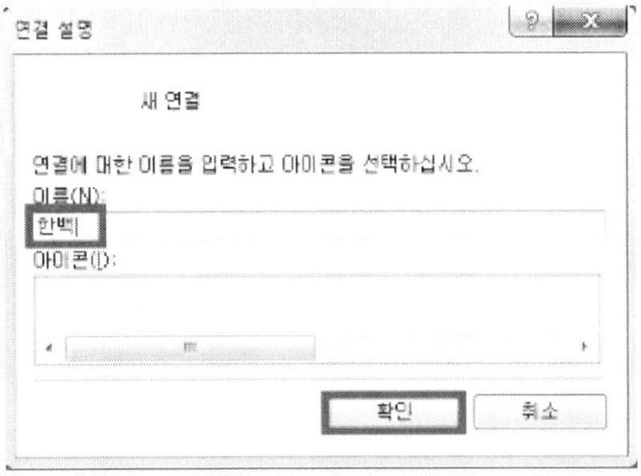

7. [그림 15-6]에 COM5로 설정되어 있으므로 COM5를 선택해 준다.

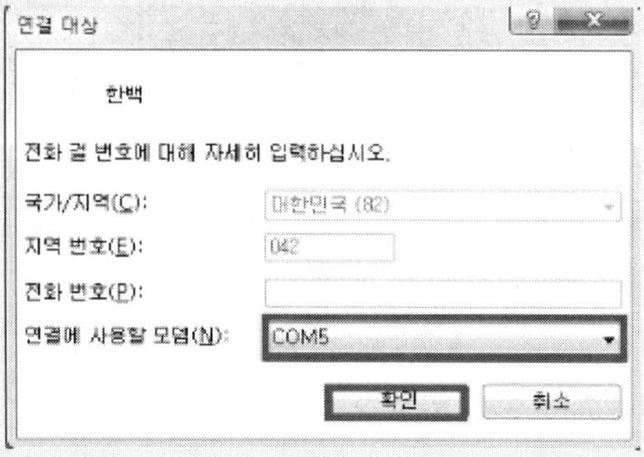

▼

8. 보레이트를 115200로 설정하고 확인을 눌러준다.

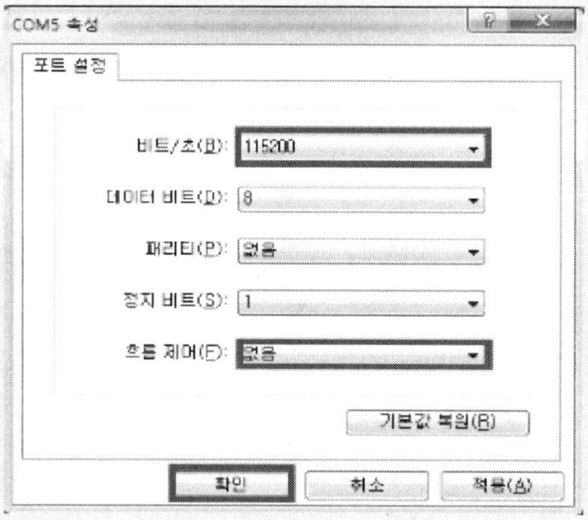

▼

9. 이런 과정을 거쳐서 하이퍼터미널을 준비하면 아래와 같이 된다.

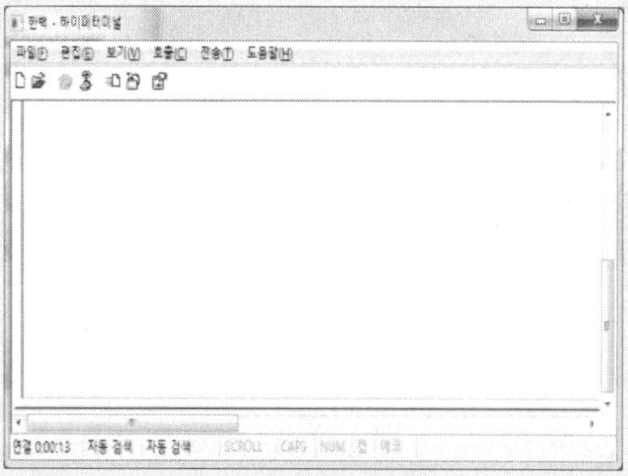

▼

10. 이 상태에서 하이퍼터미널의 속성단추를 눌러 속성창을 열어 준다.

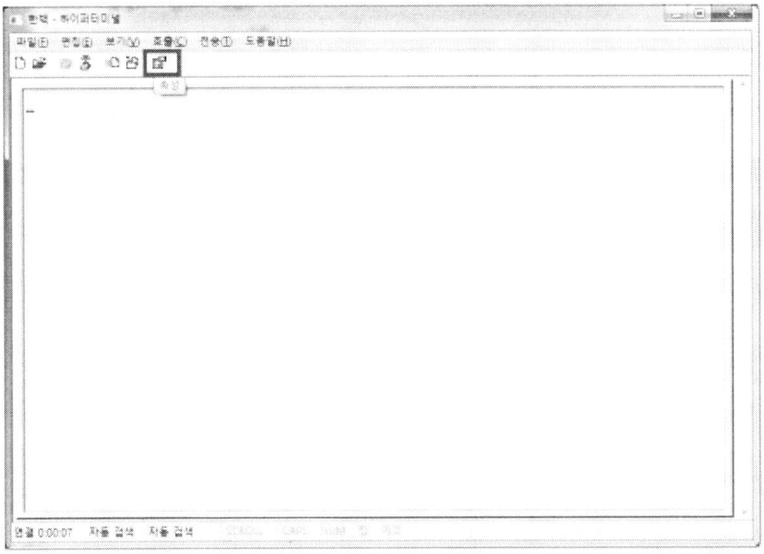

▼

11. 이 상태에서 하이퍼터미널의 속성단추를 눌러 속성창을 열어서 설정을 선택하고 ASCII설정을 선택한다.

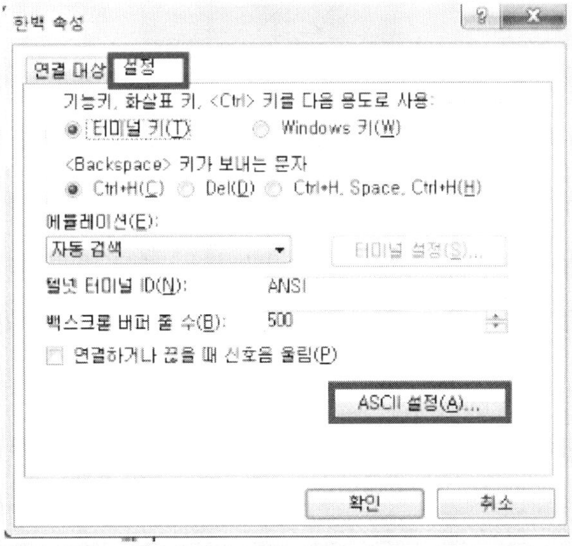

▼

12. ASCII 설정에서 입력된 문자를 터미널 창에 표시를 체크해 주고 확인을 눌러준다.

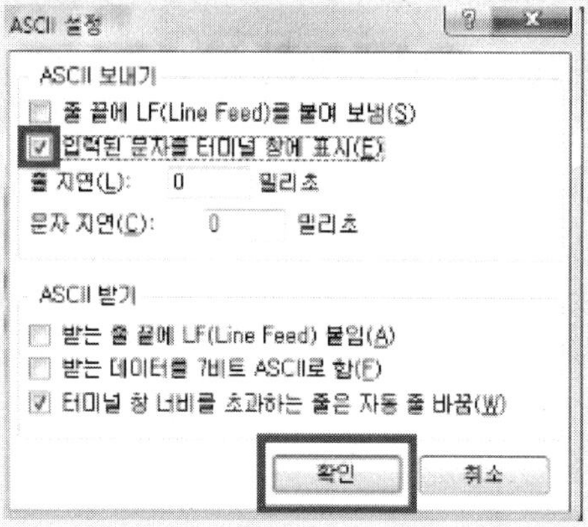

▼

13. 확인을 눌러주면 아래 그림과 같은 대기 상태가 된다.

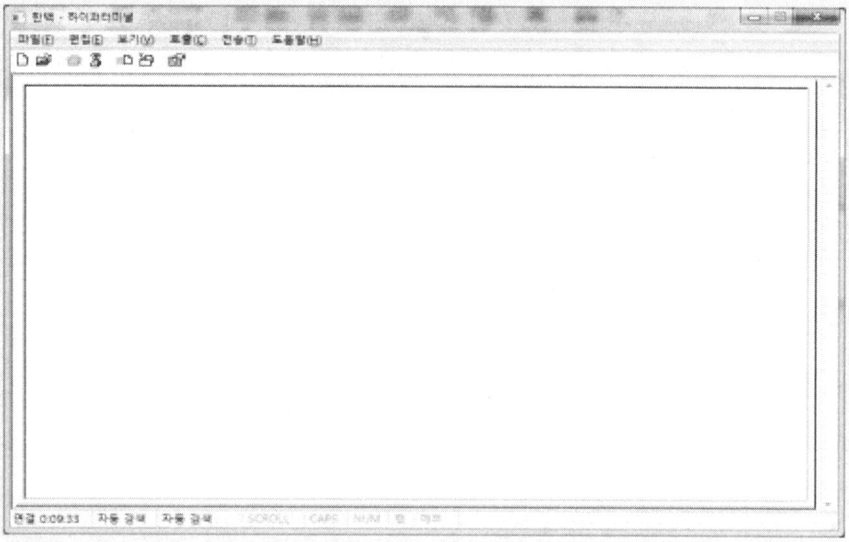

▼

14. 이 상태에서 스마트 폰상에서 앱 "BleuTerm"을 실행시키면 다음과 같은 "CONNECT 40B0FA155464"라는 문자가 하이퍼터미널로 들어오게 된다. 이 상태가 되면 PC에 연결된 블루투스와 스마트폰사이의 통신이 연결된 것이다. 여기서 "40B0FA155464"는 블루투스의 맵어드레스를 나타내고 있다. 이 맵어드레스는 블루투스모듈 고유의 맵어드레스 이므로 모듈마다 숫자가 다르게 나온다.

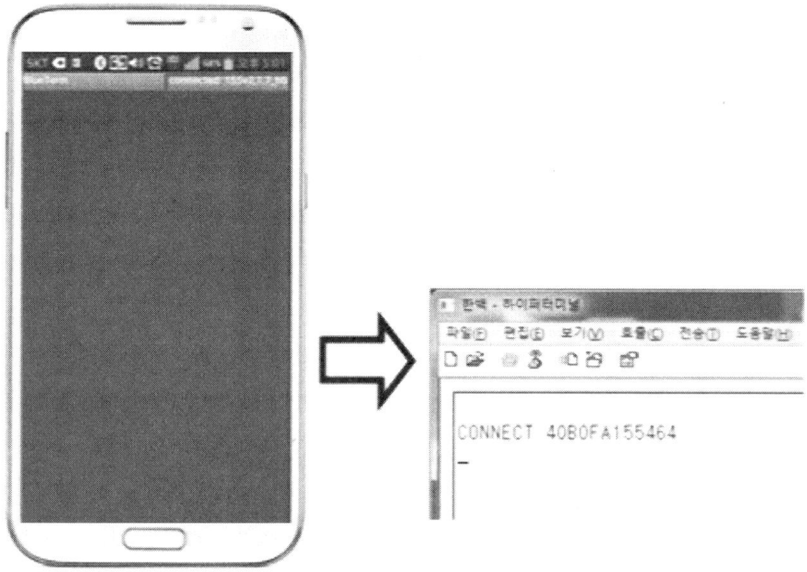

15. 스마트폰 상에서 "1234"를 쳐서 PC로 송신하여 PC 하이퍼터미널에서 수신하도록 한다.

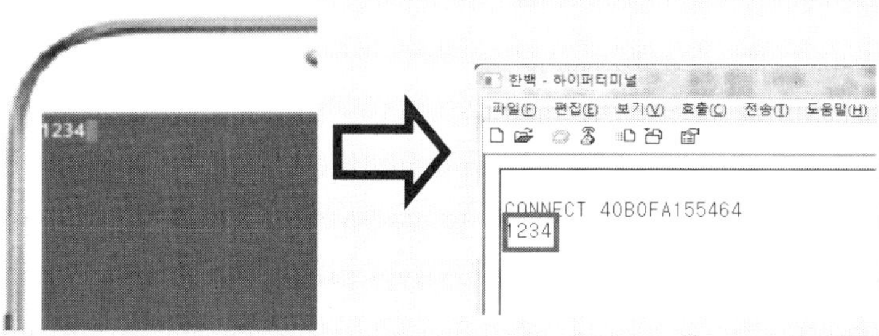

16. PC 하이퍼터미널에서 'ABCD'를 송신하여 스마트폰에서 수신하도록 한다.

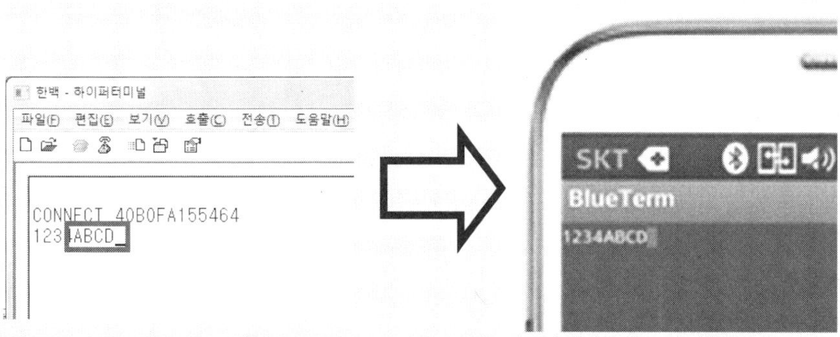

① 스마트폰에서 '1'을 송신하면 LED1이 ON, '2'를 송신하면 LED2가 ON, '3'을 송신하면 LED3이 ON, '4'를 송신하면 LED4가 ON이 되게 하고, '5'를 송신하면 LED1이 OFF, '6'을 송신하면 LED2가 OFF, '7'을 송신하면 LED3이 OFF, '8'을 송신하면 LED4가 OFF되게하는 프로그램을 작성하시오.

- 포트 B를 LED0~LED7에 연결해 준다.
- PD2(Atmega128A의 RXD)를 블루투스 모듈 TXD에 연결해 준다.
- PD3(Atmega128A의 TXD)를 블루투스 모듈 RXD에 연결해 준다.

```
#include <mega128a.h>
#include <delay.h>

void Init_USART(void);
void Serial_Send(unsigned char);

unsigned char data;
void Init_USART(void)
{
  DDRD = 0x08;
  UCSR1A = 0x00;
  UCSR1B = 0x98; // TXE, RXE Enable
  UCSR1C = 0x06; // 비동기, Non Parity, 1 Stop Bit
  UBRR1H = 0x00;
  UBRR1L = 0x07; //115200 bps
  DDRB = 0xff;
}
 void Serial_Send(unsigned char t)
 {
    // 전송준비가 될 때까지 대기
  while(1) {
    if( (UCSR1A & 0x20) !=0) break;
```

```
    }

  UDR1 = t;
  UCSR1A = UCSR1A | 0x20;
 }


interrupt [USART1_RXC] void usart1_rx_isr(void)
{
  data = UDR1;
  UCSR1A |= 0x80;
}

void main(void)
{
 int i;

 Init_USART();

  #asm("sei");

 for(i = 0; i < 10 ; i ++) {
          Serial_Send('=');
          Serial_Send('=>');
          delay_ms(1000);
 }

 // Carrige Return
 Serial_Send(0x0d);
 Serial_Send(0x0a);

  while(1)
  {
     switch(data) {
              // 1번 LED ON & Carrige Return (0x0d,0x0a)
              case '1' : PORTB.0 = 1;
                        Serial_Send('O');Serial_Send('1');
                        Serial_Send(0x0d); Serial_Send(0x0a);
                        data = 0;
```

```
break;

// 2번 LED ON & Carrige Return(0x0d,0x0a)
case '2' : PORTB.1 = 1;
           Serial_Send('O');    Serial_Send('2');
           Serial_Send(0x0d); Serial_Send(0x0a);
           data = 0;
break;

// 3번 LED ON & Carrige Return(0x0d,0x0a)
case '3' : PORTB.2 = 1;
           Serial_Send('O');Serial_Send('3');
           Serial_Send(0x0d); Serial_Send(0x0a);
           data = 0;
break;

// 4번 LED ON & Carrige Return(0x0d,0x0a)
case '4' : PORTB.3 = 1;
           Serial_Send('O');Serial_Send('4');
           Serial_Send(0x0d); Serial_Send(0x0a);
           data = 0;
break;

// 1번 LED OFF & Carrige Return(0x0d,0x0a)
case '5' : PORTB.0 = 0;
           Serial_Send('N');Serial_Send('1');
           Serial_Send(0x0d); Serial_Send(0x0a);
           data = 0;
break;

// 2번 LED OFF & Carrige Return(0x0d,0x0a)
case '6' : PORTB.1 = 0;
           Serial_Send('N');Serial_Send('2');
           Serial_Send(0x0d); Serial_Send(0x0a);
           data = 0;
break;


// 3번 LED OFF & Carrige Return(0x0d,0x0a)
case '7' : PORTB.2 = 0;
```

```
                    Serial_Send('N');Serial_Send('3');
                    Serial_Send(0x0d); Serial_Send(0x0a);
                    data = 0;
            break;

            // 4번 LED OFF & Carrige Return (0x0d,0x0a)
            case '8' : PORTB.3 = 0;
                    Serial_Send('N');Serial_Send('4');
                    Serial_Send(0x0d); Serial_Send(0x0a);
                    data = 0;
            break;

            default:
            break;
    }
  }
}
```

② 스마트폰과 MCU 사이에 블루투스로 통신을 하여 서보모터를 제어해 보기로 하자. 스마트 폰에서 '1'을 보내면 -90도에, '2'를 보내면 0도, '3'을 보내면 +90도에 서보모터가 위치하게 하는 프로그램을 작성하시오.

```
#include<avr/io.h>
#include<avr/interrupt.h>
#include<util/delay.h>

#define sbi(PORTX, BITX) PORTX |=(1<<(BITX)
#define cbi(PORTX,BITX) PORTX &= ~(1 <<(BITX)


volatile int t_cnt = 0;
volatile int AngleCount = 0;

void Servo(int);
void Init_USART(void);

volatile unsigned char data;
```

```
void Init_USART(void)
{
  DDRD = 0x08;
  UCSR1A = 0x00;
  UCSR1B = 0x98; // TXE, RXE Enable
  UCSR1C = 0x06; // 비동기, Non Parity, 1 Stop Bit
  UBRR1H = 0x00;
  UBRR1L = 0x07; //115200 bps
  DDRB = 0xff;
}

 SIGNAL(SIG_UART1_RECV)
{
  data = UDR1;
  UCSR1A |= 0x80;
}

void Servo(int Angle)
{
 if (Angle == -90 )
          AngleCount = 23; // PWM ON Time 2.3[ms]
 else if (Angle == 0)
         AngleCount = 15;  // PWM ON Time 1.5[ms]
 else if(Angle == 90)
         AngleCount = 7;   // PWM ON Time 0.7[ms]
}

 // 0.1 [msec] 타이머/카운터 인터럽트 함수
 SIGNAL(SIG_OVERFLOW0)
 {
  TCNT0 = 0x48;  // 타이머/카운터 초기값을 Re-Load
  t_cnt++;

  if(t_cnt <= AngleCount)
             sbi(PORTB,7); // PORTB.7 = 1;  // PWM ON Time
  else
             cbi(PORTB,7); // PORTB.7 = 0;  // PWM OFF Time
  if(t_cnt >= 200)
             t_cnt = 0; // 20[ms] 주기 PWM
```

```
  }

int main(void)
{

  unsigned char  ps_switch ;

  DDRD = 0x00;
  sbi(DDRB,7);
  ASSR = 0;          // 내부 클럭을 사용한다.
  TCCR0 = 0x02;  // 8 분주
  TIMSK = 0x01;   // 타이머/카운터 0 인터럽트 사용

  AngleCount = 15; // 초기 서보 위치를 0도로 설정한다.


  TCNT0 = 0x48; // 0.1 [msec] 타이머/인터럽트 값 설정
  TIFR = 0;
   Init_USART();

   sei();
   while(1)
   {
     switch(data) {
               case '1' : Servo(-90);
                    break ;

                    case '2' : Servo(0);;
                    break ;

         case '3' : Servo(90);
                    break;

     }
   }

         return 0;
   }
```

학습활동.15 교수 · 학습 방법

교수 방법

- 블루투스 제어 응용에 대한 관련 용어, 구성, 방식 이해 정도를 파악한 후 수업을 진행한다.
- 교수자의 주도로 블루투스 제어 응용 등의 내용을 PPT 자료로 제시한 후 설명한다.
- 가능하면 사전에 개인별 학습 자료를 준비하여 모든 학생이 참여할 수 있는 문제 해결식 수업, 협력 수업이 가능하도록 한다.
- 블루투스 제어 응용 전 과정을 작업의 순서에 따라 단계적으로 실습이 이루어질 수 있도록 지도한다.
- 교재를 통해 수업을 준비하는데 있어서 필요한 모든 정보나 팁, 힌트 등 도움이 될 만한 내용들을 확인할 수 있다.
- 학생들이 만들게 될 각 모델들은 수업시간에 중점적으로 다뤄질 부분과 어휘, 질문, 답을 포함하고 있으며 또한 탐구할만한 추가적인 아이디어들도 포함하고 있다.

학습 방법

- 블루투스 제어 응용에 대한 관련 용어를 숙지하고, FND 제어 응용의 기초 단계에 대해 이해한다.
- 블루투스 제어 응용의 각 단계별 중점 사항을 체계적으로 학습한다.
- 블루투스 제어 응용의 수행순서의 전 과정을 실습한다.
- 블루투스 제어 응용의 내용을 이해한다.
- 블루투스 제어 응용을 이해하고 숙달이 될 때까지 학습한다.

학습활동.15 평가 및 피드백

평가 준거

- 평가자는 피평가자가 수행 준거 및 평가 내용에 제시되어 있는 내용을 성공적으로 수행할 수 있는 지를 평가해야 한다.

• 평가자는 다음 사항을 평가해야 한다.

학습내용	평가항목	성취수준		
		상	중	하
블루투스 제어	블루투스 제어를 이해할 수 있다.			

평가 방법

• 작업 포트폴리오

학습내용	평가항목	성취수준		
		상	중	하
블루투스 제어	블루투스 제어를 이해할 수 있다.			

• 필기시험

학습내용	평가항목	성취수준		
		상	중	하
블루투스 제어	블루투스 제어를 이해할 수 있다.			

• 체크리스트를 통한 관찰

학습내용	평가항목	성취수준		
		상	중	하
블루투스 제어	블루투스 제어를 이해할 수 있다.			

피드백

1. 작업 포트폴리오
   – 제출한 보고서를 평가한 후 주요 사항에 대하여 표시하여 돌려준다.
2. 필기 시험
   – 평가 결과 성적이 저조한 학생은 보고서 제출 기회를 부여한다.
3. 체크리스트를 통한 관찰
   – 실습 과정에서 평가한 후 개선해야 할 사항 등을 정리하여 돌려둔다.

저자약력

남 상 엽

- 공학박사
- 삼성종합기술원 정보시스템연구소 근무
- 모토로라반도체통신(주) 기술연구소 근무
- (현) 국제대학교 교수

김 동 식

- 공학박사
- 조지아공과대학 연구교수(2008)
- (현) 인하공업전문대학 교수

권 윤 중

- 공학박사
- KAIST 시스템공학센터 근무
- (현) 세명대학교 교수

진 은 성

- 공학사(한밭대 전자공학과)
- (현) 한백전자 근무

ATmega128을 활용한
C언어 프로그래밍

2017년 6월 30일 1판 1쇄 발행

저 자 남상엽 · 김동식
권윤중 · 진은성
발행인 남 승 우

발행처 도서출판 상尙 학學 당堂
서울시 동작구 사당로9가길 6(사당동)
TEL : 02) 595-1692~4
FAX : 02) 595-1394
E-mail : namdoo6@unitel.co.kr
신고 : 2-155호 (1968. 11. 29)

정가 30,000원

ISBN 978-89-6587-159-0 93000

〈디자인〉 편집 엄해숙 / 표지 토틀컴